科学出版社“十四五”普通高等教育本科规划教材
普通高等教育金融学精品系列教材

金融经济学

余　湄　邓　军　李　勇　编著

科 学 出 版 社
北　京

内 容 简 介

本书主要介绍金融经济学理论，包括风险与不确定性、偏好与期望效用理论、风险厌恶型投资者的投资行为、马科维茨投资组合理论、资本资产定价模型、一般均衡与资产定价、信息经济学与资产定价、套利定价模型、单周期市场及连续时间金融理论。同时还讨论了投资模型在我国金融市场的应用，包括投资模型的选择问题、股票-债券投资模型问题、国际化多元投资的汇率风险问题。本书通过深入探讨经济与金融现象的本质，从微观层面对金融资产的价格变动规律进行严谨的分析，揭示金融市场的运行规律。

本书可以作为金融学、投资学、金融工程、管理学等专业高年级本科生及研究生的教学参考用书，也可以作为对金融经济学有兴趣并期望深刻理解资产定价理论的实际金融从业人员的参考用书。

图书在版编目（CIP）数据

金融经济学 / 余湄，邓军，李勇编著. —北京：科学出版社，2022.8

科学出版社“十四五”普通高等教育本科规划教材

普通高等教育金融学精品系列教材

ISBN 978-7-03-070525-9

Ⅰ. ①金…　Ⅱ. ①余…　②邓…　③李…　Ⅲ. ①金融学-高等学校-教材　Ⅳ. ①F830

中国版本图书馆 CIP 数据核字（2021）第 225251 号

责任编辑：方小丽 / 责任校对：贾娜娜
责任印制：赵　博 / 封面设计：蓝正设计

科学出版社 出版
北京东黄城根北街 16 号
邮政编码：100717
http://www.sciencep.com

北京中石油彩色印刷有限责任公司印刷
科学出版社发行　各地新华书店经销
*
2022 年 8 月第　一　版　开本：787×1092　1/16
2025 年 1 月第四次印刷　印张：16 1/4
字数：385 000

定价：48.00 元

（如有印装质量问题，我社负责调换）

前　言

当代中国正经历着我国历史上最为广泛而深刻的社会变革，党的十八大以来，改革开放和社会主义现代化建设取得历史性成就，我国发展站到了新的历史起点上，中国特色社会主义进入新的发展阶段。在新的征程里，如何写出一本适合新时代的需要，同时又能满足不同学生知识背景的《金融经济学》教材，是一个难题。本书将基于习近平新时代中国特色社会主义思想，围绕新时代坚持和发展什么样的中国特色社会主义，怎样坚持和发展中国特色社会主义的问题，对我国金融市场的资源配置理论与资产定价理论与实践进行研究和探讨。

本书的初衷是方便我校金融工程专业的同学学习《金融经济学导论》课程。该课程开设在大三的第一学期，学生在上课之前，已经学过了《数学分析》、《高等数学》与《概率论》，因此可以接受一定程度的数学模型的演绎和推导。本书按照绝对定价—相对定价的思路来写作。本书将主要聚焦于绝对定价与相对定价方法，在绝对定价方面，从投资者的风险偏好入手，讨论一般均衡与资本资产定价，然后过渡到相对定价，通过因子模型引入套利定价模型，阐述连续时间金融基础。内容涉及经典的投资组合理论和套利定价，以及一般市场均衡理论与连续时间下的定价模型和方法。我们将本书读者对象定位于有一定数学基础的经济学专业、金融学专业和金融工程专业的学生，在写作时尽量把金融理论与数学模型有机结合起来，把枯燥的数学模型背后的金融含义讲述清楚，通过一定的案例分析加深对金融理论的理解。

与金融经济学相关的经典教材很多，如 George Pennacchi 的 *Theory of Asset Pricing*，Chi-fu Huang（黄奇辅）和 Robert H. Litzenberger（李兹森伯格）的 *Foundations for Financial Economics* 都是非常著名的教材。国内的如史树中老师、杨云红老师、汪昌云老师、徐高老师等都出版了不同风格的书籍，每一本书都从不同角度展示了金融经济学的迷人之处，引导读者进入到金融学理论的世界里。我们希望通过本书的出版，一方面满足有一定数学基础的金融工程专业的同学渴望学习资产定价相关的金融理论的需求，另一方面帮助金融学和管理学等相关专业的同学在了解金融理论后，更深层次地理解其机理。本书除了介绍一般的金融经济学理论外，还对投资组合在不同场景中的应用做了一定的介绍。比如，如何构建股票-债券的投资组合问题，如何考虑国际投资中的汇率风险问题。我们还讨论了不同风险模型下的投资组合的优劣问题。这些内容主要是帮助读者进一步理解经典的投资组合理论，有兴趣的读者可以关注这些内容，并仔细阅读参考文献，可以获得更多的、更加有意思的内容。

全书分为四大部分，第一部分是投资者的风险偏好与行为研究，包括第一章～第三章，具体内容如下。

第一章介绍金融经济学的定义、主要理论及核心思想。

第二章讨论市场风险的度量和风险偏好理论，介绍风险与不确定性、偏好关系与效用函数。

第三章讨论风险厌恶型投资者的投资行为，包括公平赌博与风险厌恶、风险喜好、风险中性，风险厌恶型投资者的投资研究，个体风险厌恶度量，绝对风险厌恶与相对风险厌恶，一阶随机占优与二阶随机占优。

第二部分为资产定价理论，包括第四章～第八章，具体内容如下。

第四章介绍现代投资组合理论，包括投资组合选择，均值–方差理论的假设条件，证券投资组合的可行集、有效集与最优投资组合，无风险借贷对有效集的影响，包含与不包含无风险资产的定价模型。

第五章讨论资本资产定价理论，包括 CAPM 标准形式、CAPM 的应用、CAPM 的延展。

第六章介绍一般均衡与资产定价，包括完备市场中的均衡及算例、基于消费的 CAPM、风险溢价之谜及风险溢价之谜在中国的检验。

第七章介绍信息经济学与资产定价，包括 Kyle 模型、Grossman 模型及中国个股信息含量分析。

第八章讨论因素模型与套利定价模型（arbitrage pricing model，APT），从绝对定价过渡到相对定价，主要包括单因素模型、多因素模型、套利的定义及多因素套利定价模型。

第三部分为单期市场及连续时间金融，包括第九章～第十一章，具体内容如下。

第九章介绍单期市场，包括单期模型、无套利条件、风险中性概率测度、衍生品定价原理和市场的完备性。

第十章讨论连续时间金融理论基础，主要介绍 σ–代数与概率测度、信息流、条件期望、离散随机游走、布朗运动和伊藤积分。

第十一章讨论连续时间金融的应用，主要包括测度变换、风险中性、期权定价、鞅表示定理和 Feynman-Kac 定理。

第四部分为投资组合应用研究，包括第十二章～第十四章，具体内容如下。

第十二章介绍投资组合模型的选择问题，从理论与实践两个方面比较了几种常见的投资组合模型的“优劣”。

第十三章介绍股票–债券投资模型问题，我们选择了中国金融市场的数据，利用均值方差模型和绝对偏差模型，分别选择股票、国债与企业债，构建投资组合的最优策略。

第十四章介绍国际化多元投资的汇率风险问题，从中国投资者的角度出发，研究国际投资组合中的多元化策略和汇率风险管理问题。

虽然我们试图把主要内容都用简洁明确的语言来表达，但是我们很清楚本书还是不够完善，存在很多不足之处，还请各位读者谅解。如果有读者愿意把宝贵的意见反馈给我们，我们将不胜感激。感谢国家自然科学基金（项目号：72071046。项目名称：期权定价、隐含信息与资产配置研究）对本书的顺利出版提供的资助。同时也感谢科学出版社的方小丽编辑对本书进行积极认真的编审，使得我们修正了很多笔误。作者也要感谢在书稿整理过程中提供帮助的对外经济贸易大学金融学院的同学，他们分别是：何沁莲、佟芳菲、王宇、许再琳、卓梦茹、宗桦、陈甜、肖静，作者在这里一并感谢！本书基于对外经济贸易大学金融工程专业本科课程《金融经济学导论》的教学内容改编而成，书稿的部分内容是在原金融工程系系主任郭敏教授的带领下完成的，郭敏教授作为金融工程系第一届系主任，参与了《金融经济学导论》课程的建设，同时郭敏教授对本书的内容提出了很多宝贵的意见。作者对郭敏教授表示衷心的感谢！

编著者
2023 年 10 月

目　　录

第一章

引　言

本章目标

在正式开始学习本书之前，我们通过回顾金融经济学相关的金融学理论，简单梳理金融经济学产生的背景，以了解现代金融学发展的历程。在本章里，我们主要回答三个问题：什么是金融经济学？金融经济学的主要理论有哪些？金融经济学的核心思想是什么？

第一节　金融经济学的定义

一、现代金融学的特征

现代金融学的发展呈现两个特征。

一是金融科学的数量化。现代金融理论是指金融学理论研究模式趋于数学化（即推理演绎数学化），应用研究定量化（指建立相应的数学模型），以及运用计算机求解模型数值问题广泛化（程序化）。

二是金融科学的工程化。金融工程是现代金融理论、系统工程方法和计算机信息技术的相互交叉，是金融科学的产品化和工程化，可以产生大规模的经济效益和社会效益。

本节主要聚焦于第一个问题。那么什么是金融经济学呢？

二、什么是金融经济学

关于什么是金融经济学，有多种不同的定义。

加拿大学者 Geoffrey Poitras（杰弗里·泊依达斯）提出金融经济学是“金融学与经济学的现代联姻”。在其著作《金融经济学早期历史，1478—1776：从商业算术到年金和股票》中，作者认为金融经济学涵盖了所有与金融相关的经济学领域：货币经济、利率与汇率、银行、投资、公司财务等。

英国学者 Elroy Dimson（埃尔罗伊·迪姆森）在 *Journal of Banking and Finance* 期刊中发表的“Three century of asset pricing”一文认为“金融经济学是一门以研究资本市场为主的经济学分支”。

Brian Kettell（布莱恩·克特尔）在其书《金融经济学》中将金融经济学定义为“经济学、金融学和投资管理学中涉及金融市场的那些方面”。作者认为金融经济学主要关心投资者在不确定性市场中建立投资组合时如何建立所需要的确定资产价格的模型。

著名的 Wikipedia（维基百科）将金融经济学定义为“专门研究包括股票市场等资本市场的运行和公司融资”的学科。

总体来说，金融经济学与经济学其他分支有所不同的是，金融经济学主要研究和分析金融问题，且这些金融问题都包含几个特征：时间、不确定性、选择权和信息。研究内容主要包括：金融资产的价格如何确定，公司如何选择融资方式，个人如何做出组合投资决策。

我们在这里给出金融经济学的定义：金融经济学是金融学的微观经济学。它是以经济学原理研究金融资产定价及交易主体和公司的金融决策的科学。

金融经济学涵盖两大内容。

一是资产定价理论，旨在研究和决定具有不确定未来收益率的索偿权（claims），包括股票、债券衍生工具等的价值或价格的经济学理论。

二是公司的财务决策，旨在研究公司如何做出影响公司价值的财务决策，包括资金筹集和资本结构、股利政策和策略、并购政策和策略、公司治理等问题。

第二节　金融经济学的主要理论

我们以时间顺序，将和金融经济学相关的理论做一个简单的梳理。

一、20 世纪 50 年代以前的金融经济学相关理论

20 世纪 50 年代以前的与金融经济学相关的主要理论如下。

1671 年底，Johan de Witt（威特）在《养老金的价值》中首次利用估算的死亡率和复利方法计算年金现值来为养老金定价。

1725 年底，Abraham de Moivre（墨维）在《养老金通论》中给出了养老金算法的解析表达式，提出 Tontine 养老金定价法。

1738 年，Daniel Bernoulli（丹尼尔・伯努利）在《关于风险衡量的新理论》中首次提出期望效用和风险衡量的新方法。

1761 年，Edmund Halley（哈利）在《论复利》中推导出现代教科书里普遍出现的年金现值公式。

1900 年，Louis Bachelier（劳伦斯・巴施里耶）在《投机理论》中首次提出股票价格为随机过程，价格变化服从鞅过程，并且未来股票价格的变化与时间的平方根成正比。

1930 年，Irving Fisher（欧文・费雪）在《利率理论》中发明了无差异曲线，提出定量的货币理论，被称为中央银行货币规则的创始人。

1938 年，John Burr Williams（约翰・伯尔・威廉姆斯）完成了经典的《投资价值理论》，提出了股利折现模型，首次利用现值方法对股票定价。

二、20 世纪 50 年代后至 20 世纪 80 年代前的金融理论

20 世纪 50 年代后金融理论朝定量化、微观化和金融工程化发展。一方面，金融理论继续沿传统经济学方法向更宽、更深的方向发展；另一方面，金融理论从依附于传统经济学的状态中独立出来，具有新的研究方法和理论体系。

现代金融理论开创者 Markowitz（马科维茨）于 1952 年在 *Journal of Finance* 上发表了论文“Portfolio selection”。这篇论文主要研究不确定条件下的证券组合选择理论。马科维茨在他的论文里首次提出利用证券收益率的方差度量证券投资的风险。他提出的均值–方差方法的主要内容是：虽然找不到收益率最高的且风险最小的组合，但是可以通过承担一定的风险来提高收益，或者放弃部分收益来降低风险；要使风险变小，仅靠分散投资是不够的，需要避免投资与自身组合收益率高度相关的证券；用数学方法可以证明总可以找到一系列投资组合，满足二阶随机占优。

1959 年马科维茨出版了经典的经济金融学著作 *Portfolio Selection：Efficient Diversification of Investment*。他被视为现代金融理论开创者，在 1990 年因投资组合理论获诺贝尔经济学奖。

在马科维茨之后，Roy（罗伊）发表了论文“Safety first and the holding of assets”（Roy，1952）。在这篇论文里，虽然作者也提出了与马科维茨类似的观点，但是时间更晚，不如马科维茨的投资组合理论令世人瞩目。

Tobin（托宾）在 1958 年发表了文章“Liquidity preference as behavior towards risk”（Tobin，1958）。托宾首次把货币因素引入到投资组合理论中，提出了著名的两基金分离理论。两基金分离理论的主要内容是：对风险的态度不同仅导致无风险资产与唯一风险资产组合的比例不同，对风险资产的结构没有影响。

1958 年，美国经济学家 Modigliani（莫迪利亚尼）和 Miller（米勒）在 *American Economic Review* 上发表了“The cost of capital, corporation finance, and the theory of investment”。这篇文章讨论了在完美市场、没有税收等情况下，资本结构对公司价值的影响。1963 年和 1966 年两位学者又发表了两篇重要的文章，这些文章内容构成了著名的 MM 定理（Modigliani-Miller theorem）。Modigliani 于 1985 年、Miller 于 1990 年获诺贝尔经济学奖。

MM 定理是指在一定条件下，企业无论以负债筹资还是以权益资本筹资都不影响企业的市场总价值。在无摩擦的市场环境下，企业的市场价值与它的融资结构无关，且公司的股利政策与公司的市场价值无关。在提出 MM 定理的过程中，两位学者开创性地使用了无套利均衡分析作为资产定价的方法（Modigliani and Miller，1965）。

到了 20 世纪 60 年代，马科维茨的思想被人们广泛接受，其他学者开始进一步发展他的理论。金融界的从业人员也开始应用这些发展的理论进行投资组合选择和套期保值决策，并用定量化的工程思想指导业务活动。

1961 年 Jack Treynor（杰克·特雷诺）在其论文《关于风险资产市场价值的理论》中系统讨论了风险是如何影响资产价值的，指出可以分散的风险对资本成本的影响可以忽略不计。

1963 年，马科维茨的学生威廉·夏普（Willam Sharp）提出了单指数模型，该模型的提出极大地简化了马科维茨模型的计算量。

1964 年，威廉·夏普发表了论文“Capital asset prices：a theory of market equilibrium under conditions of risk”。在这篇论文里提出了著名的资本资产定价模型（capital asset pricing model，CAPM）。1990 年他和自己的老师马科维茨一同获得诺贝尔经济学奖。

威廉·夏普曾经说“通过证券多元化，资产的部分风险是可以避免的，因此很明显总风险不是决定价格的因素。但是尚无理论证明决定资产价格的具体风险是什么”，他后来的研究表明单个资产或证券组合的预期收益只与其总风险中的系统性风险部分有关。

在威廉·夏普提出 CAPM 之后，简·莫森（Jan Mossin）和约翰·林特纳（John Lintner）在 1965 年的研究中对 CAPM 进行了补充。

Eugene F. Fama（尤金·法玛）在 1970 年提出有效市场假说，具体内容是 CAPM 中系统性风险是风险的最佳测度；收益具有不可预测性；基金经理等职业经理人的证券组合收益表现较市场平均水平或指数基金较差；少数基金经理人在个别时期表现出色，但从总体且长远看，他们超出市场平均表现的出现概率与掷硬币的可能性一致。他也在 2013 年获得诺贝尔经济学奖。

在这之后有许多学者试着去丰富 CAPM。比如，在 1970 年 Michael J. Brennan（迈克尔·布伦南）提出税收下的 CAPM，1972 年 Fischer Black（费希尔·布莱克）提出不存在无风险借贷情况下的 CAPM，1972 年 Mayers（梅尔斯）提出包含不可交易资产的定价方法，1969～1976 年跨期 CAPM 被提出（Samuelson，1969；Rubinstein，1974，1976；Kraus and Litzenberger，1973，1975，1976）。这些研究都支持 CAPM。

1977 年 Richard Roll（理查德·罗尔）发表了一篇论文"A critique of the asset pricing theory's tests part Ⅰ：on past and potential testability of the theory"。在这篇论文里，Roll 对市场组合进行了批判。他提出 CAPM 下的市场组合不应该只限于股票指数，还应包括经济体中的债券、房地产、人力资本等全部有形、无形的财富。这使得对 CAPM 进行准确实证检验几乎不可能。也就是说，即使实证证据不支持 CAPM，我们也无法断定是 CAPM 的问题，还是实证检验过程中市场组合本身不是效率组合的问题。

1976 年，Ross（罗斯）提出的 APT 标志着现代金融理论走向成熟。APT 源于一个非常朴素的思想，那就是在完善的金融市场上，所有金融产品的价格应该使得这个市场体系中不存在可以让投资者获得无风险利润的机会。若不然，对套利机会的追寻将推动那些失衡的金融产品的价格恢复到无套利机会的状态。根据这一思想决定金融产品价格的方法就是无套利定价模型法。CAPM 是以消费为基础的资产定价理论，采用市场均衡定价法，而 APT 用套利概念定义均衡，不需要市场组合，假设更少、更合理。

另一个重要的研究成果就是 1973 年布莱克（Black）和舒尔斯（Scholes）提出的布莱克-舒尔斯期权定价模型（Black-Scholes option pricing model）。布莱克和舒尔斯成功推导出欧式期权定价的一般模型，为期权在金融工程领域内的广泛应用铺平道路，该模型成为在金融工程化研究领域最具有革命性的里程碑式的成果（Black and Scholes，1973；Merton，1973）。布莱克-舒尔斯期权定价模型的推出是现代金融理论的重大突破，他们在研究中运用到的就是无套利定价原则。投资者总是可以构造一个标的股票和无风险债券的适当组合，使得这个组合的收益与期权在到期日的收益完全相同。如果确定出了这个组合的价格，根据无套利定价原则，期权价格应该与其一致，由此就可以定出期权的价格。布莱克-舒尔斯期权定价模型与其他方法的主要区别在于期权价格与投资者风险偏好无关，该模型对风险中性投资者也成立。

1976 年，Cox（考克斯）和 Ross（罗斯）提出了风险中性定价理论（Cox and Ross，1976），即期权价格等于以无风险收益率为折现率计算的期权收益的现值。

1979 年，Cox、Ross、Rubinstein（鲁宾斯坦）提出二项式定价理论（Cox et al.，1979）。

将股票价格变化由连续过程分割为离散过程，在足够小的时间段内，假定股票价格只会有向上和向下两个变化趋势，二项式定价理论得到的价格和布莱克–舒尔斯期权定价模型得到的定价结果相同。

三、20 世纪 80 年代后金融经济学的新发展

随着大型金融数据库的建立和计算技术的发展，从 20 世纪 80 年代初开始，金融经济学家通过大样本的实证研究，发现了很多系统性偏离传统 CAPM 的现象，包括规模效应、股息率效应、市盈率效应、净值市价比效应、收益季节性、收益逆转、收益动能现象等。这些现象被统称为金融市场异象（market anomalies）。

（一）20 世纪 80 年代初金融市场异象

（1）规模效应：Banz（1981）发表了一篇论文《关于收益与普通股市值之间的关系》。论文中首次发现在美国的股票市场上，无论是总收益还是风险调整收益率都与公司规模呈负相关。这一与 CAPM 预测不相符的现象被称为规模效应。Fama 和 French（1992）对美国 1963～1990 年的数据进行了研究，发现规模大的公司收益率低。

（2）股息率效应：学者发现股息率 D/P 有预测未来股票价格走势的功能（Fama and French，1988；Campbell and Shiller，1989）。市场股息率高时入市比低时入市的长期收益要高。

（3）市盈率效应：Campbell 和 Shiller（1989）证明了市盈率 P/E 对未来股票收益有预测能力，能够解释 40%左右的未来收益的方差。他们发现高市盈率的股票在未来的收益表现比低市盈率的股票要差。

（4）净值市价比效应：Fama 和 French（1997）发现高净值市价比的股票的未来收益要比低净值市价比的股票高。而且这一现象不仅在美国市场出现，在其他非美国市场也同样存在。

（5）收益季节性：证券价格和农产品价格一样随气候、季节等变化而变化。比如，我们经常提到以下现象。

月末效应（turn-of-the-month effect）：月末股票收益较其他日的平均收益要高（Ariel，1987）。

一月效应（January effect）：每年一月的平均收益较其他月份要高（Rozeff and Kinney 1976；Gultekin，1983）。

周一效应（Monday effect）：周一的平均回报率比其他交易日低得多（French，1980）。

（6）收益逆转（return reversals）：短期（日、周、月）收益和长期（3～5 年）收益呈负相关（Lo and Mackinlay，2002；de Bondt and Thaler，1985）。de Bondt 和 Thaler（1985）发表了论文“Does the stock market overreact?”（《股票市场反应过度了吗？》）。该论文是实证检验美国股票市场是否存在过度反应和研究行为的金融学的奠基性作品。研究发现：在美国股票市场，投资者对历史弱势股（即过去 3～5 年收益率较低的公司）过分悲观，对历史强势股（即过去 3～5 年收益率较高的公司）过分乐观，导致股价偏离其基础价值。历史弱势股的未来收益会高于整个市场，历史强势股的未来收益表现比整个市场要

差。如果构造一个买入历史弱势股，卖出历史强势股的投资组合，并持有 3～5 年，可以获得超额收益。

（7）收益动能（return momentum）现象：指股票中期（3～12 个月）收益率满足正相关性。如果采取买入过去表现良好的股票，并卖出过去表现不佳的股票的策略，那么在 3～12 个月的持有期内会产生显著的正收益。Jegadeesh 和 Titman（1993）的文章是第一篇系统研究动能策略的文献。他们分析了 1965 年 1 月～1989 年 12 月美国股票市场的月度数据，构造了一个收益动能策略：自 1965 年 1 月开始，每月初构造动能组合（买入一单位过去 3～12 个月的强势股，同时卖出一单位弱势股），并持有 3～12 个月，计算动能组合的平均收益。结果发现动能策略可以获得显著收益。

（二）行为金融学

如何解释这些金融市场异象呢？这些现象的出现使传统金融学的发展受到了挑战。新的金融学理论应运而生。

传统的金融学理论建立在三个关键性假设的基础上：理性人、有效市场、随机漫步。然而大量的研究发现，人们的决策在很多时候不是建立在理性预期、风险回避和效用最大化的基础上。另外，传统金融也不能解释人们的决策行为，如经验决策、过早卖出盈利股票而长期持有亏损股票等。

在 20 世纪 80 年代，两位心理学家 Kahneman（卡尼曼）和 Tversky（特维尔斯基）闯入了金融学的领域，从心理学的角度解释了投资者的一些行为，创立了行为金融学，即更多地考虑到了经济活动者的心理行为对金融市场的影响。2002 年卡尼曼获得诺贝尔经济学奖。

第三节　金融经济学的核心思想

金融经济学研究的核心内容是对金融市场中某项头寸进行估值和定价，分析的基本方法是将这项头寸与其他金融资产的头寸组合起来，构造一个在市场均衡时，不能够产生无风险利润的组合头寸，此时测算出来的该项头寸在市场均衡时的价格即为无套利均衡价格。这就是无套利定价分析方法。无套利定价分析方法的诞生，标志着金融学从经济学中独立出来了。

无套利定价理论的基本思路是“一种价格法则”，即在运作良好的金融市场中，两种具有相同风险和回报率水平的证券价格是不能不同的，否则就会出现套利。这里我们给出一个简单的例子来说明这一理论的基本思路。后面我们将具体地介绍如何建立套利定价模型。

例 1.1　假设有 A、B、C、D 四家公司，在两个宏观经济变量（通货膨胀率和真实利率水平）的影响下，其收益率会出现四种不同的情况，见表 1.1。已知这四种股票的价格均为 10 元，这样的市场是否有套利机会？

表 1.1 四家公司的收益率状况

项目	真实利率高		真实利率低	
	通货膨胀率高	通货膨胀率低	通货膨胀率高	通货膨胀率低
情况发生概率	0.25	0.25	0.25	0.25
股票 A 收益率	−20%	20%	40%	60%
股票 B 收益率	0	70%	30%	−20%
股票 C 收益率	90%	−20%	−10%	70%
股票 D 收益率	15%	23%	15%	36%

解：我们可以构造由 A、B、C 三种股票等权重构成的新的组合，这个组合与 D 股票的收益率和标准差如表 1.2 所示。

表 1.2 套利组合构建

组合	期望收益率	标准差
三种股票等权重构成的组合	25.83%	6.40%
股票 D	22.25%	8.58 %

比较三种股票等权重构成的组合和股票 D 的期望收益率与标准差发现有套利机会存在。套利方法为：人们会买入收益高而风险低的股票，卖出风险高而收益低的股票，对股票 D 做空头，对三种股票的组合做多头。我们可以卖空 300 万只股票 D，分别购买 100 万只股票 A、B、C。读者可以自行给出套利组合的现金流情况，将会发现该组合在期初现金流为 0，期末无论出现哪个状态，现金流都为正，因此满足套利要求。

我们在习题中给出了另一个求解套利策略的例子，留给有兴趣的读者来完成。

本 章 小 结

本章主要对金融经济学的定义及金融经济学的相关理论做一个简单的介绍。由于金融经济学涵盖的范围非常广，我们只是对其中较为重要的部分理论做了梳理，后续章节里将具体阐述相关理论。

扩展阅读

忻海. 2009. 解读量化投资：西蒙斯用公式打败市场的故事. 北京：机械工业出版社.

参考文献

宋逢明. 1999. 金融工程原理：无套利均衡分析. 北京：清华大学出版社.

汪昌云. 2006. 金融经济学. 北京：中国人民大学出版社.

滋维·博迪，亚历克斯·凯恩，艾伦·J. 马库斯. 2002. 投资学. 朱宝宪，吴洪，赵冬青，等，译. 北京：机械工业出版社.

Ariel R A.1987. A monthly effect in stock returns. Journal of Financial Economics，18（1）：161-174.

Banz R W. 1981. The relationship between return and market value of common stocks. Journal of Financial Economics，9（1）：3-18.

Black F，Scholes M. 1973. The pricing of options and corporate liabilities. Journal of Political Economy，81（3）：637-654.

Campbell J Y，Shiller R J. 1989. The dividend ratio model and small sample bias：a monte carlo study. Economics Letters，29（4）：325-331.

Cox J C，Ross S A. 1976. The valuation of options for alternative stochastic processes. Journal of Financial Economics，3（1/2）：145-166.

Cox J C，Ross S A，Rubinstein M. 1979. Option pricing：a simplified approach. Journal of Financial Economics，7（3）：229-263.

de Bondt W F M，Thaler R. 1985. Does the stock market overreact?. The Journal of Finance，40（3）：793-805.

Fama E F，Frenck K R. 1988. Permanent and temporary components of stock prices. Journal of Political Economy，96（2）：246-273.

Fama E F，French K R. 1992. The cross-section of expected stock returns. The Journal of Finance，47（2）：427-465.

Fama E F，French K R. 1997.Industry costs of equity. Journal of Financial Economics，43（2）：153-193.

French K R. 1980.Stock returns and the weekend effect. Journal of Financial Economics，8（1）：55-69.

Gultekin N B.1983. Stock market returns and inflation：evidence from other countries. The Journal of Finance，38（1）：49-65.

Jegadeesh N，Titman S. 1993.Returns to buying winners and selling losers：implications for stock market efficiency. The Journal of Finance，48（1）：65-91.

Kraus A，Litzenberger R H. 1973. A state-preference model of optimal financial leverage. The Journal of Finance，28（4）：911-922.

Kraus A，Litzenberger R H. 1975. Market equilibrium in a multiperiod state preference model with logarithmic utility. The Journal of Finance，30（5）：1213-1227.

Kraus A，Litzenberger R H. 1976. Skewness preference and the valuation of risk assets. The Journal of Finance，31（4）：1085-1100.

Lo A W，Mackinlay A C. 2002. A Non-Random Walk Down Wall Street. Princeton：Princeton University Press.

Merton R C. 1973. Theory of rational option pricing. The Bell Journal of Economics and Management Science，4（1）：141.

Modigliani F，Miller M H. 1965. The cost of capital，corporation finance，and the theory of investment. The American Economic Review，55（3）：524-527.

Roy A D. 1952. Safety first and the holding of assets. Econometrica，20（3）：431.

Rozeff M S，Kinney Jr W R. 1976.Capital market seasonality：the case of stock returns. Journal of Financial Economics，3（4）：379-402.

Rubinstein M. 1974. An aggregation theorem for securities markets. Journal of Financial Economics，1（3）：225-244.

Rubinstein M. 1976. The valuation of uncertain income streams and the pricing of options. The Bell Journal of Economics，7（2）：407-425.

Samuelson P A. 1969. Lifetime portfolio selection by dynamic stochastic programming. The Review of

Economics and Statistics，51（3）：239-246.

Sharp W F. 1964. Capital asset prices：a theory of market equilibrium under conditions of risk.The Journal of Finance，19（3）：425-442.

Tobin J. 1958. Liquidity preference as behavior towards risk. The Review of Economic Studies，25（2）：65-86.

习题

1. 什么是金融经济学?

2. 与金融经济学相关的理论有哪些?

3. 假定 A、B 两公司资产性质完全相同，但资本结构不同。两公司每年创造的税前收益为 1000 万元。已知 A 公司无负债，由股本权益构成，共 100 万股，公司未来每年期望收益率为 10%。B 公司有 4000 万元负债，年利率为 8%，预期收益未知，B 公司发行股数为 60 万股。要求：计算 A、B 公司股票价格。

第二章

不确定性与期望效应理论

本 章 目 标

本章主要介绍风险与不确定性相关的概念，包括风险的定义和度量方法，投资、投机和赌博的区别，风险溢价的计算方法，以及在确定性和不确定性情况下决策的方法。我们还讨论了效用函数和期望效用函数的存在性及其性质。

第一节　风险与不确定性

本节主要包括四个部分的内容：第一个是风险的定义与度量方法，第二个是风险溢价、投资、投机与赌博，第三个是确定性与不确定性，第四个是投资决策准则。

一、风险的定义与度量方法

金融经济学中风险的概念如下。

定义 2.1　风险是指未来收益的不确定性，并且这种不确定性可以用概率分布来进行测度。

我们知道通常的不确定性可能是没有这种概率分布的，如下个月是不是会发生地震、今年是否有洪水发生，都是无法确定的。这种情况下我们说是不确定性，而不是金融经济学中的“风险”。金融经济学中所说的“风险”一定是可以用概率分布来进行测度的，如扔硬币，有可能“字”朝上，也有可能“字”朝下，概率各为 50%，如果能猜对就可以获得收益，否则就要有损失。因此我们说扔硬币是有风险的。那么了解了风险的定义之后，现在还有一个问题，风险有哪些度量方法？

我们来设定一些基本的符号。假定投资者手中有 n 只股票，R_i 表示第 i 只股票的随机收益率，R 为投资组合的收益率向量，即 $R=(R_1,R_2,\cdots,R_n)^{\mathrm{T}}$ 。x_i 表示投资组合里第 i 只股票所占的份额，x 为投资组合向量，即 $x=(x_1,x_2,\cdots,x_n)^{\mathrm{T}}$ ，那么我们有

$$R(x)=\sum_{i=1}^{n}R_i x_i \tag{2.1}$$

$$r(x)=E(R(x)) \tag{2.2}$$

其中，$R(x)$ 表示这个投资组合的随机收益率；$r(x)$ 表示其期望收益率。我们假定用 $V(x)$ 来表示这个投资组合的方差，可以写为如下形式。

定义 2.2　方差

$$V(x)=E(R(x)-r(x))^2 \tag{2.3}$$

标准差可以写为

$$\sigma(x)=\sqrt{V(x)} \tag{2.4}$$

用方差和标准差来度量投资组合的风险是常见的一个办法，但是很多投资者还会有其他的一些想法。比如，他认为购买股票之后，股票价格上涨没有风险，股票价格下跌才有风险。也就是说，他认为风险不是对称的。如果用方差度量就不合适，因为方差意味着无论股票价格上涨还是下跌，对投资者来讲都有风险。如果需要选择其他的风险度量模型来表示这个投资者的风险厌恶态度，我们可以选择什么模型呢?

投资者如果认为股票价格下跌时才会有风险，可以选择新的度量风险的方法：下半方差。我们用 $V_(x)$来表示，可以写成如下形式。

定义 2.3　下半方差

$$V\_(x)=E[(R(x)-r(x))\_\,]^2 \tag{2.5}$$

函数 $(a)\_$ 定义为零和$-a$ 的最大值，即

$$(a)\_=\max(0,-a) \tag{2.6}$$

如果未来 a 大于零，它的取值为零；a 小于零，取值为$-a$。显然，式（2.5）表明，如果投资者的风险模型为下半方差，则意味着如果未来股票价格上涨，风险为零；如果未来股票价格下跌，是有风险的。

还有一种风险模型叫绝对偏差，我们用 $w(x)$ 来表示。Konno 和 Yamazaki（1991）于 20 世纪 90 年代初以绝对偏差作为风险度量模型，研究了在收益率满足正态分布的条件下绝对偏差和均值-方差模型最优策略的一致性，这一模型提出后，受到了人们的广泛关注，因为它能解决大型的优化问题，同时将二次规划转化为更容易求解的线性规划问题。

顾名思义，绝对偏差采用的是绝对值这样的一个表述形式。它把原来方差中的平方项修改为绝对值的形式，也可进一步写为如下形式。

定义 2.4　绝对偏差

$$w(x)=E(|R(x)-r(x)|)=E\left(\left|\sum_{i=1}^{n}R_i x_i-\sum_{i=1}^{n}r_i x_i\right|\right) \tag{2.7}$$

式（2.7）说明，绝对偏差和方差相比，由原来的平方也就是二阶的形式转化成一阶。在定义完绝对偏差后，我们可以定义下半绝对偏差，形式与下半方差类似。

定义 2.5　下半绝对偏差

$$w\_(x)=E(|R(x)-r(x)|\_\,) \tag{2.8}$$

函数$|a|_$ 定义为零和$-a$ 的最大值。

1991 年 Harlow（哈洛）提出了下偏矩（lower partial moments，LPM）指标来度量风

险。LPM 是用来度量低于基准收益的风险情况，其中，partial 是指该指标只衡量了收益分布相对于基准收益一侧的情况，lower 是指该指标衡量的是资产收益低于基准收益的损失风险（downside risk）。

定义 2.6 LPM 风险

$$\mathrm{LPM}_z^n(R) = E(\max(z - R;0)^n) \tag{2.9}$$

在绝对偏差提出后，有不少学者以此为基础进行了一些新的扩展。Cai 等（2000）提出用投资组合中证券的最大绝对偏差来刻画风险，也给出了一个投资组合选择的线性规划模型，并求出了解析解。我们把这个函数用 $l_\infty(x)$ 来表示，它选择的是所有绝对偏差中最大的那个资产的绝对偏差值作为投资组合风险的度量。

定义 2.7 最大绝对偏差

$$l_\infty(x) = \max_{0\leqslant i\leqslant n}[E(| R_i x_i - r_i x_i |)] \tag{2.10}$$

这里面其实隐含了限制卖空，也就是说这里的 x_i 应该不小于零。

Teo 和 Yang（2001）进一步对绝对偏差模型进行了扩展，提出将历史数据分割为 T 个时期，利用所有时期内的最大绝对偏差的平均值度量投资组合的风险。

定义 2.8 最大平均绝对偏差

$$H_\infty^T(x) = \frac{1}{T}\sum_{t=1}^{T}\max_j[E(| R_{tj} x_{tj} - r_{tj} x_{tj} |)] \tag{2.11}$$

以上我们对一些风险度量模型进行了介绍，有兴趣的读者可以阅读相关文献，查阅更多的风险度量方法。我们在本书中还会提到如何判别风险模型的“好”与“坏”，相关内容将在后面的章节里进行介绍。

二、风险溢价、投资、投机与赌博

定义 2.9 风险溢价指的是去除无风险资产收益后的实际期望收益。

计算风险溢价需要特别注意的是要去除无风险资产收益。在金融经济学中，涉及风险与回报的权衡，我们应主动思考在金融决策中的风险评估与管理如何与社会责任、环境责任相关联。另外，金融系统稳定性对我国经济金融高质量发展具有重要作用，我们应树立风险意识。

例 2.1 假设一个投资者有 10 万美元的初始财富，打算投资风险资产或者国库券。为了简便，我们假定投资风险资产，未来有两种投资结果：在概率 $p = 0.6$ 的情况下，他会获得收益，资产价值为 15 万美元，记为 $w_1 = 15$ 万美元；在概率为 $p = 0.4$ 的情况下，他的收益不理想，会亏损 2 万美元，即资产价值为 8 万美元，记为 $w_2 = 8$ 万美元。如果选择投资国库券即购买无风险资产，无风险资产的收益率为 5%，即 $r_f = 5\%$。求投资于风险资产的风险溢价为多少?

解： 投资者期望收益为

$$E(w) = pw_1 + (1-p)w_2 = 122\,000\text{美元}$$

如果去掉本金 10 万美元的话，实际收益是 22 000 美元。风险溢价应该是购买国库券之后的收益，即 22 000 美元减掉购买国库券的收益，而如果投资国库券，肯定能够收到 5000 美元。此时，风险溢价为

$$22\,000-5000=17\,000\text{美元}$$

这就是我们所说的风险溢价的概念。如果用方差来度量风险的话，可以得到

$$\sigma^2(w)=1176\,000\,000\text{美元}$$

$$\sigma(w)\approx 34\,292.86\text{美元}$$

我们先提出第一个问题：这样的一个投资，其风险到底大不大？我们说这个投资是有非常大的风险的，为什么呢？因为收益的标准差远大于预期盈利。在此基础上我们就会提出第二个问题：如果你是投资者，你会不会去把握这样一个风险比较大的机会呢？这里就涉及判断风险资产的收益是否足够用来补偿承担的风险的问题，即如果投资者选择国库券，可以获得确定的收益 5000 美元，而投资风险资产的话，可以获得 17 000 美元，那么这个 17 000 美元是不是可以足够用来补偿投资者所承担的风险？这个问题其实就是我们说的整个金融经济学中的一个核心问题，即资产定价问题，风险溢价和它的风险是不是匹配的问题。这也是本书的核心内容，我们将在后面的章节里详细讨论资产定价理论。

接下来我们要明确的另一个概念为投机，它是指在获取相应报酬时，承担一定的商业风险。这个相应的报酬指的就是我们前面所说的风险溢价。通过计算风险溢价，我们就可以知道投资者到底是在投机，还是在赌博。相应的报酬是区别投机和赌博的一个重要因素。为什么这么讲呢？原因在于赌博是为了一个不确定的结果打赌或者下注，也就是说，赌博没有获得相应的报酬，而投机是有相应的报酬的，这个相应的报酬就是前面说的风险溢价，所以风险溢价的定义是非常重要的。

在很多时候，你会发现投机和赌博区别起来非常难，有时候看起来像是投机，有时候又看起来像是赌博。我们举个例子来讲。

例 2.2　有两个投资者，他们对美元与英镑的远期汇率持截然相反的态度，要就此进行打赌。约定 1 年之后，如果 1 英镑的价值超过 1.70 美元，甲就付给乙 100 美元，如果 1 英镑的价值没有超过 1.70 美元，乙就付给甲 100 美元。最后只有两种结果，要么超过，要么不超过。有以下两个问题。

（1）甲和乙对两种结果的出现概率持相同的意见，均为 0.5，大家觉得这是投机还是赌博呢？

（2）如果甲和乙对两种结果的出现概率所持意见不同，那么这两个人是投机还是赌博呢？

解：如果是第一种情况，甲和乙对两种结果出现的概率所持意见相同的话，各为 0.5，这就变成了赌博；但是如果概率值不同，比如说一个 0.6，一个 0.4，那么这就变成了投机。为什么这么讲呢？因为在第一种情况下，它的风险溢价为零，在第二种情况下，风险溢价是正的。

例 2.3　六合彩一般是由 50 个数字组成的，假定从 1 到 50 个数字，博彩者随意圈定 6 个数字，如果与摇奖摇出的 6 个数字吻合，就可以中大奖 3 000 000 元。假设不计算猜中 5 个、4 个、3 个数字的小奖，如果彩票是 1 元一张，这是投机还是赌博呢？

解：这个六合彩的例子，其实就是一种有风险的事件，你要判断是投机还是赌博，就是看它到底有没有风险溢价。要是有风险溢价，并且风险溢价为正数，那么我们说这就是

投机。如果风险溢价为零，甚至为负数（为负数的风险溢价一般称为风险折扣），我们说这就是赌博。

我们现在对这个问题重新梳理一下。六合彩一般是 50 个数字，从 1 算到 50，博彩者随意圈定 6 个数字。这里为了简便，我们不考虑二等奖、三等奖，也就是所有买彩票的人，都是为了头等奖 3 000 000 元去的。那么要挣 3 000 000 元，从 50 个数字中圈对 6 个数字的概率有多大呢？我们可以算一下中奖概率，用 p 来表示，p 应该等于什么呢？从 50 个数字里面选出 1 个数字，49 个数字里面选出 1 个数字，…，45 个数字中选出 1 个数字，这是一个排列组合问题，并且没有先后要求，只要数字对就可以，那么中奖的概率为

$$p=\frac{1}{C_{50}^{6}}=\frac{1}{15\,890\,700}$$

显然概率非常小。现在我们把这个问题用决策树反映出来（图 2.1）。初始有 1 元，有两种选择：买彩票或者不买彩票。其中买彩票会有两种可能性，p 的概率挣到 3 000 000 元，$1-p$ 的概率中 0 元。如果不买彩票的话，最后还是有 1 元。

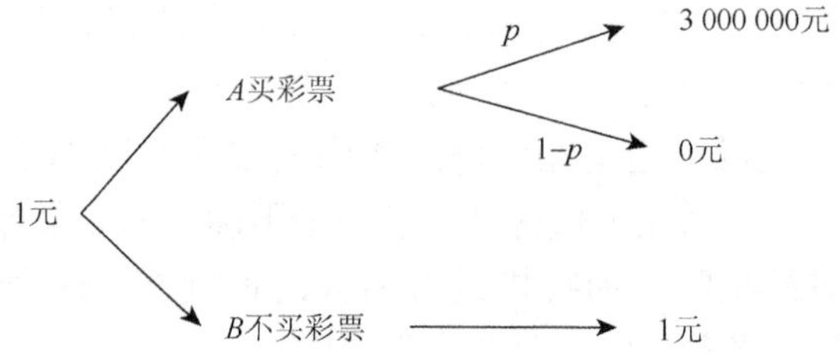

图 2.1　六合彩

那么对于 A 的这种可能性，我们可以算出它的收益为

$$E(w)=3\,000\,000p+0(1-p)=0.2\text{元}$$

预期收益减掉无风险收益后的实际收益为

$$0.2-1=-0.8<0$$

即实际收益小于 0，所以我们说这不是风险溢价，而是风险折扣。那么既然是风险折扣，这就是赌博而不是投机。

前面我们举了两个例子，分析投资、投机、赌博到底是什么。那么我们现在用比较严格的方法来定义赌博、投资和投机。

定义 2.10　赌博是为了享受冒险的乐趣而承担风险，没有其他目的。投资是在投资者看到有利的收益风险权衡时发生的。投机是只要有正的风险溢价就可能发生的行为，而不管所获得的风险收益是否能够补偿承担的风险。

从定义 2.10 中我们可以发现，对于赌博来讲，它是一种不确定性，也就是说，仅仅为了冒险，并没有获得任何的收益。正如我们刚刚举的例子中，凡是被定义为赌博的，它的风险溢价为零，甚至为负数。投机者只要有正的风险溢价就会去做。对于投资者来讲，需要有利的收益来弥补其承担的风险，那么这里有利的收益，其实和我们后面要讲到的资产定价或者套利定价是联系在一起的。不仅要有正的风险溢价，而且这个风险溢价要足够

大并能够弥补他所承担的风险时，投资者才会进行一种投资活动。因此，投机和投资的区别就在于风险溢价到底够不够大。没有风险溢价的话就是赌博，有风险溢价的话就是投机，风险溢价足够大的话就是投资。如何判断风险溢价是否足够大，需要结合后面的资产定价理论和套利定价理论来判断其定价是否处于均衡状态，如果不是，可以通过买入或者卖出进行套利。

三、确定性与不确定性

金融决策一般都是时序决策，今天不同的选择将对未来可能出现的结果产生不同的影响。也就是说，我今天决定买一只股票，未来这只股票到底能给我带来多大的收益或者损失是未知的。这是金融决策的一个特点，即无法预知将来的结果。

下面我们介绍一个概念：自然状态。注意我们这里所说的自然状态，只是借用了自然状态的一个说法。这种自然状态指的是超越经济行为所能控制的一些状态。比如，下一期的宏观经济景气状况，即在这个月我们没有办法确切地知道下个月的经济发展状况；公司或行业的经营绩效，即我们不知道公司下个月能够挣多少或者亏损多少；甚至明天的天气我们也不知道。这样的一些状态，我们就称为自然状态，就是超越了经济行为人的控制。自然状态有两个特点：完全性与排斥性。完全性指的是自然状态集合中所有的状态，包含了未来所有可能发生的状态。排斥性指的是状态之间的，只能选择其一发生，不可能同时发生两个。

由于股票等金融资产的未来价格依赖于未来实际发生的自然状态，我们把这些资产的投资收益称为状态依存（state contingent），在有的文献或者教材中，会出现这样一个定义。

下面我们给出一些记号，用 A 表示可行行为的集合，S 表示可能现实状态的集合，C 表示结果的集合。对于每一个行为 a（它是 A 中的一个元素）及每一个状态 s（它是 S 中的一个元素），它们结合在一起会产生一个结果 c（结果集 C 中的一个元素）。如果找到一个函数 f 能够把行为和状态与结果对应起来，那么我们通过这个 f，就可以判断它到底是一种确定条件下的决策，还是不确定条件下的决策。具体写成函数的形式，即

$$(s,a)\to c=f(s,a) \tag{2.12}$$

假设状态集是有限的，记为 $S=\{s_1,s_2,\cdots,s_m\}$；$A=\{a_1,a_2,\cdots,a_n\}$。每选择一个行为 a_i 就对应于偶然状态结果的选取，也就是说，给定一个行为 a_i，变化 s 就会得到相应的结果 c，即 $\{c_{1i},c_{2i},\cdots,c_{mi}\}$。这里的 $c_{1i}\sim c_{mi}$ 其实对应的是不同的状态，因此选择 a_i 或者 a_j 与选择 $\{c_{1i},c_{2i},\cdots,c_{mi}\}$ 或者 $\{c_{1j},c_{2j},\cdots,c_{mj}\}$ 是一样的。所以在选择行为的时候，其实就等于选择了未来最终的结果。如果选择 a_i，未来结果是 $\{c_{1i},c_{2i},\cdots,c_{mi}\}$；如果选择 a_j，那么未来的结果是 $\{c_{1j},c_{2j},\cdots,c_{mj}\}$。通过观察函数 f，就可以区分我们要做的决策是确定条件下的决策还是不确定条件下的决策。如果 f 不随现实状态的变化而变化，也就是说，现实状态不会影响产生的结果，我们就认为是确定条件下的决策；如果 f 和状态有关，那么就认为是不确定条件下的决策。

现在我们来看两个例子。

例 2.4　考虑一个厂商的定价。这个厂商选择单一的投入——劳动力 l 来使利润最大化。给定生产函数 f 及劳动力的价格 w 和产出的价格 p，该厂商的利润是由劳动力 l 来决定的，所以这是一个确定条件下的决策。

由于这个厂商的利润仅由劳动力来决定，利润函数用$\pi(l)$来表示，l表示劳动力，劳动力的价格用w来表示，产出价格用p表示，$f(l)$是生产函数。厂商的利润可以表示为

$$\pi(l) = p \times f(l) - wl$$

在这个例子中，未来最终的利润只由l来决定，所以它是一个确定条件下的决策。

例 2.5 厂商定价再讨论。假设例 2.4 给出的条件不变，但是如果产出水平不仅由劳动力决定，还由其他因素来决定，如天气状况，s_1代表天晴、s_2代表下雨，此时产出水平不只由l决定，它已经把状态放进去了，但是我们不知道明天到底是天晴还是下雨，所以利润π也与状态有关，可以表示为

$$\pi(s,l) = p \times f(s,l) - wl$$

我们假定天晴时的产出要大于下雨时的产出，那么自然就可以推出天晴时的利润要比下雨时的利润高，即

$$f(s_1,l) > f(s_2,l) \Rightarrow \pi(s_1,l) > \pi(s_2,l)$$

因为无法提前知道天气情况，所以无法确定利润的值，因此我们说厂商面对的是一个不确定条件下的决策。此时如果厂商要求利润最大化，那么面临的是一个不确定条件下的决策问题。

下面我们引入概率来描述。假设行为现实状态和结果之间的关系通过函数f表示，在S上定义一个概率空间，即对每一个行为$a \in A$都存在一个在C上的概率分布，对于任何结果的子集$K \subset C$，K发生的概率都等于对应状态发生的概率。我们可以看到式（2.13）。

$$\text{prob}(K) = \text{prob}(s \in S \mid f(s,a) \in K) \tag{2.13}$$

其中，s表示可能现实状态中的某一个状态；$f(s,a)$表示对每一个s所产生的不同的结果，将这些结果组合到一起就变成了集合K。也就是说，给定每一个行为a，都存在C上的一个概率分布，这个概率分布决定了未来结果会是哪一种情况。换言之，对于任何结果的子集K，它发生的概率等于对应状态发生的概率。这是我们所说的：一个特定的结果的概率等于现实状态的概率。

下面我们也通过两个例子进行说明。

例 2.6 对于每一个非负的投入水平l，给定状态 1 和状态 2 的概率，厂商就面临一个在所得利润水平上的概率分布，假定s_1为天晴，s_2为下雨，发生的概率分别为

$$\text{prob}(s = s_1) = 3/4$$

$$\text{prob}(s = s_2) = 1/4$$

前面我们已经定义了利润函数。在该例中，我们也可以做相应的一个表述，沿用刚提到的利润函数的表示方法，即$\pi(s,l) = p \times f(s,l) - wl$。

在此假定生产函数$f(s,l)$和状态有关，现假定有两种情况，因此生产函数为分段函数。在第一种状态下，产出水平用$\sqrt{l}$来表示；第二种状态下，产出水平用$2\sqrt{l}$来表示，即

$$f(s,l) = \begin{cases} \sqrt{l}, & s = s_1 \\ 2\sqrt{l}, & s = s_2 \end{cases}$$

下面我们对涉及的变量赋值，我们假定：

$$p = 2，\ l = 1，\ w = 1$$

那么通过计算可以得到未来的利润：

$$\pi(s_1,l)=p\times f(s_1,l)-wl=1$$

$$\pi(s_2,l)=p\times f(s_2,l)-wl=3$$

给出这两个利润之后,因为未来只有两种状态,所以厂商未来的利润只会有两种情况：1 或者 3。那么利润为 1 的概率，其实就是状态 1 发生的概率，为 3/4；利润为 3 的概率，就应该是状态 2 发生的概率，为 1/4，即

$$\text{prob}(\pi=1)=\text{prob}(s=s_1)=3/4$$

$$\text{prob}(\pi=3)=\text{prob}(s=s_2)=1/4$$

引入概率分布之后，不同结果发生的概率其实就等于对应状态发生的概率。

例 2.7　在上述条件下，进一步假设行为集 A 由两个行为组成，行为是劳动力投入水平 l，即 $A=\{l_1,l_2\}$，则对 l_i 的选取可以看作对四个利润水平上的概率分布的选取。请回答以下问题。

（1）行为出现 l_1,l_2 的情况下，未来可能的结果是怎样的?

（2）每一个结果出现的概率是多少?

在这个例子中，我们假定行为也有两种情况，现在需要给出未来利润分布的情况。之前只是状态有两种情况，要判断出未来利润水平的概率分布。假定状态 1 出现的概率为 0.4，状态 2 出现的概率为 0.6，即

$$A=\{l_1,l_2\},\quad S=\{s_1,s_2\}$$

$$\text{prob}(s=s_1)=0.4$$

$$\text{prob}(s=s_2)=0.6$$

那么未来会有几种可能的结果呢？如果只有一个行为的话是两个结果，那两个行为就会有四种结果，分别记为 $\pi(l_1,s_1)$、$\pi(l_1,s_2)$、$\pi(l_2,s_1)$、$\pi(l_2,s_2)$。

$\pi(l_1,s_1)$ 表示选择 l_1 行为时，状态 1 产生的结果；$\pi(l_1,s_2)$ 表示选择 l_1 行为时，状态 2 产生的结果。$\pi(l_2,s_1)$、$\pi(l_2,s_2)$ 的定义以此类推。现在要求计算每个结果发生的概率，得到利润的概率分布。

如果选择 l_1 的话，$\pi(l_1,s_1)$ 出现的概率是多少？因为对应结果出现的概率就等于对应状态发生的概率，所以 $\pi(l_1,s_1)$ 出现的概率是 s_1 出现的概率，为 0.4；$\pi(l_1,s_2)$ 出现的概率为 0.6。因为没有选择 l_2 行为，所以 $\pi(l_2,s_1)$、$\pi(l_2,s_2)$ 均为零。因此我们可以得到所有的概率分布，如表 2.1 所示。

表 2.1　不同利润概率分布表

行为	$\pi(l_1,s_1)$	$\pi(l_1,s_2)$	$\pi(l_2,s_1)$	$\pi(l_2,s_2)$
l_1	0.4	0.6	0	0
l_2	0	0	0.4	0.6

接下来，我们给出风险与不确定性的定义。风险是来自未来结果的不确定性，但是风

险又与不确定性不同。Frank Hyneman Knight（富兰克·奈特）在 1921 年对风险和不确定性做了明确的区分，我们这里引用他的说法：风险意味着我们对未来可能发生的所有事件，以及它们发生概率的大小有准确的认识，但是对于究竟哪一个事件会发生一无所知。换句话说，我们知晓未来的概率分布，这种概率分布也许来自经验或者客观事物本身的规律。究竟是否知道未来结果发生的概率是风险和不确定性之间的区别。不确定性意味着即便我们能够知道未来世界的可能状态，它们发生的概率也仍然是不清楚的。例如，关于地震，我们知道要么有地震，要么没有；关于天气，我们知道要么天晴，要么下雨，要么多云，但是不知道它们发生的准确概率是多少。

我们今后所有的讨论中，虽然也会提到不确定性，但是它和风险是一样的。也就是说，这种不确定性等价于这里提到的风险，即事先知晓概率分布。比如，购买股票，想知道未来这只股票带给我们的收益是多少，或者想知道未来股票的价格是多少，我们都要假定这只股票的价格的概率分布是满足已知的条件的，否则，没有办法确定它的收益或者它的价格。

四、投资决策准则

我们来看一些常用的投资决策准则。第一个是在经济学中广泛使用的收益最大准则。

收益最大准则完全应用于没有风险的情况下，按照这一准则，选取收益率最高的投资机会即可。

例 2.8 一个公司的最优生产决策问题。这个公司所生产的产品的单位价格用 P 来表示，生产数量为 Q，生产成本为 $C(Q)$，利润为 $\pi(Q)$，则利润函数可表示为

$$\pi(Q) = PQ - C(Q)$$

在经济学中经常研究的是要生产多少数量可以保证利润最大。最优的生产数量 Q^* 应该满足下面的一阶条件。

$$P = C'(Q^*)$$

这个问题不含任何不确定性的因素，收益最大准则可以用来解决这类确定条件下的问题。

第二个是期望收益最大准则。期望收益最大准则主要是用于不确定条件下的决策，是指选择期望收益最大的投资机会的一种投资决策准则。

例 2.9 有四个投资方案，A、B、C、D 需要判断哪一个最优。对于投资方案 A，没有风险，获得确定的收益率 6%；投资方案 B 也是没有风险的投资，确定收益率为 7%；投资方案 C 有风险，收益率有可能是−6%，有可能是 0，有可能是 50%，对应的概率分别为 0.25，0.5，0.25；投资方案 D 也是有风险的，收益率有四种可能性，分别是−11%、11%、25%、35%，对应的概率分别为 0.2、0.2、0.4、0.2。

如果使用收益最大准则，很难判断优劣，因为 A 和 B 之间可以判断选择 B，但是 B 和 C 之间无法判断。有时 C 好于 B，有时比 B 差，D 也同理。此时可以求 A、B、C、D 的期望收益率，然后对它们进行排序。这就是期望收益最大准则。

我们这里看一个例子：彼得堡大街悖论。这个例子是用来说服 18 世纪的学者“期望收益最大准则”是不正确的。期望收益最大准则可以帮助我们在不确定的条件下进行排序，但是这个准则不能解决所有不确定条件下的问题。

例 2.10 圣彼得堡悖论。考虑一个博弈，掷硬币直到字出现为止。当字出现时，如果投掷次数为 x，则奖励金额为 2^{x-1} 元。一旦字出现，博弈终止。从理论上来说，这个博弈可以无限地进行下去。为了参加这个博弈，你愿意付多少钱呢？是不是愿意拿出 100 元来参加这样一个博弈呢？

首先我们假设愿意出 100 元参加这一博弈。

情况 1：第一次掷硬币就出现了字，这个时候你的收益情况如何？

我们说是有损失的，因为第一次就出现字，你只能拿走 1 元，但是你花了 100 元来参加。

情况 2：如果字一直都不出现，前 100 次都没有出现字，这时至少能够获得 2^{99} 元。从这个角度上来讲，好像应该花很多钱去参加这个博弈，但是经过实验观察后发现，人们愿意付出的金额基本就在 2～3 元。对于一个可能会获得很多收益的博弈，很多人却只认为它和 2～3 元的金额是等价的。

为什么会出现以上情况呢？期望收益最大准则是没有办法解释的。因为根据期望收益最大准则，这个博弈的确定等价财富应该是无限大。我们可以看一下，用 x 表示掷硬币的次数，用 $w(x)$表示出现字时获得的收益，用 $p(x)$ 表示不同可能收益出现的概率，则有

$$w(x) = 2^{x-1}, \quad x = 1, 2, \cdots, n$$

$$p(x) = \left(\frac{1}{2}\right)^x, \quad x = 1, 2, \cdots, n$$

那么期望财富 $E(W)$ 可用公式表示为

$$E(W) = \sum p(x)w(x) = \sum_{n=1}^{\infty}(1/2)^n \times 2^{n-1} = \infty$$

可以看到如果按照期望收益最大准则，大家应该是愿意花所有的钱来参加这样的一个博弈的。实际中，投资者只愿意花 2～3 元。综上，说明期望收益最大准则并不能解决一切不确定性问题。

例 2.11 证券投资问题。只追求期望收益最大化的投资者绝对不会选择一个多元化的投资组合。如果一种证券具有最高的期望收益，那么投资者会怎样呢？

他会把全部的资金都投资于这种证券。如果几种证券具有相同的最大化期望收益，对这个投资者来讲，投资若干这些证券的组合，或者只是其中一种证券是无差别的。因为对于追求期望收益最大化的投资者来说，哪只股票的期望收益大，就会投资该股票，根本不会选择多元化的投资。如果有若干种股票，它们的期望收益相同的话，对投资者来讲，它们是没区别的。实际上我们知道多元化是投资的基本原则，从这个角度讲，期望收益最大准则是有缺陷的，所以此时就会引入期望效用准则。期望效用准则是伯努利提出来的一个方法。

期望效用准则是指用期望效用最大化作为目标，假定投资者关心的是期末财富的效用，就成功解决了彼得堡大街悖论。

在彼得堡大街悖论中，投资者追求的是$E(W)$，现在我们选择的是最大化其期望效用$E(u(W))$，其中，效用函数$u(x)$有两种可能的形式，分别为

$$u(x)=\log x$$

$$u(x)=x^{1/2}$$

分别求投资者的期望效用值：

$$E(u(W))=\sum_{n=1}^{\infty}(1/2)^n \log 2^{n-1}=\log 2=u(2)$$

$$E(u(W))=\sum_{n=1}^{\infty}(1/2)^n (2^{n-1})^{1/2}\approx(2.91)^{1/2}=u(2.91)$$

在引入两个效用函数之后，投资者认为彼得堡大街悖论中的等价金额可能是2元，也可能是2.91元，这就和实际中观察到的2～3元是等价的。用期末财富的对数形式或指数形式作为效用函数，通过简单地计算就可以发现人们的确定等价财富的确在2～3元。

第二节　偏好关系与效用函数

我们接下来讲期望效用理论。在这一部分，我们将介绍四个内容，第一个是二元关系与偏好关系的定义，第二个是效用函数，第三个是期望效用函数，第四个是期望效用理论矛盾。

一、二元关系与偏好关系的定义

首先我们看一下二元关系的定义。

定义 2.11　一个集合上的二元关系是确定这个集合中两个元素之间的一种联系。

在生活中，我们经常会遇到这样的一种联系。比如，每个老师和自己的学生，是老师和学生之间的二元关系；每个学生和自己的学号或者学生和自己的宿舍，都是一个二元关系。二元关系通常用(x,y)表示。有的二元关系所涉及的两个元素有相同的性质，如我们刚刚提到的老师和学生，都具有相同的属性；但是学生和自己的学号就不一样，因为学生和学号属于不同性质的集合。

在定义二元关系后，我们来看偏好关系的定义。偏好关系本身是一种排序，也就是说，投资者在面对各种各样的投资计划或者投资选择时，如何对这些投资计划进行排序呢？我们可以通过偏好关系来进行排序。参与者的经济需求是由他对不同消费计划的偏好来描述的，而偏好是参与者对所有可能消费计划的一个排序，这样的排序定义了他的经济需求。

定义 2.12　偏好关系（preference relationship）是指满足以下三个性质的二元关系。

（1）传递性。对任意的x,y,z，这里的x,y,z指的是在整个投资选择集中的元素，或

者三个投资计划，如果 x 好于 y、y 好于 z，可以推出 x 好于 z，那么我们就说这个二元关系满足传递性。比如，全部同学的身高体重，可以看成是满足传递性的一种偏好关系。

（2）完备性。如果二元关系满足对任意的 x,y，要么 x 好于 y，要么 y 好于 x，我们就称它具有完备性。换句话说，完备性指的是投资计划集合中的任何两个投资计划都是可以进行排序的，不存在没有办法排序的两个投资计划。

（3）自反性。如果二元关系满足任意一个投资计划都至少和自己一样好，则我们称其具有自反性。

只要是满足传递性、完备性和自反性的二元关系，我们就称为偏好关系。

定义 2.13　给定一个偏好关系，如果 x 与 y 是无差别的，那么是指 x 好于 y，同时 y 也好于 x，此时两个投资计划是一样的，选哪个都可以，即

$$x \succsim y, y \succsim x \Rightarrow x \sim y \tag{2.14}$$

定义 2.14　如果 x 严格偏好 y，则有 x 好于 y，但 y 好于 x 不成立，即

$$x \succ y \tag{2.15}$$

投资选择集（消费集）上的偏好关系是一个选择机制，它使得投资者或者消费者可以对选择集上的任意两个投资方案进行比较，并且这种比较是理性的。那么理性到底怎么去定义呢？其实在本章中已经给出。理性要求投资者的排序需要满足偏好关系给出的三个性质。其中完备性和传递性是非常重要的。完备性保证了集合中不同方案之间总存在某种可以比较的关系；传递性保证了偏好的一致性，如果在投资计划集合中，投资者对投资计划的排序不满足传递性，我们说这就是一个非理性的投资者。对于非理性的投资者，根据金融经济学的理论，他是会被赶出市场的。

下面我们举例来看一下非理性的投资者在市场中会出现怎样的情况。

例 2.12　假定有一个参与者对三个消费计划 a,b,c 进行排序，排序结果为

$$a \succ b，\ b \succ c，\ c \succ a$$

如果满足传递性，根据前两组应该有 $a \succ c$，但是这个投资者是非理性的，其排序结果是 $c \succ a$。现在要请读者思考：如果有一个投资者，他的排序是这样的一种偏好关系，会有怎样的一个后果呢？会不会真的有这样的一个投资者存在于金融市场中呢？

解：理性的投资者会要求投资计划的选择满足传递性，但这里给出的 $c \succ a$ 是不满足传递性的，所以我们可以通过一定方法把这个投资者赶出金融市场。

为了方便，我们可以把 a,b,c 看成三个手机，首先让非理性的投资者以愿意支付的价格 p 去购买 c，接下来我们应该怎么做？注意到他的偏好顺序为 $a \succ b, b \succ c$，我们用 b 与 c 交换，因为 $b \succ c$，所以他愿意再支付 q_1，此时投资者手中是手机 b，而不再是手机 c。注意到他认为 a 比 b 好，我们用手机 a 与他交换手机 b，他愿意支付 q_2 来换取 a，这样他手里有手机 a。再注意到 c 好于 a，我们用 c 与 a 交换，那么该投资者会愿意再支付 q_3 来换取 c。这种情况下，他一共支付了 $q_1+q_2+q_3$，并且最终该投资者手中有 c，此时我们再用价格 p 换回 c，那么经过一系列的变化，该投资者手中已经没有任何手机了，但支付了 $q_1+q_2+q_3$。为什么会造成这个结果？原因在于该投资者缺乏理性，偏好顺序不满足传

递性，从而导致出现亏损。如果他愿意参与的话，我们可以继续和他玩这个游戏，直到最后投资者财富为零，进而被赶出金融市场。

因此在金融市场中，如果投资者是非理性的，他最终会被赶出去，所以在市场中能够进行交易的投资者都是保持理性的。这个例子做了一个非常好的说明。

二、效用函数

下面引入效用函数的定义。

定义 2.15 对于给定的偏好关系，给每一个消费计划赋予一个实数与之对应，即对消费集 C 上的偏好关系，可以找到一个函数 $U:C\to R$，使得

$$\forall a,b\in C,\quad a\succsim b\Rightarrow U(a)\geqslant U(b) \tag{2.16}$$

这个定义告诉我们：若 a 好于 b，其中 a,b 表示 C 上的两个消费计划或者投资计划，则函数值 $U(a)$ 大于等于 $U(b)$。那么为什么要引入效用函数呢？为什么不可以把投资计划集合中的元素全部拿出来进行排序呢？如果一个投资计划集合中有非常多的元素，或者非常多的计划，逐个进行比较，会非常麻烦，但是如果能够将每个投资计划都映射成一个实数，进而直接在实数集上进行比较就会变得非常简单。

虽然引入效用函数可以简化偏好排序，但是不是所有的投资计划集合都可以找到这样的一个函数。这就是我们下面要提到的一个问题：效用函数的存在性问题，即并不是所有的偏好关系都能用函数来表示。那么在什么情况下偏好关系可以用函数来表示呢？

定理 2.1 如果证券组合集 X 上只具有有限或者可数个元素，那么定义在 X 上的偏好关系一定可以用实值效用函数来表示。

这个定理告诉我们只要证券组合集 X 中有有限个元素或者元素是可数的，我们就可以找到一个实值效用函数与之对应。一般来讲，当投资者购买金融资产，或者进行股票、债券的投资时，投资组合选择都是有限的。所以定理 2.1 基本保证了在我们常见的投资组合选择中，都可以找到一个实值效用函数来帮助我们进行排序。

为了理解这个定理，现在我们以有限个元素为例来进行证明。可数个元素的情况也可以证明，但在此省略。

证明： 我们以集合中有 3 个元素为例，n 个元素的情况可以用数学归纳法来做。假定集合 X 中有 3 个元素 p_1,p_2,p_3，在这 3 个元素中任选一个 p_3，我们先定义一个实值效用函数

$$U(p_3)=b,\quad b\text{为常数} \tag{2.17}$$

由于集合 X 是一种偏好关系，任意两个元素之间都可以比较大小，因此比较 p_1 和 p_3，会有三种可能的情况：$p_1\succ p_3$，$p_1\sim p_3$，$p_1\prec p_3$。根据 p_1 和 p_3 之间存在的关系，我们可以定义实值效用函数 $U(p_1)$。如果 $p_1\succ p_3$，$U(p_1)$ 的值要更大一些，可设 $U(p_1)=b+1$；如果 $p_3\succ p_1$，$U(p_1)$ 的值要更小一些，可设 $U(p_1)=b-1$；如果 $p_1\sim p_3$，即二者无差异，可表示为 $U(p_1)=U(p_3)=b$。综上可得 $U(p_1)$ 的定义为

$$U(p_1)=\begin{cases}b+1, & p_1\succ p_3\\ b, & p_1\sim p_3\\ b-1, & p_1\prec p_3\end{cases} \tag{2.18}$$

接下来我们定义$U(p_2)$。假定$p_1 \succ p_3$，通过一个数轴定义$U(p_2)$，p_2要么落在p_1的右侧，要么落在p_1和p_3之间，要么落在p_3的左侧。除了这三种情况，还有两种是什么呢？它可能和p_1重合，即和p_1无差异，也可能和p_3无差异，所以$U(p_2)$应该有五种选择。

$$U(p_2)=\begin{cases} b+2, & p_1 \prec p_2 \\ b+1, & p_1 \sim p_2 \\ b+1/2, & p_3 \prec p_2 \prec p_1 \\ b, & p_3 \sim p_2 \\ b-1/2, & p_2 \prec p_3 \end{cases} \tag{2.19}$$

这样就给出了一个函数U，根据定义，我们可以得到

$$p_i \succsim p_j \Rightarrow U(p_i) \geqslant U(p_j)(i,j=1,2,3) \tag{2.20}$$

以上就是关于定理 2.1 的证明。

下面请大家再看一个例子。

例 2.13　A、B、C分别指三个投资计划，并且分别包含两个时期：0 时期，1 时期。在 0 时期，投资计划A带来的可消费数量为 1；到了 1 时期时出现了两个状态：第一个状态（$w=a$）为 1，第二个状态（$w=b$）也为 1。投资计划B在 0 时期带来的可消费数量为 1/2；1 时期同样有两个状态a和b，且可消费数量均为 3/2。对于投资计划C来讲，略有不同，0 时期带来的可消费数量为 1，1 时期第一个状态的可消费数量为 3/2，第二个状态的可消费数量为 1/2。U和V代表不同投资者的效用函数，分别为

$$U(c_0,c_{1a},c_{1b})=c_0\sqrt{c_{1a}c_{1b}}$$

$$V(c_0,c_{1a},c_{1b})=\log c_0+1/2(\log c_{1a}+\log c_{1b})$$

其中，c_0表示 0 时期的可消费数量；c_{1a},c_{1b}表示投资者在 1 时期状态a和状态b情况下可消费的数量。现在对A、B、C排序，其中第一个投资者的效用函数为U，第二个投资者的效用函数为V。

通过计算会发现：对于第一个投资者来讲，他的排序是

$$A \succ C \succ B$$

对于第二个投资者来讲，他的排序仍旧是

$$A \succ C \succ B$$

对于同样的三个投资计划，不同的效用函数得到相同的排序，原因是什么呢？这是因为效用函数满足序数性。对一个效用函数进行正的单调变换得到新的效用函数，新的效用函数仍保持原序。也就是说，如果一个偏好关系可以用一个序数效用函数进行描述，则能够描述偏好关系的序数效用函数不是唯一的。正如例 2.13 中V是效用函数U取对数后的结果，这就是一个正的单调变换。下面明确给出序数效用函数的正单调变换下的不变性。

定理 2.2　如果U描述了闭凸集X上的偏好关系，且f是一个严格单调递增函数，那么复合函数$F(x)=f(U(x))$也将保持原偏好关系。

三、期望效用函数

期望效用函数是指不仅要考虑到消费愿望的数量化，还要考虑到人们对未来的不

确定性的数量化。效用函数可以把人们对投资计划的选择转化为对效应值的排序来进行，那么期望效用指的是什么呢？因为未来会出现各种不确定性，这种不确定性怎么来进行数量化呢？此时就要引入期望效用函数。1944 年冯·诺伊曼（Von Neumann）和摩根斯顿（Morgenstern）在《博弈论与经济行为》中提出了期望效用函数理论。

下面我们给出期望效用函数的定义。

定义 2.16 偏好关系的期望效用函数指的是存在函数 $u: S \to R$，和 S 上的概率测度 P，使得消费计划 x 要优于 x'，当且仅当 x 的期望效用要大于 x' 的期望效用，即

$$x \succ x' \Leftrightarrow E(u(x)) > E(u(x')) \tag{2.21}$$

其中，期望效用函数连续的情况下可写为（Ω 表示状态空间）

$$E(u(x)) = \int_{\Omega} u(x) \mathrm{d}P \tag{2.22}$$

在离散的情况下可写为

$$E(u(x)) = \sum_{w \in \Omega} u(x) p(w) \tag{2.23}$$

后面我们为了便于说明，期望效用函数一般都选择离散的形式。

前面我们提过效用函数的存在性，只要集合中的元素是可数或者有限的，一定可以找到实值的效用函数。那么怎么样来说明期望效用函数一定存在呢？我们这里引入彩票的表述方法，用选彩票的方式来说明期望效用函数的存在性。投资者的消费计划或者投资收益可以看成一个彩票，Z 中的元素是所有可能的奖金额，也就是说，当购买彩票时，投资收益是不确定的，比如说有 n 个情况，现在我们用 $z_1 \sim z_n$ 表示，中彩票所得到的奖品看作投资收益，得到对应奖品的概率为 $p(z_i)$，简写为 p_i。彩票 p 可表示为

$$(z_1, p_1; \cdots; z_n, p_n)$$

同理，彩票 q 可表示为

$$(z_1, q_1; \cdots; z_n, q_n)$$

那么复合彩票（compound lottery）指的是什么呢？p 和 q 是我们前面提到的彩票，α 与 $1-\alpha$ 分别表示掷硬币字朝上和字朝下的概率，这里所说的字朝上和字朝下概率并不是 0.5，而看作是未知的。复合彩票是指如果字朝上，按 p 来中奖，字朝下则按 q 来中奖，其中，字朝上的概率是 α，字朝下的概率为 $1-\alpha$，复合彩票可以表示为

$$\alpha p \oplus (1-\alpha) q \tag{2.24}$$

下面给出的这个定理，其实就是期望效用函数存在时偏好关系需要满足的三个公理。我们约定所有的投资计划选择都应该满足这里所说的三个公理。

定理 2.3 定义在 P 上的偏好关系，如果满足如下三个假设（公理），那么这个偏好关系可以用冯·诺伊曼和摩根斯顿的期望效用函数表示，并且期望效用函数是唯一的。我们一般简称其为“VNM 效用函数”或者“期望效用函数”。

公理 2.1 约简公理（reduction axiom）是对任意 $\alpha \in (0,1)$，p 和 q 按照 α 和 $1-\alpha$ 复合形成的彩票的中奖结果是：获得奖金额 z_1 的概率为 $\alpha p_1 + (1-\alpha) q_1$；获得奖金额 z_2 的概率为 $\alpha p_2 + (1-\alpha) q_2$；获得奖金额 z_n 的概率为 $\alpha p_n + (1-\alpha) q_n$，即

$$\alpha p \oplus (1-\alpha) q \approx [z_1, \alpha p_1 + (1-\alpha) q_1; \cdots; z_n, \alpha p_n + (1-\alpha) q_n] \tag{2.25}$$

$$\alpha p \oplus (1-\alpha) q = \alpha p + (1-\alpha) q \tag{2.26}$$

我们可以看到，复合彩票中使用了直和符号，但是约简公理中变成了简单的加号。因此有了约简公理后，复合彩票的中奖收益率就可以按照不同彩票在各种状态下发生的概率乘上这个状态下的收益率来进行计算。这就是约简公理。

公理 2.2　独立性公理或替代公理（independent axiom or substitute axiom）是指对于 $p,q \in C$，其中，C 为消费计划集或投资计划集，p,q 是其中的两个投资计划或者两个彩票，$p \succ q$ 意味着 p 与 r 的复合一定比 q 与 r 的复合要好，即

$$\alpha p+(1-\alpha)r \succ \alpha q+(1-\alpha)r \tag{2.27}$$

这个公理说明一旦决定了 p 和 q 的排序，p 和其他投资计划复合起来的排序一定要比 q 和该投资计划复合起来的排序好，即引入一个额外的不确定性的投资计划不会改变原有的偏好，换句话说，消费者对于一个给定事件中的消费 p,q 的满意程度并不依赖于其他事情发生时的消费 r。

公理 2.3　阿基米德公理（Archimedean axiom）认为没有绝对好或者绝对差的消费计划，即对于 C 中的三个消费计划 p, q, r，且 $p \succ q \succ r$，存在实数 a, b，使得

$$ap+(1-a)r \succ q \succ bp+(1-b)r,\ \ a,b \in (0,1) \tag{2.28}$$

它的含义是指虽然 p 是三者之中最好的，但是它不可能好到 p 和任何 r 的复合都比 q 好。比如，存在实数 b，使得 p 与 r 的复合比 q 要差。同样 r 是三者之中最差的，但是它不可能差到和所有 p 的复合都比 q 差。比如，存在实数 a 使得 p 与 r 的复合要比 q 好。换句话说，没有哪一个消费计划 p 好到使得对任意满足 $p \succ q$ 的消费计划，复合彩票 $bp+(1-b)r$ 都好于 q；同样，没有哪一个消费计划 r 差到使得对任意满足 $q \succ r$ 的消费计划，复合彩票 $ap+(1-a)r$ 都差于 q，即不存在无限好或无限差的消费计划。

只要满足以上三个公理，期望效用函数一定存在。这个定理的证明相对来说比较烦琐，在此略去。

下面看看期望效用函数的性质。假定投资者的效用函数为 U，投资者在 0 时期进行投资，到 1 时期进行消费。假设其效用表示为如下形式。

$$U(c_0,c_1)=\sum_{w\in\Omega} p_w u(c_0,c_{1w}) \tag{2.29}$$

其中，c_0,c_1 表示 0 时期和 1 时期的消费数量；p_w 表示状态 w 出现的概率；$u(c_0,c_{1w})$ 表示投资者在 1 时期出现状态 w 下的效用值。采用期望效用函数形式后，状态出现的概率是外生的，消费者个人喜好是内生的，两者明确分离。状态出现的概率是 p_w，消费者本身的个人喜好是 $u(c_0,c_{1w})$。p_w 是外生的，对所有的投资者来讲都是一样的，不以人为转移；$u(c_0,c_{1w})$ 是由投资者决定，因人而异。

假定期望效用函数具有时间可加性，如果是实物商品，前后两期可能会有一定的依赖性，如今天吃了很多牛肉，明天我对牛肉的喜好度就下降了。在金融市场里，不同日期使用资源得到的期望效用是可以累加的，所以 0 时期和 1 时期的期望效用可以看作 0 时期的期望效用加上 1 时期的期望效用，即

$$u(c_0,c_1)=u_0(c_0)+u_1(c_1) \tag{2.30}$$

其中，$u_0(c_0)$ 和 $u_1(c_1)$ 分别表示 0 时期和 1 时期对应的效用值，为了简便，我们认为同一投资者不同时期的期望效用函数都相同。式（2.31）引入了不确定性的状态。

$$U(c)=u_0(c_0)+\sum_{w\in\Omega}p_w u_1(c_{1w}) \tag{2.31}$$

因为 1 时期有若干个状态，p_w 表示状态 w 出现的概率；$u_1(c_{1w})$ 表示 1 时期状态 w 下投资者的期望效用值；$U(c)$ 表示总效用，由确定的和不确定的两部分组成。

对于同一个投资者，假设 0 时期和 1 时期的期望效用函数相同，然后 1 时期的期望效用可以看作 0 时期期望效用的一个线性函数，即

$$u_0(\cdot)=u(\cdot)\text{；}\ u_1(\cdot)=\rho u(\cdot) \tag{2.32}$$

其中，ρ 表示时间偏好因子。有了这个定义之后，式（2.31）可以进一步简化为

$$U(c)=u(c_0)+\rho\sum_{w\in\Omega}p_w u(c_{1w}) \tag{2.33}$$

通过上述表示，我们可以发现效用函数把影响偏好的三个因素完全分开：每一个消费路径发生的概率 p_w、消费的时间性 ρ、由消费得到的期望效用本身 u。

有关时间偏好因子 ρ，我们在此做一些说明：当 $\rho=1$时，投资者的消费与时间无关，无论 0 时期消费还是 1 时期消费对投资者均无影响；当 $\rho<1$时，对于相同的消费，投资者愿意早消费，因为消费越晚，得到的效用值越低，年轻人属于该种类型；$\rho>1$表示推迟消费有利，如老年人爱储蓄，会把财富留到以后用。

接下来是期望效用函数的性质。对于效用函数来说，满足序数性；对于期望效用函数来说，满足基数性。序数性是指正单调变换后依旧保持原来的排序，也就是说，一个效用函数进行正单调变换后得到的新的效用函数仍旧保持原序。对于期望效用函数，这就不一定正确了，因为期望效用函数满足基数性，基数性指的是正的线性变换不变性。

下面我们来看一个例子。

例 2.14 A、B 表示两个投资计划，均包括两个时期：0 时期和 1 时期。对于计划 A：$c_0=1$；$c_{1a}=1$，$c_{1b}=1$。对于计划 B：$c_0=1$；$c_{1a}=3$，$c_{1b}=0$。总效用定义为$U(c_0,c_{1a},c_{1b})=u(c_0)+1/2(u(c_{1a})+u(c_{1b}))$。

这里我们给出了两个期望效用函数：

$$u(c)=c$$

$$u(c)=\sqrt{c}$$

显然，它们是互为正单调变换的，请对 A、B 排序。

解：如果利用第一个期望效用函数$u(c)=c$，可以得出$U(A)<U(B)$；如果利用第二个期望效用函数$u(c)=\sqrt{c}$，可以得出$U(A)>U(B)$。虽然这里的两个期望效用函数是正单调变换，但并不能保持原序，因为对于期望效用函数来说，必须是正的线性变换。

期望效用函数的用途非常广，在行为金融学中可以用期望效用函数来刻画人物的心理特征。人的习惯心理指的是时间的不可分离性。比如，我上个月花了 1000 元，这个月还想花 1000 元，用公式表示为

$$u_w(c_0,c_1)=u(c_0)+\rho u(c_1-hc_0)\text{，}\ h\geqslant 0 \tag{2.34}$$

此时未来1时期的期望效用不仅和c_1有关，还和c_0有关，它取决于两期消费差c_1-hc_0，这是我们所说的习惯心理。攀比指的是效用值不仅仅和自己的消费有关，还依赖于别人的消费，用公式可以表示为

$$u_w(c_0,c_1)=u(c_0-k_{c0})+\rho u(c_1-k_{c1}) \tag{2.35}$$

我们可以发现在 0 时期和 1 时期，消费者的期望效用不仅和自身有关，还和人均消费有关，取决于自己的消费与人均消费的差。以上就是期望效用函数在行为金融学中的应用。

利用期望效用函数我们能够对不同的不确定性状况进行排序，但是这个排序依赖于投资者的偏好，也就是效用函数。效用函数不同，得到的排序不同。那么是否有独立于人的偏好的排序方法呢？因为投资者的效用函数可能时时发生变化，要找到一个函数来刻画出投资者的所有偏好几乎是不可能的。是否能够找到一个标准，独立于投资者的个人偏好来对不确定性选择进行排序？答案是能找到，本书第三章讲到的随机占优原则就是对两种不确定性状况进行排序，而这种排序与投资者的偏好无关，即我们可能仅仅知道投资者的效用函数满足一阶或者二阶导数小于等于 0 等一般性质，就能够根据投资计划来进行排序，而不需要给出投资者的具体效用函数。

四、期望效用理论矛盾

在了解完期望效用理论之后，我们自然也会遇到一个新的问题。在讲述期望收益最大准则时，我们提出期望收益最大准则能不能解决所有不确定性的问题？彼得堡大街悖论给出了违反期望收益最大准则的例子。因此期望收益最大准则并不能解决一切不确定性的问题，进而有学者提出了期望效用理论。那期望效用理论会不会遇到相同的问题？答案确实如此，正如我们下面将会看到的几个例子都是与期望效用理论相矛盾的。在生活中，你会发现人们的选择并不时时刻刻都满足期望效用理论。

反对期望效用理论的最有趣和最相关的论证，通常包括这样的特例。受试者经过深思熟虑后，反而会选择不符合该理论的行动方案。这种情况简单合理，人们的选择也相当明确，因而选择与该理论之间的矛盾似乎不能避免。我们的结论只能是期望效用理论不是理性行为，或者说人们有一种非典型的偏好。

下面我们来看几个经典的例子，投资者可能偏好一个不符合期望效用理论的方案。在每个例子中，“错误”的方案都有一个似是而非的外表，被很多人选择。

例 2.15 投资者可以选择以下 3 种彩票：彩票 A 赢得 1000 美元的机会是 1/1000；彩票 B 赢得 100 美元的机会是 1/100；彩票 C 赢得 1000 美元的机会是 1/2000、赢得 100 美元的机会是 1/200。你会选择哪一种彩票？

解： 如果要求受试者在彩票 A、B、C 之间进行选择，他们经常会表现出对 C 的明确偏好，即 $C \succ A, C \succ B$，这就是违反期望效用理论。通过计算可得 3 种彩票的效用分别为

$$U(A)=1/1000\times u(1000)$$

$$U(B)=1/100\times u(100)$$

$$U(C)=1/2000\times u(1000)+1/200\times u(100)=1/2(U(A)+U(B))$$

从上式可以看出 $U(C)$ 不可能同时比 $U(A)$ 和 $U(B)$ 大。

对于那些显示偏好为 C 的受试者，我们可以继续提问，问他在 A 和 B 之间是否更偏好 A 或者相反。比如，假定 A 偏好 B，即 $A \succ B$，我们再来询问他是否在以下两个方案中

选择：确定性的 A 或者要得到 A 或 B 的机会各半的方案。换言之，是直接选中 A 还是通过掷硬币来决定选 A 或 B。实验证明，那些表示 A 偏好 B 的投资者一致认为，他们愿意选择 A，而不是 A 或 B 的机会各半，可以用公式表示为

$$U(A) > 1/2(U(A)+U(B)) = U(C)$$

不难发现，掷硬币选择 A 或者 B 的结果的概率分布与彩票 C 的分布完全相同。因此我们可以将投资者的偏好概括为 C 偏好 A；A 偏好 A 或 B 各 50%，但是 A 或 B 各 50%又恰好与 C 一样好，最终可得 C 明确偏好 A，A 明确偏好 C，是矛盾的。

例 2.16 （阿莱斯悖论Ⅰ）假设有 4 个方案。

方案 A：确定得到 1 000 000 美元。

方案 B：得到 5 000 000 美元的概率是 0.1，得到 1 000 000 美元的概率是 0.89，得到 0 美元的概率是 0.01。

首先问在 A 和 B 中选择哪个？受试者偏好于 A。实验者进一步要求受试者考虑以下情形。

方案 C：以 0.11 的概率得到 1 000 000 美元，以 0.89 的概率得到 0 美元。

方案 D：以 0.1 的概率得到 5 000 000 美元，以 0.9 的概率得到 0 美元。

当 A 和 B 作为备选方案时大多数受试者选 A，当 C 和 D 作为备选方案时大多数受试者选 D，就违背了期望效用理论。

说明如下：为了简便，我们用 $u(1)$ 表示 $u(1\,000\,000)$，$u(5)$ 表示 $u(5\,000\,000)$，如果投资者认为 A 好于 B，那么

$$A \succ B \Leftrightarrow U(A) > U(B) \Rightarrow u(1) > 0.1u(5) + 0.89u(1) + 0.01u(0)$$

$$D \succ C \Leftrightarrow U(D) > U(C) \Rightarrow 0.1u(5) + 0.9u(0) > 0.11u(1) + 0.89u(0)$$

通过简单计算可以发现，两式矛盾，如果遵从期望效用理论的投资者在 A 和 B 之间偏好 A，那么他必须在 C 和 D 之间偏好 C。这是一个矛盾。

例 2.17 （阿莱斯悖论Ⅱ）同样包括 4 个方案。

方案 A：确定得到 1 000 000 美元。

方案 B：以 0.98 的概率得到 500 000 美元，以 0.02 的概率得到 0 美元。

方案 C：以 0.01 的概率得到 1 000 000 美元，以 0.99 的概率得到 1 美元。

方案 D：以 0.0098 的概率得到 5 000 000 美元，以 0.0002 的概率得到 0 美元，以 0.99 的概率得到 1 美元。

阿莱斯同样发现理性人在 A 和 B 之间偏好 A，在 C 和 D 之间偏好 D，这实际上违背了期望效用理论。读者可以根据例 2.16 的方法进行说明，这里不再赘述。

本 章 小 结

虽然期望效用理论在某些时候会与实践不符，但是这并不妨碍这一理论在金融学中的重要地位。在后面章节的讨论中，我们总是假设投资者是追求期望效用最大化的，且我们研究的经济问题均在不确定条件下进行讨论。

重要术语

风险，不确定性，投机，投资，赌博，效用，期望效用

扩展阅读

如何判断风险模型的好坏？

在第一节中我们给出了方差、下半方差、绝对偏差等风险度量方法，也许会有人提出问题，到底哪一个风险度量方法较好呢？是不是方差就一定比绝对偏差好？下半绝对偏差是不是又比绝对偏差好？我们说这些不同的风险度量方法代表的投资者对风险的态度是不同的，如对于选择方差度量风险的投资者，我们前面就讲到这个投资者会怎么样呢？他认为风险是对称的，无论这个股票价格涨还是跌，只要和现在价格不同，这个股票就是有风险的。对于选择下半方差度量风险的投资者来讲，他认为什么呢？认为未来如果价格下跌才会有风险，价格上涨则没有风险。对于最大绝对偏差，它指的是这个投资者把所有 N 只股票中绝对偏差值最大的那只股票的绝对偏差作为风险的一个度量方法。也就是说，不同的投资者对待风险的态度不同，那么他可能会采用不同的风险度量方法。

那么有没有标准去评价到底哪一个风险度量方法是最好或者最差的？无论是什么样的风险度量方法,你看到这些风险度量方法时最直观的感觉是什么呢？它们就是一些数学的函数,因此有一位学者 Artzner 在 1999 年提出了利用函数的数学性质来判断一个风险度量方法的好坏。也就是通过是否满足凸性、次可加、齐次性等研究风险度量方法，来判断风险度量方法到底是好还是坏。如果真的按照其提出的四个标准去研究现有的各类风险度量方法，学者发现几乎没有哪一个风险度量模型是完全满足的，对于方差，基本上都不满足，可是你不能说方差不好，这是从理论上来进行研究的。

下面我们给出一致性风险度量（coherent risk measure）的定义。

定义 2.17　Artzner 等（1999）研究的 f 函数被称为一致性风险度量，如果对任意损失 X 和 Y，都满足下面的性质。

（1）单调性：$X \leqslant Y$，$f(X) \leqslant f(Y)$。

含义：如果 $X \leqslant Y$，那么 $f(X) \leqslant f(Y)$。

（2）次可加：$f(X+Y) \leqslant f(X)+f(Y)$。

含义：这个性质被认为是四个性质中最重要的一个，因为反映了风险分散化的性质。这个性质意味着投资组合的总风险不会超过单个资产风险的相加。如果我们认为这个性质是所有风险度量标准中最基本的性质，那么就需要否定风险价值（value at risk，VaR）模型。因为已经有学者证明了 VaR 模型是不满足次可加的（Dowd，2005）。

（3）正齐次性：$f(0)=0$，且 $f(\lambda X)=\lambda f(X)$（对任意 $\lambda>0$）。

含义：正齐次性意味着资产的头寸会影响风险的大小。比如，买卖 1 股与买卖 10 000 股股票的风险是不同的，后者需要考虑流动性风险。

（4）平移不变性：$f(X+t)=f(X)-t$，对所有常数 t。

含义：这个性质意味着在原来组合的基础上引入无风险资产会改变风险的大小。

如上文所说，虽然这里给出了判断风险好坏的一般标准，但是实际中真正满足这四个

性质的风险度量方法几乎没有，目前除了条件风险价值（conditional value at risk，CVaR）模型是满足四个性质之外，其他的风险度量方法都无法同时满足。

如果从实际投资中进行比较，我们知道每个风险函数如果放进我们需要求解的实际问题中，它其实就是目标函数不一样，那么目标函数不同，即使约束条件一样，最后得到的解也不同。根据不同的风险目标函数，解出最优投资比例，将这个最优投资比例进行回测，或者把它用于未来若干个月或若干一段时间的投资收益率的比较、夏普比的比较、期末财富的比较，均可以帮助判断哪个模型更好。不过这些都是基于某个时间区间上的比较，并不能完全反映所有模型在任何时期内的一般情况。后面我们将专门有一章继续对这个问题进行探讨。

参考文献

余湄，周荣喜，吴孟. 2013. 投资模型选择问题研究——理论模型及中国股票市场的投资实证研究. 数量经济技术经济研究，30（2）：98-110.

Artzner P，Delbaen F，Eber J M，et al. 1999. Coherent measures of risk. Mathematical Finance，9（3）：203-228.

Cai X Q，Teo K L，Yang X Q，et al.2000. Portfolio optimization under a minimax rule. Management Science，46：957-972.

Dowd K. 2005. Measuring Market Risk. Hoboken：John Wiley& Sons.

Huang C F，Litzenberger R H. 1988. Foundations for financial economics. The Review of Financial Studies，1（4）：447-449.

Konno H，Yamazaki H.1991. Mean-absolute deviation portfolio optimization model and its applications to Tokyo stock market. Management Science，37：519-529.

Oesch D. 2008. George pennacchi：theory of asset pricing. Financial Markets and Portfolio Management，22（3）：285-286.

Teo K L，Yang X Q. 2001. Portfolio selection problem with minimax type risk function. Annals of Operations Research，101：333-349.

习题

1. 什么是风险，什么是不确定性，有何区别？
2. 什么是投机、投资与赌博？
3. 如何证明效用函数的存在性？
4. 期望效用函数存在的条件是什么？

第三章

风险厌恶型投资者的投资行为研究

本章目标

本章主要介绍风险厌恶型投资者的投资行为。为何是考虑风险厌恶型投资者，而不是其他风险偏好的投资者呢？因为我们在金融市场中一般都假设投资者是风险厌恶型的，这也是均值-方差理论与资本资产定价理论的一个基本假设。此外虽然市场中也存在风险喜好、风险中性的投资者，但是绝大部分投资者还是厌恶风险的。因此金融经济学理论中得到的很多结论都是以投资者是风险厌恶型的为基本假设。那么如何区分投资者到底是风险厌恶，风险喜好，还是风险中性呢？我们将在本章给出定义，并且主要考虑风险厌恶型投资者的投资行为。通过给出几个命题来说明如何根据其效用函数判断投资者风险厌恶程度。同时我们还将给出两个重要的系数：绝对风险厌恶系数与相对风险厌恶系数。我们将阐述两个重要的定理，区分不同风险厌恶型的投资者投资在风险资产的数量如何根据财富的变化而发生变化。最后我们简要介绍一下一阶随机占优与二阶随机占优的定义。

第一节　公平赌博与风险厌恶、风险喜好、风险中性

18 世纪著名的数学家 Daniel Bernoulli（丹尼尔·伯努利）在研究赌博问题时发现，人们往往对赌博时输掉的钱看得比赢的钱更重。这就体现了人们面对损失和收益时态度的变化。

例 3.1　有一个掷硬币的赌局，假定硬币是完全对称的，若正面朝上可以赢 2000 元，反面朝上输 2000 元。这是一个公平赌博吗？

例 3.2　设想若硬币正面朝上可以赢 2000 元，反面朝上则为 0 元。这是一个公平赌博吗？

要回答这些问题，我们首先需要明确一个概念：公平赌博。

一、公平赌博的定义

定义 3.1　公平赌博是指风险溢价为 0 的赌博。

例如，同是猜一枚硬币正反面的赌博，若猜对得 1 元，猜错输 1 元，当硬币为均匀硬币时，即为一场公平的赌博。

根据定义 3.1，例 3.1 就是一个公平赌博。

现在考虑一个博弈 g，它以概率 p 有一个正的回报 h_1，以概率 $1-p$ 有负收益 h_2，这就是一个公平赌博，因为 $E(g)=0$，即$ph_1+(1-p)h_2=0$。

如果在某场博弈的某一局中赢钱的数学期望值大于零，那么此人应当先交出等于期望值的钱来，才可以使得这场赌博变得公平。因此刚刚给出的例 3.2 不是一个公平赌博，只有在参加者需要付出 1000 元才能够参与赌博的情况下，才是一场公平赌博，此时风险溢价为 0。

例 3.3 若有这样一个赌局：掷硬币，字为上能得到 200 元，否则什么都得不到。如果参加的入局费分别为 100 元、50 元、0 元，判断赌局是否为公平赌博?

显然根据公平赌博的定义，如果入局费为 100 元就是一个公平赌博。那么是否每个人都愿意参加公平赌博呢？这个问题非常重要，因为根据投资者是否愿意参加公平赌博，就可以把投资者分为风险厌恶、风险喜好与风险中性三类。

二、风险厌恶、风险喜好与风险中性

定义 3.2 个体风险厌恶是指投资者尽量回避不参加公平赌博。个体严格风险厌恶是指个体不乐意接受任何公平的赌博。

风险厌恶者之所以回避公平赌博，从直观来讲，是因为赌博损失带来的“不愉快”量大于可能赢钱所带来的“愉快”量。因此可以引入效用函数来对风险偏好程度进行定义。

定义 3.3 如果投资者不喜欢参与任何公平的赌博，则称投资者是风险厌恶型的，即

$$E(u(w))\geqslant(>)E(u(w+g)),\quad \forall E(g)=0$$

$$\text{或者 } u(w)\geqslant(>)p\times u(w+h_1)+(1-p)\times u(w+h_2) \tag{3.1}$$

经济含义：在期望值相同的确定支付和不确定支付之间，一个风险厌恶的参与者总是选择前者，即在期望收益相同的情况下，风险厌恶者认为不参加公平赌博带来的效用更高。下面我们通过一个例子来说明。

例 3.4 假设投资者有初始财富 w，有一个公平赌博 $\tilde{g}$ 定义如下。

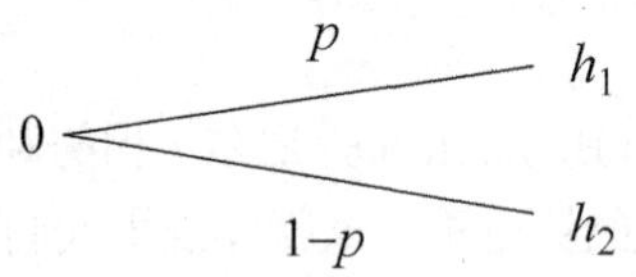

显然，$p\cdot h_1+(1-p)\cdot h_2=0$。

投资者参加公平赌博后的财富可以表示为

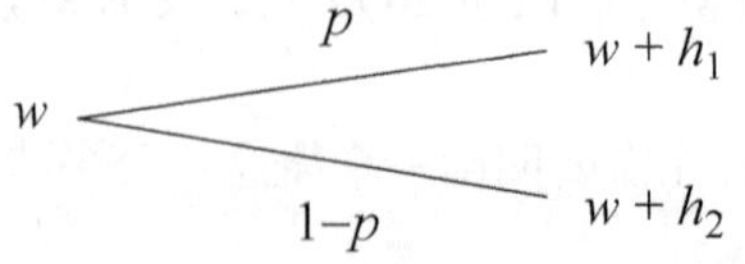

我们可以得到

$$E(w+\tilde{g})=p\times(w+h_1)+(1-p)\times(w+h_2)=w=E(w)$$

因此参加公平赌博的期望财富也是 w，和不参加公平赌博的财富值相同，但是风险厌恶型投资者认为参加公平赌博的效用会更低。

定义 3.4　如果投资者喜欢参加所有的公平赌博，则称投资者是风险喜好型，即

$$E(u(w+g)) \geqslant (>) E(u(w)), \quad \forall E(\tilde{g})=0$$

$$\text{或者}\, u(w)(<) \leqslant p\times u(w+h_1)+(1-p)\times u(w+h_2) \tag{3.2}$$

这种投资者把风险的"乐趣"考虑在内，使预期收益上调。因为上调后的风险效用使得公平赌博的确定等价值高于无风险投资，所以风险喜好者总是参加公平赌博。

定义 3.5　如果投资者对是否参加所有公平的赌博没有任何差别，则称投资者是风险中性型，即

$$E(u(w+g)) = E(u(w)), \quad \forall E(\tilde{g})=0$$

$$\text{或者}\, u(w) = p\times u(w+h_1)+(1-p)\times u(w+h_2) \tag{3.3}$$

风险中性型投资者不关注公平赌博的风险大小，而只关注风险溢价是否为 0。

我们通过下面两个例子来说明这一点。

例 3.5　有人愿意无条件参加这样的一个赌局：硬币正面朝上可以赢得 4000 元，反面朝上还要赔 2000 元，入局费为 1000 元。

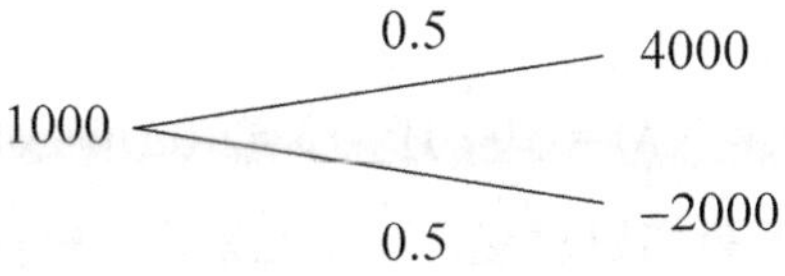

解： 显然这是一个公平赌博，风险中性的投资者愿意参加。

例 3.6　有人愿意无条件参加这样的一个赌局：硬币正面朝上可以赢得 4 元，反面朝上还要赔 2 元，入局费为 1 元。

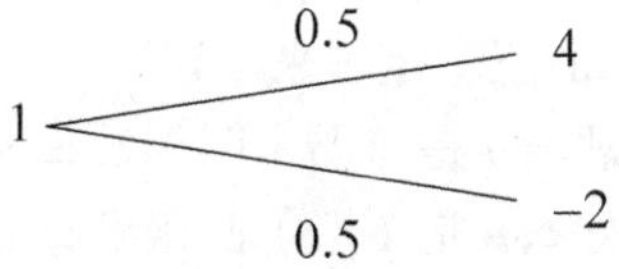

解： 这也是一个公平赌博。我们可以看到例 3.6 与例 3.5 的差异只在于财富值都被缩小了 1000 倍。对于风险中性型投资者来说，这两个赌局是没有差异的，都是风险溢价为 0 的公平赌博，其都愿意参加，但是显然例 3.5 的风险要大得多。

例 3.7　考虑一个简单的赌博：掷硬币。字朝上得 4 美元，字朝下得 16 美元。若掷硬币为公平的，字朝上的概率 $p=1/2$。假如个体愿意支付 10 美元来参加赌博，那么投资者是哪一种风险偏好者？如果个体愿意持有 10 美元而不愿意参加这个赌博，那么投资者是哪一种风险偏好者？如果个体愿意支付超出 10 美元的价格来参加赌博，那么投资者是哪一种风险偏好者？如果投资者的效用 $u(w)=w^{\frac{1}{2}}$，为了避免赌博，风险厌恶型投资者愿意支付 0.75 美元吗？他愿意支付的最大费用为多少？

解：根据题意可以得到

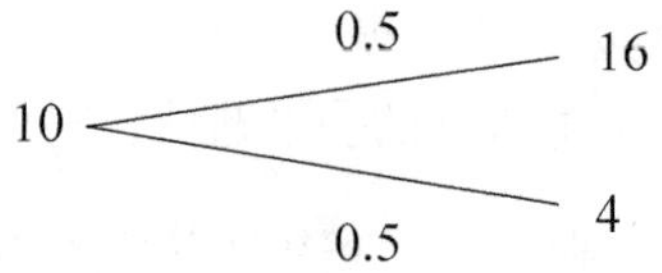

我们可以求出 $E(w)=10$，这是一个公平赌博。因此愿意支付 10 美元的是风险中性型投资者，不愿意支付 10 美元的是风险厌恶型投资者，愿意支付超过 10 美元的是风险喜好型投资者。

为了避免参加赌博，投资者是否愿意支付 0.75 美元呢？我们需要比较支付 0.75 美元与参加赌博后的效用。如果支付 0.75 美元后的效用仍旧大于参加赌博后的期望效用值，那么投资者愿意支付 0.75 美元。

计算过程为 $u(w)=w^{\frac{1}{2}}$，$u(w-f)=(10-0.75)^{\frac{1}{2}}=3.04$，$E(u(w+\tilde{g}))=0.5\times16^{\frac{1}{2}}+0.5\times4^{\frac{1}{2}}=3<3.04$。

因此扣除规避赌博所需支付的 0.75 美元后的固定收益给该投资者带来的效用大于参加赌博的期望效用，因此，风险厌恶型投资者愿意支付 0.75 美元来规避这场赌博。

投资者是否会无限制地支付金额来避免赌博呢？答案是否定的。如果支付的金额过大导致其效用下降太多，就会参加赌博而不会继续支付。那么其愿意支付的最大金额应该正好使得下面等式成立。

$$u(w-f)=(10-1)^{\frac{1}{2}}=3=E(u(w+\tilde{g})) \tag{3.4}$$

因此，风险厌恶型投资者最多愿意支付 1 美元来避免赌博。如果有两个投资者面对相同赌博愿意缴纳的罚金不同，那么愿意缴纳更多罚金的投资者其风险厌恶程度将更高，因此可以通过比较罚金的大小来判断投资者风险厌恶程度的高低。后面我们会给这个罚金一个专门的定义，以此作为判断风险厌恶程度高低的一个标准。

除了采用公平赌博的方法可以判断投资者的风险偏好外，我们还可以借助效用函数的性质来进行判断。我们通过下面的三个定理来表述。

定理 3.1　（严格）风险厌恶$\Leftrightarrow u$ 是（严）凹函数$\Leftrightarrow u''\leqslant 0$。

定理 3.2　（严格）风险喜好$\Leftrightarrow u$ 是（严）凸函数$\Leftrightarrow u''\geqslant 0$。

定理 3.3　风险中性$\Leftrightarrow u$ 是线性函数$\Leftrightarrow u''=0$。

这三个定理说明当投资者的风险偏好分别属于风险厌恶、风险喜好、风险中性时，其效用函数应该是凹函数、凸函数、线性函数。根据我们在数学方面的知识，我们知道一个函数的凹凸性与其导数之间有对应关系，因此推出投资者的风险偏好与其效用函数的二阶导数的符号有关，即如果投资者是风险厌恶的，其效用函数的二阶导数非正，如果是风险喜好的，其效用函数的二阶导数非负，如果投资者是风险中性的，其效用函数的二阶导数为 0。我们将证明定理 3.1，其他两个定理的证明可以类似完成。在定理 3.1 的证明中，我们主要给出第一个等价符号的证明，即投资者是风险厌恶的，等价于效用函数 u 是凹函数。第二个等价符号的证明可以从数学分析的相关教材中获取，我们略去这一部分的说明。

证明：风险厌恶$\Leftrightarrow u$ 是凹函数。

如果函数 $f: x \to R, \forall x_1, x_2 \in X, \lambda \in [0,1]$， $f[\lambda x_1 + (1-\lambda)x_2] \geqslant \lambda f(x_1) + (1-\lambda) f(x_2)$ 都成立，则 f 是凹函数，其图像特点是开口向下。

与凹函数对应的是凸函数，如果 f 满足 $f[\lambda x_1 + (1-\lambda)x_2] \leqslant \lambda f(x_1) + (1-\lambda) f(x_2)$，则 f 是凸函数，图像特点是开口向上。

下面我们来说明风险厌恶型投资者的效用函数为凹函数。

为了说明方便，$\forall w_1, w_2 (w_1 > w_2)$，$p \in [0,1]$，现在要说明 $u[p \cdot w_1 + (1-p) \cdot w_2] \geqslant p \cdot u(w_1) + (1-p) \cdot u(w_2)$。为了利用风险厌恶的条件，我们构造一个伯努利公平赌博 $\tilde{g} = \{g_1, g_2\}$。公平赌博形式如下。

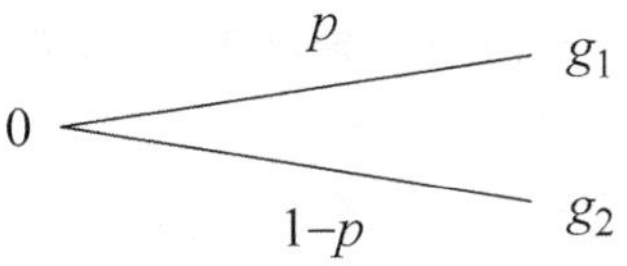

因为要求 $E(\tilde{g}) = 0$。为此我们取

$$g_1 = -(1-p)(w_2 - w_1) \tag{3.5}$$

$$g_2 = p(w_2 - w_1) \tag{3.6}$$

因此可以推出

$$E(\tilde{g}) = p \cdot g_1 + (1-p) \cdot g_2 = 0 \tag{3.7}$$

我们定义 $w = p \cdot w_1 + (1-p) \cdot w_2$，投资者如参加公平赌博，则有

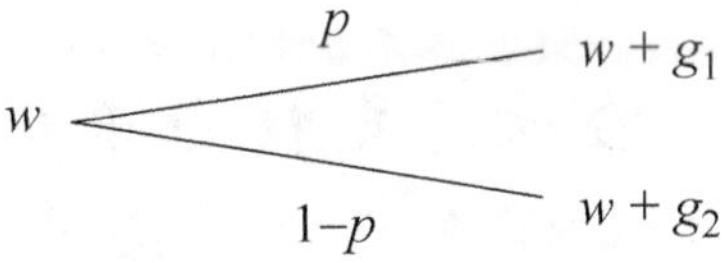

因为投资者是风险厌恶的，所以满足 $E(u(w)) \geqslant E(u(w+\tilde{g}))$。我们展开该式得

$$u(w) \geqslant p \cdot u(w+g_1) + (1-p) \cdot u(w+g_2) \tag{3.8}$$

$$u[pw_1 + (1-p)w_2] \geqslant p \cdot u(w_1) + (1-p) \cdot u(w_2) \tag{3.9}$$

由此可以推出 u 是凹函数。完成必要性的证明后，接下来说明充分性，即效用函数 u 是凹函数可以推出投资者是风险厌恶的。为了完成证明，我们引入一个数学中的性质——Jensen 不等式。对任意随机变量 x，G 为凹函数，$E(G(x)) \leqslant G(E(x))$ 均成立，我们可以把效用函数 u 看成这里的 G，x 看成参加公平赌博，则有

（参加公平赌博）$E(u(w+\tilde{g})) \leqslant u(E(w+\tilde{g})) = u(w)$（不参加公平赌博）

由此推出投资者是风险厌恶型的。完成了这个命题的证明。

下面我们看一个例子，说明投资者的效用如何随着参加公平赌博发生变化。

例 3.8 假设有一个投资者，面对这样一个投资选择，初始金额为 100 000 美元，50%的可能性有收益，其财富变为 150 000 美元，50%的可能性有损失，财富变为 50 000 美元。其效用函数为对数函数 $u(w) = \ln w$。请计算两种情况下效用值的变化，并且说明该投资者的风险偏好状况及计算确定等价财富。

解： 根据题意可知

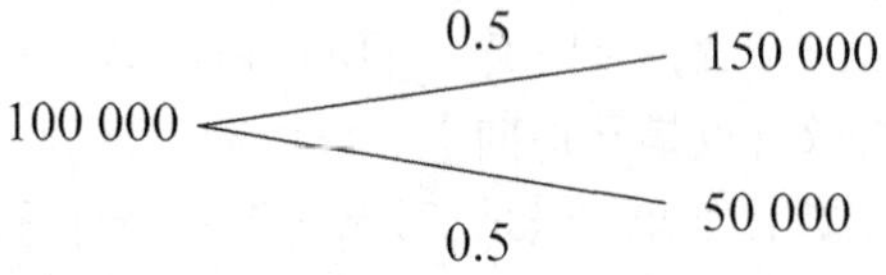

效用函数 $u(w)=\ln w$。

当投资者财富增加，即由100 000美元变为150 000美元时，其效用由 $\ln 100\,000 \approx 11.51$ 变为 $\ln 150\,000 \approx 11.92$。效用增加了 $G=\ln 150\,000-\ln 100\,000=11.92-11.51=0.41$。期望效用增加值 $p \cdot G=0.205$。

当投资者财富减少，即由 100 000 美元变为 50 000 美元时，其效用由 $\ln 100\,000 \approx 11.51$ 变为 $\ln 50\,000 \approx 10.82$。效用减少了 $L=\ln 100\,000-\ln 50\,000=11.51-10.82=0.69$，期望效用减少为 $(1-p) \cdot L=0.345$。

显然 $p \cdot G<(1-p) \cdot L$，因此投资者不会参加这个公平赌博。

如果直接根据定义来计算的话，参加公平赌博的期望效用值 $E(u(w+\tilde{g}))=11.37$，不参加公平赌博的期望效用值为 $E(u(w))=11.51$，显然 $E(u(w+\tilde{g}))<E(u(w))$，因此投资者选择不参加公平赌博，该投资者是一名风险厌恶的投资者。我们还可以用定理 3.1 的内容来说明，因为 $u''<0$，根据定理 3.1 的结论，我们很快也能得出投资者是风险厌恶的。

最后来看一下等价财富。我们说这个公平赌博的期望值虽然是 100 000 美元，但是对于风险厌恶型投资者来说，它的价值不值这么多，这个公平赌博的价值就是他的确定等价财富，即 86 681.37 美元。这是因为 $\ln w_{\mathrm{CE}}=11.37 w_{\mathrm{CE}}=\mathrm{e}^{11.37} \approx 86\,681.87$ 美元。

第二节 风险厌恶型投资者的投资研究

本节我们将主要介绍风险厌恶型投资者投资行为的特点。我们考虑一个具有严格递增效用函数的风险厌恶型投资者的证券投资选择问题。假设市场上有 N 个风险资产和一个无风险资产的无摩擦资产市场；用 $\tilde{r}_j$ 和 r_f 表示风险资产 j 和无风险资产的收益率。投资者将资金 W_0 进行最优投资，其中，用 a_j 表示投资于资产 j 的资金（$j=1,\cdots,N$）。这里需要注意关于投资者效用函数的假设。由于投资者是严格递增的效用函数，同时也是风险厌恶的，说明效用函数 u 满足一阶导数大于 0，二阶导数小于 0 的条件。这点在后面的证明中非常重要。

下面这三个命题将分别讨论投资者在何种情况下会选择投资风险资产，以及风险资产的投资比例和其风险溢价间的联系。

命题 3.1 假设资产市场允许卖空，投资者买入风险资产的充要条件是至少存在一种风险资产期望收益率均值大于无风险利率。

证明： 我们假设市场中有一个风险资产和一个无风险资产，N 个风险资产的情况也可类似得证。此外，我们后面也将说明，假设市场只有一个风险资产的结论并不是特殊情况，因为这个风险资产可以看作由 N 个风险资产按特定结构构成的一个风险资产组合。投资者在进行投资选择时，只会选择这样一个特殊结构的风险资产组合与无风险资产构成投资组合。因此这样的假设并非特殊。

假设投资者拥有初始财富为w_0，其中投资于风险资产$\tilde{r}$的部分用a表示，投资于无风险资产r_f的部分用w_0-a表示。

$$\tilde{w}=a(1+\tilde{r})+(w_0-a)(1+r_f)=w_0(1+r_f)+a(\tilde{r}-r_f) \tag{3.10}$$

$$\max E(u(\tilde{w}))=E\{u[w_0(1+r_f)]+a(\tilde{r}-r_f)\} \tag{3.11}$$

我们假设这个问题有最优解。因为投资者是风险厌恶的，所以效用函数u是一个凹函数，因此一阶最优条件也是充要条件。我们给出一阶最优条件如下。

$$E[u'(\tilde{w})(\tilde{r}-r_f)]=0 \tag{3.12}$$

令$f(a)=E[u'(\tilde{w})(\tilde{r}-r_f)]$，对函数$f$再求一次导数。

$$f'(a)=E[u''(\tilde{w})(\tilde{r}-r_f)^2]<0 \tag{3.13}$$

所以f是a的严格递减函数。

下面我们来看命题3.1的证明。我们可以把命题写成下面的结论。

$$a>0\Leftrightarrow E(\tilde{r})>r_f$$

我们先说明$a>0\Rightarrow E(\tilde{r})>r_f$。

因为f是严格递减函数，故

$$a>0\Rightarrow f(a)<f(0)=E\{u'[w_0(1+r_f)](\tilde{r}-r_f)\}>0\Rightarrow E(\tilde{r})>r_f \tag{3.14}$$

接下来我们再证$E(\tilde{r})>r_f\Rightarrow a>0$。我们可以通过其逆否命题来证明，即$a\leqslant 0\Rightarrow E(\tilde{r})\leqslant r_f$。事实上这个结论显然成立，因为

$$a\leqslant 0\Rightarrow f(a)\geqslant f(0)\Rightarrow E(\tilde{r})\leqslant r_f \tag{3.15}$$

这个命题得证。

命题 3.2　在只存在一个风险很小的风险资产和一个无风险资产的市场里，投资者把全部初始财富w_0，甚至卖空无风险资产投资给风险资产的充分必要条件是

$$E(\tilde{r}-r_f)\geqslant\frac{-w_0\cdot u''[w_0(1+r_f)]}{u'[w_0(1+r_f)]}\cdot E[(\tilde{r}-r_f)^2] \tag{3.16}$$

证明：我们仅证明

$$a\geqslant w_0\Rightarrow E(\tilde{r}-r_f)\geqslant\frac{-w_0\cdot u''[w_0(1+r_f)]}{u'[w_0(1+r_f)]}\cdot E[(\tilde{r}-r_f)^2] \tag{3.17}$$

注意到f是严格递减函数，因此$a\geqslant w_0\Rightarrow f(a)\leqslant f(w_0)$。由于$\tilde{w}=w_0(1+r_f)+a(\tilde{r}-r_f)$，我们可以得到

$$f(w_0)=E\{u'[w_0(1+\tilde{r})](\tilde{r}-r_f)\}\geqslant 0 \tag{3.18}$$

我们对$u'[w_0(1+\tilde{r})]$在$w_0(1+r_f)$上做一阶泰勒展开：

$$u'[w_0(1+\tilde{r})]=u'[w_0(1+r_f)]+w_0\cdot u''[w_0(1+r_f)](\tilde{r}-r_f)+o(\tilde{r}-r_f)$$

两边同乘$\tilde{r}-r_f$，取期望，我们可以得到

$$\begin{aligned}&E\{u'[w_0(1+\tilde{r})](\tilde{r}-r_f)\}\\=&E\{u'[w_0(1+r_f)](\tilde{r}-r_f)\}+w_0\cdot E\{u''[w_0(1+r_f)](\tilde{r}-r_f)^2\}\\&+oE(\tilde{r}-r_f)^2\geqslant 0\end{aligned}$$

我们将高阶无穷小舍去，则有

$$E\{u'[w_0(1+r_f)](\tilde{r}-r_f)\}+w_0\cdot E\{u''[w_0(1+r_f)](\tilde{r}-r_f)^2\}\geqslant 0$$

$$\Rightarrow E(\tilde{r}-r_f)\geqslant\frac{-w_0\cdot u''[w_0(1+r_f)]}{u'[w_0(1+r_f)]}\cdot E[(\tilde{r}-r_f)^2] \tag{3.19}$$

命题 3.3 在只存在一个风险很小的风险资产和一个无风险资产的市场里，投资者将其全部初始财富 w_0，至少投资 λw_0 于风险资产中的充分必要条件是

$$E(\tilde{r}-r_f)\geqslant\frac{-\lambda\cdot w_0\cdot u''[w_0(1+r_f)]}{u'[w_0(1+r_f)]}\cdot E[(\tilde{r}-r_f)^2]$$

命题 3.3 的证明与命题 3.2 类似，我们这里略去。

注：（1）当 $\lambda=1$ 时，命题 3.3 的结论与命题 3.2 一致，我们有

$$E(\tilde{r}-r_f)\geqslant\frac{-w_0\cdot u''[w_0(1+r_f)]}{u'[w_0(1+r_f)]}\cdot E[(\tilde{r}-r_f)^2] \tag{3.20}$$

这里定义 $E(\tilde{r}-r_f)$ 为风险补偿，我们可以看到，如果要求投资者把所有财富都投资给风险资产，则所要求的最小风险补偿 $E(\tilde{r}-r_f)$ 依赖于 $\frac{-u''(\cdot)}{u'(\cdot)}$ 在 $w_0(1+r_f)$ 处的取值。$-\frac{u''(\cdot)}{u'(\cdot)}$ 被称为绝对风险厌恶系数，由 Arrow（1965）和 Pratt（1964）提出。

（2）绝对风险厌恶系数越大，个体对风险补偿要求越高，越厌恶风险。因此，绝对风险厌恶系数确实反映了个体对风险的厌恶程度。如果 $-\frac{u_i''(\cdot)}{u_i'(\cdot)}\geqslant-\frac{u_j''(\cdot)}{u_j'(\cdot)}$，则投资者 i 比投资者 j 更厌恶风险，因为前者要求更高的风险补偿才能把全部资产投资于风险资产。

第三节 个体风险厌恶度量

本节我们将讨论两种度量风险厌恶程度的方法，一种是马科维茨风险溢价（Markowitz risk premium），另一种是阿罗–普拉特风险溢价（Arrow-Pratt risk premium），而且这两种度量方法其实是有关联的。为何要提出这样两种方法呢，因为我们需要判断投资者风险厌恶程度的高低，通过计算这两个风险度量的值，我们可以对投资者的风险厌恶程度进行估计。

定义 3.6 马科维茨风险溢价：假设 $f(w_0,H)$ 是投资者为了避免参加赌博（一个不确定性）愿意放弃的财富或缴纳罚金的最大数量，如果它满足式（3.21）：

$$u(w_0-f(w_0,H))=p\cdot u(w_0+h_1)+(1-p)\cdot u(w_0+h_2) \tag{3.21}$$

则罚金 $f(w_0,H)$ 被称为马科维茨风险溢价。显然 $f(w_0,H)$ 越大表明投资者为了避免赌博愿缴纳的罚金越多，因而就越厌恶风险。$w_0-f(w_0,H)$ 称为确定等价财富（certainty equivalent wealth）。

例 3.9 假设投资者面临如下所示的一个赌博，他的初始财富为 10 元，其效用函数为对数函数，计算这个投资者为避免赌博而愿意缴纳的罚金以及他的确定等价财富。

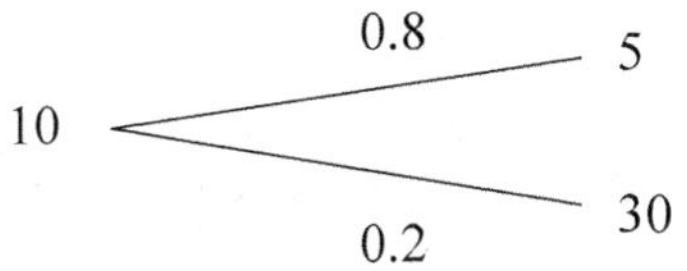

解：我们可以直接根据定义来计算。

$$u(w_0-f)=\ln(10-f)=0.8\ln 5+0.2\ln 30$$

从而算出 $f=2.85$，这就是马科维茨风险溢价。进一步 $w_0-f=7.15$，这就是确定等价财富。

下面我们看如何根据马科维茨风险溢价的定义给出阿罗–普拉特风险溢价的定义。在这个过程中，会导出绝对风险厌恶系数。

假设 x 为公平赌博，缴纳罚金 π 后，投资者不参加公平赌博的效用与参加公平赌博的期望效用相同，则

$$u(w-\pi)=E(u(w+x)) \tag{3.22}$$

将式（3.22）等号左右两侧分别在 $\pi-0$ 和 $x-0$ 处泰勒展开，这里 π 表示最大保费。

$u(w-\pi)$ 在 $\pi=0$ 处一阶泰勒展开：

$$u(w-\pi)=u(w)-\pi\cdot u'(w) \tag{3.23}$$

$u(w+x)$ 在 $x=0$ 处二阶泰勒展开：

$$u(w+x)=u(w)+x\cdot u'(w)+\frac{1}{2}x^2\cdot u''(w)$$

我们对上式取期望得到

$$E(u(w+x))=u(w)+0+\frac{1}{2}\sigma_x^2\cdot u''(w) \tag{3.24}$$

令式（3.23）= 式（3.24）得

$$\pi=-\frac{1}{2}\sigma_x^2\cdot\frac{u''(w)}{u'(w)} \tag{3.25}$$

这个 π 就是阿罗–普拉特风险溢价，显然 π 总是正数，而 $R_A(w)=-\dfrac{u''(w)}{u'(w)}$ 就是绝对风险厌恶系数。

定义 3.7　阿罗–普拉特风险度量：考察风险很小的赌博，阿罗–普拉特风险溢价定义为

$$f(w_0,h)=\frac{\sigma_h^2}{2}\cdot\left(-\frac{u''(w_0)}{u'(w_0)}\right) \tag{3.26}$$

例 3.10　有一个如下所示的赌博，考虑对数效用函数 $u(x)=\ln x$，分别计算马科维茨风险溢价和阿罗–普拉特风险溢价。

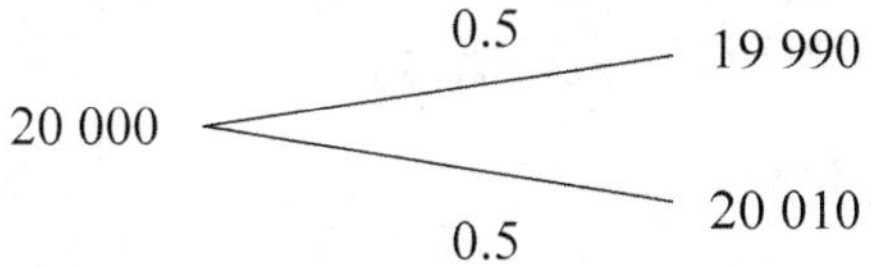

解：已知 $u(x)=\ln x$，$\sigma_h^2=100$。

$$u'(x)=\frac{1}{x},\quad u''(x)=-\frac{1}{x^2}$$

马科维茨风险溢价：$\ln(20\,000 - f) = 0.5\ln 19\,990 + 0.5\ln 20\,010$，$f = 0.0025$。

阿罗–普拉特风险溢价：$f(w,h) = \dfrac{\sigma_h^2}{2}\left[-\dfrac{u''(w)}{u'(w)}\right] = 0.0025$。

我们可以看到，在这个例子中，两种风险溢价的值相同，这个结论对风险很小的公平赌博均成立。如果公平赌博的风险很大，那么结果不一定相同。

例 3.11 有一个如下所示的赌博，考虑对数效用函数 $u(z) = \ln z$，$W_0 = 50$ 元，分别计算马科维茨风险溢价和阿罗–普拉特风险溢价。

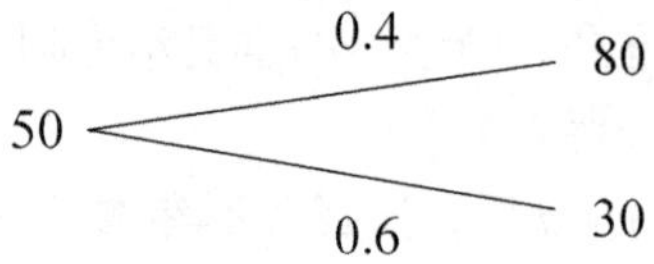

读者可以自行计算这个例子，看看两者的值是否相同。

第四节 绝对风险厌恶与相对风险厌恶

在本节中，我们要给出两个非常重要的系数，分别为绝对风险厌恶系数与相对风险厌恶系数。同时给出判断投资者在风险资产的投资比例如何随着个人财富的增加而发生变化的方法。绝对风险厌恶与相对风险厌恶系数反映了当投资者的财富发生变化时，其对待风险的态度也会随之变化。习近平总书记深刻指出，千招万招，管不住货币都是无用之招。经济是肌体，金融是血脉，两者共生共荣。因此要正确防范系统风险，需要正确认识有关风险的相关度量方法以及了解投资者的风险态度。本小节通过介绍绝对风险厌恶系数和相对风险厌恶系数，分析如何根据不同的风险类型和风险偏好做出正确的投资决策，培育和鼓励同学们静心学术，努力提高自身素质，未来投身中国特色社会主义建设，并争取为加快构建中国特色哲学社会科学学科体系添砖加瓦。

例 3.12 假设三个投资者拥有初始财富均为 100 元，他们投资于风险资产的钱均为 50 元，当他们的财富增加到 200 元时，其投资于风险资产的钱分别为 80 元、30 元、50 元，他们的投资行为如何判断？

解：我们发现，三个投资者的初始财富为 100 元时，投资于风险资产的钱均为 50 元，但是随着财富的增加，投资于风险资产的钱发生了变化。对于第一个投资者来说，其投资数量由 50 元变为 80 元，第二个变为 30 元，第三个维持不变。也就是说第一个投资者投资于风险资产的数量随着财富增加而增加，第二个投资者投资于风险资产的数量随着财富增加而减少，第三个投资者投资于风险资产的数量随着财富增加而不变。为了区别这样三类投资者，我们引入绝对风险厌恶系数的概念。

一、绝对风险厌恶系数

定义 3.8 对于个体效用函数，定义它的绝对风险厌恶系数为

$$R_A(w) = -\frac{u''(w)}{u'(w)} \tag{3.27}$$

定义 3.9　如果 $R_A(z)$ 是严格递减的函数，即 $\frac{\mathrm{d}R_A(z)}{\mathrm{d}z}<0$（$\forall z$），那么称投资者是递减绝对风险厌恶的；若 $\frac{\mathrm{d}R_A(z)}{\mathrm{d}z}=0$（$\forall z$），那么称投资者是常绝对风险厌恶的；若 $\frac{\mathrm{d}R_A(z)}{\mathrm{d}z}>0$（$\forall z$），则称投资者是递增绝对风险厌恶的。

定义 3.9 给出了风险厌恶型投资者的三种类型，那么这三类投资者对风险资产的投资会随财富的增加而发生何种变化呢？这就是著名的阿罗–普拉特定理。根据定理 3.4，我们可以把风险厌恶型投资者进行更加精确的划分。

定理 3.4　阿罗–普拉特定理：对于递减绝对风险厌恶者来说，随着个人财富的增加，他对风险资产的投资也就越大（视风险资产为正常品）；对于递增绝对风险厌恶者来说，随着个人财富的增加，他对风险资产的投资反而减少（视风险资产为劣质品）；对于常绝对风险厌恶者来说，他对风险资产的投资与财富无关。

证明：假定市场中有风险资产 $\tilde{r}$ 和无风险资产 r_f，财富中的 a 部分投资于风险资产，$w-a$ 部分投资于无风险资产，则定理内容可以改写为对于递减绝对风险厌恶者，$\frac{\mathrm{d}a}{\mathrm{d}w}>0$；对于递增绝对风险厌恶者，$\frac{\mathrm{d}a}{\mathrm{d}w}<0$；对于常绝对风险厌恶者，$\frac{\mathrm{d}a}{\mathrm{d}w}=0$。

证明第一种情况，即投资者是递减绝对风险厌恶型的，则 $\frac{\mathrm{d}a}{\mathrm{d}w}>0$。其他两种情况可以类似证明。

由已知条件可知，期末财富为

$$\tilde{w}=w(1+r_f)+a(\tilde{r}-r_f) \tag{3.28}$$

显然是一个随机变量。我们假设投资者希望最大化期末财富的期望效用值，即求解 $\max E(u(\tilde{w}))$。

假设该问题有最优解，最优解在其一阶最优条件中得到，即 $E[u'(\tilde{w})(\tilde{r}-r_f)]=0$。这里我们定义一个函数 $f(a)$，$f(a)=E[u'(\tilde{w})(\tilde{r}-r_f)]$。我们对 f 关于 w 求导得到

$$E\left\{u''(\tilde{w})\left[1+r_f+\frac{\mathrm{d}a}{\mathrm{d}w}\cdot(\tilde{r}-r_f)\right](\tilde{r}-r_f)\right\}=0$$

$$E\left[u''(\tilde{w})(1+r_f)(\tilde{r}-r_f)+u''(\tilde{w})\cdot\frac{\mathrm{d}a}{\mathrm{d}w}\cdot(\tilde{r}-r_f)^2\right]=0 \tag{3.29}$$

$$\frac{\mathrm{d}a}{\mathrm{d}w}=\frac{E[u''(\tilde{w})(\tilde{r}-r_f)(1+r_f)]}{-E[u''(\tilde{w})(\tilde{r}-r_f)^2]} \tag{3.30}$$

因此 $\frac{\mathrm{d}a}{\mathrm{d}w}$ 的符号由式（3.30）等号右端决定。注意到分母始终为正数，因此分子的符号将决定 $\frac{\mathrm{d}a}{\mathrm{d}w}$ 的符号，即 $\mathrm{sign}\left(\frac{\mathrm{d}a}{\mathrm{d}w}\right)=\mathrm{sign}\{E[u''(\tilde{w})(\tilde{r}-r_f)(1+r_f)]\}$。由于 $1+r_f$ 始终为正数，我们不用考虑。接下来我们主要分析 $E[u''(\tilde{w})(\tilde{r}-r_f)]$ 的符号。下面我们分两种情况来讨论。

（1）$\forall\tilde{r}\geqslant r_f$，$\tilde{w}=w(1+r_f)+a(\tilde{r}-r_f)\geqslant w(1+r_f)$，因为绝对风险厌恶系数 $R_A(w)$ 是一

个严格递减函数，所以 $R_A(\tilde{w}) \leqslant R_A[w(1+r_f)]$ ，即

$$-\frac{u''(\tilde{w})}{u'(\tilde{w})} \leqslant R_A[w(1+r_f)] \tag{3.31}$$

等式两边同乘 $-u'(\tilde{w})(\tilde{r}-r_f)$ ，注意这是一个负数，因此有

$$u''(\tilde{w})(\tilde{r}-r_f) \geqslant -R_A[w(1+r_f)]u'(\tilde{w})(\tilde{r}-r_f) \tag{3.32}$$

（2）$\forall \tilde{r} < r_f$，$\tilde{w} < w(1+r_f)$ ，因为绝对风险厌恶系数 $R_A(w)$ 是一个严格递减函数，所以 $R_A(\tilde{w}) > R_A[w(1+r_f)]$ ，因此有

$$-\frac{u''(\tilde{w})}{u'(\tilde{w})} > R_A[w(1+r_f)]$$

等式两边同乘 $-u'(\tilde{w})(\tilde{r}-r_f)$ ，这是一个正数，因此有

$$u''(\tilde{w})(\tilde{r}-r_f) > -R_A[w(1+r_f)]u'(\tilde{w})(\tilde{r}-r_f) \tag{3.33}$$

我们可以看到式（3.32）和式（3.33）基本相同，考虑到

$$\begin{aligned}
E[u''(\tilde{w})(\tilde{r}-r_f)] &= \int_{\tilde{r}\geqslant r_f} u''(\tilde{w})(\tilde{r}-r_f)\mathrm{d}P + \int_{\tilde{r}<r_f} u''(\tilde{w})(\tilde{r}-r_f)\mathrm{d}P \\
&> -\int_{\tilde{r}\geqslant r_f} u'(\tilde{w})(\tilde{r}-r_f)R_A[w(1+r_f)]\mathrm{d}P \\
&\quad -\int_{\tilde{r}<r_f} u'(\tilde{w})(\tilde{r}-r_f)R_A[w(1+r_f)]\mathrm{d}P \\
&= -\int u'(\tilde{w})(\tilde{r}-r_f)R_A[w(1+r_f)]\mathrm{d}P \\
&= -E[u'(\tilde{w})(\tilde{r}-r_f)]\cdot R_A[w(1+r_f)] = 0
\end{aligned} \tag{3.34}$$

从而完成证明。

例 3.13 假设三个投资者拥有初始财富均为 100 元，他们投资于风险资产的钱数均为 50 元，当他们的财富增加到 200 元时，其投资于风险资产的钱数分别增加为 80 元、100 元、150 元，他们的投资行为如何判断？

解： 我们发现，对这三个投资者来说，他们投资于风险资产的钱数都随着财富的增加而增加，但是增加的比例不同。第一个投资者投资于风险资产的比例随着财富增加而减少，第二个投资者投资于风险资产的比例保持不变，第三个投资者投资于风险资产的比例随着财富增加而增加。为了区别这样三类投资者，我们引入相对风险厌恶的定义。

二、相对风险厌恶系数

定义 3.10 对于个体效用函数，定义它的相对风险厌恶系数为

$$R_R(w) = -w\cdot\frac{u''(w)}{u'(w)} \tag{3.35}$$

定义 3.11 如果 $R_R(z)$ 是严格递减的函数，即 $\frac{\mathrm{d}R_R(z)}{\mathrm{d}z} < 0$（$\forall z$），那么称投资者是递减相对风险厌恶的；若 $\frac{\mathrm{d}R_R(z)}{\mathrm{d}z} = 0$（$\forall z$），那么称投资者是常（不变）相对风险厌恶的；若 $\frac{\mathrm{d}R_R(z)}{\mathrm{d}z} > 0$（$\forall z$），则称投资者是递增相对风险厌恶的。

相对风险厌恶系数的性质反映了投资者投资于风险资产的比例如何随着财富的增加而变化。我们通过下面的定理给出相应的结论。

定理 3.5　阿罗–普拉特定理：对于递增相对风险厌恶者，风险资产需求的财富弹性小于 1，对于不变相对风险厌恶者，风险资产需求的财富弹性等于 1，对于递减相对风险厌恶者，风险资产需求的财富弹性大于 1。

这里财富弹性的定义为

$$\eta = \frac{\mathrm{d}a / a}{\mathrm{d}w / w} = \frac{\mathrm{d}a}{\mathrm{d}w} \cdot \frac{w}{a} \tag{3.36}$$

其中，w 和 a 的定义与前文一样，则定理 3.5 可以改写为对于递增相对风险厌恶者，$\eta < 1$；对于不变相对风险厌恶者，$\eta = 1$；对于递减相对风险厌恶者，$\eta > 1$。下面我们证明第一种情况的结论，对于其他两种情况可以类似说明。

证明：我们需要说明 $\frac{\mathrm{d}R_R(\cdot)}{\mathrm{d}(\cdot)} > 0 \Rightarrow \eta < 1$。事实上，

$$\eta - 1 = \frac{\frac{\mathrm{d}a}{\mathrm{d}w} \cdot w - a}{a} \tag{3.37}$$

我们把定理 3.4 中给出的 $\frac{\mathrm{d}a}{\mathrm{d}w} = \frac{E[u''(\tilde{w})(\tilde{r} - r_f)(1 + r_f)]}{-E[u''(\tilde{w})(\tilde{r} - r_f)^2]}$ 代入式（3.37）可得

$$\eta - 1 = \frac{\frac{E[u''(\tilde{w})(\tilde{r} - r_f)(1 + r_f)]}{-E[u''(\tilde{w})(\tilde{r} - r_f)^2]} \cdot w - a}{a} = \frac{E[u''(\tilde{w})(\tilde{r} - r_f)\tilde{w}]}{-a \cdot E[u''(\tilde{w})(\tilde{r} - r_f)^2]} \tag{3.38}$$

由于分母始终是正的，$\operatorname{sign}\{\eta - 1\} = \operatorname{sign}\{E[u''(\tilde{w})(\tilde{r} - r_f)\tilde{w}]\}$。我们分情况讨论。

情况 1：$\forall \tilde{r} \geqslant r_f$，$\tilde{w} \geqslant w(1 + r_f)$，因为投资者是递增相对风险厌恶的，所以

$$R_R(\tilde{w}) \geqslant R_R[w(1 + r_f)]$$

$$-\frac{\tilde{w} \cdot u''(\tilde{w})}{u'(\tilde{w})} \geqslant R_R[w(1 + r_f)] \tag{3.39}$$

两边同乘 $-u'(\tilde{w})(\tilde{r} - r_f) < 0$ 得

$$\tilde{w} \cdot u''(\tilde{w})(\tilde{r} - r_f) \leqslant -u'(\tilde{w})(\tilde{r} - r_f) R_R[w(1 + r_f)] \tag{3.40}$$

情况 2：$\forall \tilde{r} < r_f$，我们可以类似推出

$$\tilde{w} \cdot u''(\tilde{w})(\tilde{r} - r_f) < -u'(\tilde{w})(\tilde{r} - r_f) R_R[w(1 + r_f)] \tag{3.41}$$

因此我们有 $E[\tilde{w} \cdot u''(w)(\tilde{r} - r_f)] < 0$，命题得证。

究竟现实中的投资者属于哪种风险厌恶类型？普遍接受的看法是，大多数投资者是递减绝对风险厌恶和不变相对风险厌恶的，这反映了大多数投资者的投资行为。

注：上述两个定理仅仅局限于经济体中只有一个无风险资产与一个风险资产的情形。当存在多个风险资产时，上述结论一般很难成立。那么是否存在某些假设，在这些假设条件下，个体总是持有相同结构的风险资产组合？并且随着财富的改变，投资者只是改变该风险资产组合和无风险资产之间的比例关系？

定理 3.6 货币基金分离定理：个体的最优资产组合总是无风险资产（货币基金）和一个特定结构的风险资产组合（共同基金）的线性组合，则该现象被称为货币基金分离。

Cass 和 Stiglitz 在 1970 年证明了货币基金分离定理成立的充要条件是边际效用满足：

$$u'(z)=(A+Bz)^{C},$$

$$B>0,C<0,z\geqslant\max\left(0,-\frac{A}{B}\right)\text{或者}A>0,B<0,C>0,0\leqslant z<-\frac{A}{B} \tag{3.42}$$

$$u'(z)=A\exp\{Bz\},\quad A>0,B<0,z\geqslant 0 \tag{3.43}$$

下面的效用函数通常被用来在金融学中解释前面所讨论的风险厌恶的性质。我们将分别讨论当投资者的效用函数满足不同条件时，投资者的风险厌恶类型分别是什么。

例 3.14 凹的二次效用函数为$u(z)=z-\frac{b}{2}z^2(b>0)$，这个二次效用函数显示了投资者是递增、递减，还是不变的绝对风险厌恶？

解：根据已知求出

$$u'(z)=1-bz$$
$$u''(z)=-b$$
$$R_A(z)=-\frac{u''(z)}{u'(z)}=\frac{b}{1-bz}$$
$$\frac{\mathrm{d}R_A(z)}{\mathrm{d}z}=\frac{b^2}{(1-bz)^2}>0$$

因此该二次效用函数显示了投资者属于递增的绝对风险厌恶。

例 3.15 （1）负指数效用函数$u(z)=-\mathrm{e}^{-bz}(b>0)$是递增绝对风险厌恶函数吗？

解：

$$u(z)=-\mathrm{e}^{-bz},\quad b>0$$
$$u'(z)=b\mathrm{e}^{-bz}$$
$$u''(z)=-b^2\mathrm{e}^{-bz}$$
$$R_A(z)=-\frac{u''(z)}{u'(z)}=b$$

对其求导得

$$\frac{\mathrm{d}R_A(z)}{\mathrm{d}z}=0$$

因此投资者是不变绝对风险厌恶型的。

（2）广义幂效用函数为$u(z)=\frac{1}{B-1}(A+Bz)^{1-\frac{1}{B}}\left(B>0,z>\max\left(-\frac{A}{B},0\right)\right)$，判断广义幂效用函数表示的是递增还是递减的绝对与相对风险厌恶。

解：

$$u'(z)=(A+Bz)^{-\frac{1}{B}}$$
$$u''(z)=-(A+Bz)^{-\frac{1}{B}-1}$$
$$R_A(z)=-\frac{u''(z)}{u'(z)}=(A+Bz)^{-1}$$

$$\frac{\mathrm{d}R_A(z)}{\mathrm{d}z}=\frac{-B}{(A+Bz)^2}<0$$

因此显示了投资者是递减的绝对风险厌恶。

因为 $R_R(z)=-z\cdot\frac{u''(z)}{u'(z)}=\frac{z}{A+Bz}$，所以

$$\frac{\mathrm{d}R_R(z)}{\mathrm{d}z}=\frac{A}{(A+Bz)^2}>0$$

因此我们需要分情况讨论其相对风险厌恶是递增、递减还是不变的。如果 $A>0$，则投资者是递增相对风险厌恶型；如果 $A<0$，则投资者是递减相对风险厌恶型；如果 $A=0$，则投资者是不变相对风险厌恶型。

例 3.16 狭义幂效用函数为 $u(z)=\frac{B}{B-1}z^{1-\frac{1}{B}}(B>0,z>0)$，判断投资者的绝对风险厌恶系数与相对风险厌恶系数的情况。

这个例子留给读者作为练习。

第五节 一阶随机占优与二阶随机占优

当一个参与者选择最优组合的时候，实际是对所有的可能组合，或者更具体地说，对这些组合的收益率进行排序。考虑收益率有两个重要因素：期望收益率或平均收益率，以及风险。若只含有一个风险资产和一个无风险资产，可以用阿罗–普拉特方法进行排序，如果含有两个风险资产如何进行排序呢？

给定一个具体的效用函数也就给定了该效用函数所代表的决策者的所有特征。如果不给出具体形式，而仅仅给出这个函数满足的性质，如单调性、凹凸性等，那么也就只给出了决策者的部分特征。这样只已知部分特征，如果要对 L 上的元素进行排序，就是偏序关系，随机占优即研究满足偏序关系的元素之间的关系。

一、一阶随机占优

假设我们仅仅知道个体定义在财富水平上的效用函数是连续的和单调递增的，除此之外没有其他任何关于个体效用函数的特征信息。记 $\tilde{r}_A$ 和 $\tilde{r}_B$ 分别为证券 A 和 B 的收益率，收益 $\tilde{x}_A=1+\tilde{r}_A$，收益 $\tilde{x}_B=1+\tilde{r}_B$。

定义 3.12 如果 $\forall u'(\cdot)\geqslant 0, E(u(\tilde{x}_A))\geqslant E(u(\tilde{x}_B))$，则 A 相对于 B 一阶随机占优（first-order stochastic dominance，FSD），记作 $A\succ_{\mathrm{FSD}}B$。

注：一阶随机占优实际上是对期望收益率进行排序，$A\succ_{\mathrm{FSD}}B$，说明 A 的期望收益率高于 B。因为我们可以取一个特殊的效用函数 $u(x)=x$，则根据定义 $E(u(\tilde{x}_A))\geqslant E(u(\tilde{x}_B))$，推出 $E(\tilde{x}_A)\geqslant E(\tilde{x}_B)$。

定理 3.7 下述条件等价：

$$A\succ_{\mathrm{FSD}}B\Leftrightarrow F_A(r)\leqslant G_B(r),\forall r\in[0,1]\Leftrightarrow \tilde{r}_A=\tilde{r}_B+\tilde{a},\forall\tilde{a}>0 \tag{3.44}$$

假设 $F_A(1)=G_B(1)=1$，$F_A(0)=G_B(0)$，F_A,G_B 分别表示资产收益的累积分布函数，满足连续递增的性质。

在证明这个定理之前，我们先观察一下。第一个等价符号中，$F_A(r)\leqslant G_B(r)$ 意味着证券 A 的期望收益率低于一定水平的概率小于证券 B 的期望收益率低于一定水平的概率，也等价于证券 A 的期望收益率高于一定水平的概率大于证券 B 的期望收益率高于一定水平的概率。因此证券 A 一阶随机占优于证券 B，就是证券 A 的期望收益率应该比证券 B 要高。下面我们证明第一个等价符号。

证明： 我们需要证明

$$E(u(x_A))\geqslant E(u(x_B)),\forall u'(\cdot)\geqslant 0 \Leftrightarrow F_A(r)\leqslant G_B(r),\forall r\in[0,1]$$

$$\begin{aligned}E(u(x_A))-E(u(x_B))&=\int_0^1 u(1+r)\mathrm{d}F_A(r)-\int_0^1 u(1+r)\mathrm{d}G_B(r)\\&=\int_0^1 u(1+r)\mathrm{d}(F_A(r)-G_B(r))\\&=u(1+r)(F_A(r)-G_B(r))|_0^1-\int_0^1(F_A(r)-G_B(r))u'(1+r)\mathrm{d}r\\&=-\int_0^1(F_A(r)-G_B(r))u'(1+r)\mathrm{d}r\end{aligned}\tag{3.45}$$

若 $F_A(r)\leqslant G_B(r)$（$\forall r\in[0,1]$），$E(u(x_A))\geqslant E(u(x_B))$。因此充分性得到证明。

接下来我们证明必要性，即如果投资者满足一阶随机占优，则 $F_A(r)\leqslant G_B(r)$（$\forall r\in[0,1]$）。

我们用反证法来证明。如果 $\exists[r_0,r_1]\subset[0,1]$，$F_A(r)>G_B(r)$（$\forall r\in[r_0,r_1]$），则

$$-\int_0^1(F_A(r)-G_B(r))u'(1+r)\mathrm{d}r\geqslant 0\tag{3.46}$$

我们可以找到一个特殊的效用函数为

$$u_1'(1+r)=\begin{cases}0,r\notin[r_0,r_1]\\1,r\in[r_0,r_1]\end{cases}$$

代入式（3.46）得

$$-\int_0^1(F_A(r)-G_B(r))u_1'(1+r)\mathrm{d}r=-\int_{r_0}^{r_1}(F_A(r)-G_B(r))u_1'(1+r)\mathrm{d}r<0\tag{3.47}$$

矛盾于 A 一阶随机占优于 B，故得证。

如果只对一部分证券进行排序，当我们用这些证券与其他证券形成组合时，这种排序还能保持吗？如证券 A 随机占优于 B，是否可以说证券 A 与另一证券 C 的组合也一阶随机占优于 B 与 C 的相应组合呢？答案是否定的，但是可以证明，A 与无风险资产构成的组合也一阶随机占优于 B 与无风险资产构成的组合。

定理 3.8 如果 $A\succ_{\text{FSD}}B,E(\tilde{r}_B)\geqslant r_f$，$\forall u'(\cdot)<0$成立，那么

$$\max E\{u[w(1+r_f)+a(\tilde{r}_A-r_f)]\}\geqslant \max E\{u[w(1+r_f)+a(\tilde{r}_B-r_f)]\}\tag{3.48}$$

这个定理的证明相对比较简单，我们这里略去。

二、二阶随机占优

定义 3.13　如果 $\forall u''(\cdot)\leqslant 0, E(u(\tilde{x}_A))\geqslant E(u(\tilde{x}_B))$，则 A 相对于 B 二阶随机占优(second-order stochastic dominance，SSD)，记作 $A\succ_{\text{SSD}} B$。二阶随机占优是对风险进行排序，可以用 $A\succ_{\text{SSD}} B$ 表示。

我们之前提到一阶随机占优是对资产的收益率进行排序，那么二阶随机占优是否也是如此呢？我们考察几个特殊的效用函数。

令 $u(x)=x$，则 $E(u(x_A))=E(x_A)\geqslant E(u(x_B))=E(x_B)\Rightarrow E(x_A)\geqslant E(x_B)$。

令 $u(x)=-x$，则 $E(u(x_A))=-E(x_A)\geqslant E(u(x_B))=-E(x_B)\Rightarrow E(x_A)\leqslant E(x_B)$。

由此 $E(x_A)=E(x_B)$。

令 $u(x)=-x^2$，则 $E(u(x_A))=-E(x_A^2)\geqslant E(u(x_B))=-E(x_B^2)\Rightarrow E({x_A}^2)\leqslant E(x_B^2)$。

考虑到 $E(x_A)=E(x_B)$，因此 $\sigma_A^2\leqslant\sigma_B^2$。

显然，如果是二阶随机占优，那么两个风险资产的期望收益率相同，但是随机占优的资产的风险更低。因此我们说二阶随机占优是对风险进行排序。

定理 3.9　下列命题等价：

$$A\succ_{\text{SSD}} B\Leftrightarrow E(\tilde{r}_A)=E(\tilde{r}_B),\forall y\in[0,1],S(y)=\int_0^y(F_A(r)-G_B(r))\mathrm{d}r\leqslant 0\Leftrightarrow$$

$$\tilde{r}_A\overset{\text{def}}{=\!=}\tilde{r}_B+\tilde{a},E(\tilde{a}\mid\tilde{r}_A)=0 \tag{3.49}$$

我们证明该定理的第一个等价符号。

证明：充分性。

$$\begin{aligned}E(u(x_A))-E(u(x_B))&=-\int_0^1(F_A(r)-G_B(r))\cdot u'(1+r)\mathrm{d}r\\&=-\int_0^1 u'(1+r)\mathrm{d}S(r)\\&=-u'(1+r)S(r)\big|_0^1+\int_0^1 S(r)\cdot u''(1+r)\mathrm{d}r\end{aligned} \tag{3.50}$$

注意到，

$$S(0)=0$$

$$\begin{aligned}S(1)&=\int_0^1(F_A(r)-G_B(r))\mathrm{d}r\\&=(F_A(r)-G_B(r))\cdot r\big|_0^1-\int_0^1 r\mathrm{d}(F_A(r)-G_B(r))\\&=-\int_0^1 r\mathrm{d}F_A(r)+\int_0^1 r\mathrm{d}G_B(r)\\&=-E(\tilde{r}_A)+E(\tilde{r}_B)=0\end{aligned} \tag{3.51}$$

$$E(u(x_A))-E(u(x_B))=\int_0^1 S(r)\cdot u''(1+r)\mathrm{d}r \tag{3.52}$$

显然，$S(r)\leqslant 0,\forall r\in[0,1]\Rightarrow E(u(x_A))-E(u(x_B))\geqslant 0\Rightarrow A\succ_{\text{SSD}} B$。

反过来，我们证明必要性，用反证法来说明。若结论不成立，则 $\exists[a,b]\subset[0,1],S(r)>0,$

$\forall r \in [a,b]$。定义 $u'(x)=\begin{cases} b-a, & x \leqslant a \\ b-x, & a < x < b \\ 0, & x \geqslant b \end{cases}$，显然 $u''(x)<0$，但是 $\int_0^1 S(r)\cdot u''(1+r)\mathrm{d}r$ $=-\int_a^b S(r)\mathrm{d}r<0$，矛盾于 $E(u(x_A))-E(u(x_B))=\int_0^1 S(r)\cdot u''(1+r)\mathrm{d}r>0$，得证。

三、占优

定义 3.14 如果每个可能状态下证券 A 的收益率总高于证券 B 的收益率，即 $x_A(w)\geqslant x_B(w)$，并且在某些状态下不等式严格成立，则称 A 占优于 B（若市场处于均衡状态，则不会存在占优的情况）。

例 3.17 判断下列两个例子中哪个是占优，哪个是随机占优。

（1）假设经济有两个可能的状态：好和坏。证券 A 和证券 B 的总收益率分别如下。

证券	好	坏
证券 A	1.2%	1.0%
证券 B	1.1%	1.0%

（2）假设经济的两个可能的状态——好和坏发生的概率相等，证券 A 和证券 B 的总收益率分别如下。

证券	好	坏
证券 A	1.2%	1.0%
证券 B	1.0%	1.1%

解： 显然第一个例子是占优，第二个例子是随机占优。

本章小结

本章通过公平赌博的定义来对投资者的风险偏好进行划分，具体讨论了风险厌恶型投资者的投资行为，并分析了个体对风险的态度发生变化时，个体行为的比较特征，介绍了一阶随机占优与二阶随机占优的定义。一阶随机占优是对收益率进行排序，二阶随机占优是对风险进行排序。

重要术语

风险厌恶，风险喜好，风险中性，马科维茨风险溢价，阿罗–普拉特风险溢价，绝对风险厌恶系数，相对风险厌恶系数，一阶随机占优，二阶随机占优

参考文献

Arrow K J.1965.Aspects of the Theory of Risk-Bearing. Helsinki：Yrjö Jahnsonian Sä˙tiö.

Huang C F，Litzenberger R H. 1988. Foundations for financial economics. Journal of Finance，44（2）：529.

Oesch D. 2008. George pennacchi：theory of asset pricing. Financial Markets and Portfolio Management，22（3）：285-286.

Pratt J W. 1964. Risk aversion in the small and in the large. Econometrica，32（1/2）：122-136.

习题

1. 什么是风险厌恶、风险中性与风险喜好？

2. 什么是绝对风险厌恶系数？什么是相对风险厌恶系数？

3. 什么是一阶随机占优？什么是二阶随机占优？

4. 狭义幂效用函数为 $u(z)=\dfrac{B}{B-1}z^{1-\frac{1}{B}}(B>0,z>0)$，判断投资者的绝对风险厌恶系数与相对风险厌恶系数的情况。

5. 根据阿罗–普拉特定理，相对风险厌恶系数的性质反映了投资者投资于风险资产的比例如何随着财富的增加而变化。请叙述定理内容。

第四章

投资组合选择理论：均值-方差理论

本 章 目 标

研究不确定条件下收益与风险的权衡是金融决策的核心问题。在本章中我们将主要阐述在给定条件下如何对收益与风险进行度量，以及如何在两者间进行权衡的方法。这就是著名的投资组合理论。本章主要内容包括投资组合选择的理论、方法及思路，同时根据投资组合里是否包含无风险资产来推导资产定价模型。通过推导可以发现 CAPM 是完全基于马科维茨的投资组合理论建立的。因此马科维茨的投资组合理论成立的假设条件对 CAPM 来说也一样要满足。

第一节　投资组合选择

瑞典皇家科学院决定将 1990 年诺贝尔经济学奖授予纽约大学哈里·马科维茨（Harry Markowitz）教授，以表彰他在金融经济学理论中的先驱工作——投资组合理论。他的主要贡献是提出了一个在不确定条件下的投资组合理论——均值-方差理论（mean-variance theory）。这个理论演变成进一步研究金融经济学的基础，通常被认为是现代金融学的发端。这一理论的问世，使金融学开始摆脱了纯粹的描述性研究和单凭经验操作的状态，标志着数量化方法进入金融领域。

投资组合理论的基本思想是通过分散化的投资来对冲掉一部分风险。也就是人们常说的“不要把所有的鸡蛋放到同一个篮子里”（don’t put all eggs into one basket）。马科维茨提出投资者在风险与收益间的权衡应该符合这样一个原则“在给定收益下最小化风险，在给定风险时最大化收益”（for a given level of return to minimize the risk，and for a given level of risk level to maximize the return）。根据这一思路，他提出了投资组合理论。下面，我们将回顾一下投资组合中经常用到的一些公式，然后根据投资组合里含有的资产数目不同给出前沿组合的定义及相关性质。

一、证券收益与风险的度量——均值与方差

如何根据资产的价格计算回报率？对于单期投资而言，假设你在时间 0（今天）以价格 S_0 购买一种资产，在时间 1（明天）卖出这种资产，得到收益 S_1。那么，你的投资回报率可以表示为 $r=(S_1-S_0)/S_0$。

下面我们介绍几个常用的规则。

规则 4.1　在任何情况下，资产的平均或预期收益就是其收益的概率加权平均值：

$$E(r)=\sum_s \Pr(s)r(s) \tag{4.1}$$

规则 4.2　资产收益的方差（variance）为

$$\sigma^2=\sum_s \Pr(s)(r(s)-E(r))^2 \tag{4.2}$$

规则 4.3　协方差是两个随机变量相互关系的一种统计测度，即它测度两个随机变量，如证券 A 和证券 B 的收益率之间的互动性。

$$\sigma_{AB}=\operatorname{cov}(r_A,r_B)=E[(r_A-E(r_A))(r_B-E(r_B))] \tag{4.3}$$

显然协方差为正值表明证券的收益率倾向于向同一方向变动。一个负的协方差表明证券与另一个证券相背变动的倾向。一个相对小的或者 0 值的协方差表明两种证券之间只有很小的互动关系或没有任何互动关系。

规则 4.4　相关系数。两个随机变量间的协方差等于这两个随机变量之间的相关系数乘以它们各自的标准差的积，如证券 A 与 B 的相关系数为

$$\rho_{AB}=\frac{\sigma_{AB}}{\sigma_A\sigma_B} \tag{4.4}$$

相关系数总落在−1 与 +1 之间，−1 的值表明完全负相关，+1 的值表明完全正相关，多数情况是介于这两个极端值之间。

规则 4.5　由两个资产构成的组合的期望收益率是构成投资组合的每个资产的期望收益率的加权平均值，投资组合的构成比例为权重。

$$E(r_p)=x_1E(r_1)+x_2E(r_2) \tag{4.5}$$

进一步可以推广到 n 个资产的情况：

$$E(r_p)=\sum_{i=1}^{n}x_iE(r_i) \tag{4.6}$$

规则 4.6　由两个资产构成的投资组合的方差为

$$\sigma_p^2=w_1^2\sigma_1^2+w_2^2\sigma_2^2+2w_1w_2\operatorname{cov}(r_1,r_2)$$

进一步推广到 n 个资产的情况：

$$\sigma_p^2=w^{\mathrm{T}}Vw=(w_1\cdots w_n)\begin{pmatrix}\sigma_{11} & \cdots & \sigma_{1n}\\ \vdots & & \vdots\\ \sigma_{n1} & \cdots & \sigma_{nn}\end{pmatrix}\begin{pmatrix}w_1\\ \vdots\\ w_n\end{pmatrix} \tag{4.7}$$

规则 4.7　当一个风险资产与一个无风险资产相组合时，投资组合的标准差等于风险资产的标准差乘以该投资组合投资于这部分资产上的比例。

$$\sigma_p=w_1\sigma_1 \tag{4.8}$$

下面我们来看一个例子。

例 4.1 假设有一个投资者打算进行投资。他可以选择投资 A 公司的股票、国库券、B 公司的股票三种资产。假设 A、B 两个公司的生产情况与当年的棉花生产情况有关。相关数据如表 4.1 所示。假设投资者分三种情况来投资：完全投资于 A 公司的股票；50%投资于 A 公司的股票，50%投资于国库券；50%投资于 A 公司的股票，50%投资于 B 公司股票。请分别计算三种情况下的投资收益与风险，你能帮助投资者判断哪种投资方式最佳吗？

表 4.1 不同棉花生产情况下 *A*、*B* 公司的股票收益率表现

情况		概率	A 公司股票收益率	B 公司股票收益率
棉花生产的正常年份	股市的牛市	0.4	20%	2%
	股市的熊市	0.2	15%	−10%
异常年份	棉花的生产危机	0.4	−10%	40%

解：由 $E(r)=\sum_{s}\Pr(s)r(s)$，有

$$E(r_A)=7\%\text{，}\quad E(r_B)=14.8\%$$

由 $\sigma^2=\sum_{s}\Pr(s)[r(s)-E(r)]^2$，有

$$\sigma_A^2=0.0196\text{，}\quad \sigma_A=14\%$$

$$\sigma_B^2=0.044\,256\text{，}\quad \sigma_B=21\%$$

$$\sigma_{AB}=\operatorname{cov}(r_A,r_B)=E[(r_A-E(r_A))(r_B-E(r_B))]=-0.027$$

$$\rho_{AB}=\frac{\sigma_{AB}}{\sigma_A\sigma_B}=-0.94$$

$$r_f=6\%$$

情况 1：完全投资于 A 公司股票。

$E(r_p)=E(r_A)=7\%$，风险溢价 $=E(r_p)-r_f=7\%-6\%=1\%$，$\sigma_p=\sigma_A=14\%$。

情况 2：投资于 A 公司股票与国库券各 50%。

$E(r_p)=50\%E(r_A)+50\%r_f=6.5\%$，风险溢价 $=E(r_p)-r_f=0.5\%$，$\sigma_p=50\%$，$\sigma_A=7\%$。

情况 3：投资于 A 公司股票与 B 公司股票各 50%。

$E(r_p)=50\%E(r_A)+50\%E(r_B)=10.9\%$，风险溢价 $=E(r_p)-r_f=4.9\%$，$\sigma_p^2=w_A^2\sigma_A^2+w_B^2\sigma_B^2+2w_Aw_B\operatorname{cov}(r_A,r_B)$，$\sigma_p=4.57\%$。

小结：经过比较，情况 3 可以为投资者带来更高的收益率与更低的风险。原因在于 A、B 公司的股票收益率的协方差为负数，相关系数为负数且接近−1，故持有两者构建的组合后可以起到稳定收益率、降低组合风险的作用。因此相关系数为负数的资产组合到一起可以稳定原来投资组合的收益。

协方差对投资组合风险的影响为：正的协方差提高了投资组合的方差，而负的协方差降低了投资组合的方差，它可以稳定投资组合的收益。由此可以得到管理风险的办法——套期保值策略，即购买和现有资产负相关的资产。这种负相关使得套期保值的资产具有降低风险的性质。在投资组合中加入无风险资产是一种简单的风险管理策略，套期保值策略是取代这种策略的强有力的方法。

二、多个资产构成的投资组合

情况 1：一个风险资产与一个无风险资产。

问题：由这两个资产构成的投资组合图形是什么？为了便于说明我们给出一些记号。投资于风险资产的比例为 y，投资于无风险资产的比例为 $1-y$，两个资产构成的新的组合记为 c，组合 c 的期望收益率和标准差可以表示为

$$\begin{cases} E(r_c) = yE(r_p) + (1-y)r_f = r_f + y(E(r_p) - r_f) \\ \sigma_c = y\sigma_p \end{cases}$$

消去 y，得到

$$E(r_c) = r_f + \frac{E(r_p) - r_f}{\sigma_p}\sigma_c \tag{4.9}$$

式（4.9）即为图 4.1 中的 FP 所在直线，该直线称为资本配置线（capital allocation line，CAL）。该直线的斜率 $\frac{E(r_p)-r_f}{\sigma_p}$ 称为酬报与波动比率，其含义是承担单位风险所需的风险溢价。

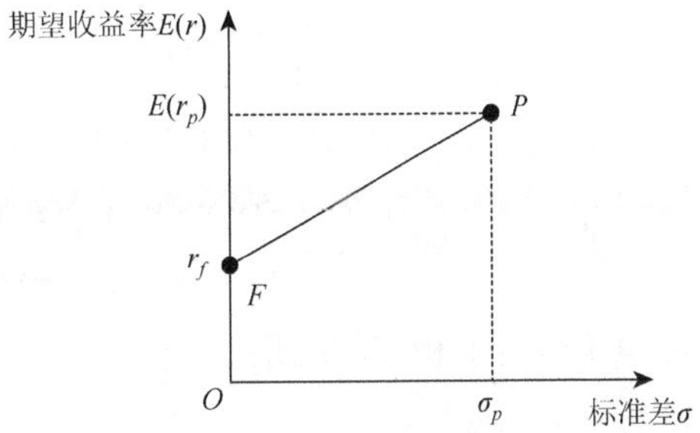

图 4.1　资本配置线

例 4.2　如果已知 $E(r_p) = 15\%$，$\sigma_p = 22\%$，$r_f = 7\%$，求该组合的酬报与波动比率是多少？

解：代入数值，求出 $\frac{E(r_p)-r_f}{\sigma_p} \approx 0.36$。

我们可以用图 4.1 来反映例 4.2 中的 CAL。

因此我们可以得到：由无风险资产和风险资产构成的任何一种组合都将落在连接它们的直线上；其在直线上的确切位置将取决于投资于这两种资产的相对比例。

问题 4.1：如果投资于风险资产上的比例大于 1（$y>1$），CAL 如何变化？

我们可以通过一个例子来说明。

例 4.3　假设投资者的初始财富为 300 000 元，他借入 120 000 元均投资于风险资产，则有 $y = 420\,000/300\,000 = 1.4$，$1-y = -0.4$。假设新组合为 c，通过计算得 $E(r_c) = 18.2\%$，$\sigma_c = 30.8\%$。显然这种情况下，投资组合的均值与方差都超过了原来的 p 组合，而 c 组合的酬报与波动比率仍旧为 0.36，所以组合 c 应该位于 FP 的延长线上，如图 4.2 所示。

结论：若投资于风险资产上的比例大于 1，则新的组合将落在线段 FP 右侧延长线上。

问题 4.2：如果借贷利率不同，CAL 如何变化？

通常借入的利率要高于贷出的利率，我们看一个例子。

例 4.4 假设贷出利率 $r_f=7\%$，借入利率 $r_f^b=9\%$，则有 $s=\dfrac{E(r_p)-r_f^b}{\sigma_p}=0.27$，$s'=\dfrac{E(r_p)-r_f}{\sigma_p}=0.36$。

由例 4.4，我们可以得到当借贷利率不同时，CAL 会在 P 点处发生弯折。如图 4.3 所示，当投资者买入无风险资产时，投资组合落在 F 与 P 的连线上；如果投资者借入无风险资产，投资组合落在 F_b 与 P 的连线的右侧延长线上。

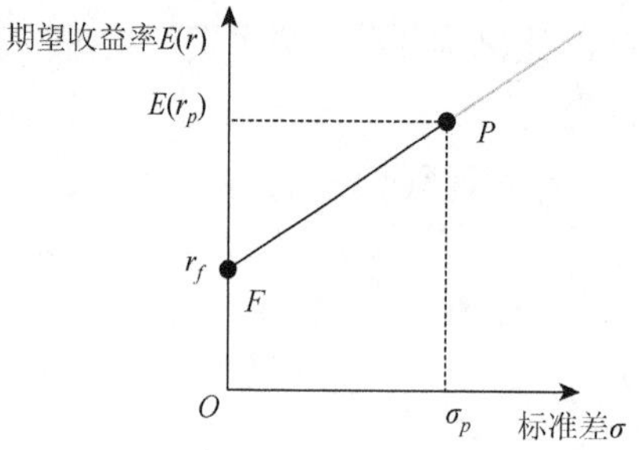

图 4.2 投资于风险资产上的比例大于 1 时的资本配置线

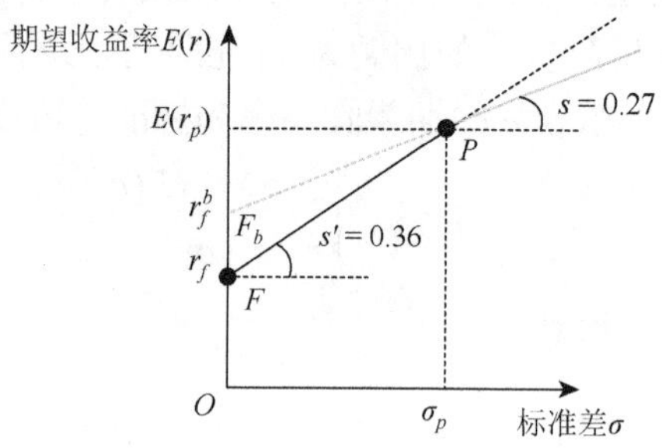

图 4.3 借贷利率不同时的资本配置线

问题 4.3：如果卖空风险资产，买入无风险资产，CAL 如何变化？

当 $y<0$ 时，有 $\begin{cases}E(r_c)=r_f+y(E(r_p)-r_f)\\ \sigma_c=|y|\sigma_p=-y\sigma_p\end{cases}$，消去 y，得到 $E(r_c)=r_f-\dfrac{E(r_p)-r_f}{\sigma_p}\sigma_c$。图 4.4 给出了相应的结果。

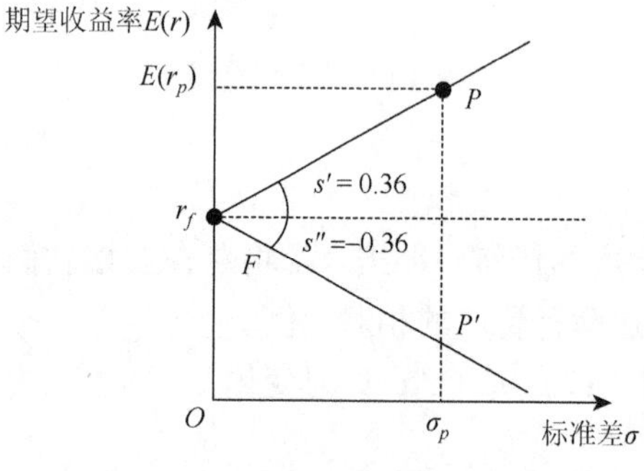

图 4.4 卖空风险资产、买入无风险资产时的资本配置线

因此我们可以得到当投资于风险资产上的比例小于 0 时，CAL 是与 FP 对称的射线 FP'。

接下来我们讨论一个非常重要的概念为无差异曲线。我们假设投资者的效用函数为二次形式，$U=E(r)-0.005A\sigma^2$，其中 A 表示风险厌恶水平，A 的值越大，投资者的风险厌恶程度越高。图 4.5 给出了两个投资者的无差异曲线。显然无差异曲线越陡峭，说明投资者越厌恶风险，这是因为投资者承担相同风险，要求更高的风险补偿。因此，在图 4.5 中，$A=4$ 的投资者风险厌恶程度更高。需要注意的是，在利用该效用函数计算时，期望收益率和标准差在代入公式时需要去掉百分号。下面我们通过一个例子来说明。

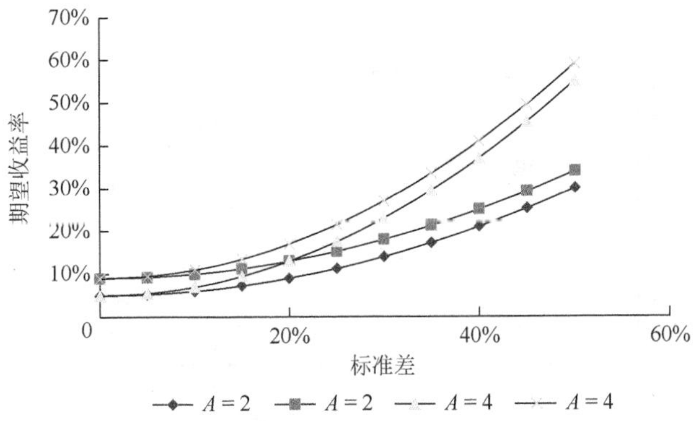

图 4.5　无差异曲线

例 4.5　假设$U = E(r) - 0.005A\sigma^2$，风险资产的期望收益率与标准差为$E(r) = 22\%$，$\sigma = 34\%$，无风险资产的收益率$r_f = 5\%$。如果投资者的风险厌恶水平为$A = 3$和$A = 2$时，他该如何进行投资选择？

解：当$A = 3$时，$U = 22 - 0.005 \times 3 \times 34^2 = 4.66 < 5$，故应选择投资无风险资产；当$A = 2$时，$U = 22 - 0.005 \times 2 \times 34^2 = 10.44 > 5$，故应选择投资风险资产。

无差异曲线有两个特点。

（1）对于同一个投资者，其无差异曲线为一簇不相交的曲线，同一条曲线上的所有组合效用相同。

（2）无差异曲线越陡，说明其对应的投资者的风险厌恶程度越高。原因是风险厌恶程度高的投资者，其承担相同风险要求的风险溢价越高，则其对应曲线的弯曲程度越高。

如果给定了投资者的效用满足二次形式，那么能不能找到效用最大的组合呢？这就是我们接下来要考虑的问题。

例 4.6　假设已知投资者的效用函数为$U = E(r) - 0.005A\sigma^2$，且市场上含有一个风险资产组合 p 与一个无风险资产组合，$E(r_p) = 15\%$，$\sigma_p = 22\%$，$r_f = 7\%$，求投资者效用最大情况下的投资组合。

解：我们可以考虑变化投资于风险资产 p 上的比例 y，每给定一个 y，就会得到一个投资组合的期望收益率与标准差，代入到效用函数里可以求出投资者的效用。因为效用函数是二次凹函数，肯定有最大值，我们可以用图 4.6 来表示。可以看出当 y 取值在 0.4 附近时，效用达到最大。后面我们可以证明当 $y = 0.41$ 时，效用取值最大。

下面我们给出一般的结论。

定理 4.1　给定风险厌恶水平 A，使得投资者效用最大时的风险资产配置比例为

$$y^* = \frac{E(r_p) - r_f}{0.01A\sigma_p^2}$$

证明：已知投资者效用函数为$U = E(r) - 0.005A\sigma^2$，假设其持有投资组合 c，包含风险资产 p 与无风险资产，其投资比例分别为 y 与 $1-y$。已知风险资产的期望收益率为 $E(r_p)$，无风险资产收益率为 r_f，则投资组合 c 的期望收益率$E(r_c) = r_f + y(E(r_p) - r_f)$。下面我们需要求出 y 等于多少时，可以使投资者所得的效用 U 最大化。

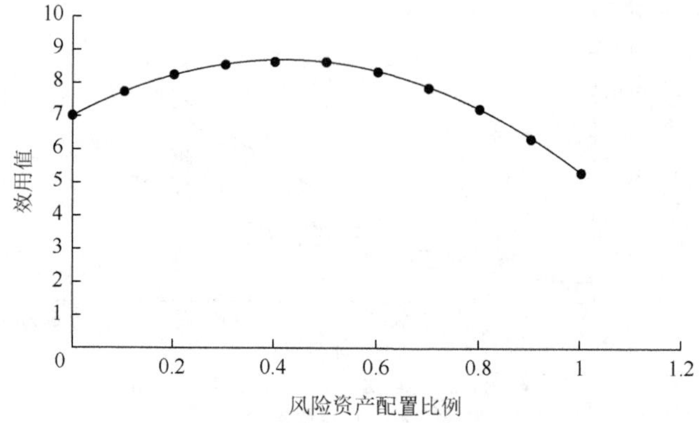

图 4.6　投资者的效用曲线

目标函数：

$$\max_y U = E(r_c) - 0.005A\sigma_c^2$$

约束条件：

$$\begin{cases} E(r_c) = r_f + y(E(r_p) - r_f) \\ \sigma_c = y \cdot \sigma_p \end{cases}$$

将约束条件代入目标函数得

$$\max_y U = r_f + y(E(r_p) - r_f) - 0.005Ay^2\sigma_p^2$$

令 $\dfrac{\mathrm{d}U}{\mathrm{d}y} = 0$，得

$$y^* = \frac{E(r_p) - r_f}{0.01A\sigma_p^2} \tag{4.10}$$

情况 2：两个风险资产构成的投资组合。

由两个风险资产构成的所有投资组合的形状如何？我们可以通过一个简单的例子来说明。

例 4.7　假设有风险资产 1 和风险资产 2，表 4.2 列出其期望收益率与标准差。

表 4.2　风险资产 1、2 的期望收益率与标准差

风险资产	期望收益率	标准差
1	5%	20%
2	15%	40%

通过改变组合中两种风险资产的权重，得到以下七个组合，如表 4.3 所示。

表 4.3 用风险资产 1、2 建立组合时的不同权重

风险资产	A	B	C	D	E	F	G
1	1	0.83	0.67	0.5	0.33	0.17	0
2	0	0.17	0.33	0.5	0.67	0.83	1

表 4.4 列出了在风险资产 1 和 2 不同的相关系数下，七个组合对应的期望收益率和标准差。

表 4.4 不同相关系数下组合的期望收益率与标准差

指标		A	B	C	D	E	F	G
期望收益率		5%	6.7%	8.3%	10%	11.7%	13.3%	15%
标准差	下限 $\rho=-1$	20%	10%	0%	10%	20%	30%	40%
	上限 $\rho=1$	20%	23.33%	26.67%	30%	33.33%	36.67%	40%
	$\rho=0$	20%	17.94%	18.81%	22.36%	27.60%	33.37%	40%

以标准差为横轴，期望收益率为纵轴，运用以上数据进行绘图可得到图 4.7。

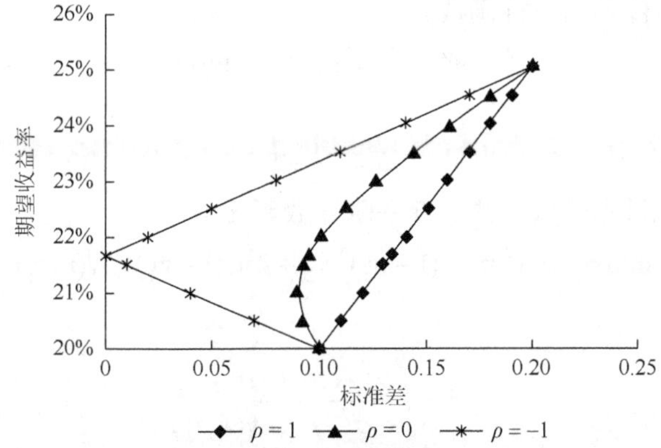

图 4.7 不同相关系数下构建的组合

图 4.7 中最右侧曲线代表相关系数为 1，即完全正相关的情况；最左侧两条线代表相关系数为–1，即完全负相关的情况；中间曲线代表相关系数为 0 的情况。

由于 $-1 \leqslant \rho \leqslant 1$，因此不论 ρ 在–1 与 1 之间如何变化，组合均会落在三角形区域内，下面我们说明这一点。

已知 $\sigma_p^2 = w_1^2\sigma_1^2 + w_2^2\sigma_2^2 + 2w_1w_2\rho\sigma_1\sigma_2 (-1 \leqslant \rho \leqslant 1)$，则

$$w_1^2\sigma_1^2 + w_2^2\sigma_2^2 - 2w_1w_2\sigma_1\sigma_2 \leqslant \sigma_p^2 \leqslant w_1^2\sigma_1^2 + w_2^2\sigma_2^2 + 2w_1w_2\sigma_1\sigma_2$$

即

$$(w_1\sigma_1 - w_2\sigma_2)^2 \leqslant \sigma_p^2 \leqslant (w_1\sigma_1 + w_2\sigma_2)^2$$

$$|w_1\sigma_1 - w_2\sigma_2| \leqslant \sigma_p \leqslant w_1\sigma_1 + w_2\sigma_2$$

完成证明。

定理 4.2 两个风险资产构成的投资组合在均值–标准差坐标下是一条双曲线。

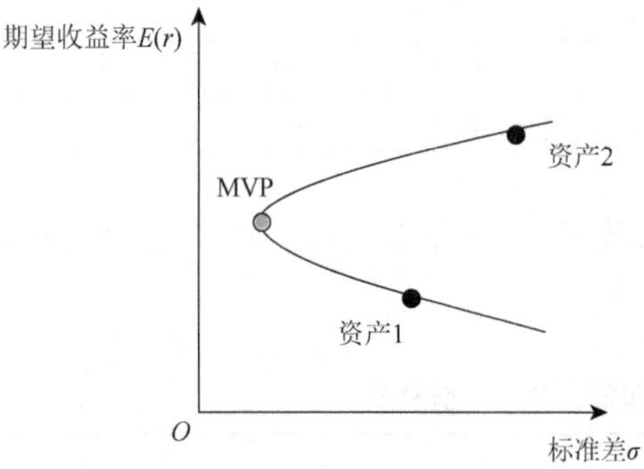

图 4.8 最小方差组合

从例 4.7 中可以直接得到这个结论。后面我们将证明如果组合中资产的数量大于2，该结论仍旧成立。下面我们考虑一个问题：由两个风险资产构成的投资组合中的最小方差组合的权重为多少？这里最小方差组合指的是在曲线上最左端的点。显然它是所有组合里方差最小的组合，称为最小方差组合，图 4.8 中的 MVP（minimum variance portfolio）即为最小方差组合。

定理 4.3 假设市场有两个风险资产，其方差分别为 σ_1^2 和 σ_2^2，现在考虑由这两个风险资产构成的新组合 p，假设这两个风险资产的投资比例分别为 w_1、w_2，则风险资产构成的最小方差组合中资产 1 的配置比例 $w_1=\dfrac{\sigma_2^2-\operatorname{cov}(r_1,r_2)}{\sigma_1^2+\sigma_2^2-2\operatorname{cov}(r_1,r_2)}$。

证明：

我们根据已知条件列出目标函数为

$$\min\sigma_p^2=w_1^2\sigma_1^2+w_2^2\sigma_2^2+2w_1w_2\operatorname{cov}(r_1,r_2)$$

约束条件：

$$w_1+w_2=1$$

将约束条件代入目标函数，并令其一阶导数等于 0：

$$\min_{w_1}\sigma_p^2=w_1^2\sigma_1^2+(1-w_1)^2\sigma_2^2+2w_1(1-w_1)\operatorname{cov}(r_1,r_2)$$

得

$$w_1=\frac{\sigma_2^2-\operatorname{cov}(r_1,r_2)}{\sigma_1^2+\sigma_2^2-2\operatorname{cov}(r_1,r_2)}$$

完成证明。

定理 4.4 如果已知投资者的效用函数是二次形式，给定风险水平 A，最大效用情况下的资产 1 的投资组合比例为

$$w_1=\frac{E(r_1)-E(r_2)+0.01A(\sigma_2^2-\operatorname{cov}(r_1,r_2))}{0.01A(\sigma_1^2+\sigma_2^2-2\operatorname{cov}(r_1,r_2))}$$

图 4.9 给出了当投资者的效用函数是二次形式时，效用最大的情况。

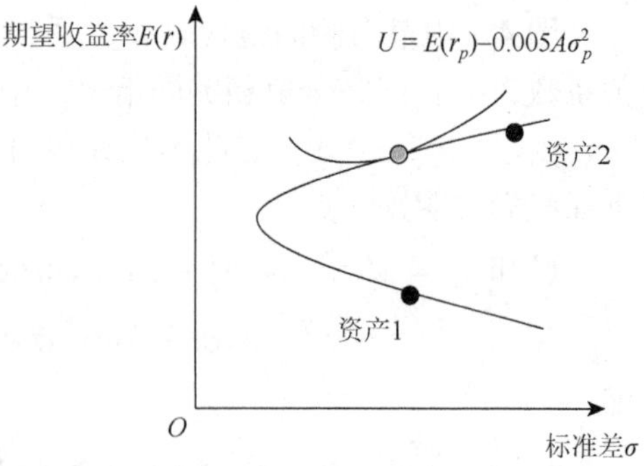

图 4.9 效用最大化下的最优投资组合

证明：我们同样可以构建以下数学规划。

目标函数：

$$\max U=E(r_p)-0.005A\sigma_p^2$$

约束条件：

$$\begin{cases} E(r_p)=w_1E(r_1)+w_2E(r_2) \\ \sigma_p^2=w_1^2\sigma_1^2+w_2^2\sigma_2^2+2w_1w_2\operatorname{cov}(r_1,r_2) \\ w_1+w_2=1 \end{cases}$$

将约束条件代入目标函数，并令其一阶导数等于 0，解得

$$w_1=\frac{E(r_1)-E(r_2)+0.01A(\sigma_2^2-\operatorname{cov}(r_1,r_2))}{0.01A(\sigma_1^2+\sigma_2^2-2\operatorname{cov}(r_1,r_2))}$$

完成证明。

情况 3：两个风险资产与一个无风险资产。

由两个风险资产构建的组合的可行集是图 4.10 中的双曲线，若加入无风险资产，则连接无风险资产与双曲线上任意一点形成的连线就是新组合所在的位置。在所有这些连线中，投资者最关注的是斜率最大的射线，也就是从无风险资产出发做双曲线的切线，这条切线就是夏普比率最大的射线，夏普比率是风险资产组合的风险溢价与其标准差的比值。

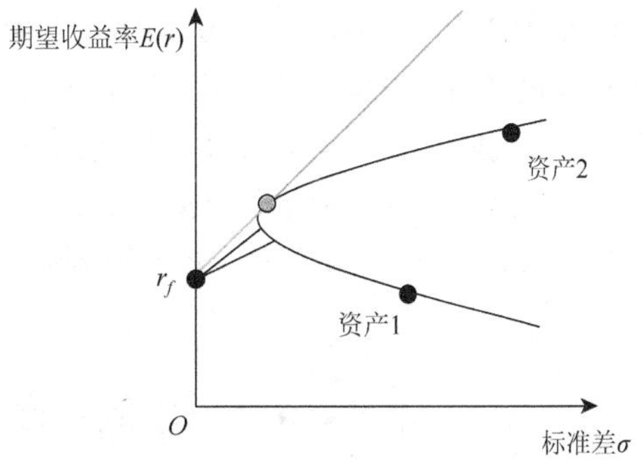

图 4.10　由两个风险资产和一个无风险资产构成的组合

例 4.8　已知无风险资产的收益率为 5%，债券基金的收益率为 8%，标准差为 12%，股票基金收益率为 13%，标准差为 20%。相关系数为 0.3，求最小方差组合权重为多少？最大酬报与波动比率 S_p 为多少？若风险厌恶水平为 4，最大效用时的风险资产的最优配置比率为多少？投资组合的期望收益率与标准差为多少？

解：根据已知条件，我们有 $E(r_1)=8\%$，$\sigma_1=12\%$；$E(r_2)=13\%$，$\sigma_2=20\%$；$r_f=5\%$，$\rho_{12}=0.3$，$A=4$。

（1）最小方差组合的权重计算如下。

由 $w_1=\dfrac{\sigma_2^2-\operatorname{cov}(r_1,r_2)}{\sigma_1^2+\sigma_2^2-2\operatorname{cov}(r_1,r_2)}$，得 $w_1=0.82$，$w_2=0.18$；进而可求得 $E(r_p)=8.9\%$，$\sigma_p=11.45\%$。

（2）最大酬报与波动比率 S_p 计算如下。

目标函数：

$$\max S_p=\frac{E(r_p)-r_f}{\sigma_p}$$

约束条件：

$$\begin{cases} E(r_p) = w_1 E(r_1) + w_2 E(r_2) \\ \sigma_p^2 = w_1^2 \sigma_1^2 + w_2^2 \sigma_2^2 + 2 w_1 w_2 \operatorname{cov}(r_1, r_2) \\ w_1 + w_2 = 1 \end{cases}$$

通过计算可得

$$w_1 = \frac{(E(r_1) - r_f)\sigma_2^2 - (E(r_2) - r_f)\operatorname{cov}(r_1, r_2)}{(E(r_1) - r_f)\sigma_2^2 + (E(r_2) - r_f)\sigma_1^2 - (E(r_1) - r_f + E(r_2) - r_f)\operatorname{cov}(r_1, r_2)}$$

代入数值得 $w_1 = 0.4$，$w_2 = 0.6$。进而可求得 $E(r_p') = 11\%$，$\sigma_p' = 14.2\%$，$S_p = 0.42$。

（3）若风险厌恶水平为4，由 $y^* = \dfrac{E(r_p') - r_f}{0.01 A \sigma_p^2}$，得 $y^* = \dfrac{0.11 - 0.05}{4 \times 0.142^2} \approx 0.7439$。因此投资于资产1的比例为 $w_1 y^* = 0.4 \times 0.7439 \approx 0.2976$，投资于资产2的比例为 $w_2 y^* = 0.6 \times 0.7439 \approx 0.4463$，即投资者投资 74.39%的资金于风险资产组合，投资 25.61%的资金于无风险资产。在整个组合中，投资于债券基金的资金比例为 29.76%，投资于股票基金的资金比例为 44.63%，投资于无风险资产的资金比例为 25.61%。进而可求得新组合 c 的期望收益率 $E(r_c) = 0.7439 \times E(r_p') + 0.2561 \times r_f \approx 9.46\%$，标准差为 $\sigma_c = 0.7439 \times 14.2\% \approx 10.56\%$。

第二节 均值–方差理论的假设条件

本节将主要介绍均值–方差理论成立的假设条件。这些假设条件包括对投资者风险偏好及效用的要求，以及对资产的收益率需要满足的条件的要求。我们将说明这些假设是非常重要的，均值–方差理论就是基于这些假设条件而建立的。

一、假设条件

投资组合理论试图解决一个这样的问题：投资者将一笔资金在给定时期（持有期）里进行投资，在期初，他购买一些证券，然后在期末全部卖出，那么在期初他将决定购买哪些证券，资金在这些证券上如何分配？

为了解决这个问题，马科维茨提出了投资组合理论，该理论的假设主要包括以下五点。

（1）单期投资：单期投资是指投资者在期初投资，在期末获得回报。

（2）投资者事先知道资产收益率的概率分布并且收益率满足正态分布的条件。

（3）投资者的效用函数是二次形式的。

（4）投资者以期望收益率（也称收益率均值）来衡量未来实际收益率的总体水平，以收益率的方差（或标准差）来衡量收益率的不确定性（风险），因而投资者在决策中只关心投资的期望收益率和方差。

（5）投资者都是不知足的和厌恶风险的，遵循随机占优原则。该原则是指，风险一定时，投资者偏好期望收益率更高的资产；期望收益率一定时，投资者偏好风险更小，即方差更小的资产。这就是我们在第三章中提到的二阶随机占优的含义。

下面我们就假设内容给出几点说明。

二、几点说明

注 4.1：假设（2）或假设（3）之一成立可保证期望效用仅仅是财富期望和方差的函数。

我们来说明一下。假设个体的初始财富为 W_0，个体通过投资各种金融资产来最大化他的期末财富。设个体的冯·诺依曼–摩根斯坦效用函数（von Neumann-Morgenstern utility function）为 u。投资者期末财富的效用为$u(\tilde{W})$，我们对$u(\tilde{W})$在期末财富的期望值$E(\tilde{W})$这点进行泰勒展开，即$u(\tilde{W})=u(E(\tilde{W}))+u'(E(\tilde{W}))(\tilde{W}-E(\tilde{W}))+\frac{1}{2}u''(E(\tilde{W}))\ (\tilde{W}-E(\tilde{W}))^2+R_3$。其中，$R_3=\sum_{n=3}^{\infty}\frac{1}{n!}u^{(n)}(E(\tilde{W}))(\tilde{W}-E(\tilde{W}))^n$。

对上式两边取期望：

$$E(u(\tilde{W}))=u(E(\tilde{W}))+\frac{1}{2}u''(E(\tilde{W}))\sigma^2(\tilde{W})+E(R_3)$$

其中，$E(R_3)=\sum_{n=3}^{\infty}\frac{1}{n!}u^{(n)}(E(\tilde{W}))E(\tilde{W}-E(\tilde{W}))^n$。

上式说明个体偏好不仅依赖于财富的均值与方差，还依赖于财富的高阶矩。如果财富的高阶矩为 0 或者财富的高阶矩可用财富的期望和方差来表示，则期望效用函数就仅仅是财富期望和方差的函数。假设条件中的（2）和（3）可以让这一条件得到满足。

定理 4.5　如果$u(\tilde{W})=\tilde{W}-\frac{b}{2}\tilde{W}^2$，则期望效用仅仅是财富期望和方差的函数。

这一结论显然成立，如果效用函数是二次的，效用函数的三阶以上导数均为 0。

定理 4.6　如果期望财富服从正态分布，则期望效用仅仅是财富期望和方差的函数。

由于资产的收益率服从正态分布，故期望财富也服从正态分布，我们有如下结论。

$$E(\tilde{W}-E(\tilde{W}))^j=\begin{cases}0, & j\text{为奇数}\\ \dfrac{j!}{\left(\dfrac{j}{2}\right)!}\dfrac{[\mathrm{Var}(\tilde{W})]^{j/2}}{2^{j/2}}, & j\text{为偶数}\end{cases}$$

注 4.2：二次效用函数的假设和正态分布的假设不符合实际的消费者投资情况。

因为二次效用函数具有满足性和递增的绝对风险厌恶两个性质。满足性意味着在满足点以上，财富的增加使效用减少；递增的绝对风险厌恶意味着风险资产是劣质品。这与那些偏好更多的财富和将风险视为正常商品的投资者不符。

注 4.3：所有风险厌恶者的无差异曲线在均值–标准差平面上，为严格增的凸函数（开口向上），并且，越在西北方的无差异曲线，其效用越高。

这点在确定投资者的最优策略上非常有用。这点的好处在于，保证了无差异曲线与有效边界的切点具有唯一性。

定理 4.7　当资产的收益率 r 服从均值为$\bar{r}$，标准差为σ的正态分布时，严格风险厌恶者的期望收益率和风险之间的边际替代率是正的，并且无差异曲线是凸的，且越往西北方向效用越高。图 4.11 给出了无差异曲线的形式。

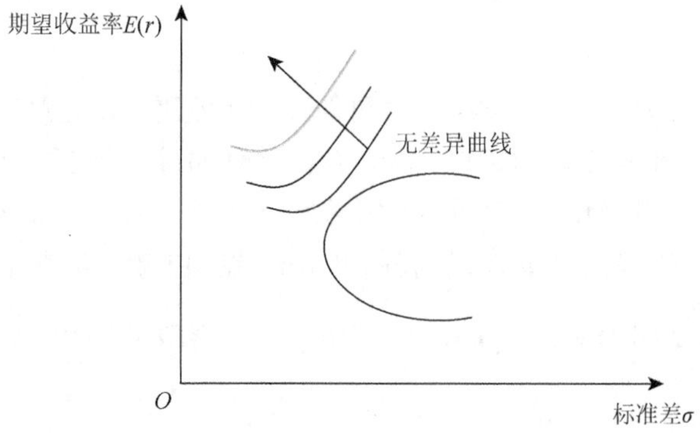

图 4.11 无差异曲线与前沿边界

这个定理的证明比较烦琐，我们在这里略去。

第三节 证券投资组合的可行集、有效集与最优投资组合

本节主要介绍和投资组合相关的概念，包括可行集、有效集、最小方差组合等。

一、可行集

定义 4.1 可行集：N 个证券可以形成无穷多个组合，由 N 个证券形成的所有收益率和方差的组合的集合就是可行集。它包括了现实生活中所有可能的组合，也就是说，所有可能的证券投资组合将位于可行集的内部或边界上。

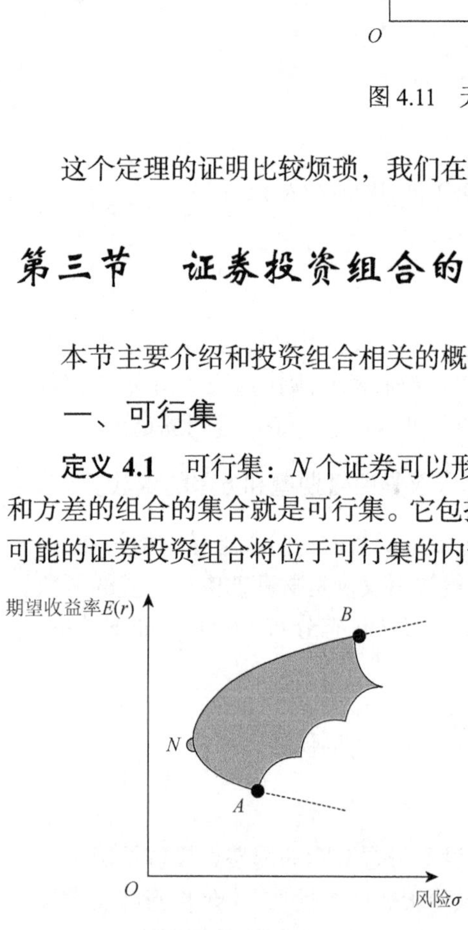

图 4.12 可行集

一般来说，可行集的形状像伞形，如图 4.12 所示。

我们对图 4.12 做一些说明。

（1）可行集：图中灰色区域，形似伞状结构。

（2）最小方差边界：可行集的最左侧曲线 ANB，是一条双曲线或抛物线，其他组合均会落在曲线 ANB 右侧。

（3）可行集一定是向左凸的。原因是根据分散化投资思想，两个组合所构成的新的组合一定落在两个组合连线的左侧。因此不可能出现凹陷的点。

（4）MVP 是位于可行集最左端的点，在图中表示为点 N。

二、有效集

（一）有效集的定义

虽然可行集中有无穷多个组合，但是投资者有必要对所有组合进行评价吗？我们说对于一个理性投资者而言，他们都是厌恶风险而偏好收益的。对于同样的风险水平，他们将

会选择能提供最大收益的组合；对于同样的收益，他们将会选择风险最小的组合。能同时满足这两个条件的投资组合的集合被称为有效集（efficient set）或有效边界。有效集描绘了投资组合的风险与收益的最优配置。

定义 4.2　满足以下条件的可行集上的组合为有效集。在相同风险水平下，期望收益率最高的组合；相同期望收益率下，风险水平最低的组合。

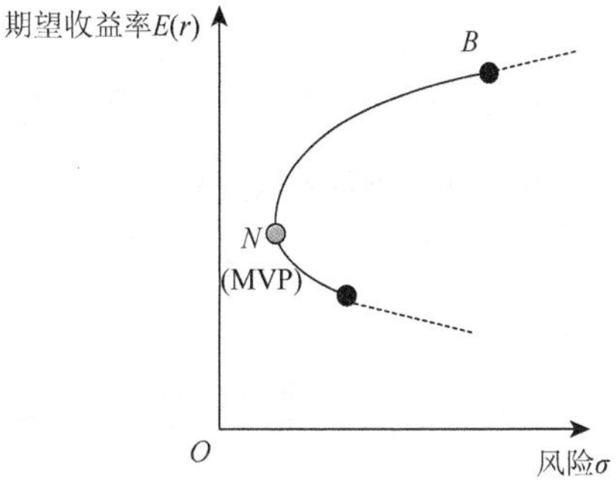

图 4.13　有效集

（二）有效集的位置

根据定义 4.2，有效集即为最小方差边界上位于 MVP 以上的部分，即图 4.13 中的曲线 *NB*。

（三）有效集的得出

为了得到有效集，我们需要建立如下的数学规划问题。目标函数是投资组合的风险，约束条件有两个，分别是投资比例之和为 1，以及投资组合的要求回报率为给定的常数 r_p，取遍所有的 r_p 就可以给出所有的最小方差边界，从而得到有效集。

$$\min \quad \sigma_p^2 = \sum_{i=1}^{n}\sum_{j=1}^{n} w_i w_j \sigma_{ij}$$

$$\text{s.t.} \quad \begin{cases} x_1 + x_2 + \cdots + x_n = 1 \\ x_1 E(r_1) + x_2 E(r_2) + \cdots + x_n E(r_n) = r_p \end{cases}$$

（四）有效集的形状

有效集的形状具有如下特点。

（1）有效集是一条向右上方倾斜的曲线，它反映了“高收益、高风险”的原则。

（2）有效集是一条向左凸的曲线。

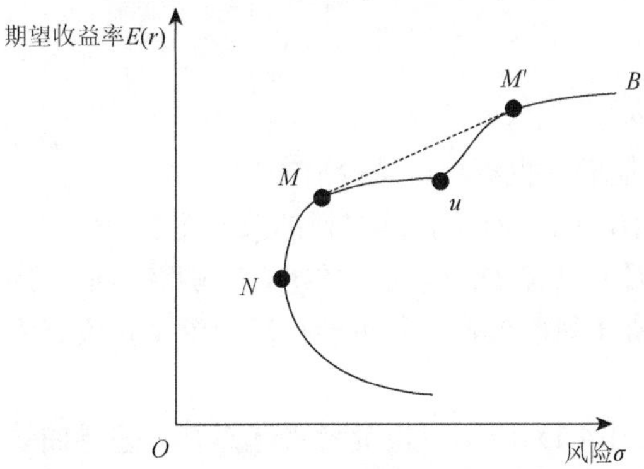

图 4.14　出现凹陷情况下的有效集

有效集上的任意两点所代表的两个组合再组合起来得到的新的点（代表一个新的组合）一定落在原来两个点的连线的左侧，这是因为新的组合能进一步起到分散风险的作用，所以曲线是向左凸的。

（3）有效集上不可能有凹陷的地方。

如图 4.14 所示，假设在有效集 *NB* 上存在凹陷组合点 *u*，在 *NB* 上存在两个点 *MM'*，其构成的组合一定位于其连线 *MM'* 的左侧。显然连线 *MM'* 上存在一个组合比 *u* 的风险低，但是收益相同。故组合点 *u* 不符合有效集上的点的定义，因此有效集上不存在凹陷的地方。

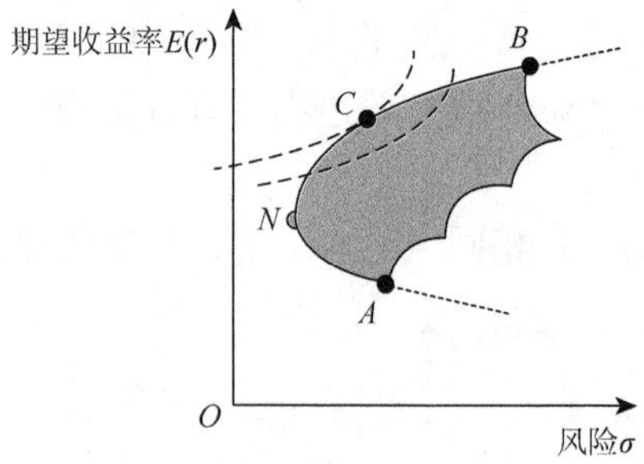

图 4.15 最优投资组合的确定

三、最优投资组合的选择

确定了有效集的形状之后，投资者就可以根据自己的无差异曲线群选择能使自己投资效用最大化的最优投资组合了。这个组合位于无差异曲线与有效集的相切点 C，如图 4.15 所示。

第四节 无风险借贷对有效集的影响

本节主要讨论允许无风险贷出和借入的投资组合，及其对应的有效集。同时我们还将介绍几个非常重要的概念：市场组合、系统风险、非系统风险。

一、允许无风险贷出的投资组合

（一）无风险贷出对有效集的影响

引入无风险贷出后，有效集将发生重大变化。图 4.16 中，弧线 BD 代表马科维茨有效集，A 点表示无风险资产。我们可以在马科维茨有效集中找到一点 T，使 AT 线段与弧线 BD 相切于 T 点。T 点所代表的组合称为切点处的投资组合。

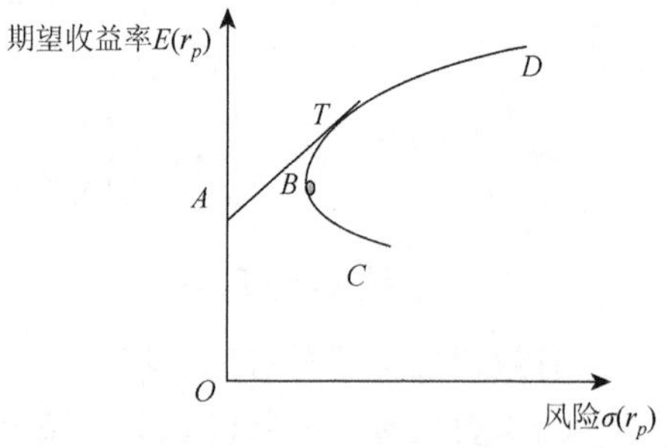

图 4.16 无风险贷出情况下的有效集

从图 4.16 中可以看出，在引入 AT 线段之后，即投资者可以投资于无风险资产，此时 BT 弧将不再是有效集。新的有效集由 AT 线段和 TD 弧线构成，其中直线段 AT 代表无风险资产和 T 以各种比例结合形成的组合。

（二）无风险贷出对投资组合选择的影响

对于不同的投资者，无风险资产的贷出对他们的投资组合选择有不同的影响。

（1）对于风险厌恶程度较低的投资者，如图 4.17 所示，其选择的投资组合 P_1 位于 DT 弧线上，其投资组合的选择将不受影响，因为只有 DT 弧线上的组合才能获得最大的满足程度。对于该投资者，他仍将所有资金投资于风险资产，而不会把部分资金投资于无风险资产。

（2）对于风险厌恶程度较高的投资者，如图 4.18 所示，投资者将选择其无差异曲线与 AT 线段的切点 P_2 所代表的投资组合。对于该投资者，他将把部分资金投资于风险资产，把另一部分资金投资于无风险资产。

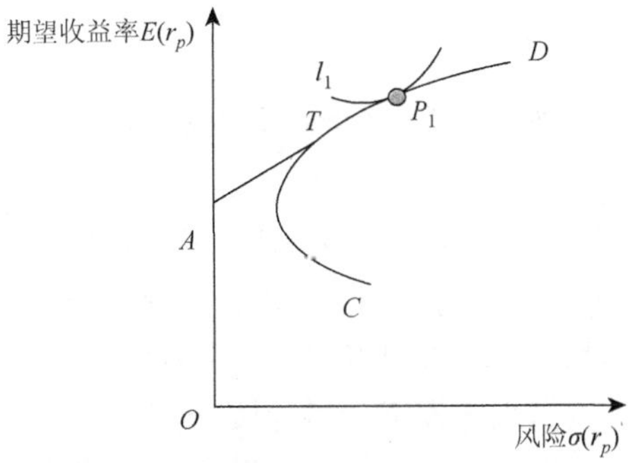

图 4.17　风险厌恶程度较低的投资者

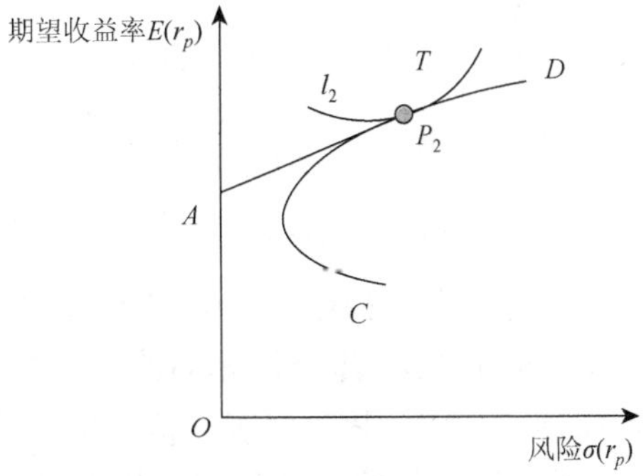

图 4.18　风险厌恶程度较高的投资者

二、允许无风险借入的投资组合

（一）无风险借入对有效集的影响

在现实生活中，投资者可以借入资金并用于购买风险资产。如果允许投资者借入资金，那么投资者在决定将多少资金投资于风险资产时，将不再受初始财富的限制。当投资者借入资金时，他必须为这笔贷款付出利息。由于利率是已知的，而且偿还贷款也没有任何不确定性，投资者的这种行为常常被称为无风险借入。图 4.19 给出了允许无风险借入情况下，新的组合应该落在连接无风险资产 *A* 与投资组合 *P* 的延长线上。

下面我们讨论允许无风险借入情况下的马科维茨有效集的位置。虽然从无风险资产出发可以做无数条射线，但是对投资者来说最有吸引力的是从 *A* 出发做前沿边界的切线。图 4.20 给出了允许无风险借入情况下的有效集。弧线 *BD* 仍然代表马科维茨有效集，*T* 点仍表示 *BD* 弧与过 *A* 点的射线的相切点。允许无风险借入的情形下，投资者可以通过无风险借入投资于风险资产。

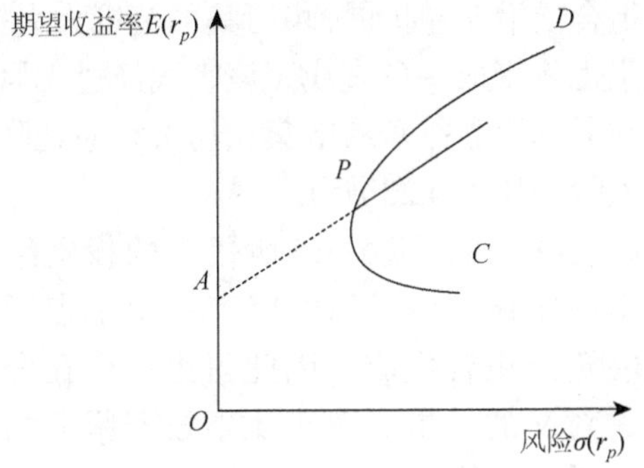

图 4.19　允许无风险借入的情况

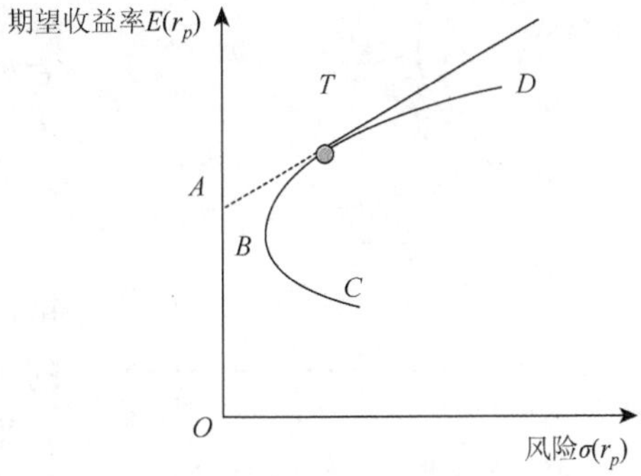

图 4.20　允许无风险借入情况下的有效集

有效集由 *TD* 弧线变成 *AT* 线段向右边的延长线。这样，在允许无风险借入的情况下，马科维茨有效集由 *BTD* 弧线变成过 *T* 点的 *AT* 延长线与 *BT* 弧线。

（二）无风险借入对投资组合选择的影响

对于不同风险厌恶程度的投资者，无风险借入对他们的投资组合选择的影响也不同。

（1）对于风险厌恶程度较低，从而其选择的投资组合位于 DT 弧线上的投资者，由于代表其原来最大满足程度的无差异曲线与 AT 线段相交，不再符合效用最大化的条件。因此该投资者将选择其无差异曲线与 AT 线段延长线的切点 P_1 所代表的投资组合。如图 4.21 所示，对于该投资者，他将进行无风险借入并投资于风险资产。

（2）对于风险厌恶程度较高，从而其选择的投资组合位于 BT 弧线上的投资者，如图 4.22 所示，其投资组合的选择将不受影响。因为只有 BT 弧线上的组合才能获得最大的满足程度。对于该投资者，他只会用自有资产投资于风险资产，而不会进行无风险借入。

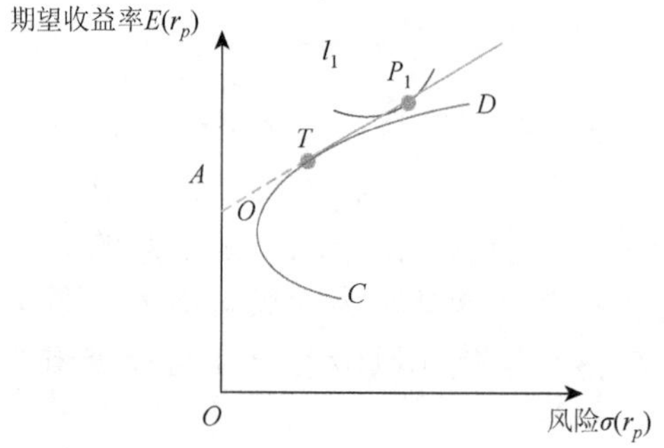

图 4.21 风险厌恶程度较低的投资者的投资组合

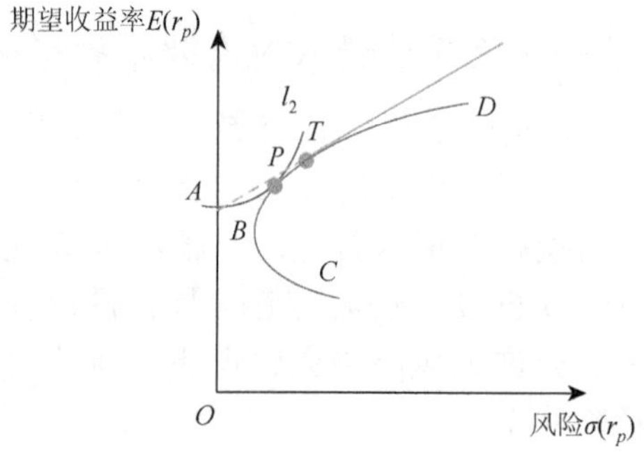

图 4.22 风险厌恶程度较高的投资者的投资组合

三、允许同时进行无风险借贷——无风险借入和贷出对有效集的影响

（一）借贷利率相同情况下的有效集

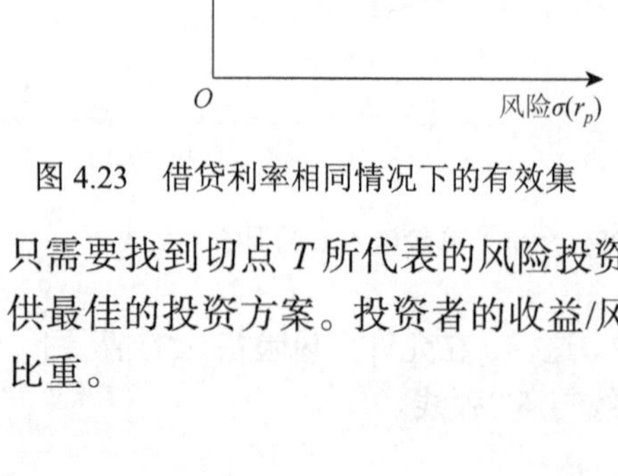

图 4.23 借贷利率相同情况下的有效集

当既允许无风险借入又允许无风险贷出时，证券组合前沿向左扩展，可行集的范围大大扩大，有效集也将变成一条直线（该直线经过无风险资产 A 点并与马科维茨有效集相切），相应地降低了系统风险，如图 4.23 所示。

该直线上的任意一点所代表的投资组合都可以由一定比例的无风险资产和由 T 点所代表的风险资产组合生成。因此得出一个在金融上有很大意义的结果。对于从事投资服务的金融机构来说，不管投资者的收益/风险偏好如何，只需要找到切点 T 所代表的风险投资组合，再加上无风险资产，就能为所有投资者提供最佳的投资方案。投资者的收益/风险偏好，就只需反映在组合中无风险资产所占的比重。

（二）借贷利率不同情况下的有效集

如果借贷利率不同，一般情况下借入利率高于贷出利率，则有效集分为三部分，图 4.24 给出了这种情况下的有效集——线段 AP_1、弧线 P_1P_2、射线 P_2T_2。线段 AP_1 代表风险厌恶型投资者的有效组合，投资者将一部分资金投资于风险资产，一部分投资于无风险资产。射线 P_2T_2 代表风险喜好型投资者的有效组合。弧线 P_1P_2 代表的投资者既不是风险喜好型，也不是风险厌恶型。他们将资金分配于两个风险资产组合中。

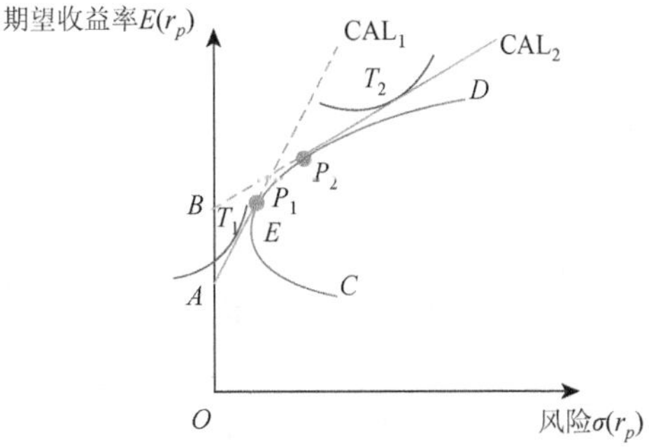

图 4.24　借贷利率不同情况下的有效集

四、市场组合、系统风险、非系统风险

（一）市场组合

我们刚刚讨论的有效集中，都出现了切点这一个特殊的投资组合，这个组合就是市场组合，我们通常用 M 来表示。M 包括所有市场上存在的资产种类，各种资产所占的比例和每种资产的市值比（总市值占市场所有资产的总市值的比例）相同。后面我们将看到，市场组合对于资产定价模型来说是非常重要的一个组合。

（二）系统风险与非系统风险

马科维茨的投资组合理论有一个很重要的结论，即通过分散化投资可以消除部分风险，但是不能消除全部风险。那些被消除的风险就是非系统风险，而不能被消除的风险就是系统风险。那么怎么区分哪些风险可以被消除呢？下面我们做一个简单的讨论。后面我们引入单因素模型后，还会更加具体地说明非系统风险与系统风险。

1. 如何看待投资组合可以消除一部分风险

考虑最简单的分散化策略，我们假设组合中每一资产都是等权重的，即 $w_i=\dfrac{1}{n}$，组合的方差可以写作：

$$\sigma^2=\sum_{i=1}^{n}\sum_{j=1}^{n}\frac{1}{n}\frac{1}{n}\sigma_{ij}=\frac{1}{n^2}\sum_{i=1}^{n}\sigma_{ii}+\frac{1}{n^2}\sum_{i=1}^{n}\sum_{\substack{j=1\\j\neq i}}^{n}\sigma_{ij} \tag{4.11}$$

当 $n\to\infty$ 时，$\dfrac{1}{n^2}\sum_{i=1}^{n}\sigma_{ii}\to 0$，$\dfrac{1}{n^2}\sum_{i=1}^{n}\sum_{\substack{j=1\\j\neq i}}^{n}\sigma_{ij}=\dfrac{n^2-n}{n^2}\bar{\sigma}_{ij}\to\bar{\sigma}_{ij}$，其中，$\bar{\sigma}_{ij}=\dfrac{1}{n^2-n}\sum_{i}\sum_{j\neq i}\sigma_{ij}$。

因此当投资组合含有许多种风险资产时，个别资产的方差将不起作用。这类风险就是非系统风险，可以通过增加资产的种类进行消除。当 $n\to\infty$ 时，各项资产的收益变动存在某种“同向性”。这种同向性的风险是所有资产都必须同时承受的，被称为系统风险或市场风险。

通过扩大投资组合（即增加所包含的资产种类）进行风险分散化，可以消除非系统风险，但不能消除系统风险。

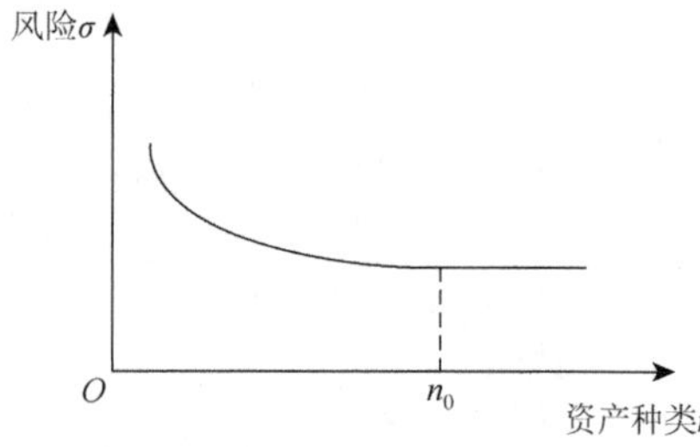

图 4.25 风险分散化

图 4.25 给出了随着资产种类的增加，风险的变化。显然，随着组合中资产种类 n 逐渐增加，组合的风险（由 σ 代表）下降的程度逐渐变缓；当组合中资产种类接近某一数值 n_0 时，减少的趋势逐渐消失。这说明扩大资产种类虽然可以降低风险，但是当资产种类增加到一定程度后，风险不再降低。我们把可以通过增加资产种类消除的部分风险称为非系统风险，不可通过分散化消除的部分风险称为系统风险。

2. 系统风险与非系统风险的定义

定义 4.3 系统风险是指整个市场承受到的风险，如经济的景气情况、市场总体利率水平的变化等因为整个市场环境发生变化而产生的风险。

定义 4.4 非系统风险是指企业特有的风险，如企业陷入法律纠纷、罢工、新产品开发失败等。

因为投资者可以通过分散化投资降低甚至消除非系统风险，所以持有风险分散化投资组合的投资者相比不进行风险分散化的投资者，可以要求相对较低的投资回报率，这样，在市场竞争中就处于比较有利的竞争地位。

市场均衡定价将根据竞争优势者的行为来确定，因此，市场定价的结果将只对系统风险提供风险补偿，只有系统风险才是市场所承认的风险。所以，对于风险资产，通过市场交易确定均衡价格，其收益率只包含系统风险的风险补偿，而不对非系统风险提供风险补偿。

例 4.9 假定一个风险证券组合中包含大量的股票，它们有相同的分布：

$$E(r)=15\%,\quad \sigma=60\%,\quad \rho=0.5$$

求解以下问题。

（1）含有 25 只股票的等权重投资组合的期望收益率和标准差是多少？

（2）构造一个标准差小于或等于 43%的有效投资组合所需最小的股票数量为多少？

（3）这一投资组合的系统风险为多少？

（4）如果国库券的收益率为 10%，资本配置线的斜率为多少？

解： 已知 $\sigma_p^2=\sum_i\sum_j w_i w_j \sigma_{ij}$，$w_i=w_j=\dfrac{1}{n}$，$E(r)=15\%$，$\sigma=60\%$，$\rho=0.5$。故有

$$\begin{aligned}\sigma_p^2&=\sum_i\sum_j w_i w_j \sigma_{ij}\\&=\frac{1}{n^2}\sum_i \sigma_i^2+\frac{1}{n^2}\sum_i\sum_{j\neq i}\sigma_{ij}\\&=\frac{1}{n^2}\sum_i \sigma_i^2+\frac{n(n-1)}{n^2}\rho\sigma^2\\&=\frac{1}{n}\sigma^2+\frac{n-1}{n}\rho\sigma^2\end{aligned}$$

（1）$n=25$ 时，$E(r_p)=\sum_{i=1}^{n}w_iE(r_i)=15\%$ ，$\sigma_p=\sqrt{\frac{1}{n}\sigma^2+\frac{n-1}{n}\rho\sigma^2}\approx 43.27\%$ 。

（2）假设至少需要 n 只股票，令 $43^2=\frac{60^2}{n}+0.5\times\frac{n-1}{n}\times 60^2$ ，解得 $n\approx 36.73$ ，即至少需要 37 只股票。

（3）当 $n\to+\infty$ 时，$\sigma_p^2=\frac{1}{n}\sigma^2+\frac{n-1}{n}\rho\sigma^2\to\rho\sigma^2$ ，故 $\sigma_p=\sqrt{0.5\times 60^2}\approx 42.43\%$ 。

（4）资本配置线的斜率 $=\frac{E(r_p)-r_f}{\sigma_p}=\frac{15-10}{42.43}\approx 0.1178$ 。

第五节　不含无风险资产的定价模型分析

一、多项风险资产组成的前沿证券组合

假定市场上有 n 种风险资产，$n>2$ ，允许卖空。假设期望收益率为 $e_j\,(j=1,2,\cdots,n)$，p 为投资组合，组合中各资产的权重为 w_j。n 个资产的方差–协方差矩阵 V 必须满足对称、非奇异和正定三个条件。

（1）方差–协方差矩阵 V：

$$V=\begin{pmatrix}\sigma_{11} & \sigma_{12} & \cdots & \sigma_{1N-1} & \sigma_{1N}\\ \sigma_{21} & \sigma_{22} & \cdots & \sigma_{2N-1} & \sigma_{2N}\\ \vdots & \vdots & & \vdots & \vdots\\ \sigma_{N1} & \sigma_{N2} & \cdots & \sigma_{NN-1} & \sigma_{NN}\end{pmatrix} \tag{4.12}$$

其主对角线元素是单个证券的方差，其余元素是两两证券之间的协方差。因此它是一个对称矩阵。

（2）对称是方差–协方差矩阵 V 本身具备的性质，而非奇异、正定是要求 V 满足的性质，这样可以保证后面给出的数学规划问题有唯一的最优解。

定义 4.5　前沿证券组合（a frontier portfolio）：如果某个投资组合在所有等均值的证券组合中具有最小方差值，那么该投资组合称为前沿证券组合。

我们用数学语言描述为 p 是一个前沿证券组合，当且仅当它的证券组合权重是下列二次规划问题 P 的解：

$$\min_{w}\frac{1}{2}w^{\mathrm{T}}Vw$$

$$\text{s.t.}\quad\begin{cases}w^{\mathrm{T}}e=E(\tilde{r}_p)\\ w^{\mathrm{T}}I=1\end{cases}$$

该问题最终的解为

$$w_p=g+hE(\tilde{r}_p) \tag{4.13}$$

注：目标函数是最小化投资组合的风险 $w^{\mathrm{T}}Vw$，引入 1/2 可以使后续求导过程中表达式的形式简洁，且不会改变最优解。

为了便于推导，我们引入以下三个向量。$e=(E(r_1),E(r_2),\cdots,E(r_n))^{\mathrm{T}}$ 表示 n 种风险资产的期望收益率列向量，$I=(1,1,\cdots,1)^{\mathrm{T}}$ 表示 n 维的单位列向量，$w=(w_1,w_2,\cdots,w_n)^{\mathrm{T}}$ 表示 n 种风险资产的权重列向量。求解问题 P，可运用拉格朗日乘子法。

首先给出其拉格朗日函数：

$$L=\frac{1}{2}w^{\mathrm{T}}Vw+\lambda(E(\tilde{r}_p)-w^{\mathrm{T}}e)+\gamma(1-w^{\mathrm{T}}I) \tag{4.14}$$

其中，λ 与 γ 表示拉格朗日乘子。将拉格朗日函数分别对 w、λ 与 γ 求一阶偏导，并等于零：

$$\frac{\partial L}{\partial w}=Vw-\lambda e-\gamma I=0 \tag{4.15}$$

$$\frac{\partial L}{\partial \lambda}=E(\tilde{r}_p)-w^{\mathrm{T}}e=0 \tag{4.16}$$

$$\frac{\partial L}{\partial \gamma}=1-w^{\mathrm{T}}I=0 \tag{4.17}$$

变形后可得

$$w=\lambda V^{-1}e+\gamma V^{-1}I \tag{4.18}$$

$$E(\tilde{r}_p)=w^{\mathrm{T}}e \tag{4.19}$$

$$w^{\mathrm{T}}I=1 \tag{4.20}$$

对式（4.18）求转置得

$$w^{\mathrm{T}}=\lambda e^{\mathrm{T}}V^{-1}+\gamma I^{\mathrm{T}}V^{-1} \tag{4.21}$$

将其代入式（4.19）和式（4.20）中，得

$$w^{\mathrm{T}}e=\lambda e^{\mathrm{T}}V^{-1}e+\gamma I^{\mathrm{T}}V^{-1}e=E(\tilde{r}_p) \tag{4.22}$$

$$w^{\mathrm{T}}I=\lambda e^{\mathrm{T}}V^{-1}I+\gamma I^{\mathrm{T}}V^{-1}I=1 \tag{4.23}$$

记：

$$A=I^{\mathrm{T}}V^{-1}e=e^{\mathrm{T}}V^{-1}I \tag{4.24}$$

$$B=e^{\mathrm{T}}V^{-1}e \tag{4.25}$$

$$C=I^{\mathrm{T}}V^{-1}I \tag{4.26}$$

$$D=BC-A^2 \tag{4.27}$$

并将 A、B、C、D 代入式（4.22）和式（4.23），解得

$$\lambda=\frac{CE(\tilde{r}_p)-A}{D} \tag{4.28}$$

$$\gamma=\frac{B-AE(\tilde{r}_p)}{D} \tag{4.29}$$

将式（4.24）和式（4.25）代入式（4.21），解得

$$w_p=g+hE(\tilde{r}_p) \tag{4.30}$$

其中，

$$g=\frac{1}{D}[B(V^{-1}I)-A(V^{-1}e)] \tag{4.31}$$

$$h=\frac{1}{D}[C(V^{-1}e)-A(V^{-1}I)] \tag{4.32}$$

显然，在已知 V、e 的前提下，A、B、C、D、g 和 h 均可以计算得出。

需要说明的是任何前沿证券组合都可用 $w_p=g+hE(\tilde{r}_p)$ 表示；任何可用上式表示的投资组合都是前沿证券组合。

下面我们要给出几个重要的命题。

命题 4.1　g 是期望收益率为 0 的前沿证券组合相应的权重向量，$g+h$ 是期望收益率为 1 的前沿边界资产权重向量。

证明： 当 $E(\tilde{r}_p)=0$ 时，$w_p=g$；当 $E(\tilde{r}_p)=1$ 时，$w_p=g+h$，得证。

命题 4.2　整个投资组合的前沿边界可以由 g 和 $g+h$ 这两个前沿边界的投资组合生成。

证明： 假设存在任意前沿边界上的组合 q，其期望收益率为 $E(r_q)$，其最优权重向量满足 $w_q=g+hE(\tilde{r}_q)$。

若将 $1-E(\tilde{r}_q)$ 比例的资金投资给组合 g，将 $E(\tilde{r}_q)$ 比例的资金投资给组合 $g+h$，则有 $(1-E(\tilde{r}_q))g+E(\tilde{r}_q)(g+h)=g+hE(\tilde{r}_q)=w_q$。

这说明如果分别按照 $1-E(\tilde{r}_q)$、$E(\tilde{r}_q)$ 的比例投资于组合 g、$g+h$，则可以生成任意前沿边界组合 q。

命题 4.3　投资组合前沿边界可以由任意两个相异的前沿边界投资组合生成。

命题 4.3 相较于命题 4.2，更加一般化，即前沿边界的生成不依赖于特定的两个组合 g 与 $g+h$。任意两个相异的前沿边界组合都可以生成整个边界。

证明： 假设 $\forall p_1,p_2$，$E(r_{p_1})\neq E(r_{p_2})$，其最优权重向量分别表示为 w_{p_1}、w_{p_2}。现任取组合 q，其期望收益率为 $E(r_q)$，其最优权重向量表示为 w_q。

组合 q 的期望收益率可以分解为组合 p_1 与组合 p_2 的期望收益率，即

$$\exists\alpha,\ \text{s.t.}\quad E(r_q)=\alpha E(r_{p_1})+(1-\alpha)E(r_{p_2})$$

解得

$$\alpha=\frac{E(r_q)-E(r_{p_2})}{E(r_{p_1})-E(r_{p_2})} \tag{4.33}$$

令 w_{p_1}、w_{p_2} 的权重分别为 α、$1-\alpha$：

$$\begin{aligned}\alpha w_{p_1}+(1-\alpha)w_{p_2}&=\alpha(g+hE(r_{p_1}))+(1-\alpha)(g+hE(r_{p_2}))\\&=g+hE(\tilde{r}_q)=w_q\end{aligned}$$

因此我们说对于前沿边界上的任意组合，可以由任意两个相异的前沿边界投资组合 p_1、p_2 生成。

命题 4.1、命题 4.2、命题 4.3 之间是层层递进的关系。命题 4.3 的内容实际上为两基金分离定理，上述对命题 4.3 的证明也即为对两基金分离定理的证明。

定理 4.8 两基金分离定理：在前沿边界组合上，任意两个分离的点都代表两个分离的前沿投资组合，而前沿边界组合上任意其他的点所代表的前沿投资组合，都可以由这两个分离的点所代表的前沿投资组合的线性组合生成。

两基金分离定理的金融含义：任何投资于风险资产的共同基金，如果经营良好，其投资组合一定与两个共同基金（经营良好）的某一线性组合等同。只要能找到这样两家不同的经营良好的共同基金，把自己的资金按一定的比例投资于这两家基金，就可以与投资于其他经营水平高的共同基金获得完全一样的效果。

二、多项风险资产组成的前沿边界图形

命题 4.4 任何两个前沿边界投资组合 p 和 q 的收益率协方差为

$$\operatorname{cov}(\tilde{r}_p,\tilde{r}_q)=w_p^{\mathrm{T}}Vw_q=\frac{C}{D}\left(E(\tilde{r}_p)-\frac{A}{C}\right)\left(E(\tilde{r}_q)-\frac{A}{C}\right)+\frac{1}{C} \tag{4.34}$$

证明：

$$\begin{aligned}\operatorname{cov}(\tilde{r}_p,\tilde{r}_q)&=w_p^{\mathrm{T}}Vw_q=(g+hE(\tilde{r}_p))^{\mathrm{T}}V(g+hE(\tilde{r}_q))\\&=g^{\mathrm{T}}Vg+g^{\mathrm{T}}VhE(\tilde{r}_q)+h^{\mathrm{T}}VgE(\tilde{r}_p)+h^{\mathrm{T}}VhE(\tilde{r}_p)E(\tilde{r}_q)\\&=\frac{B}{D}-\frac{A}{D}(E(\tilde{r}_p)+E(\tilde{r}_q))+\frac{C}{D}E(\tilde{r}_p)E(\tilde{r}_q)\end{aligned}$$

其中，$\frac{B}{D}=g^{\mathrm{T}}Vg$；$-\frac{A}{D}=g^{\mathrm{T}}Vh=h^{\mathrm{T}}Vg$；$\frac{C}{D}=h^{\mathrm{T}}Vh$。

我们可以进一步化简，得到命题 4.5。

命题 4.5 资产收益率的标准差与期望收益率之间的关系：

$$\frac{\sigma^2(\tilde{r}_p)}{1/C}-\frac{\left(E(\tilde{r}_p)-\frac{A}{C}\right)^2}{D/C^2}=1 \tag{4.35}$$

证明： 如果 p、q 是相同的组合，由命题 4.4 可以直接得到

$$\sigma^2(\tilde{r}_p)=\frac{C}{D}\left(E(\tilde{r}_p)-\frac{A}{C}\right)^2+\frac{1}{C}$$

变形后得到

$$\frac{\sigma^2(\tilde{r}_p)}{1/C}-\frac{\left(E(\tilde{r}_p)-\frac{A}{C}\right)^2}{D/C^2}=1 \tag{4.36}$$

式（4.36）是前沿边界上组合 p 的期望收益率与标准差的关系式，可以看出如果横坐标为标准差，纵坐标为期望收益率，则该曲线为一条双曲线；如果横坐标为方差，纵坐标为期望收益率，则该曲线为一条抛物线。

图 4.26 和图 4.27 给出了两种情况下的前沿边界，MVP 是双曲线或者抛物线的最左侧点。我们在图 4.26 和图 4.27 中看到 MVP 的坐标分别为（$\sqrt{1/C},A/C$），（$1/C,A/C$）。

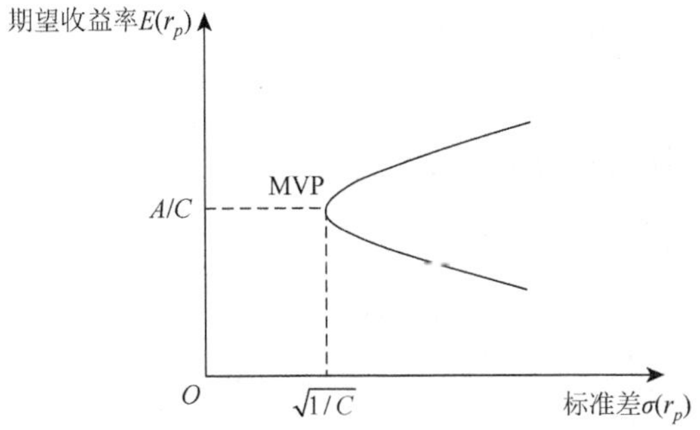

图 4.26　标准差-期望收益率

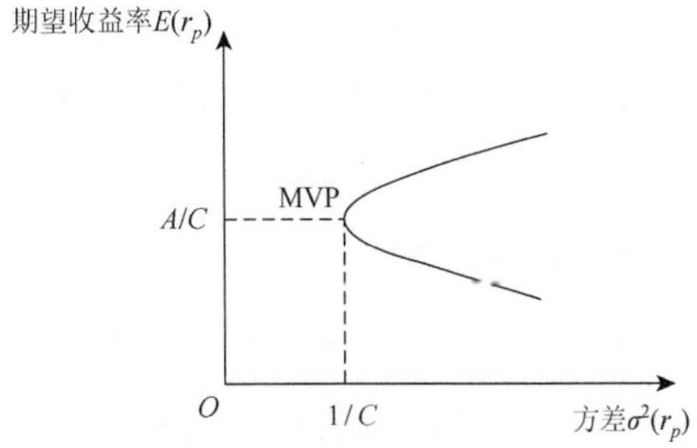

图 4.27　方差-期望收益率

MVP 是一个非常重要的组合，比如投资者在进行投资时只想把资金投资给 MVP，那么 MVP 的权重如何？下面我们计算多种风险资产情况下的 MVP 的权重的值。

由图 4.26 可知，其纵坐标为 A/C，故有

$$w_{\text{MVP}} = g + hE(r_{\text{MVP}}) = g + h\frac{A}{C}$$

又有 $g = \frac{1}{D}[B(V^{-1}I) - A(V^{-1}e)]$，$h = \frac{1}{D}[C(V^{-1}e) - A(V^{-1}I)]$。

将 g、h 代入上式，可得 MVP 的权重为

$$w_{\text{MVP}} = \frac{1}{C}V^{-1}I \tag{4.37}$$

注：

（1）什么是有效投资组合？

期望收益率严格高于 MVP 的期望收益率（A/C）的前沿证券组合称为有效投资组合。

（2）什么是非有效投资组合？

位于投资组合前沿边界，既不是有效投资组合，又不是最小方差投资组合的投资组合称为非有效投资组合。

（3）对于每一个非有效投资组合，存在一个具有相同方差但期望收益率更高的有效投资组合。

如图 4.28 所示，上半支曲线即为有效投资组合，最左侧点即为 MVP，下半支曲线即为非有效投资组合。

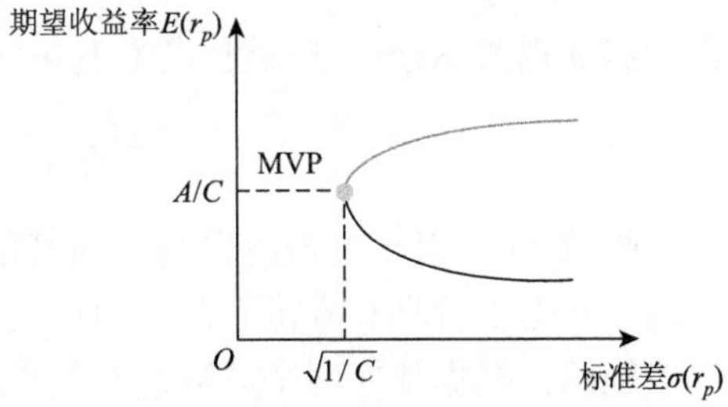

图 4.28　有效投资组合、非有效投资组合及 MVP

三、几个重要的性质

性质 4.1　最小方差组合与任何投资组合（不仅仅是前沿边界上的）收益率的协方差总是等于最小方差组合的收益率的方差，即 $\text{cov}(\tilde{r}_p, \tilde{r}_{\text{MVP}}) = \sigma_{\text{MVP}}^2 = \frac{1}{C}$。

证明：对任意组合 p，假设投资于投资组合 p 与 MVP 的比例为 α、$1-\alpha$。如果欲求使由 p、MVP 构成的组合的方差最小时的 α，我们可以构造如下问题：

$$\min_{\alpha} \alpha^2\sigma_p^2 + (1-\alpha)^2\sigma_{\mathrm{MVP}}^2 + 2\alpha(1-\alpha)\mathrm{cov}(\tilde{r}_p, \tilde{r}_{\mathrm{MVP}})$$

令其一阶条件等于零：

$$2\alpha\sigma_p^2 - 2(1-\alpha)\sigma_{\mathrm{MVP}}^2 + 2(1-2\alpha)\mathrm{cov}(\tilde{r}_p, \tilde{r}_{\mathrm{MVP}}) = 0$$

当 $\alpha = 0$ 时，达到最优，得到 $\mathrm{cov}(\tilde{r}_p, \tilde{r}_{\mathrm{MVP}}) = \sigma_{\mathrm{MVP}}^2 = \dfrac{1}{C}$。

完成证明。

性质 4.2 有效投资组合的任何凸组合仍是有效组合，因此有效组合的集合是一个凸集。

证明：假定 w_i（$i=1,2,\cdots,m$）是 m 个前沿组合；α_i（$i=1,2,\cdots,m$）是 m 个实数，且 $\sum \alpha_i = 1$，则 $\sum \alpha_i w_i$ 是由 $w_1, w_2, \cdots, w_m$ 构成的凸组合。我们先证明其为前沿组合，再证明其有效。

因为 $\sum \alpha_i w_i = \sum \alpha_i (g + hE(r_i)) = g + h\sum \alpha_i E(r_i)$，故 $\sum \alpha_i w_i$ 是前沿边界上的组合。

如果 w_i（$i=1,2,\cdots,m$）均有效，则有 $E(r_i) > \dfrac{A}{C}$，进而有 $\sum \alpha_i E(r_i) > \dfrac{A}{C}$。

因此，有效投资组合的任何凸组合仍是有效组合。

性质 4.3 投资组合边界的一个重要性质是，对于前沿边界上的任何资产 p，除了最小方差组合，存在唯一的前沿边界投资组合，用 zc(p)表示，与 p 的协方差为 0。该组合称为零协方差证券组合。

$$E(r_{\mathrm{zc}(p)}) = \frac{A}{C} - \frac{D/C^2}{E(\tilde{r}_p) - A/C} \tag{4.38}$$

证明：

由命题 4.4 可知，任何两个前沿边界投资组合 p 和 q 的收益率协方差为

$$\mathrm{cov}(\tilde{r}_p, \tilde{r}_q) = w_p^{\mathrm{T}} V w_q = \frac{C}{D}\left(E(\tilde{r}_p) - \frac{A}{C}\right)\left(E(\tilde{r}_q) - \frac{A}{C}\right) + \frac{1}{C}$$

假设将 q 视为 zc(p)，并令上式等于 0，可得

$$E(r_{\mathrm{zc}(p)}) = \frac{A}{C} - \frac{D/C^2}{E(\tilde{r}_p) - A/C}$$

性质 4.4 最小方差组合与任何其他前沿边界投资组合的协方差为 $1/C$，从而不存在与最小方差组合具有零协方差的前沿边界投资组合。

证明：根据任何两个前沿边界投资组合 p 和 q 的收益率协方差为

$$\mathrm{cov}(\tilde{r}_p, \tilde{r}_q) = w_p^{\mathrm{T}} V w_q = \frac{C}{D}\left(E(\tilde{r}_p) - \frac{A}{C}\right)\left(E(\tilde{r}_q) - \frac{A}{C}\right) + \frac{1}{C}$$

令其中 p 为最小方差组合，则 $E(\tilde{r}_p) = \dfrac{A}{C}$，故有 $\mathrm{cov}(\tilde{r}_p, \tilde{r}_q) = \dfrac{1}{C}$。完成证明。

性质 4.5 如果 p 是有效投资组合，则 $E(\tilde{r}_{\mathrm{zc}(p)}) < A/C$，这样的 zc($p$)是一个非有效的

投资组合。

证明：因为 $E(\tilde{r}_p) > \dfrac{A}{C}$，所以 $E(\tilde{r}_{zc(p)}) = \dfrac{A}{C} - \dfrac{D/C^2}{E(\tilde{r}_p) - A/C} < \dfrac{A}{C}$。完成证明。

下面我们来看在图 4.29 中，如何确定前沿证券组合 p 的零协方差组合 zc(p)的位置。

（1）在标准差–期望收益率空间中，经过 P 点做前沿边界的切线，相切的直线在纵坐标轴上的截距就是 $E(\tilde{r}_{zc(p)})$。

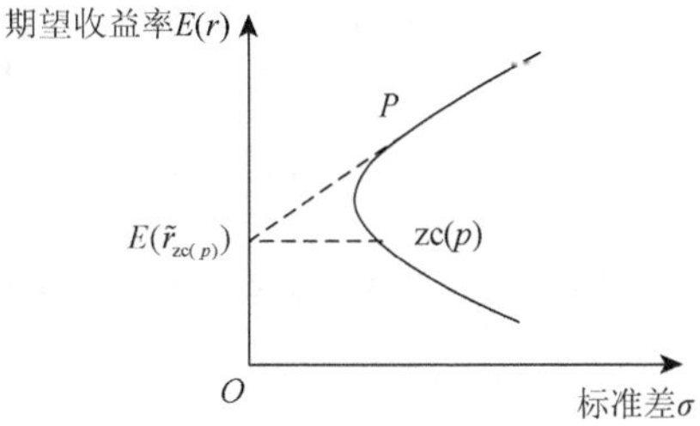

图 4.29　标准差–期望收益率空间下的零协方差组合

证明：

证明思路即求出经过前沿边界上任意一点 P 的切线与纵轴的交点的纵坐标，验证其等于 $E(\tilde{r}_{zc(p)})$。

已知在标准差–期望收益率空间中，前沿边界的双曲线的方程为

$$\frac{\sigma^2(\tilde{r}_p)}{1/C} - \frac{\left(E(\tilde{r}_p) - \dfrac{A}{C}\right)^2}{D/C^2} = 1$$

上式分别对 $\sigma^2(\tilde{r}_p)$ 和 $E(\tilde{r}_p)$ 求全微分得

$$C \cdot 2\sigma(\tilde{r}_p) \cdot \mathrm{d}\sigma(\tilde{r}_p) - \frac{2C^2}{D}\left(E(\tilde{r}_p) - \frac{A}{C}\right) \cdot \mathrm{d}E(\tilde{r}_p) = 0$$

整理可得切线斜率为

$$\frac{\mathrm{d}E(\tilde{r}_p)}{\mathrm{d}\sigma(\tilde{r}_p)} = \frac{D\sigma(\tilde{r}_p)}{CE(\tilde{r}_p) - A}$$

切线方程为

$$y - E(\tilde{r}_p) = \frac{D\sigma(\tilde{r}_p)}{CE(\tilde{r}_p) - A}(\sigma - \sigma(\tilde{r}_p))$$

令 $\sigma = 0$，得

$$y = E(\tilde{r}_p) - \frac{D\sigma^2(\tilde{r}_p)}{CE(\tilde{r}_p) - A} = \frac{CE^2(\tilde{r}_p) - AE(\tilde{r}_p) - D\sigma^2(\tilde{r}_p)}{CE(\tilde{r}_p) - A}$$

又由前沿边界的双曲线方程，经变形后可得

$$D\sigma^2(\tilde{r}_p) = \frac{D}{C} + C \cdot E^2(\tilde{r}_p) - 2A \cdot E(\tilde{r}_p) + \frac{A^2}{C}$$

将其代入切线方程，继而化简可得

$$y = \frac{A}{C} - \frac{D/C^2}{E(\tilde{r}_p) - A/C} = E(\tilde{r}_{zc(p)})$$

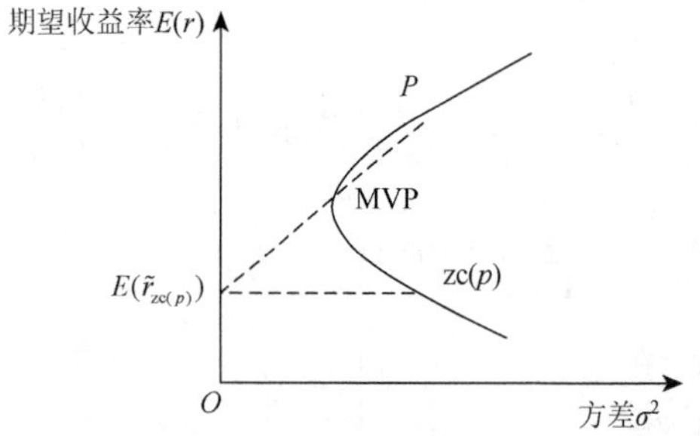

图 4.30 方差–期望收益率空间下的零协方差组合

（2）在方差–期望收益率空间中，如图 4.30 所示，连接任何前沿边界投资组合 P 和 MVP 的直线在期望收益率坐标轴上的截距等于 $E(\tilde{r}_{zc(p)})$。

证明：已知 P 组合的坐标为 $P(\sigma_p^2, E(\tilde{r}_p))$，$\mathrm{MVP}\left(\dfrac{1}{C},\dfrac{A}{C}\right)$。经过点 P、点 MVP 的直线的斜率 K 为

$$K=\frac{E(\tilde{r}_p)-\dfrac{A}{C}}{\sigma_p^2-\dfrac{1}{C}}=\frac{CE(\tilde{r}_p)-A}{C\sigma_p^2-1}$$

则该直线与纵轴的交点的纵坐标 y 为

$$y=\frac{A}{C}-\frac{C\cdot E(\tilde{r}_p)-A}{C\cdot\sigma_p^2-1}\times\frac{1}{C}$$

又由前沿边界的双曲线方程，经变形后可得

$$D\sigma_p^2=\frac{D}{C}+\frac{1}{C}(E(\tilde{r}_p)-A)^2$$

$$\frac{C\cdot E(\tilde{r}_p)-A}{C\cdot\sigma_p^2-1}=\frac{D}{C\cdot E(\tilde{r}_p)-A}$$

代入 y 中，化简得

$$y=\frac{A}{C}-\frac{D/C^2}{E(\tilde{r}_p)-A/C}=E(r_{zc(p)})$$

完成证明。

四、不含无风险资产的定价模型

定理 4.9 任意证券组合 q 的收益率均值都可以表示成任意前沿证券组合 p 与其对应的零协方差前沿证券组合 zc(p)的收益率均值的组合，即

$$E(\tilde{r}_q)=(1-\beta_{qp})E(\tilde{r}_{zc(p)})+\beta_{qp}E(\tilde{r}_p) \tag{4.39}$$

其中，$\beta_{qp}=\dfrac{\operatorname{cov}(\tilde{r}_q,\tilde{r}_p)}{\sigma_p^2}$。

证明：将 $w_p=\lambda V^{-1}e+\gamma V^{-1}I$ 代入 $\operatorname{cov}(\tilde{r}_p,\tilde{r}_q)$ 的表达式，得

$$\begin{aligned}\operatorname{cov}(\tilde{r}_p,\tilde{r}_q)&=w_p^{\mathrm{T}}Vw_q=(\lambda e^{\mathrm{T}}V^{-1}+\gamma I^{\mathrm{T}}V^{-1})\cdot V\cdot w_q\\&=\lambda\cdot e^{\mathrm{T}}w_q+\gamma\cdot I^{\mathrm{T}}w_q\\&=\lambda\cdot E(\tilde{r}_q)+\gamma\end{aligned}$$

又由

$$\lambda=\frac{CE(\tilde{r}_p)-A}{D}, \quad \gamma=\frac{B-AE(\tilde{r}_p)}{D}$$

代入得

$$\operatorname{cov}(\tilde{r}_p,\tilde{r}_q)=\frac{C\cdot E(\tilde{r}_p)-A}{D}\cdot E(\tilde{r}_q)+\frac{B-A\cdot E(\tilde{r}_p)}{D}$$

经化简得

$$E(\tilde{r}_q)=\frac{D\cdot\operatorname{cov}(\tilde{r}_p,\tilde{r}_q)}{C\cdot E(\tilde{r}_p)-A}-\frac{B-A\cdot E(\tilde{r}_p)}{C\cdot E(\tilde{r}_p)-A} \tag{4.40}$$

对式（4.40）等号右侧第一项，上下同乘 σ_p^2：

$$\begin{aligned}\frac{D\cdot\operatorname{cov}(\tilde{r}_p,\tilde{r}_q)}{C\cdot E(\tilde{r}_p)-A}&=\frac{\operatorname{cov}(\tilde{r}_p,\tilde{r}_q)\left(\dfrac{1}{C}+\dfrac{(E(\tilde{r}_p)-A/C)^2}{D/C}\right)}{\sigma_p^2}\cdot\frac{D}{C\cdot E(\tilde{r}_p)-A}\\&=\beta_{qp}\cdot\left(\frac{1}{C}+\frac{(E(\tilde{r}_p)-A/C)^2}{D/C}\right)\cdot\frac{D}{C\cdot E(\tilde{r}_p)-A}\end{aligned} \tag{4.41}$$

其中，$\beta_{qp}=\dfrac{\operatorname{cov}(\tilde{r}_q,\tilde{r}_p)}{\sigma_p^2}$。

对于式（4.40）等号右侧第二项，可由零协方差证券组合表达式变形得到

$$E(r_{zc(p)})=\frac{A}{C}-\frac{D/C^2}{E(\tilde{r}_p)-A/C}=\frac{A\cdot E(\tilde{r}_p)-B}{C\cdot E(\tilde{r}_p)-A} \tag{4.42}$$

将式（4.41）、式（4.42）代入式（4.40），得

$$\begin{aligned}E(\tilde{r}_q)&=\beta_{qp}\cdot\left(\frac{1}{C}+\frac{(E(\tilde{r}_p)-A/C)^2}{D/C}\right)\cdot\frac{D}{C\cdot E(\tilde{r}_p)-A}+E(r_{zc(p)})\\&=\beta_{qp}\left(\frac{D/C^2}{E(\tilde{r}_p)-A/C}+E(\tilde{r}_p)-\frac{A}{C}\right)+E(r_{zc(p)})\\&=(1-\beta_{qp})E(r_{zc(p)})+\beta_{qp}E(\tilde{r}_p)\end{aligned}$$

完成证明。

第六节　考虑无风险资产的资产定价模型

一、存在无风险资产的证券组合前沿

如果投资组合中包含 n 个风险资产与 1 个无风险资产，我们需要求解以下二次规划问题，求解方法仍旧为拉格朗日乘子法。

$$\min \quad \frac{1}{2}w^{\mathrm{T}}Vw$$

$$\text{s.t.} \quad w^{\mathrm{T}}e+(1-w^{\mathrm{T}}I)r_f=E(\tilde{r}_p)$$

其中，$e=(E(r_1),E(r_2),\cdots,E(r_n))^{\mathrm{T}}$ 表示 n 种风险资产的期望收益率列向量；$I=(1,1,\cdots,1)^{\mathrm{T}}$ 表示 n 维单位列向量；$w=(w_1,w_2,\cdots,w_n)^{\mathrm{T}}$ 表示组合 p 包含的风险资产的权重列向量。

求解过程如下。

其拉格朗日函数为

$$L=\frac{1}{2}w^{\mathrm{T}}Vw+\lambda[w^{\mathrm{T}}e+(1-w^{\mathrm{T}}I)r_f-E(\tilde{r}_p)]$$

上式分别对 w，λ 求偏导，并等于零：

$$\frac{\partial L}{\partial w}=0\Rightarrow w=\lambda\cdot V^{-1}\cdot(e-I\cdot r_f) \tag{4.43}$$

$$\frac{\partial L}{\partial \lambda}=0\Rightarrow E(\tilde{r}_p)=r_f+w^{\mathrm{T}}(e-I\cdot r_f) \tag{4.44}$$

对式（4.43）求转置得

$$w^{\mathrm{T}}=\lambda(e-I\cdot r_f)^{\mathrm{T}}V^{-1}$$

并将此式代入式（4.44），得

$$E(\tilde{r}_p)=r_f+\lambda(e-I\cdot r_f)^{\mathrm{T}}V^{-1}(e-I\cdot r_f)$$

由此式解出 λ：

$$\lambda=\frac{E(\tilde{r}_p)-r_f}{(e-I\cdot r_f)^{\mathrm{T}}V^{-1}(e-I\cdot r_f)}=\frac{E(\tilde{r}_p)-r_f}{H}$$

其中，$H=(e-I\cdot r_f)^{\mathrm{T}}V^{-1}(e-I\cdot r_f)$。

将 λ 代入式（4.43），解得

$$w=V^{-1}(e-I\cdot r_f)\frac{E(\tilde{r}_p)-r_f}{H}$$

利用所得结果求方差，进而求得

$$\sigma_p=\begin{cases}\dfrac{E(\tilde{r}_p)-r_f}{\sqrt{H}}, & E(\tilde{r}_p)\geqslant r_f\\[2ex] -\dfrac{E(\tilde{r}_p)-r_f}{\sqrt{H}}, & E(\tilde{r}_p)<r_f\end{cases} \tag{4.45}$$

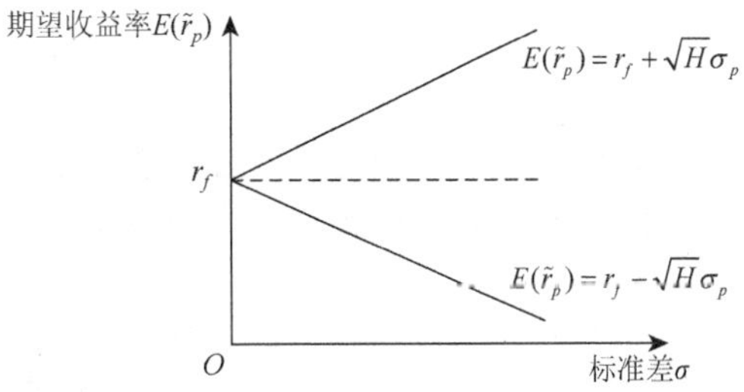

图 4.31 引入无风险资产的最小方差组合集

如果引入无风险资产，如图 4.31 所示，最小方差组合集发生了质的变化，是两条从（$0,r_f$）出发的射线。

二、含无风险资产的前沿边界的组合

包含无风险资产后，前沿投资组合发生了质的变化。我们分三种情况讨论。

（一）$r_f<A/C$

有效边界为过无风险资产与风险资产有效边界相切的上半射线。

$$E(\tilde{r}_p)=r_f+\sqrt{H}\sigma_p \tag{4.46}$$

有效边界由无风险资产和风险资产组合 e 构成，位于 e 左边的点为 e 与无风险资产的凸组合，右边的点为卖空无风险资产，买入 e 的投资组合，而斜率为负的切线表示投资者卖空 e，买入无风险资产的组合。

（二）$r_f>A/C$

有效边界为前沿边界上斜率为正的部分。它表示投资者卖空 e，买入无风险资产的组合。

$$E(\tilde{r}_p)=r_f+\sqrt{H}\sigma_p \tag{4.47}$$

（三）$r_f=A/C$

所有资产均投入到无风险资产上，同时持有一个权重之和为 0 的风险资产组合。

证明：

当 $r_f=\dfrac{A}{C}$ 时，

$$\begin{aligned}I^{\mathrm{T}}\cdot w_p&=I^{\mathrm{T}}\cdot\frac{E(\tilde{r}_p)-r_f}{H}\cdot V^{-1}\cdot(e-I\cdot r_f)\\&=\frac{E(\tilde{r}_p)-r_f}{H}(I^{\mathrm{T}}\cdot V^{-1}\cdot e-I^{\mathrm{T}}\cdot V^{-1}\cdot I\cdot r_f)\\&=\frac{E(\tilde{r}_p)-r_f}{H}\left(A-C\cdot\frac{A}{C}\right)\\&-0\end{aligned}$$

其中，$A=I^{\mathrm{T}}V^{-1}e$，$C=I^{\mathrm{T}}V^{-1}I$。

证明完毕。

三、经典资产定价模型——含无风险资产的定价模型

定理 4.10 任意证券组合 q 与前沿证券组合 p 的关系为

$$E(\tilde{r}_q)=r_f+\beta_{qp}(E(\tilde{r}_p)-r_f)$$

$$\beta_{qp} = \frac{\text{cov}(\tilde{r}_q, \tilde{r}_p)}{\sigma_p^2} \tag{4.48}$$

证明：这个定理的证明过程就是 CAPM 的推导，后面我们在第五章介绍 CAPM 时就不再推导了。我们计算 q 组合与 p 组合的协方差：

$$\begin{aligned}\text{cov}(\tilde{r}_p, \tilde{r}_q) &= w_p^{\mathrm{T}} V w_q \\ &= \frac{E(\tilde{r}_p) - r_f}{H}(e - I \cdot r_f)^{\mathrm{T}} \cdot V^{-1} \cdot V \cdot w_q \\ &= \frac{(E(\tilde{r}_p) - r_f)(E(\tilde{r}_q) - r_f)}{H}\end{aligned}$$

$$\sigma_p^2 = \frac{(E(\tilde{r}_p) - r_f)^2}{H}$$

将上两式相除，得

$$\beta_{qp} = \frac{E(\tilde{r}_q) - r_f}{E(\tilde{r}_p) - r_f}$$

上式变形得

$$E(\tilde{r}_q) = r_f + \beta_{qp}(E(\tilde{r}_p) - r_f) \tag{4.49}$$

证明完毕。

本 章 小 结

本章讨论了均值–方差理论的单阶段方法，实际中我们知道投资者有可能在一个较长期的时间内进行投资，如 6 个月，那么如果把每个月看成一个阶段，就有 6 个阶段或者时期，这样就是一个多期，也称为多阶段投资问题。马科维茨模型是否能解决这样的多期问题呢？另外，如果投资者希望能够把投资资产的种类由单一的股票扩展到债券，那么是否可能建立包含股票–债券的资产配置模型呢？我们将在后面的章节里专门去讨论这一问题。

重要术语

投资组合，资本配置线，无差异曲线，最小方差组合，酬报与波动比率，有效集，有效边界，市场组合，系统风险，非系统风险，前沿投资组合，资产定价

参考文献

汪昌云. 2006. 金融经济学. 北京：人民大学出版社.

Huang C F，Litzenberger R H. 1988. Foundations for financial economics. Journal of Finance，44（2）：529.

习题

1. 什么是资本配置线？什么是无差异曲线？
2. 什么是最小方差组合？如何在图形里找出这一组合？
3. 什么是有效集？什么是非有效集？
4. 什么是市场组合？如何在图形里找到市场组合？
5. 什么是系统风险？什么是非系统风险？
6. 什么是前沿投资组合？
7. 包含风险资产与无风险资产的有效边界有何不同？
8. 有两个收益分别为 $\tilde{r}_p$ 和 $\tilde{r}_q$ 的证券。假设这两个证券具有相同的期望收益率和方差，$\tilde{r}_p$ 和 $\tilde{r}_q$ 之间的相关系数为 ρ。证明权重相同的投资组合达到最小方差，且与 ρ 无关。
9. 设市场中有三种风险资产，它们收益的协方差矩阵和期望收益向量分别为

$$V=\begin{bmatrix}1 & 0 & 0\\ 0 & 4 & 0\\ 0 & 0 & 1\end{bmatrix}\quad e=\begin{bmatrix}0.08\\ 0.12\\ 0.09\end{bmatrix}$$

求最小方差组合；计算权重向量与期望收益、方差值。

第五章

资本资产定价模型

本 章 目 标

本章有三个问题需要掌握。

（1）了解马科维茨投资组合理论与 CAPM 的关系。

（2）掌握在 CAPM 下的金融市场均衡是一种竞争均衡。

（3）掌握在金融市场均衡时，如何测定证券组合或组合中单个证券的风险以及风险和收益的关系，这其实就是证券市场线（security market line，SML）。

CAPM 是有关风险和收益如何定价和度量的均衡理论，根本作用在于确认期望收益和风险之间的关系，揭示市场是否存在非正常收益。这个非正常收益是通过什么办法来发现的呢？资产的期望收益率与衡量该资产风险的一个尺度——β 值相联系。我们给出 CAPM 后，发现资产的期望收益率与 β 值在坐标轴上是一条射线，不落在该射线上的点，就说明其价格可能被高估或低估，或者可以说其定价不均衡，我们可以通过买入或卖出资产获得收益，使其回归到均衡价格。期望收益率与 β 值联系的确切方式就是 CAPM。

第一节 CAPM 标准形式

首先我们看一下 CAPM 成立的八个假设条件。

（1）所有投资者都具有相同的投资期限，即具有相同的单期投资时期，该单期假设在马科维茨的假设中也存在。

（2）所有证券都无限可分，即投资者可以购买任意比例的股份。所有证券都是可以随意买卖的，都存在交易市场，并且该市场对所有投资者开放。

（3）不存在卖空限制。

（4）所有投资者都满足投资组合理论的假设，即所有投资者都按照投资组合理论的相关原则或要求选择最优策略。

（5）所有投资者对证券收益概率分布的看法一致，即投资者具有相同的期望收益向量和协方差矩阵，也就是说虽然投资者众多，但他们对同一只股票的期望收益率、方差、与其他股票的协方差等都具有相同观点。这样假设的目的是保证市场上存在唯一的前沿边界和唯一的有效边界。前沿边界、有效边界的计算方法我们在前文讲过，即求解一个二次规划，其中未知的变量为权重向量，已知变量为方差-协方差矩阵，那么给定一个要求回报率，代入均值-方差的公式中，就可以通过计算得到最优投资组合。该假设简化了整个CAPM的思路，若不同投资者对同一股票有不同看法，那么画出的有效边界将不止一条。

（6）存在无风险证券，同时单个投资者能够以相同的无风险利率买入贷出或卖空借入任意数量的该种证券，这一无风险利率水平对所有投资者都相同。

（7）没有税收和交易成本，也就是没有摩擦成本。

（8）市场是完全竞争的，市场价格是由众多投资者行为共同决定，即单个投资者的买卖行为不会影响资产价格，没有人可以操纵市场。

有了这些假设条件，我们可得到简化后的结论：每个投资者拥有相同的信息，并且对证券的前景有相同的看法，证券市场是完全市场，没有任何摩擦阻碍投资。这是一个非常理想的状态，在这种无摩擦的情况下资产定价问题转化为每个人采取同样的投资态度，证券价格如何变化，也就是说在相同的有效边界上，投资者应该怎样对证券进行定价。

我们先介绍CAPM成立下的三个性质：①分离定理；②切点组合就是市场组合；③在标准CAPM假设条件下，如果所有风险证券都是严格正供给的，则市场组合的风险溢价一定为严格正的。下面我们依次说明这三个性质。

一、分离定理

根据假设条件，投资者对于证券回报率的均值、方差及协方差具有相同的期望值，投资者将首先根据马科维茨的组合选择方法分析证券，并确定切点的组合。也就是说首先根据证券回报率的均值、方差协方差矩阵，我们可以求出马科维茨的有效边界，给出有效边界后，我们从无风险资产出发，做马科维茨有效边界的切线，其切点就是切点组合。

如图5.1所示，切线对应的就是线性有效集，也即从无风险资产出发做马科维茨有效边界的切线，M点是切线的切点，r_f与M连接的射线是我们说的线性有效集，我们在讲均值-方差理论时提到，若$r_f < \frac{A}{C}$，则存在上切点。线性有效集对于所有的投资者来说都是相同的，它包括了切点组合M与无风险借入或贷出所构成的组合。如果是无风险借入，则处在M的右端的这一段射线中，如果是无风险贷出，则处在r_f到M之间，也就是贷出一部分无风险资产。

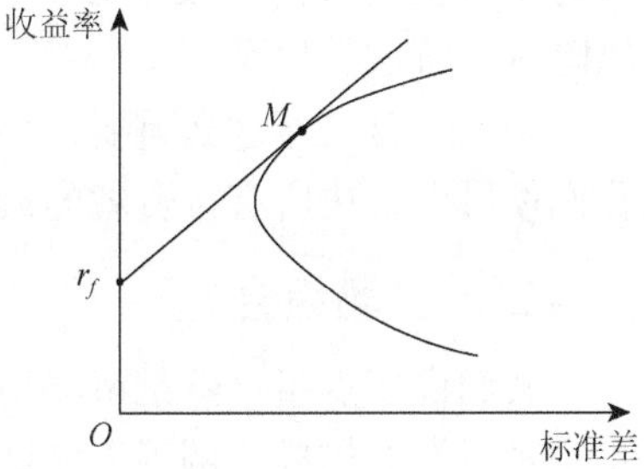

图5.1　线性有效集

具体来讲，每一个投资者将他的资金投资于风险资产和无风险借入或贷出上，而每一个投资者选择的风险资产都是同一个投资组合（切点M），加上无风险借入和贷出只是为了满足投资者个人对总风险和回报率的选择偏好，我们可以看成是一个风险资产组合和无风险资产通过不同比例的配置，生成整个线性有效集。

CAPM中的这一特征常被称为分离定理。

定理 5.1 分离定理是指一个投资者的最优风险资产组合是与投资者对风险和收益的偏好状况无关的。

投资者对风险的偏好取决于他对无风险资产的借入或贷出，比较喜好风险的投资者会选择借入无风险资产，厌恶风险的投资者会选择把一部分资金分配给无风险资产，另一部分分配给切点组合 M。

下面我们举一个例子。

例 5.1 市场由 A、B、C 三种证券和一种无风险证券构成。经过计算得出切点组合为（0.14, 0.15, 0.71）。对于保守一点的投资者可能会投入一半资金用于无风险资产，一半用于切点组合。对于风险厌恶程度较低的投资者，可能借入无风险资产投入到切点组合。那么两个投资者的投资情况如何？

解： 保守投资者与风险厌恶程度较低的投资者的情况如下：

$$0.5\times\begin{bmatrix}0.14\\0.15\\0.71\end{bmatrix}=\begin{bmatrix}0.07\\0.075\\0.355\end{bmatrix}\qquad 1.5\times\begin{bmatrix}0.14\\0.15\\0.71\end{bmatrix}=\begin{bmatrix}0.21\\0.225\\1.065\end{bmatrix}$$

左边为保守投资者的情况，右边为风险厌恶程度较低的投资者的情况，可以看出两种投资者风险资产的结构是完全一致的，出现的差异只是对无风险资产的投资比例不同。

分离定理的核心在于揭示以下事实。

（1）在均衡条件下，每一位投资者只要向风险资产投资则必定持有切点组合。

（2）如果切点组合的构造已知，或者有一个切点组合基金，则均衡条件下的投资组合工作大为简化，投资者将资金适当分配于无风险资产和切点组合即可实现最佳投资。

由此我们可以得到分离定理的意义：对于从事投资服务的金融机构来说，不管投资者的收益/风险偏好如何，只需找到切点所代表的风险资产组合，再加上无风险资产，就可以为所有投资者提供最佳的投资方案。投资者的收益/风险偏好，就只需反映在组合中无风险资产所占的比重。

切点组合既然这么重要，那其到底是什么样的组合呢？如果我们能把切点组合找出，我们便可以解决所有投资者的最佳投资问题，所以接下来我们将讨论切点组合的含义。

二、市场组合

我们说切点组合就是市场组合，市场组合是指由所有证券构成的组合，在这个组合中，每一种证券的构成比例等于该证券的相对市值。为了证明这个结论，下面我们先引入证券市场均衡定义。

定义 5.1 证券市场处于均衡状态是指市场满足以下三个条件。

（1）经济整体投资的总财富等于所有资产的总市值。

（2）证券的价格使得投资者对每种证券的需求正好等于市场上提供的证券数量（风险资产市场出清）。

（3）无风险利率使得对资金的总借贷量净值为 0（无风险资产市场出清）。

同时满足以上三点的市场便是均衡市场，此时该市场资产的价格我们称为均衡价格。有了这样的结论后，我们要说明性质 5.1。

性质 5.1　在均值–方差偏好下，市场达到均衡时，切点组合就是市场组合。

证明： 假定市场中已拥有 n 个资产，n 个资产的价格我们用向量 P 表示，向量 θ 表示投资者持有的股数，θ_i 表示第 i 个投资者持有的股数，P_i 表示第 i 个证券的价格，V_i 表示证券 i 的市值，则 n 个证券的价格向量可以表示为 $P=[P_1,P_2,\cdots,P_n]^{\mathrm{T}}$，由 n 个资产构成的投资组合 θ 可以表示为 $\theta=[\theta_1,\theta_2,\cdots,\theta_n]^{\mathrm{T}}$。证券 n 的市值 $V_n=P_n\times\theta_n$，出此，我们可以求出市场总市值 $V_M=P^{\mathrm{T}}\theta$，市场组合为 $Z_M=\left[\dfrac{P_1\theta_1}{V_M},\dfrac{P_2\theta_2}{V_M},\cdots,\dfrac{P_n\theta_n}{V_M}\right]^{\mathrm{T}}$。

假定市场中的参与者有 K 个，w_k 是第 k 个投资者的初始财富，Z_T 为切点组合，a_k 是第 k 个投资者对切点组合的需求，则其对无风险资产的需求是 w_k-a_k。下面我们需要证明 $Z_T=Z_M$。

注意到证券市场均衡理论的三个条件。

经济整体投资的总财富等于所有资产的总市值，即

$$\sum_k w_k=V_M \tag{5.1}$$

风险资产市场出清（需求等于供给），即

$$Z_T\sum_k a_k=V_M\cdot Z_M \tag{5.2}$$

无风险资产市场出清，即

$$\sum_k (w_k-a_k)=0 \tag{5.3}$$

将式（5.3）代入式（5.1）中：$\sum\limits_k w_k=\sum\limits_k a_k=V_M$。

由式（5.2）得 $Z_T\sum\limits_k a_k=Z_M\sum\limits_k a_k$，则可得到 $Z_T=Z_M$。因此切点组合就是市场组合，完成证明。

性质 5.2　在市场均衡条件下，市场组合的风险溢价一定是严格正的。

证明： 这个性质说明了在均衡市场中，均值–方差理论中给出的有效边界的三种情况里，只有上切点是存在的，下切点及没有切点的两种情况不存在，即当 $r_f<\dfrac{A}{C}$ 时，有上切点 e（图 5.2（a）），也就是我们的市场组合，显然其风险溢价为正。为什么说其他两种情况不可能存在呢？这要回到我们上文所说的关于均衡的定义，我们以图 5.2（b）$\left(r_f>\dfrac{A}{C}\right)$为例，由于有效集仍然为斜率为正的部分，为了得到这个有效边界，我们应该卖空 e'，买入无风险资产，若所有投资者都卖空风险资产，买入无风险资产，则风险资产市场和无风险资产市场都无法出清。图 5.2（c）的分析类似，由于在均衡理论中要求对无风险资产持有出清，而第三种情况下大家都选择购买无风险资产，均衡条件下下切点及没有切点的两种情况都不存在。

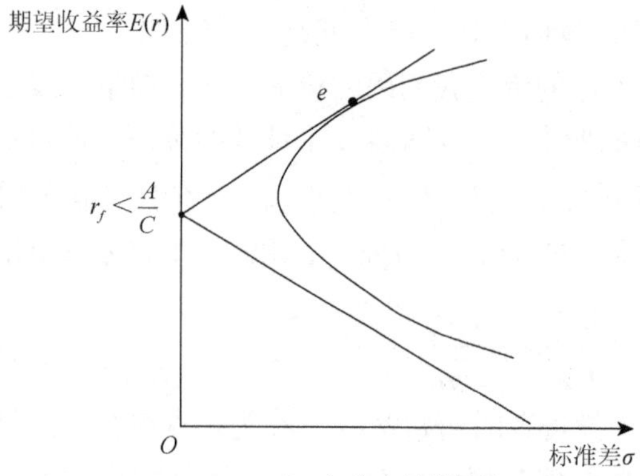

（a）上切点存在

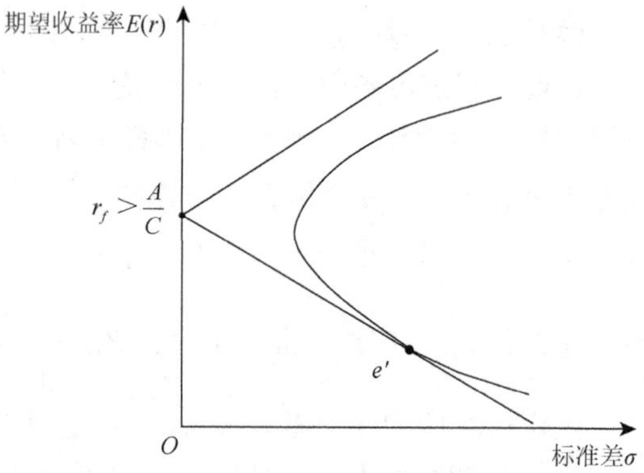

（b）下切点存在

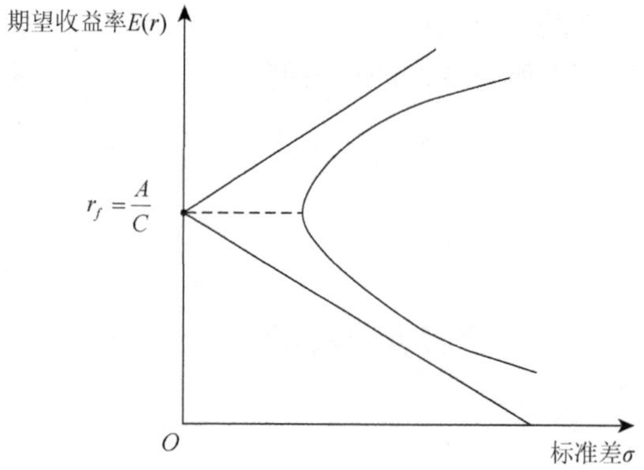

（c）无切点

图 5.2　均值-方差理论中有效边界的三种情况

以上为我们对两个性质的说明，接下来我们将介绍两条非常重要的线：资本市场线与证券市场线。

三、资本市场线与证券市场线

有了 CAPM 的假设之后，我们就可以很容易地找出有效组合的风险和收益之间的关系。在图 5.3 中，我们以 M 表示市场组合，用 r_f 表示无风险利率，有效组合落在从 r_f 出发穿过 M 的直线上，这条直线代表一个有效集——允许无风险借贷情况下的线性有效集。它是由市场组合与无风险借贷结合所获得的收益和方差搭配构成的。我们把这条线称为资本市场线（capital market line，CML）。

CML 的表达式：

$$E(r_p)=r_f+\frac{E(r_M)-r_f}{\sigma_M}\cdot\sigma_p \tag{5.4}$$

图 5.3 中 CML 斜率可以看作投资者为了承担风险而要求的补偿，图 5.3 中的切线代表 CML，切点 M 代表市场组合。落在直线上的点都是有效的，因为 CML 揭示了有效组合期望收益率和标准差之间的均衡关系。不利用市场组合和无风险资产进行借贷的组合或单个风险证券本身是非有效的组合，始终位于该线的下方。

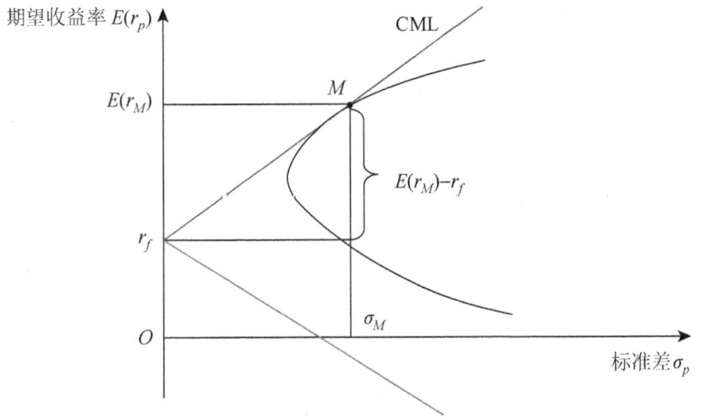

图 5.3　资本市场线

需要说明的是 CML 只能对有效组合进行定价，对于非有效组合或单个证券期望收益率和标准差之间的关系我们需要通过证券市场线（security market line，SML）来确定。

SML 反映了单个证券与市场组合的协方差和其期望收益率之间的均衡关系。

图 5.4 给出的 SML 方程如下：

$$E(\tilde{r}_i)=r_f+(E(\tilde{r}_M)-r_f)\beta_{iM} \quad (5.5)$$

$$\beta_{iM}=\frac{\text{cov}(\tilde{r}_i,\tilde{r}_M)}{\sigma_M^2}$$

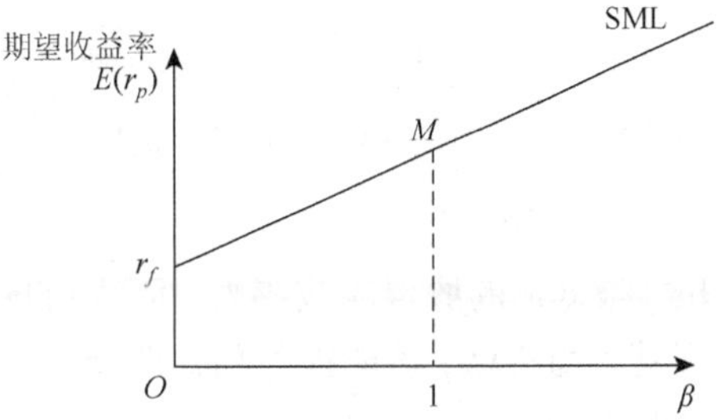

图 5.4　证券市场线

其中，β_{iM} 表示 β 系数。式（5.5）就是 CAPM。CAPM 表明任意一个证券（有可能有效也有可能非有效）的期望收益率 $E(\tilde{r}_i)$ 可以写成无风险资产的收益率加上市场组合的风险溢价与其 β 系数的乘积。这个结论的证明我们在第四章的第六节里已经详细给出，这里我们就略去说明。

SML 包括了所有证券和所有组合，因此也一定包含市场组合和无风险资产。由于期望收益率与证券价格成反比，SML 实际上也给出了风险资产的定价公式。市场组合 M 为横坐标 β 等于 1 对应的 SML 上的点，无风险收益率为 β 等于 0 对应的 SML 上的点，在图 5.4 中，市场组合为 M，无风险收益率落在纵轴上。

下面我们对 CML 和 SML 进行比较，从图 5.5 可以看出，两者都是从无风险收益率出发的射线，纵坐标都是期望收益率，但横坐标是不一样的，左边 CML 指的是组合的标准差，右边 SML 指的是组合的 β 系数。左边图形中，落在从无风险收益率出发做的线性有效集上的点都是有效组合，B 和 B' 具有相同的期望收益率，不过 B 有效，B' 非有效，但两个点在 SML 中是重合的。CML 中不重合的点在 SML 中重合的原因我们可以从 CAPM 推出。由 $E(\tilde{r}_i)-r_f=(E(\tilde{r}_M)-r_f)\beta_{iM}$，若 $E(\tilde{r}_i)=E(\tilde{r}_j)$，则 $\beta_{iM}=\beta_{jM}$，说明 β 系数相等的两个组合，其期望收益率也一定相等，若不相等，则我们可以进行套利从而使其回归均衡。

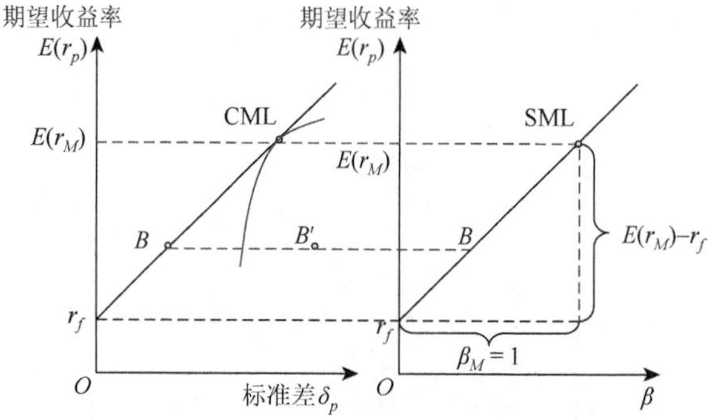

图 5.5 证券市场线与资本市场线的比较关系

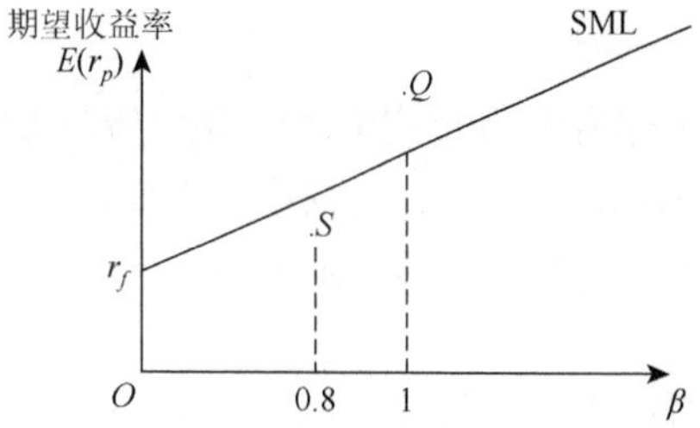

图 5.6 证券市场线高估与低估问题

接下来我们讨论资产定价的高估与低估问题，如图 5.6 所示，存在 Q 和 S 两点，那么哪个点所在的组合价格被高估，哪个被低估？对这两个组合，应该买入哪个，卖出哪个呢？

我们说 Q 落在 SML 上方，S 落在 SML 下方。均衡条件下，Q 点的期望收益率在 SML 上，低于其现在的期望收益率，说明其均衡价格高于实际价格，其价格被低估；S 落在 SML 上的均衡收益率大于其现在的实际收益率，说明其均衡价格低于实际价格，其价格被高估。被高估的股票应该卖出，被低估的股票应该买入，因为市场中的投资者都认为，未来股票的价格最终都会恢复到其均衡价格，若能提前预知股票价格是否被高估或低估从而进行提前操作，则能得到套利收益。

下面我们看两个简单的例子。

例 5.2 证券 X 的期望收益率为 0.11，β 值是 1.5。无风险收益率为 0.05，市场期望收益率为 0.09。根据 CAPM，这个证券__________。

A. 被低估 B. 被高估 C. 定价公平 D. 无法判断 E. 以上各项均不准确

解： $E(\tilde{r}_i)=r_f+(E(\tilde{r}_M)-r_f)\beta_{iM}=0.05+(0.09-0.05)\times 1.5=0.11$，均衡条件下期望收益率也为 0.11，故定价公平，选 C。

例 5.3 无风险收益率为 0.07，市场期望收益率为 0.15。证券 X 的期望收益率为 0.12，β 值为 1.3。那么你应该__________。

A. 买入 X，因为它被高估了

B. 卖空 X，因为它被高估了

C. 卖空 X，因为它被低估了

D. 买入 X，因为它被低估了

解： $E(\tilde{r}_i)=r_f+(E(\tilde{r}_M)-r_f)\beta_{iM}=0.07+(0.15-0.07)\times 1.3=0.174$ 大于 0.12，故定价过高，应该卖空 X，选 B。

第二节 CAPM 的应用

一、系统风险与非系统风险

假设单一证券的随机收益率满足：

$$\tilde{r}_i = r_f + \beta_{iM}(\tilde{r}_M - r_f) + \tilde{\varepsilon}_i \tag{5.6}$$

最后一项为随机扰动项，且随机扰动项与市场组合不相关，满足如下假设：$E(\tilde{\varepsilon}_i) = \mathrm{cov}(\tilde{\varepsilon}_i, \tilde{r}_M) = 0$。

投资组合 i 的风险可以由两部分组成——可分散风险与不可分散风险。具体来说，投资组合 i 的风险可以表示为

$$\sigma_i^2 = \beta_{iM}^2 \sigma_M^2 + \sigma_{\tilde{\varepsilon}_i}^2 \tag{5.7}$$

前者 $\beta_{iM}^2 \sigma_M^2$ 为不可分散风险，也就是系统风险。后者 $\sigma_{\tilde{\varepsilon}_i}^2$ 是可分散风险，也就是非系统风险。我们在均值-方差理论中讨论过系统风险与非系统风险的定义，显然，在 CAPM 引入后，非系统风险与系统风险的定义变得更加明确。接下来，我们将说明，当投资组合的数量不断增加时，单个证券的风险可以被分散掉。

性质 5.3 如果单一证券的非系统风险是有界的，即 $\mathrm{Var}(\tilde{\varepsilon}_i) < k\ (i = 1, 2, \cdots, n)$，且不同证券之间的误差项不相关，即满足 $\forall i \neq j, E(\varepsilon_i \varepsilon_j) = 0$。在一个高度多样化的投资组合 p 中，投资组合的方差与 $\mathrm{Var}(\tilde{\varepsilon}_i)$ 无关，即 $\mathrm{Var}(\tilde{\varepsilon}_i)$ 在投资组合中被分散了。

证明： 假设组合 p 中每个资产的收益率都服从式（5.6），则可以写出组合 p 的收益率形式为

$$\tilde{r}_p = \sum w_i \tilde{r}_i = r_f + \beta_{pM}(\tilde{r}_M - r_f) + \tilde{\varepsilon}_p \tag{5.8}$$

其中，w_i 表示单个资产占投资组合的百分比；$\beta_{pM} = \sum w_i \beta_{iM}$；$\tilde{\varepsilon}_p = \sum w_i \tilde{\varepsilon}_i$。投资组合的期望收益率为 $E(\tilde{r}_p) = r_f + \beta_{pM}(E(\tilde{r}_M) - r_f)$。由于不同证券的随机扰动项之间不相关，即 $\mathrm{cov}(\tilde{\varepsilon}_i, \tilde{\varepsilon}_j) = 0$，组合 p 的方差为

$$\sigma_p^2 = \beta_{pM}^2 \sigma_M^2 + \sigma_{\tilde{\varepsilon}_p}^2 \tag{5.9}$$

其中，$\sigma_{\tilde{\varepsilon}_p}^2 = \mathrm{Var}(\sum w_i \tilde{\varepsilon}_i) = \sum w_i^2 \sigma_{\tilde{\varepsilon}_i}^2 + 2\sum_{i<j}\sum \mathrm{cov}(w_i \tilde{\varepsilon}_i, w_j \tilde{\varepsilon}_j) = \sum w_i^2 \sigma_{\tilde{\varepsilon}_i}^2 < \sum w_i^2 k$。

当投资组合中有 n 个资产，且 n 趋于正无穷时，有 $w_i = \dfrac{1}{n} \to 0$，证毕。故 n 足够大时，$\mathrm{Var}(\tilde{\varepsilon}_i)$ 在投资组合中被分散了。

注 5.1：高度多样化的投资组合与前沿边界上的投资组合的关系为高度多样化的投资组合一定落在前沿边界上，那么前沿边界上的投资组合是否一定高度多样化呢？这要取决于市场中的资产种类和数量。

注 5.2：组合的标准差可以看成单一证券的系统风险的线性组合。不同证券对组合风险的作用体现在各自的 β 系数上，即 $\sigma_p = \beta_{pM}\sigma_M = \sum_{i=1}^{n} w_i \beta_{iM} \sigma_M$。

注 5.3：β 系数具有线性可加性。组合的 β 值等于各证券 β 值的权重平均，即

$$\beta_{pM}=\sum_{i=1}^{n}w_i\beta_{iM}$$

二、投资绩效

采用投资组合管理评价、基金绩效评价中常用的两个指标对投资组合管理人员的投资绩效进行排序，考察他们是否能够击败市场，一般指标越高，绩效越好。这两个指标分别是特雷诺指标（Treynor ratio，TR）$\mathrm{TR}_p=\dfrac{E(\tilde{r}_p)-r_f}{\beta_{pM}}$ 和夏普比率 $S_p=\dfrac{E(\tilde{r}_p)-r_f}{\sigma_p}$。两者的主要区别是两者的分子都是风险溢价，但特雷诺指标的分母衡量的是系统风险，夏普比率的分母衡量的是总风险。

因为夏普比率在之前的章节中已经介绍过，我们主要讨论一下特雷诺指标。其定义 $\mathrm{TR}_i=\dfrac{E(R_i)-r_f}{\beta_{iM}}$，这意味着如果 CAPM 成立，则 $\dfrac{E(R_i)-r_f}{\beta_{iM}}=E(R_m)-r_f$。因此在均衡条件下所有证券的特雷诺指标都相同，似乎该指标没有意义，不过市场不会时刻都处于均衡状态，因此可以用特雷诺指标来对投资组合的历史绩效进行比较，最好的投资组合就是该指标最大的投资组合。

值得思考的是：使用特雷诺指标所给出的排序与夏普比率相同吗？也就是说如果特雷诺指标高，夏普比率就一定高吗？

我们看如下的例子。假设存在两个基金经理 A 和 B，A 的特雷诺指标高于 B，即 $\mathrm{TR}_A>\mathrm{TR}_B$，$\dfrac{E(R_A)-r_f}{\beta_A}>\dfrac{E(R_B)-r_f}{\beta_B}$，又因为 $\beta_A=\dfrac{\mathrm{cov}(A,M)}{\sigma_M^2}=\dfrac{\rho_A\sigma_A\sigma_M}{\sigma_M^2}=\dfrac{\rho_A\sigma_A}{\sigma_M}$，$\beta_B=\dfrac{\rho_B\sigma_B}{\sigma_M}$，联立可得 $\dfrac{S_A}{\rho_A}>\dfrac{S_B}{\rho_B}$，可以看出：只有 A 与 B 的相关系数大小关系确定时，才能确定 A 与 B 的夏普比率大小。

三、Jensen α

假设投资者持有一个主动管理型的投资组合 i，投资组合的绩效可以用式（5.10）中的截据 α_i 进行度量，这个 α_i 为 Jensen α。

$$R_{i,t+1}-r_f=\alpha_i+\beta_{iM}(R_{m,t+1}-r_f)+\varepsilon_{i,t+1} \tag{5.10}$$

Jensen α 可以看成实际收益率与均衡收益率之差。若 α_i 等于 0，则得到标准的 CAPM；若大于 0，则投资组合会得到超过 CAPM 所给出的收益，意味着投资组合位于 SML 以上；若小于 0，则投资组合位于 SML 以下。因此我们常常用 α_i 是否为 0 来判断某证券或投资组合的定价是否均衡，只要不为 0 就存在非正常收益。有关 CAPM 的实证检验就是围绕是否有非正常收益的检验，如果有，说明 CAPM 不能很好地为资产定价，此外还需要考虑除市场组合之外其他影响资产收益率的因素。

下面我们看 CAPM 应用的几个例子。

我们先回忆一下市场组合的方差计算方法。假设市场中一共 n 个资产，x_{iM} 为第 i 个资产在市场组合中的占比，则市场组合的方差可以记为

$$\sigma_M^2=\sum_{i=1}^{n}\sum_{j}x_{iM}x_{jM}\sigma_{ij}=x_{1M}\sum_{j}x_{jM}\sigma_{1j}+\cdots+x_{nM}\sum_{j}x_{jM}\sigma_{nj} \tag{5.11}$$

因为$\sigma_{iM}=\text{cov}(\tilde{r}_i,\tilde{r}_M)=\sum_{j}x_{jM}\sigma_{ij}$，所以我们有

$$\sigma_M^2=x_{1M}\sigma_{1M}+\cdots+x_{nM}\sigma_{nM}=\sum_{i}x_{iM}\sigma_{iM} \tag{5.12}$$

因此某个证券与市场组合的协方差等于其他资产与该资产的协方差和市场组合中各资产所占比例的线性加和。

例 5.4　A、B、C三种股票在市场组合中所占比例分别为 0.2、0.2、0.6。市场组合的期望收益率为 25%，标准差为 15%，无风险利率为 5%。已知这三种股票的方差–协方差矩阵已经给出，如下：

$$\text{VC}=\begin{bmatrix}150 & 190 & 140\\ 190 & 820 & 100\\ 140 & 100 & 288\end{bmatrix}$$

请计算A、B、C三种股票的期望收益率。

解： 已知$E(\tilde{r}_M)=25\%,\sigma_M=15\%,r_f=5\%$，我们有

$$\begin{aligned}E(\tilde{r}_i)=r_f+(E(\tilde{r}_M)-r_f)\beta_{iM}&=r_f+\frac{\sigma_{iM}}{\sigma_M^2}(E(\tilde{r}_M)-r_f)\\&=5+(25-5)/15^2\times\sigma_{iM}\\&=5+0.089\sigma_{iM}\end{aligned}$$

因为$\sigma_{1M}=\sum_{j=1}^{3}x_{jM}\sigma_{1j}=152$，$\sigma_{2M}=\sum_{j=1}^{3}x_{jM}\sigma_{2j}=257$，$\sigma_{3M}=\sum_{j=1}^{3}x_{jM}\sigma_{3j}=220.8$，所以$\beta_{1M}=\frac{\sigma_{1M}}{\sigma_M^2}=0.68$，$\beta_{2M}=1.14$，$\beta_{3M}=0.98$。我们也可以求出各资产期望收益率：$E(r_A)\approx 18.53\%$，$E(r_B)\approx 27.87\%$，$E(r_C)\approx 24.65\%$。

例 5.5　股票的定价问题：公司在期初将发行 100 只股票，公司在期末的价值为随机变量 V_2，其价格变化已经给出，$V_2=\begin{cases}1200, & p=0.5\\ 800, & p=0.5\end{cases}$，公司的资金都是通过发行该股票募集，股票的持有者获得所有的现金流。如果已知$\text{cov}(x_1,x_M)=0.05$，$\sigma(x_M)=0.3$，$r_f=0.12$，$E(x_M)=0.25$，求股票发行的价格。

解： 我们可先算出 100 只股票未来期望财富值$E(V_2)$，然后根据 CAPM 得到其在均衡状态下的期望收益率，又知道期末的总财富，我们便可以得到当前的理论价格。根据已知条件有$E(V_2)=1000$。由 CAPM 得期望收益率$E(x_1)=r_f+\frac{\text{cov}(x_1,x_M)}{\text{Var}(x_M)}(E(x_M)-r_f)=0.12+\frac{0.05}{0.09}\times(0.25-0.12)\approx 0.19$。又因为$E(r)=\frac{P_t-P_{t-1}}{P_{t-1}}$，求得$P_0=8.40$。

例 5.6 确定证券理论价值。假设证券 q 在投资期末的预期价格为 $\tilde{p}_1$（随机变量），投资期初的市场价格为 P_0（已知），理论上的均衡价格为 P_e（不可观察）。市场组合用 M 表示。$\tilde{r}_M$ 表示相应投资期间市场组合的随机收益。如何根据 CAPM 来说明期初市场价格 P_0 相对不可观察的均衡价格 P_e 是高估还是低估？

解： 假设 $\tilde{r}_q'$ 为实际收益率，则 $\tilde{r}_q' = \dfrac{\tilde{p}_1 - P_0}{P_0}$，$\tilde{r}_q$ 为均衡收益率，则 $\tilde{r}_q = \dfrac{\tilde{p}_1 - P_e}{P_e}$。

$$
\begin{aligned}
E(\tilde{r}_q') &= E\left(\frac{\tilde{p}_1 - P_0}{P_0}\right) \\
&= E\left(\frac{\tilde{p}_1}{P_0}\right) - 1 \\
&= \frac{P_e}{P_0} \times E\left(\frac{\tilde{p}_1}{P_e}\right) - 1 \\
&= \frac{P_e}{P_0} \times E\left(\frac{\tilde{p}_1}{P_e} - 1 + 1\right) - 1 \\
&= \frac{P_e}{P_0} \times (E(\tilde{r}_q) + 1) - 1 \\
&= \frac{P_e}{P_0} \times [r_f + \beta_{qM}(E(\tilde{r}_M) - r_f) + 1] - 1 \\
&= \frac{P_e}{P_0} \times (r_f + 1) + \frac{P_e}{P_0} \times \beta_{qM}(E(\tilde{r}_M) - r_f) - 1
\end{aligned}
$$

$$
\begin{aligned}
E(\tilde{r}_q') - r_f &= \left(\frac{P_e}{P_0} - 1\right)(r_f + 1) + \frac{P_e}{P_0} \times \beta_{qM}(E(\tilde{r}_M) - r_f) \\
&= \alpha_q + \frac{P_e}{P_0} \times \frac{\operatorname{cov}(\tilde{r}_q, \tilde{r}_M)}{\sigma_M^2}(E(\tilde{r}_M) - r_f)
\end{aligned}
$$

其中，$\alpha_q = \left(\dfrac{P_e}{P_0} - 1\right)(r_f + 1)$。

因为 $\dfrac{P_e}{P_0} \times \dfrac{\operatorname{cov}(\tilde{r}_q, \tilde{r}_M)}{\sigma_M^2} = \dfrac{\operatorname{cov}\left(\dfrac{P_e}{P_0} \times \dfrac{\tilde{p}_1 - P_e}{P_e}, \tilde{r}_M\right)}{\sigma_M^2} = \dfrac{\operatorname{cov}\left(\dfrac{\tilde{p}_1 - P_0}{P_0}, \tilde{r}_M\right)}{\sigma_M^2} = \beta_{qM}'$，所以 $E(\tilde{r}_q') - r_f = \alpha_q + \beta_{qM}'(E(\tilde{r}_M) - r_f)$。

若 $\alpha_q = 0$，$P_e = P_0$，定价合理；若 $\alpha_q > 0$，$P_e > P_0$，定价偏低；若 $\alpha_q < 0$，$P_e < P_0$，定价偏高。

下面我们介绍如何利用历史数据检验某证券的市场价格偏离其均衡价格？

步骤 1：选择某一历史时期，分别计算 $r_{qt} - r_{ft}$，$r_{Mt} - r_{ft}$，$t = 1, 2, \cdots, T$。

步骤 2：构建计量模型 $r_{qt} - r_{ft} = \gamma_0 + \gamma_1(r_{Mt} - r_{ft}) + \tilde{\varepsilon}_{qt}$，$t = 1, 2, \cdots, T$。

H_0：$\gamma_0 = 0$ 被拒绝，即显著异于 0，则说明证券 q 的定价偏离均衡价格，如果显著大于 0，则从统计角度上看证券 q 在样本期的市场定价偏低，若显著小于 0，则反之。

四、CAPM 的实证检验

自 CAPM 提出之后，人们对这一定价模型进行了大规模的实证研究。对其进行实证检验时，一般有如下两个计量模型：

$$r_{it} - r_{ft} = \beta_i (r_{Mt} - r_{ft}) + \varepsilon_{it} \tag{5.13}$$

$$r'_{it} = \gamma'_0 + \gamma'_1 \beta_i + \varepsilon'_{it} \tag{5.14}$$

检验内容主要包括以下四方面。

（1）横截距 γ'_0 等于 0。若横截距等于零，说明定价均衡；显著大于零，说明该证券偏离均衡价格且定价偏低；显著小于 0，则说明定价偏高。

（2）β 是解释风险的唯一因素。现在我们已经知道在资产定价模型中，被人们广泛认可的有三因素、四因素、五因素等多因素模型，所以 β 不是解释风险的唯一因素，但在 CAPM 标准的实证检验中，该理论认为市场某证券的资产价格发生变动主要的风险来源于市场组合带来的市场风险。在实证检验中可以通过 R^2 的大小来判断实际收益的风险来源多大程度源于市场组合。

（3）β 与收益之间有正向的线性相关关系，指的是 γ'_1 需要大于零，理论上市场组合风险一定大于无风险资产。

（4）$\gamma'_1 = r_{Mt} - r_{ft}$。这个假设要求 γ'_1 不仅需要大于零，而且等于市场组合的超额收益率。

第三节　CAPM 的延展

我们前文讨论的都是 CAPM 的标准形式，但是 CAPM 自从提出之后，很多学者都对其假设条件进行了不同程度的放松。我们在本节将重点讨论不含无风险资产，以及引入无风险借贷，但是借贷利率不同时，市场组合的位置及如何进行资产定价的问题。

一、不含无风险资产

若整个市场中没有无风险资产，有效组合为双曲线的上半支。投资者只会在有效边界上选择自己的投资组合，此时，市场组合在什么位置？CAPM 的形式会发生什么样的变化？

定理 5.2　市场组合就是有效前沿组合。

证明： 假设市场有 m 种风险证券，有 N 个投资者，假设 w_0^i 表示第 i 个投资者的初始财富，w_0^M 表示市场总价值，w_i 表示第 i 个投资者最优权重向量，w_M 表示市场组合，则我们可以得到

$$w_0^M = \sum_{i=1}^{N} w_0^i \tag{5.15}$$

假设 w 表示风险资产市场价值向量，则 $w=\sum_{i=1}^{N}w_0^i w_i$。市场组合 $w_M=\frac{w}{w_0^M}=\sum_{i=1}^{N}\frac{w_0^i}{w_0^M}w_i$。

因为 $\frac{\sum_{i=1}^{N}w_0^i}{w_0^M}=1$，所以根据定义，市场组合 w_M 是 w_i 的凸组合，前文提到前沿边界的凸组合仍然落在前沿边界上，所以市场组合一定落在前沿边界上。接下来我们还要说明市场组合不仅是前沿组合，还是有效的。

$$w_M=\sum_{i=1}^{N}\frac{w_0^i}{w_0^M}g+hE(r_i)=g+h\sum_{i=1}^{N}\frac{w_0^i}{w_0^M}E(r_i) \tag{5.16}$$

因为 $E(r_i)>\frac{A}{C}$，所以 $E(r_M)>\frac{A}{C}$。

定理 5.3 布莱克定价公式。不含无风险资产情况下的资产定价模型为

$$E(\tilde{r}_q)=E(\tilde{r}_{\text{zc}(M)})+\beta_{qM}(E(\tilde{r}_M)-E(\tilde{r}_{\text{zc}(M)})) \tag{5.17}$$

定理 5.3 给出了不含无风险资产情况下的资产定价模型，这个定理的证明在第四章已经进行了推导，这里我们把证明略去。

二、仅能贷出不能借入无风险资产

（一）市场组合的位置

假设投资者能以无风险利率贷出资金或能够购买无风险资产，但是不能以无风险利率借入资金或不能卖空无风险资产。此时有效边界的变化由双曲线变成一段线段与一段双曲线。均衡条件下无风险利率小于 A/C。如果投资者的最优组合位于线段上，则投资者选择的风险资产与切点组合同构。如果投资者选择双曲线上的风险资产组合，投资者不会进行无风险资产投资。此时，市场组合的位置应该在哪里呢？是否会与切点重合呢？我们用下面这个性质来解答。

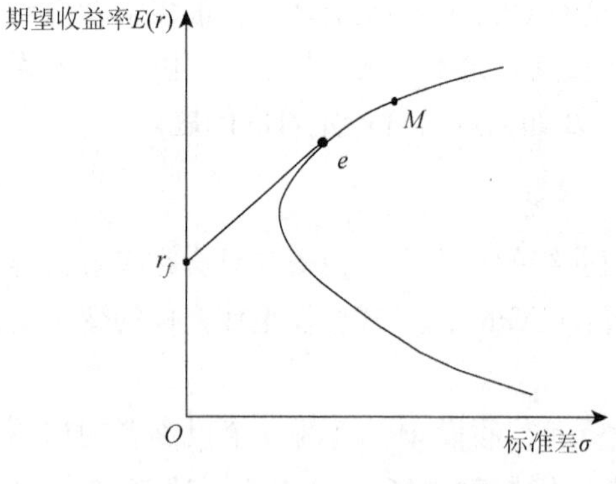

图 5.7 仅能贷出资金的条件下的情况

性质 5.4 在仅能贷出资金而不能借入资金的条件下，市场组合 M 必然位于切点组合 e 的右侧的双曲线前沿边界上，如图 5.7 所示。

证明： 我们引用定理 5.2 中给出的假设。市场中假设有 N 个投资者，为了完成证明，不妨假设前 k 个投资者最优组合选择范围从 r_f 到 e 点，$k+1$～N 个投资者，投资于 e 点右侧的双曲线上。我们引入以下记号。

$a^i(i=1,2,\cdots,k)$ 表示第 i 个投资者投资于 e 的比例，注意到前 k 个投资者持有的风险资产组合相同，都为 e 点组合。w_e 表示切点 e 的权重向量；w_0^i 表示第 i 个投资者初始财富；$w_i(i=k+1,k+2,\cdots,N)$ 表示双曲线上第 i 个投资者最优权重向量；w_0^M 表示市场总价值；w_M 表示市场组合。

根据已知可以得

$$w_0^M = \sum_{i=1}^{k} a^i w_0^i + \sum_{i=k+1}^{N} w_0^i \tag{5.18}$$

各种风险资产市场价值向量：

$$w = \sum_{i=1}^{k} a^i w_0^i w_e + \sum_{i=k+1}^{N} w_0^i w_i \tag{5.19}$$

$$w_M = \frac{w}{w_0^M} = \sum_{i=1}^{k} \frac{a^i w_0^i}{w_0^M} w_e + \sum_{i=k+1}^{N} \frac{w_0^i w_i}{w_0^M} \tag{5.20}$$

令 $\gamma_0 = \sum_{i=1}^{k} \frac{a^i w_0^i}{w_0^M} > 0$，$\gamma_i = \frac{w_0^{k+i}}{w_0^M} (i = 1,2,\cdots,N-k)$，我们有

$$w_M = \gamma_0 w_e + \sum_{i=1}^{N-k} \gamma_i w_{k+i}$$

注意到 $\sum_{i=0}^{N-k} \gamma_i = 1$，所以市场组合 M 是由 e，以及双曲线上的 N–k 个有效组合点构成的凸组合，市场组合也有效。接下来我们证明市场组合位于 e 的右侧，即 $E(\tilde{r}_M) > E(\tilde{r}_e)$。

因为

$$w_M = \gamma_0(g + hE(\tilde{r}_e)) + \sum_{i=1}^{N-k} \gamma_i (g + hE(\tilde{r}_{k+i})) = g + h(\gamma_0 E(\tilde{r}_e)) + \sum_{i=1}^{N-k} \gamma_i E(\tilde{r}_{k+i})$$

$E(\tilde{r}_{k+i}) > E(\tilde{r}_e)$，所以 $E(\tilde{r}_M) > E(\tilde{r}_e)$，证毕。

性质 5.5　若 $E(\tilde{r}_M) > E(\tilde{r}_e) > A/C \Rightarrow r_f < E(\tilde{r}_{zc(M)}) < A/C$。

证明：注意到切点组合 e 与无风险资产互为零协方差组合，因此有 $E(\tilde{r}_e) = \frac{A}{C} - \frac{D/C^2}{r_f - \frac{A}{C}}$，

因为 $E(\tilde{r}_M) = \frac{A}{C} - \frac{D/C^2}{E(\tilde{r}_{zc(M)}) - \frac{A}{C}}$，若 $E(\tilde{r}_M) > E(\tilde{r}_e)$，则有 $r_f < E(\tilde{r}_{zc(M)})$。因为有效组合的零协方差组合一定非有效，所以 $r_f < E(\tilde{r}_{zc(M)}) < A/C$。完成证明。

（二）资产定价模型

对于完全投资于风险资产的投资组合，可以由前沿边界上任意投资组合（不包括最小方差组合）和其零协方差前沿边界组合定价。可以采用切点组合 e 右上方的任意投资组合及零协方差组合进行定价，即可以采用如式（5.21）所示的市场组合及其对应的零协方差组合进行定价，也可以采用如式（5.22）所示的切点组合 e 和投资组合 zc(e)进行定价。其中 zc(e)的期望收益即为无风险资产收益。

$$E(\tilde{r}_q) = E(\tilde{r}_{zc(M)}) + \beta_{qM}(E(\tilde{r}_M) - E(\tilde{r}_{zc(M)}))，\quad E(\tilde{r}_{zc(M)}) - r_f > 0 \tag{5.21}$$

$$E(\tilde{r}_q) = E(\tilde{r}_{zc(e)}) + \beta_{qe}(E(\tilde{r}_e) - E(\tilde{r}_{zc(e)})) = r_f + \beta_{qe}(E(\tilde{r}_e) - r_f) \tag{5.22}$$

对于部分投资于无风险资产，部分投资于风险资产的投资组合，可以采用货币基金和线段上的其他任意的一个投资组合进行定价，具体可以采用切点组合 e，所以，对于任意的投资组合，都有下面的定价公式（5.23）。

$$E(\tilde{r}_q)=r_f+\beta_{qe}(E(\tilde{r}_e)-r_f) \tag{5.23}$$

如果引入市场组合，则有

$$E(\tilde{r}_q)=r_f+\beta_{qe}(E(\tilde{r}_e)-r_f)$$
$$E(\tilde{r}_M)=r_f+\beta_{Me}(E(\tilde{r}_e)-r_f)$$

消除切点组合 e，定价公式为

$$E(\tilde{r}_q)=r_f+\frac{\beta_{qe}}{\beta_{Me}}(E(\tilde{r}_M)-r_f) \tag{5.24}$$

（三）最优投资组合选择

在仅能贷出不能借入情况下的最优投资组合应该如何选择呢？如果投资者的最优投资组合位于线段上，则可以通过持有货币基金和切点组合 e 再组合来实现，而切点组合 e 可以通过持有市场组合 M 和投资组合 zc(M)的组合再实现，因此线段上的投资组合最终可以通过持有货币基金、市场组合以及 zc(M)来组合实现，这三者之间的协方差均为 0，即收益互相独立。如果投资者的最优组合位于切点组合 e 与市场组合 M 之间，那么只需要持有市场组合 M 和 zc(M)来实现，如果投资者的最优组合位于 M 右边的双曲线上，那么可以通过卖空 zc(M)，买入 M 来实现。

三、允许借贷，但贷出和借入利率不等

（一）市场组合

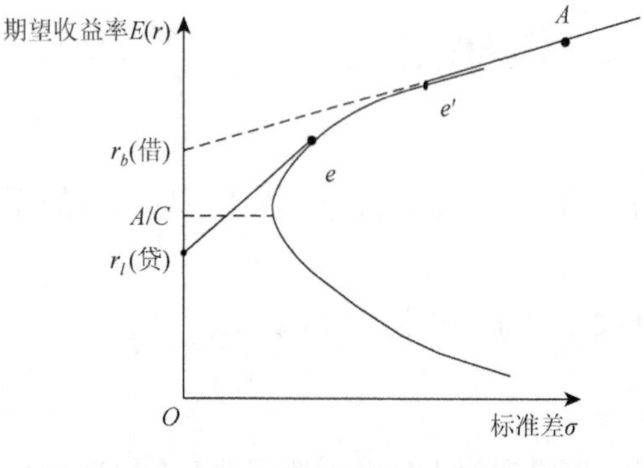

图 5.8 允许借贷，但贷出和借入利率不等情况

在贷出与借入资金的无风险利率不等的情况下，有效边界将变为三段，由线段 $r_l\,e$、射线 $e'A$ 和曲线 ee'组成。图 5.8 给出了有效边界的情况。如果投资者的最优投资组合位于线段 $r_l\,e$ 上，意味着投资者贷出资金或买入无风险证券，同时买入切点组合 e，如果最优投资组合位于射线 $e'A$ 上，那么投资者借入或者卖空无风险证券，买入切点组合 e'，如果最优投资组合位于曲线 ee'上，那么最优投资组合完全由风险资产构成。

性质 5.6 允许借贷的情况下，市场组合位于 ee' 曲线上。

证明： 我们将 N 个投资者分为三类，贷出无风险资产、不借不贷，以及借入无风险资产三种。为了叙述简便，我们仍旧引入与前文相似的记号。$a^i(i=1,2,\cdots,k)$ 为前 k 个第一类投资者投资于 e 点的比例；$w_i(i=k+1,\cdots,p)$ 为第二类投资者投资在 ee' 曲线上的比例；$b_i(i=p+1,\cdots,N)$ 为第三类投资者投资在 e'点的比例。

令 w_e 和 $w_{e'}$ 分别表示两个切点组合对应的最优权重向量，w_0^i 表示第 i 个投资者的初始财富，w_0^M 表示市场上风险资产的总价值，则有

$$w_0^M=\sum_{i=1}^{k}a_i w_0^i+\sum_{i=k+1}^{p}w_0^i+\sum_{i=p+1}^{N}b_i w_0^i \tag{5.25}$$

风险资产的市场价值向量为

$$w=\sum_{i=1}^{k}a_i w_0^i w_e+\sum_{i=k+1}^{p}w_0^i w_i+\sum_{i=p+1}^{N}b_i w_0^i w_{e'} \tag{5.26}$$

市场组合为

$$w_M=\frac{w}{w_0^M}=\sum_{i=1}^{k}\frac{a_i w_0^i}{w_0^M}w_e+\sum_{i=k+1}^{p}\frac{w_0^i w_i}{w_0^M}+\sum_{i=p+1}^{N}\frac{b_i w_0^i}{w_0^M}w_{e'} \tag{5.27}$$

令

$$\gamma_0=\sum_{i=1}^{k}\frac{a_i w_0^i}{w_0^M},\gamma_i=\frac{w_0^{k+1}}{w_0^M},i=1,2,\cdots,p-k\text{；}\quad \gamma_{p-k+1}=\sum_{i=p+1}^{N}\frac{b_i w_0^i}{w_0^M},\sum_{i=0}^{p-k+1}r_i=1$$

则 $w_M=\gamma_0 w_e+\sum_{i=1}^{p-k}r_i w_{k+i}+\gamma_{p-k+1}w_{e'}$ 。

又因为 $\sum_{i=0}^{p-k+1}r_i=1$，故市场组合 M 是 e 、$k+i$ 、e' 的凸组合。

用之前介绍过的类似方法，可以自行证明 $E(r_e)<E(r_M)<E(r_{e'})$，既然市场组合的期望收益率落在 e 点的期望收益率和 e' 点的期望收益率间，我们就可以说市场组合一定落在 ee' 曲线上，证毕。

（二）资产定价模型

对于完全投资于风险资产的任意投资组合 q，可以用双曲线上的任意投资组合和零协方差组合来进行定价，具体来说可以用曲线 ee'上的任意投资组合及其零协方差组合进行定价，特别是可以用市场组合 M 和 zc(M)，或者切点组合 e，或者 e'，此时定价公式为

$$E(\tilde{r}_q)=E(\tilde{r}_{\text{zc}(M)})+\beta_{qM}(E(\tilde{r}_M)-E(\tilde{r}_{\text{zc}(M)})),r_e\leqslant E(\tilde{r}_{\text{zc}(M)})\leqslant r_{e'}$$

$$E(\tilde{r}_q)=E(\tilde{r}_{\text{zc}(e)})+\beta_{qe}(E(\tilde{r}_e)-E(\tilde{r}_{\text{zc}(e)}))=r_l+\beta_{qe}(E(\tilde{r}_e)-r_l)$$

$$E(\tilde{r}_q)=E(\tilde{r}_{\text{zc}(e')})+\beta_{qe'}(E(\tilde{r}_{e'})-E(\tilde{r}_{\text{zc}(e')}))=r_b+\beta_{qe'}(E(\tilde{r}_{e'})-r_b)$$

对于投资于无风险资产的投资组合 q，可以利用货币基金 r_l 和线段 $r_l e$ 上任意投资组合进行定价，特别是可以利用切点组合 e，如式（5.28）所示：

$$E(\tilde{r}_q)=r_l+\beta_{qe}(E(\tilde{r}_e)-r_l) \tag{5.28}$$

对于借入部分资金投资于风险资产的投资组合 q，可以利用货币基金 r_b 和射线 $e'A$ 上任意投资组合进行定价，特别是可以利用切点组合 e'，如式（5.29）所示：

$$E(\tilde{r}_q)=r_b+\beta_{qe'}(E(\tilde{r}_{e'})-r_b) \tag{5.29}$$

本 章 小 结

在本章最后，我们简单地说明一下 CAPM 的贡献与不足。CAPM 理论以其对现代金融经济学的三大核心贡献成为科学发展的重要里程碑。

（1）明确了切点组合的结构，并提出了市场组合的概念。

（2）提出并证明了新的风险测度方法。

（3）提出了单个证券的均衡定价方程。

CAPM 主要不足在于以下三个方面。

（1）静态单阶段的研究方法使得 CAPM 要求的投资行为与实际有所差异。

（2）市场无摩擦假设与无限制卖空假设也与实际有所距离。

（3）关于投资者预期一致与信息对等的假设也与实际不相符，因为这意味着信息无成本。

重要术语

切点组合，市场组合，资本市场线，证券市场线，β，系统风险，非系统风险，资本资产定价模型

参考文献

汪昌云. 2006. 金融经济学. 北京：人民大学出版社.

Capiński M，Zastawniak T. 2010. Mathematics for Finance：An Introduction to Financial Engineering. 2nd ed. Berlin：Springer.

Huang C F，Litzenberger R H. 1988. Foundations for Financial Economics. Upper Saddle River：Prentice Hall.

Pennacchi G. 2007. Theory of Asset Pricing. New York：Pearson.

习题

1. 市场均衡的条件有哪些？
2. 为什么说市场组合就是切点组合？
3. 证券市场线与资本市场线有何区别？
4. 允许贷出，不允许借入时，市场组合的位置在什么地方？请用图形画出，并证明你的结论。
5. 允许贷出和借入，但是借贷利率不等时，市场组合的位置在什么地方？请用图形画出，并证明你的结论。

第六章

基于消费的资本资产定价模型

本 章 目 标

本章将投资者的跨期消费决策引入 CAPM 中，从本章开始，我们从一个更加宏大的视角去审视 CAPM，推导随机贴现因子和资产定价的核心方程，完成绝对定价体系的大一统。本章由四部分内容组成，分别是基于消费的资本资产定价模型（consumption-based capital asset pricing model，CCAPM）的推导、随机贴现因子、风险溢价与风险溢价之谜，以及 CCAPM 与 CAPM 和多因子模型之间的关系。

第一节　基于消费的资本资产定价模型的推导

一、模型的设定

在均值–方差模型中，投资者的目标是最大化财富，这个和我们的日常直觉有点不符合，因为不是存钱给我们带来快乐，而是消费给我们带来快乐。所以，我们可以把均值–方差模型中投资者的行为隐含地理解成在投资期开始时把资产配置好，而在投资期结束时把所有的财富一次性消费完。在本章，我们更感兴趣的是把投资者的跨期消费决策引入模型，允许投资者在投资期开始和结束都考虑最优消费的问题，一方面，这更加符合实际情况，因为没有人喜欢“饥一顿饱一顿”的延时消费；另一方面，我们可以考虑消费周期问题，从而完成从微观金融向宏观金融的跨越，微观决策和宏观金融在本章会建立起一座桥梁。

我们还是考虑一个从时刻 0 到时刻 1 的单期静态的模型，一个消费者的效用函数是两期消费产生的效用的和：$U(c_0)+\delta E(U(\tilde{c}_1))$，其中，$\delta$ 表示一个（主观设置的）贴现因子，因为人们都偏好“及时行乐”，所以这个贴现因子反映人们跨期消费产生的“不耐烦”，稍后我们可以知道这个贴现因子可以通过调查问卷的形式估计出来；E 表示基于时刻 0 的期望算子。在这个表达式中我们假设效用函数是“时间可分的”，即效用仅依赖于该时刻的消费，更复杂的是我们可以假设效用依赖于过去或者未来的期望消费，这就超出了本节的讨论范围了。

投资者选择配置 J 种资产，每种资产在时刻 0 的价格是 p_j，时刻 1 有 S 种状态，每个资产在时刻 1 的每种状态下的支付是 x_s^j，那么一个投资者的最优化行为由式（6.1）决定：

$$\max_{\{\theta_1,\cdots,\theta_J\}} \quad U(c_0)+\delta E(U(\tilde{c}_1)) \tag{6.1}$$

如果不喜欢期望的形式，我们完全可以把期望写成连加号的形式帮助自己理解，以后熟练了可以直接使用期望符号，我们把时刻 1 每种状态发生的概率记作 π_s，则投资者的最优决策模型是

$$\max_{\{\theta_1,\cdots,\theta_J\}} \quad U(c_0)+\delta\sum_{s=1}^{S}\pi_s u(c_s) \tag{6.2}$$

二、约束条件和模型的求解

我们的模型不考虑生产部门，可以想象我们生活在一个遮天蔽日的大树下面，大树在时刻 0 掉下一个果子 e_0 作为初始禀赋，投资者把其中的一部分“储蓄”起来，形式就是购买资产，剩下的消费掉，即在时刻 0：

$$c_0=e_0-\sum_{j=1}^{J}p_j\theta_j \tag{6.3}$$

在时刻 1 不同状态下大树继续掉下果子，投资者把这些果子与时刻 0 的投资产生的回报一起消费掉，所以在时刻 1 的消费总量是

$$c_s=e_s+\sum_{j=1}^{J}x_s^j\theta_j \tag{6.4}$$

把这两个约束条件带入目标函数，我们得到

$$\max_{\{\theta_1,\cdots,\theta_J\}} \quad U\left(e_0-\sum_{j=1}^{J}p_j\theta_j\right)+\delta\sum_{s=1}^{S}\pi_s u\left(e_s+\sum_{j=1}^{J}x_s^j\theta_j\right) \tag{6.5}$$

对资产 j 的需求 θ_j 求偏导数，得

$$p_j u'(c_0)=\delta\sum_{s=1}^{S}\pi_s u'(c_s)x_s^j \tag{6.6}$$

式（6.6）在直觉上就是跨期消费的资产配置问题。一个投资者的最优决策是当他投资在资产 j 上时，放弃的消费造成的效用下降必须等于该资产未来的支付（注意该支付会被消费掉）带来的效用提升。“下降”和“提升”都是边际概念。

从数学上看，从跨期组合配置问题到定价问题仅仅需要式（6.6）两边同时除以 $u'(c_0)$，我们有

$$p_j=\delta\sum_{s=1}^{S}\pi_s\frac{u'(c_s)}{u'(c_0)}\times x_s^j \tag{6.7}$$

如果写成期望形式，则有 $p_j=E\left(\delta\dfrac{u'(\tilde{c}_1)}{u'(c_0)}\times\tilde{x}_j\right)$。

如果写成收益率的形式为

$$1=E\left[\delta\frac{u'(\tilde{c}_1)}{u'(c_0)}(1+\tilde{r}_j)\right] \tag{6.8}$$

式（6.8）就是 CCAPM 的定价方程。

第二节 随机贴现因子

一、随机贴现因子的定义

在式（6.7）中，如果我们令 $m=\delta\frac{u'(\tilde{c}_1)}{u'(c_0)}$，那么方程就比较整齐，可以写为

$$p_j=E(m\times\tilde{x}_j)$$

这样，当前的资产价格与未来的支付自然地联系到了一起。这时我们有信心知道贴现率是由人们的跨期消费决定的，这时的贴现率不是一个常数，而是一个随机变量，我们称为“随机贴现因子”。随机贴现因子对所有的资产都起作用，所以也被称为“定价核”。

二、关于随机贴现因子的讨论

现在我们的问题就成了如何度量这个随机贴现因子。理论上来说，我们只要找到一个消费者，利用他或她的边际效用信息就可以给任意一种资产定价，但是现实中一个微观个体的噪声较大，这是因为我们模型中的“理性假设”，指的是市场竞争会使得人的行为在平均意义上是理性的，而不是特指某个人是理性的。奇妙的是，每个消费者的消费决定也不是杂乱无章的，我们不加证明地给出下面的结论，感兴趣的同学可以参考徐高的《金融经济学二十五讲》。在完备市场均衡时，消费者的消费只受经济中总禀赋的影响，而不受消费者自己禀赋波动的影响。在不同的状态中，所有的消费者的消费都同向变化。在总禀赋多的状态中，所有人的消费都多，在总禀赋少的状态中，所有人的消费都少，如图 6.1 所示。

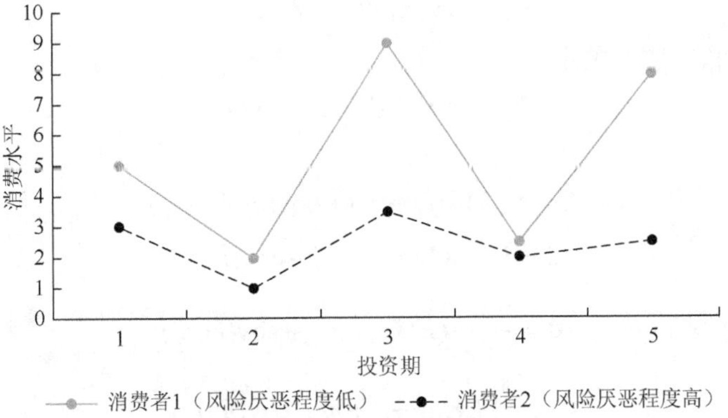

图 6.1 消费者风险厌恶图

图 6.1 表示投资期同为 5 期的两类消费者的消费情况。浅色线表示风险厌恶程度低的投资者，可以看到他在不同状态下的消费的离散程度比较大，承担了更多的总体风险，也能获得更高的期望消费；深色线表示风险厌恶程度高的投资者，他更加强调在不同状态间平滑消费，所以我们看到消费的离散程度比较小，但是两类消费者在不同状态下的消费是同向变化的。

一方面，个人的理性是靠不住的，另一方面，所有人的消费行为是正相关的，这给我们一个启发，就是既然总量如此重要，我们可以从上文说的“平均”的概念出发，利用容易获得的宏观数据（总消费数据）来解决问题，这就涉及了“代表性消费者”的概念。这个代表性消费者的消费和禀赋是社会中的总消费和总禀赋，偏好是所有消费者偏好的平均。这个“加总”出来的“代表性消费者”并不是轻易获得的，需要假设消费者的效用函数是双曲绝对风险厌恶型（hyperbolic absolute risk aversion，HARA）效用函数。我们不在这一技术细节纠缠，但是可以注意，我们在这个地方完成了从微观个体到宏观数据的跨越，我们终于可以利用宏观数据去检验我们的模型能否有效地确定一个资产的价格了。

第三节　风险溢价与风险溢价之谜

一、风险溢价与边际效用

在讨论完随机贴现因子之后，我们来讨论一下资产的风险溢价与边际效用之间的关系。我们从式（6.8）出发：

$$1 = E\left[\delta \frac{u'(\tilde{c}_1)}{u'(c_0)}(1+\tilde{r}_j)\right]$$

式（6.8）也同样适用于无风险资产，我们有

$$1 = E[\tilde{m}(1+r_f)] \tag{6.9}$$

所以

$$\frac{1}{1+r_f} = E(\tilde{m})$$

$$0 = E[\tilde{m}(\tilde{r}_j - r_f)]$$

利用协方差和期望的关系：

$$E(xy) = E(x)E(y) + \text{cov}(x, y) \tag{6.10}$$

我们可以推导：

$$0 = E(\tilde{m})E(\tilde{r}_j - r_f) + \text{cov}(\tilde{m}, \tilde{r}_j - r_f) \tag{6.11}$$

$$0 = E(\tilde{m})(E(\tilde{r}_j) - r_f) + \text{cov}(\tilde{m}, \tilde{r}_j) \tag{6.12}$$

$$0 = \frac{1}{1+r_f}(E(\tilde{r}_j) - r_f) + \text{cov}(\tilde{m}, \tilde{r}_j)$$

$$E(\tilde{r}_j) - r_f = -(1+r_f)\cdot \text{cov}(\tilde{m}, \tilde{r}_j) \tag{6.13}$$

把随机贴现因子展开来写：

$$E(\tilde{r}_j)-r_f=-(1+r_f)\cdot\text{cov}\left(\delta\frac{u'(\tilde{c}_1)}{u'(c_0)},\tilde{r}_j\right)$$

$$E(\tilde{r}_j)-r_f=-\frac{\delta(1+r_f)}{u'(c_0)}\cdot\text{cov}(u'(\tilde{c}_1),\tilde{r}_j) \tag{6.14}$$

从式（6.14）我们可以看出风险溢价取决于资产收益率与终端消费产生的边际效用的协方差。如果一个资产收益率与边际效用相关性强，那么风险溢价就低；反之风险溢价就高。因为边际效用递减，所以资产收益率与总消费负相关程度越强的资产（雪中送炭型的资产），风险溢价越低。

如果我们把风险溢价转化为价格的形式，由期望收益率的定义 $\tilde{r}_j=\frac{\tilde{x}_j}{p_j}-1$，得到

$$E(\tilde{r}_j)=E\left(\frac{\tilde{x}_j}{p_j}-1\right)$$

$$E(\tilde{r}_j)=\frac{E(\tilde{x}_j)}{p_j}-1$$

资产当前价格的现值公式是

$$p_j=\frac{E(\tilde{x}_j)}{1+E(\tilde{r}_j)}=\frac{E(\tilde{x}_j)}{1+r_f-\dfrac{\delta(1+r_f)}{u'(c_0)}\cdot\text{cov}(u'(\tilde{c}_1),\tilde{r}_j)} \tag{6.15}$$

从这里可以看出，如果一个资产在消费比较低、边际效用比较高的时候，资产收益率高，说明消费者在最需要消费的时候可以提供更高的回报，这种雪中送炭型的优质资产价格自然高，风险溢价也就越低。我们再次看到资产价格取决于协方差而不是资产的方差，总消费是无法被分散的系统性风险，只有这种风险才能被反映到资产价格中。

二、风险溢价的计算

CCAPM 既然可以容易地被总消费数据验证，那么我们为何不直接验算一下该模型到底工作得好不好呢？在 Pennacchi 和徐高的教材中都给出了基于美国数据的测试的一个例子，通过推导，一个资产的风险溢价可以写成下面的形式：

$$E(\tilde{r}_j)-r_f=\gamma(1+\delta\gamma\bar{g})\cdot\text{cov}(\tilde{g},\tilde{r}_j) \tag{6.16}$$

其中，$\tilde{g}$ 表示总消费增长率；$\bar{g}$ 表示总消费平均增长率。

如果我们把资产 j 理解为标普 500 指数，那么 1889～1978 年，总消费增长率的均值是 1.8%，无风险资产收益率是 0.8%，标普 500 指数收益率是 7%，总消费增长率和指数收益率之间的协方差是 0.5。那么我们能算出来一个人的风险厌恶系数 γ 是 16，这是一个特别大的数字，实际上行为金融学的测试大概是 2，超过 10 是实在很难让人相信的。换个角度，我们可以计算无风险收益率是 28.9%，这样远远超出了我们的常识认知。

这种理论和实际不匹配的结论我们称为“风险溢价之谜”，那么是不是理论错了？首先我们应该说风险溢价之谜是资产定价理论的巨大进步，因为在此之前，我们甚至不知道我们距离真实的度量究竟有多远，理论与真实的差距恰恰是我们进一步研究的动力，实际上风险溢价之谜一直是金融学科研究的热点，是一个重要的研究方向。

第四节 CCAPM 与 CAPM 和多因子模型之间的关系

一、CCAPM 与 CAPM 之间的关系

在本节，我们将发现，CCAPM 可以退化为 CAPM 和多因子模型。我们先看 CCAPM 与 CAPM 之间的关系。我们把消费者的效用函数定义为一个二次效用函数 $u(c)=-ac^2+bc$，有 $u'(c)=-2ac+b$。这时，随机贴现因子是

$$\tilde{m}=\delta\frac{u'(\tilde{c}_1)}{u'(c_0)}=\delta\frac{-2a\tilde{c}_1+b}{-2ac_0+b} \tag{6.17}$$

代入 CCAPM 公式（6.8）中，得

$$E(\tilde{r}_j)-r_f=-(1+r_f)\cdot\mathrm{cov}\left(\delta\frac{-2a\tilde{c}_1+b}{-2ac_0+b},\tilde{r}_j\right)=\delta\frac{2a(1+r_f)}{-2ac_0+b}\cdot\mathrm{cov}(\tilde{c}_1,\tilde{r}_j)$$

我们假设在任意状态下，市场组合的支付 $x_s^M=e_s=c_s$，那么

$$\begin{aligned}E(\tilde{r}_j)-r_f&=\delta\frac{2a(1+r_f)p_M}{-2ac_0+b}\cdot\mathrm{cov}\left(\frac{\tilde{c}_1}{p_M}-1,\tilde{r}_j\right)\\&=\delta\frac{2a(1+r_f)p_M}{-2ac_0+b}\cdot\mathrm{cov}(\tilde{r}_M,\tilde{r}_j)\end{aligned} \tag{6.18}$$

同样地：

$$E(\tilde{r}_M)-r_f=\delta\frac{2a(1+r_f)p_M}{-2ac_0+b}\cdot\mathrm{cov}(\tilde{r}_M,\tilde{r}_M) \tag{6.19}$$

所以，

$$\frac{E(\tilde{r}_j)-r_f}{E(\tilde{r}_M)-r_f}=\frac{\mathrm{cov}(\tilde{r}_M,\tilde{r}_j)}{\mathrm{Var}(\tilde{r}_M)}=\beta_i \tag{6.20}$$

从而，

$$E(\tilde{r}_j)-r_f=\beta_i(E(\tilde{r}_M)-r_f)$$

因此 CAPM 只是 CCAPM 的一个特例。对于特例一词，千万不要抽象地去理解它，下面我们用一个例子来展示，“特”恰恰反映了我们在研究 CAPM 时思路的局限。

我们假设世界上有两个聚宝盆 A 和 B，明天有两种状态，一种状态是聚宝盆 A 产出一元钱，聚宝盆 B 什么都没有；另一种状态是聚宝盆 A 什么都没有，聚宝盆 B 产出 1 元钱。两种状态发生的概率均为 50%。为方便计算，假设无风险利率是 0。问今天聚宝盆 A 和 B 的价格分别是多少？

我们先按照 CAPM 的思路来思考，CAPM 强调的是按照系统性风险来给资产定价，现在市场中只有聚宝盆 A 和 B 两个资产。假设一个组合 P_w 由 w 份聚宝盆 A 和 $1-w$ 份聚宝盆 B 构成，那么这个组合的期望和方差分别为

$$E(P_w)=0.5w+0.5(1-w)=0.5$$

$$\mathrm{Var}(P_w)=0.5[1\times w+0\times(1-w)-0.5]^2+0.5[0\times w+1\times(1-w)-0.5]^2=(w-0.5)^2$$

因此投资者会选择持有 0.5 份聚宝盆 A 和 0.5 份聚宝盆 B 来最小化组合风险，这也是市场组合。这时，组合无风险地在明天获得 0.5 元，因为无风险利率是 0，所以组合在今天的价格也是 0.5。因为这个市场组合是无风险资产，根据我们在 CAPM 中的假定，无风险资产与风险资产之间的协方差是 0，所以聚宝盆 A 和 B 的 β 值都是 0，其收益率都是无风险收益率 0。因为 $E(A)=E(B)=0.5\times1+0.5\times0=0.5$，所以聚宝盆 A 和 B 在今天的价格都是 0.5。特别注意的是聚宝盆 A 和 B 并不是无风险的。例如，$\mathrm{Var}(A)=0.5\times(1-E(A))^2+0.5\times(0-E(A))^2=0.25$。这样说明，单个资产的波动并不会带来补偿，只有系统性风险可以带来补偿。

在上面的讨论中，假设无风险利率是给定的，我们仅仅从“资产相互组合来抵消风险”的角度讨论定价，在学习了 CCAPM 之后，我们来重新考虑这个问题。为了简便，我们只考虑一位消费者，他的主观贴现因子 $\delta=1$，他的效用函数是对数效用函数。那么这位消费者两期期望效用的和就是

$$u(c_0,c_1,c_2)=\log c_0+\frac{1}{2}\log c_1+\frac{1}{2}\log c_2$$

其中，c_1 表示在时刻 1 状态 1 下的消费；c_2 表示在时刻 1 状态 2 下的消费。

假设消费者在时刻 0 有 1 单位的禀赋，持有 a 单位的聚宝盆 A，b 单位聚宝盆 B。我们以 φ_1 表示状态 1 对应的 Arrow 证券的价格，φ_2 表示状态 2 对应的 Arrow 证券的价格，那么消费者在时刻 0 的总财富是 $1+\varphi_1 a+\varphi_2 b$，约束条件是总财富等于总消费，那么，消费者的优化问题是

$$\max_{\{c_0,c_1,c_2\}}\quad \log c_0+\frac{1}{2}\log c_1+\frac{1}{2}\log c_2$$

$$\text{s.t.}\quad 1+\varphi_1 a+\varphi_2 b=c_0+\varphi_1 c_1+\varphi_2 c_2$$

根据拉格朗日函数：

$$L=\log c_0+\frac{1}{2}\log c_1+\frac{1}{2}\log c_2+\lambda(1+\varphi_1 a+\varphi_2 b-c_0-\varphi_1 c_1-\varphi_2 c_2)$$

分别对 c_0、c_1 和 c_2 求导，一阶条件可以解出 $c_1=\dfrac{c_0}{2\varphi_1}$ 和 $c_2=\dfrac{c_0}{2\varphi_2}$。

在时刻 0 和时刻 1 的两个状态下，市场要出清，那么 $c_0=1,\ c_1=a,\ c_1=b$，由上面的一阶条件，我们知道 Arrow 证券的价格是 $\varphi_1=\dfrac{1}{2a}$ 和 $\varphi_2=\dfrac{1}{2b}$。这分别就是聚宝盆 A 和 B 在时刻 0 的价格。

回忆一下，我们在 CAPM 求解的时候，无风险资产在时刻 0 的价格是 1，在 CCAPM 计算中，无风险资产的价格是 $\varphi_1+\varphi_2=\frac{1}{2a}+\frac{1}{2b}$。这意味着，$a+b=2ab$。这个条件只有在极特殊的情况下（$a=b=1$）才会成立，也就是说 CAPM 是 CCAPM 的极特殊的特例，在一般情况下都不会成立。为什么会这样呢？这是因为我们在更一般的 CCAPM 的一般均衡的情况下，如果 A 和 B 的数量不相等，它们很有可能不能互相抵消构成无风险资产，所以 CAPM 讨论的局部均衡的思想局限性较大，并非一个完善的框架，只有把偏好、禀赋、资产供给及市场出清全部考虑在内，才是一般均衡资产定价。

二、CCAPM 与多因子模型之间的关系

接下来，我们讨论一下 CCAPM 和多因子模型之间的关系。回忆一下，我们假设一个投资者持有市场组合。

$$\max_{\{c_0\}} \quad U(c_0)+\delta E(U(\tilde{c}_1))$$

$$\text{s.t.} \quad \tilde{c}_1=(1+\tilde{r}_w)(w_0-c_0)$$

我们可以理解 $\tilde{r}_w$ 表示资产市场中所有资产带来的总体回报率。

对 c_0 求导数，得

$$1=E\left[\delta\frac{u'(\tilde{c}_1)}{u'(c_0)}(1+\tilde{r}_w)\right]$$

我们希望把随机贴现因子写成线性形式，常用的方法是把效用函数写成二次型：

$$u(c)=-\frac{1}{2}(a-c)^2$$

$$u'(c)=a-c$$

随机贴现因子为

$$\begin{aligned}
\tilde{m}&=\delta\frac{u'(\tilde{c}_1)}{u'(c_0)}\\
&=\delta\frac{a-\tilde{c}_1}{a-c_0}\\
&=\delta\frac{a-(1+\tilde{r}_w)(w_0-c_0)}{a-c_0}\\
&=\delta\frac{a}{a-c_0}-\delta\frac{w_0-c_0}{a-c_0}(1+\tilde{r}_w)\\
&=A-B\tilde{r}_w
\end{aligned}$$

我们知道：

$$1=E[\tilde{m}(1+\tilde{r}_j)]$$

$$1=E(\tilde{m})(1+E(\tilde{r}_j))+\text{cov}(\tilde{m},\tilde{r}_j)$$

把线性的随机贴现因子代进去得

$$\begin{aligned}E(\tilde{r}_j)&=\frac{1}{E(\tilde{m})}-1-\frac{\text{cov}(\tilde{m},\tilde{r}_j)}{E(\tilde{m})}\\&=r_f-\frac{\text{cov}(\tilde{m},\tilde{r}_j)}{E(\tilde{m})}\\&=r_f-\frac{\text{cov}(A-B\tilde{r}_w,\tilde{r}_j)}{E(\tilde{m})}\\&=r_f+\frac{\text{cov}(\tilde{r}_w,\tilde{r}_j)}{\text{Var}(\tilde{r}_w)}\frac{B\,\text{var}(\tilde{r}_w)}{E(\tilde{m})}\\&=r_f+\beta_{j,w}\cdot\lambda_w\end{aligned}$$

这时，我们有了一个单因子模型，该因子是股票市场的波动。

假设影响我们收入的，除了股票市场还有工资收入，且两者不相关 $\text{cov}(\tilde{y}_1,\tilde{r}_w)=0$：

$$\max_{c_0}\quad U(c_0)+\delta E(U(\tilde{c}_1))$$

$$\text{s.t.}\quad \tilde{c}_1=(1+\tilde{r}_w)(w_0+y_0-c_0)+\tilde{y}_1$$

完全类似的推导，随机贴现因子是

$$\begin{aligned}\tilde{m}&=\delta\frac{u'(\tilde{c}_1)}{u'(c_0)}\\&=\delta\frac{a-\tilde{c}_1}{a-c_0}\\&=\delta\frac{a-(1+\tilde{r}_w)(w_0+y_0-c_0)+\tilde{y}_1}{a-c_0}\\&=\delta\frac{a}{a-c_0}-\delta\frac{w_0+y_0-c_0}{a-c_0}(1+\tilde{r}_w)-\delta\frac{a}{a-c_0}\tilde{y}_1\\&=A'-B'\tilde{r}_w-C'\tilde{y}_1\end{aligned}$$

$$\begin{aligned}E(\tilde{r}_j)&=\frac{1}{E(\tilde{m})}-1-\frac{\text{cov}(\tilde{m},\tilde{r}_j)}{E(\tilde{m})}\\&=r_f-\frac{\text{cov}(\tilde{m},\tilde{r}_j)}{E(\tilde{m})}\\&=r_f-\frac{\text{cov}(A'-B'\tilde{r}_w-C'\tilde{y}_1,\tilde{r}_j)}{E(\tilde{m})}\\&=r_f+\frac{\text{cov}(\tilde{r}_w,\tilde{r}_j)}{\text{Var}(r_w)}\frac{B'\text{Var}(\tilde{r}_w)}{E(\tilde{m})}+\frac{\text{cov}(\tilde{y}_1,\tilde{r}_j)}{\text{Var}(\tilde{y}_1)}\frac{C'\text{Var}(\tilde{y}_1)}{E(\tilde{m})}\\&=r_f+\beta_{j,w}\cdot\lambda_w+\beta_{j,y}\cdot\lambda_y\end{aligned}$$

这时，我们有了两因子模型，可以看到，因子指的是那些会影响资产选择的不确定性。为了补偿消费者承担这些因子带来的不确定性，资产就需要根据自身回报率和各个因子的相关性，在期望回报率中给出相应的风险溢价。注意，我们在得到这个多因子模型时，并没有基于 APT 模型里面的无套利思想，这是因为不管在 CCAPM 还是 APT 模型中，因子都是我们主观假设的，我们识别到 100 个不确定源，就有 100 个因子，这个叫作“factor zoo”（因子动物园），那么这么多因子，究竟哪些有效呢？这个叫作“factor war”（因子的战争），更多的介绍可以参考石川、刘洋溢和连祥斌所著的书《因子投资：方法与实践》。

本 章 小 结

在本章，我们重点推导 CCAPM，理解其与过去所学模型间的关联，以及与实证结果之间的差距。CCAPM 是均衡资产定价的大一统，也是微观金融与宏观金融之间的重要桥梁，应该熟练掌握。

重要术语

资产定价，一般均衡，风险溢价，CCAPM，代表性消费者

扩展阅读

对 CCAPM 发展历史感兴趣的同学，可以阅读下面的综述文章。

Breeden D T, Litzenberger R H, Jia T. 2015. Consumption-based asset pricing, part 1: classic theory and tests, measurement issues, and limited participation. Annual Review of Financial Economics, 7: 35-83.

Breeden D T, Litzenberger R H, Jia T. 2015. Consumption-based asset pricing, part 2: habit formation, conditional risks, long-run risks, and rare disasters. Annual Review of Financial Economics, 7: 85-131.

参考文献

石川，刘洋溢，连祥斌. 2020.因子投资：方法与实践. 北京：电子工业出版社.

徐高. 2018. 金融经济学二十五讲. 北京：中国人民大学出版社.

Pennacchi G. 2007. Theory of Asset Pricing. New York: Pearson Education, Inc.

习题

1. 尝试说出 CCAPM 与 CAPM 之间的区别和联系。
2. 尝试搜集数据，分析我国的风险溢价之谜。

第七章

信息经济学与资产定价

本章目标

在 CAPM 的学习中，我们几乎在一个大一统的理论框架下，对资产价格在均衡体系下如何确定进行了系统的分析。这种感受如同阅读了一本长篇小说一般酣畅淋漓。在本章中，我们利用 Kyle 模型，去感受当市场中存在摩擦，即信息不对称存在时，信息是如何被注入资产价格中去的。同时，我们可以去思考和度量，资产价格中究竟包含了多少信息。

本章由三部分内容组成，分别是 Kyle 模型的推导，Kyle 模型的应用：股票流动性，以及 Kyle 模型的应用：公司金融。

第一节　Kyle 模型的推导

一、模型的设定

Albert“Pete”Kyle 教授在 1985 年的名作 Continuous auctions and insider trading 中，将信息不对称引入资产价格分析框架中，深刻地反映了信息如何被注入资产价格的过程中，在这之后，Kyle 模型有许多拓展的研究，在本节我们仅提供单期静态模型来感受其带来的经济学直觉。

在经典的资产定价理论中，一个很强的假设条件是所有投资者都拥有同样的信息，但是现实经验告诉我们，这种假设明显理想化了，如机构投资者有更强的信息搜集能力，可以通过实地调研等多种方式获得更多关于公司基本面的信息，而一般的散户不具备这样的能力。那么在市场中自然就具有两种不同的投资者，一方比另一方更加具有信息优势，Kyle 将有信息优势的一方称为“信息交易者”；没有信息优势的交易者因为不能为资产价格注入信息，只是市场中的一种“噪声”或者“仅仅是参与完成交易的投资者”，所以 Kyle 将没有信息优势的一方称为“噪声交易者”或“流动性提供者”。

Kyle 的问题是，假如我是一个信息交易者，并且我知道市场中充满了噪声交易者，我该如何最优化我的交易使得我能从市场中获利呢?

Kyle 是这样组织他的模型的。

首先，假设这是一个单期静态模型，只有从 0 到 1 一个投资期。两类投资者在时刻 0

下单交易一个资产，该资产在时刻 1 的价值服从一个正态分布，即 $\tilde{v} \sim N(v_0, \sigma_v^2)$。

其次，对三类市场参与人进行假设。

第一类是市场中广泛存在的噪声交易者。噪声交易者没有明确的交易目标（没有信息也就不会基于信息牟利），只是随机地购买 $\tilde{u}$ 份股票（注意是以成交量而不是以成交额衡量），$\tilde{u} \sim N(0, \sigma_u^2)$ 体现其交易的随机性，并且与资产价值无关，即假设 $\tilde{u}$ 和 $\tilde{v}$ 互相独立。

第二类是信息交易者，相对于噪声交易者，在市场中的比例较低，他们是风险中性的，知道资产在时刻 1 的价值 v，所以他们会购买 x 份股票（注意是以成交量而不是以成交额衡量），并企图利用这一信息优势在市场中牟利。

第三类比较特殊，在美国的交易市场中有"做市商"作为对手盘，负责撮合交易，提高市场的流动性。中国 A 股市场换手率高，流动性充足，实行竞价交易，没有做市商制度，但是可以假想存在一个"虚拟"的做市商在进行价格发现功能。我们或者像美国一样假定市场中做市商众多，处在完全竞争的状态，做市商的目的在于撮合交易，其最终的利润为 0；或者像在中国 A 股市场一样，假设这个"虚拟"的做市商不以营利为目的，单纯地进行交易撮合，执行价格发现功能。

假定做市商收到一个买单，总量为 $\tilde{u} + x$。做市商并不知道这个买单中哪部分是来自信息交易者的富含资产价值信息的买单，哪部分是来自噪声交易者的可能完全是看心情的买单。做市商的工作是确定一个价格 p，然后将手中的股票卖给信息交易者和噪声交易者以达到市场的出清。注意此时的价格 p 不可能强有效地反映资产的价值，因为有噪声在干扰做市商的判断，可以这么说，噪声交易者其实无意中承担了信息交易者牟利的"掩护"身份。我们常说的"价格发现"就是这个意思，是指我们需要分析，当市场中的交易者信息不对等时，价格中究竟包含了多少资产价值的信息。

二、模型均衡的求解

在对三类交易者进行设定之后，我们分别分析他们的交易策略，以及最后达成的均衡。上面说到，做市商在收到交易请求购买 $\tilde{u} + x$ 份股票后，需要确定一个价格 p 来使得交易完成，市场出清。回忆一下，$\tilde{v}$ 是资产在时刻 1 的价值，p 是资产在时刻 0 的价格，那么在时刻 1，做市商的利润是 $-(\tilde{v} - p) \times (\tilde{u} + x)$。因为做市商是完全竞争的，所以期望利润只能是 0。做市商是基于时刻 0 的报价单来决定价格 p，使得在时刻 1 的期望利润是 0，即

$$E[-(\tilde{v} - p) \times (\tilde{u} + x)] = 0$$

从而，

$$p = E(\tilde{v}) \tag{7.1}$$

从式（7.1）可以看出，对于做市商来说，总量 $\tilde{u} + x$ 是一个重要的参考指标，因为这个总量越大，考虑到噪声交易者的交易是随机的，x 变大的可能性就越高，说明资产价值 $\tilde{v}$ 高于 v_0 的可能性越高。这时，做市商就会把价格 p 调高一点。所以做市商的定价规则就是报单的总量的函数，即 $p = P(x + \tilde{u})$。

对于信息交易者来说，一方面知道资产在时刻 1 的价值 v ，另一方面也知道做市商的定价规则，那么他需要做的就是选择一个报单 x 来最大化利润，即

$$\max_x \quad E(-P(x+\tilde{u})x)$$

到此我们看出，虽然市场中有三方——信息交易者、噪声交易者和做市商，但是实际上在参与博弈的只有做市商和信息交易者，做市商要从报价单中识别资产价值的有效信息，因此定价规则依赖于信息交易者的交易策略；而信息交易者要利用做市商的定价规则来获得最大的利润，两者的行为相互依赖，寻求一个均衡。在这个过程中噪声交易者仅仅是陪跑者，是外生于模型的。

Kyle 模型的解隐含两个重要条件。

一是信息交易者利润最大，对于任意策略 x' 和任意给定一个资产价值 v ，有 $E(\tilde{\pi}(x,p)) \geqslant E(\tilde{\pi}(x',p))$ 。

二是市场有效，即做市商确定价格反映资产价值 $p(x)=E(\tilde{v})$ 。

我们先假设做市商的定价规则为总报单的线性函数，奇妙的是稍后我们会验证，对于做市商，这个线性规则就是最优的，所以有时候简单就是美。

$$P(x+\tilde{u}) = \mu + \lambda(x+\tilde{u}) \tag{7.2}$$

那么信息交易者的最优化交易策略由下面的模型决定：

$$\max_x \quad E\{[\tilde{v}-\mu-\lambda(x+\tilde{u})]x\} = \max_x \quad (v-\mu-\lambda x)x$$

对模型求一阶导数：

$$v-\mu-2\lambda x = 0$$

得到

$$x(v) = \frac{-\mu}{2\lambda} + \frac{1}{2\lambda}v = \alpha + \beta v \tag{7.3}$$

所以，当做市商采用线性的定价规则时，信息交易者的交易规则也是资产价值的线性函数，注意 $\alpha = -\mu\beta$ 。

刚才我们是给定做市商的定价规则推测信息交易者的交易策略，下面我们换个视角，我们站在做市商的角度看他是怎么思考问题的。

因为做市商是基于总的报价单对资产价值 $\tilde{v}$ 做一个统计性质最好的估计。$E(\tilde{v}\,|\,\tilde{u}+x)$ 的最大似然估计就是统计性质最好的，因为它最有效，也是无偏估计。

假设信息交易者的交易策略是线性的， $x=\alpha+\beta\tilde{v}$ 。那么从做市商的角度来看，资产价值 $\tilde{v}$ 和总报价单 $\tilde{u}+\alpha+\beta\tilde{v}$ 之间就是联合正态分布的（因为两者都是正态的）。根据计量经济学知识，做市商对于资产价值（基于总报价单）的最好的估计其实就是总报价单的线性函数（最小二乘估计和最大似然估计在这个时候相同），这也验证了线性定价策略就是做市商的最优策略。从数学上来说， $y = x+\tilde{u} = \tilde{u}+\alpha+\beta\tilde{v}$ 。

$$p = E(\tilde{v}\,|\,y)$$

$$\mu + \lambda y = E(\tilde{v}) + \frac{\operatorname{cov}(\tilde{v},y)}{\operatorname{Var}(y)} \times (y - E(y))$$

这是因为 $E(Y|X)=E(Y)+\dfrac{\text{cov}(X,Y)}{\text{Var}(X)}\cdot(X-E(X))$。

我们知道对于资产价值的最优估计需要估计误差最小化：

$$\min_{\mu,\lambda}\quad E[(\tilde{v}-P(y))^2]=\min_{\mu,\lambda}\quad E\{[\tilde{v}-\mu-\lambda(\tilde{u}+\alpha+\beta\tilde{v})]^2\}$$

因为 $E(\tilde{v})=v_0$，$E[(\tilde{v}-v_0)^2]=\sigma_v^2$，$E(\tilde{u})=0$，$E(\tilde{u}^2)=\sigma_u^2$，$E(\tilde{u}\tilde{v})=0$，所以，模型可变形为

$$\min_{\mu,\lambda}\quad (1-\lambda\beta)^2(\sigma_v^2+v_0^2)+(\mu+\lambda\alpha)^2+\lambda^2\sigma_u^2-2(\mu+\lambda\alpha)(1-\lambda\beta)v_0$$

对 μ 和 λ 求导有

$$\mu=-\lambda\alpha+(1-\lambda\beta)v_0 \tag{7.4}$$

$$\begin{aligned}0=&-2\beta(1-\lambda\beta)(\sigma_v^2+v_0^2)+2\alpha(\mu+\lambda\alpha)+2\lambda\sigma_u^2\\&-2v_0[-\beta(\mu+\lambda\alpha)+\alpha(1-\lambda\beta)]\end{aligned} \tag{7.5}$$

联立式（7.4）、式（7.5），我们有

$$\lambda=\frac{\beta\sigma_v^2}{\beta^2\sigma_v^2+\sigma_u^2} \tag{7.6}$$

回忆一下，$\alpha=\dfrac{-\mu}{2\lambda}$，$\beta=\dfrac{1}{2\lambda}$，我们有

$$\mu=v_0$$

$$\lambda=\frac{1}{2}\frac{\sigma_v}{\sigma_u}$$

则均衡时资产的价格是

$$p=v_0+\frac{1}{2}\frac{\sigma_v}{\sigma_u}(x+\tilde{u}) \tag{7.7}$$

均衡时，信息交易者的报单量是

$$x=\frac{\sigma_u}{\sigma_v}(\tilde{v}-v_0) \tag{7.8}$$

式（7.7）和式（7.8）再次强调的一点是，时刻 0 资产的价格和信息交易者的报价单是同时被决定下来的，这就是均衡的奇妙之处，它们之间互为因果同时稳定了下来。

三、模型的讨论

下面我们对均衡结果进行比较静态分析。

首先，从式（7.8）可以看出，假定其他参数不变，x 随着 σ_u 的增大而增大，说明当市场上的噪声比较大时，信息交易者可以借助噪声的掩护增大报单量。

其次，如果把式（7.8）代入式（7.7），我们可以看到：

$$p = p_0 + \frac{1}{2}\frac{\sigma_v}{\sigma_u}\tilde{u} + \frac{1}{2}(\tilde{v} - v_0) = \frac{1}{2}\left(\frac{\sigma_v}{\sigma_u}\tilde{u} + v_0 + \tilde{v}\right)$$

我们看到，只有一半的信息交易者的私有信息被反映到股票价格中去，换句话说，当市场上的投资者没有拥有同样的信息时，价格强有效几乎是达不到的。

最后，拥有信息的信息交易者能赚多少钱呢？

$$\begin{aligned}E(\tilde{\pi}) &= E[x(v-p)] \\ &= E\left[\frac{\sigma_u}{\sigma_v}(\tilde{v} - p_0)\frac{1}{2}\left(v - p_0 - \frac{\sigma_v}{\sigma_u}\tilde{u}\right)\right] \\ &= \frac{1}{2}\sigma_u\sigma_v\end{aligned}$$

因为做市商的利润是 0，所以信息交易者的利润其实就是噪声交易者的损失。可以这样理解，如果市场上的信息是对称的，那么做市商的定价就是 v_0，即资产价值的期望，但是，由于信息不对称，做市商看到买单就把价格定得高于 v_0 了，这其实是噪声交易者“买贵”了。

第二节　Kyle 模型的应用：股票流动性

一、Amihud 指标

回顾式（7.7），如果我们令 $\lambda = \frac{1}{2}\frac{\sigma_v}{\sigma_u}$，则我们可以看到：

$$p = v_0 + \lambda(x + \tilde{u})$$

其中，λ 表示当总成交量提升 1 个单位时，对股票价格的提升程度。我们来想生活中的一个具体例子，如我们总是说货币的流动性好，因为不管货币的成交量有多大，货币的价格利率的波动都是微乎其微的；我们说房产流动性差，因为房产的成交量的上升会造成房价的大幅度攀升。因此价格和成交量直接的相关性其实就是我们常说的“流动性”的概念，也是“市场深度”的概念。λ 度量的是股票的非流动性（illiquidity），所以 Kyle 模型也成为研究市场微观结构的重要基石，对市场微观结构这一方向感兴趣的同学可以参考 O’hara 在 1997 年的名作。从数学上看，σ_v 越大，公司价值信息越模糊，信息不对称程度越强，股票的流动性越低，所以股票流动性是度量公司信息不对称程度的常用工具。

以上是从理论上进行分析，那么实际应用中我们该如何度量股票的流动性呢？在 2002 年，Amihud 教授提出了著名的 Amihud 指标，他定义：

$$\text{Illiq}_{i,t} = \frac{|r_{i,t}|}{\text{DVol}_{i,t}}$$

他把个股流动性定义为个股日收益率的绝对值与成交额的比值，$\text{Illiq}_{i,t}$ 越大说明股票流动性越差，公司信息越不透明。不难看出，这个定义与 Kyle 模型的思想是完全一致的，但是从理论到实证的跨越晚了近 20 年。

例 7.1 我们提取了 2011～2020 年沪深主板市场日收益率数据来计算历年的 Amihud 指标，并基于流动市值进行分组比较。从表 7.1 可以看出，大盘股的 Amihud 指标要明显小于小盘股的 Amihud 指标，说明大盘股的股票价格信息更加透明。同时我们可以看出 2020 年，小盘股的 Amihud 指标显著增大，说明新冠肺炎疫情期间，小盘股的价值信息变得更加模糊，流动性在向大盘股倾斜，我们将代码放在本章小结“扩展内容”板块，供大家参考。

表 7.1 大盘股和小盘股历年股票流动性的比较

年份	Amihud 指标（大盘股）	Amihud 指标（小盘股）
2011	2.787	11.530
2012	4.121	18.287
2013	2.661	11.939
2014	3.138	63.679
2015	2.754	306.739
2016	1.490	550.888
2017	1.104	498.611
2018	2.923	272.690
2019	1.535	518.659
2020	1.189	1267.846

二、回归方法

另一个常用的度量股票流动性的指标来自 Pástor 和 Stambaugh（2003）的研究。他们的思想同 Kyle 是一致的，但是比 Amihud 指标略微复杂，通过对每个股票月内日数据回归来度量股票的流动性。

$$r^e_{i,d+1,t} = \theta_{i,t} + \phi_{i,t} r_{i,d,t} + \gamma_{i,t} \cdot \text{sign}(r^e_{i,d,t}) \cdot v_{i,d,t} + \epsilon_{i,d+1,t} \tag{7.9}$$

其中，$r_{i,d,t}$ 表示股票 i 在月 t 日 d 的收益率；$r^e_{i,d,t}$ 表示股票超过市场收益率的超额收益率；$v_{i,d,t}$ 表示股票日成交额。因为 $\gamma_{i,t}$ 度量成价额变动对收益率产生的边际效应，所以 $\gamma_{i,t}$ 是股票流动性的度量。

第三节 Kyle 模型的应用：公司金融

一、模型的设定

Kyle 模型有很多有趣的应用，在本节，我们利用这个模型讨论公司金融中一个不易思考的问题：公司资产的流动性和它发行的股票的流动性之间有关系吗？答案是有的，这背后的直觉是，公司资产的流动性我们通常用持有的现金来衡量，持有现金越多，资产的流动性越好，但是会影响未来的投资和公司的成长，而公司的成长直接决定了公司的价值和股票的流动性，因为好公司的股票更加容易被市场接受，流动性越高。

我们用模型来反映直觉，我们考虑一个三期模型——时刻 0、时刻 1 和时刻 2。

在时刻 0，我们假设有一个公司，总资产是 1 元。总资产包含两部分，其中现金是 α 元，其他资产为 $1-\alpha$ 元（$\alpha \in [0,1]$）。我们把 α 称为公司"资产的流动性"。资产回报率记作 $\tilde{x}=\mu_x+\tilde{\varepsilon}_x$（$\tilde{\varepsilon}_x \sim N(0,\sigma_x^2)$）。

在时刻 1，公司经理决定将现金要么用来投资新项目，要么用来分红。我们假设经理与股东之间没有委托代理问题，目标是一致的，都是公司价值最大化。假设 $\gamma \geqslant 0$ 代表现金中用来投资新项目的比例，而 $1-\gamma$ 代表用来分红的比例。如果 $\gamma > 1$，则代表公司需要进一步融资去进行投资。

将 $\alpha\gamma$ 元投入到项目中，所带来的产出由下面的生产函数决定：

$$\tilde{y}=k\alpha h(\gamma)(1+\tilde{\varepsilon}_y) \tag{7.10}$$

其中，$\tilde{\varepsilon}_y \sim N(0,\sigma_y^2)$ 表示产出的随机性；$k\alpha h(\gamma)$ 表示项目的期望产出。我们常规假设 $h(\cdot)>0$，$h'(\cdot)>0$，$h''(\cdot)<0$ 代表边际产出递减。我们假设 $k>0$ 表示项目的成长性。$\tilde{\varepsilon}_x$ 和 $\tilde{\varepsilon}_y$ 间的相关系数记作 $\rho \geqslant 0$。在时刻 2，公司所有的价值全部清盘给股东，并假设无风险收益率是 0，即贴现率是 1。

二、模型的求解

在时刻 0，在股票市场上，公司股票交易模型与 Kyle（1985）的设定相同。有三类投资者，信息交易者知道 $\tilde{\varepsilon}_x$ 和 $\tilde{\varepsilon}_y$ 的真实价值；噪声交易者随机地提交报单量 $\tilde{u} \sim N(0,\sigma_u^2)$，$\tilde{u}$ 外生，与 $\tilde{x}$ 或 $\tilde{y}$ 都无关；做市商观察总报价单来出清市场。

在时刻 1，经理选择一个最优比例 γ 来最大化公司（贴现后）期望价值：

$$\max_{\gamma} \quad V(\gamma)=(1-\alpha)\mu_x+k\alpha h(\gamma)+\alpha(1-\gamma)$$

通过一阶导条件我们有 $\gamma^*=h'^{-1}(\frac{1}{k})$。

三、模型的分析

下面我们简单地对这个最优的分配比例 γ^* 做比较静态分析，对 k 求偏导后，得到

$$\frac{\partial \gamma^*}{\partial k}=\frac{1}{k^2 h''\left(h'^{-1}\left(\frac{1}{k}\right)\right)}>0 \tag{7.11}$$

如果公司有更好投资机会的话，会将现金中更大的比例拿来投资。在时刻 0，做市商和信息交易者都可以推知经理的最优分配比例 γ^* 和对应的公司的期望价值 $V(\gamma^*)$。在时刻 0，公司价值的方差是

$$\sigma_v^2=(1-\alpha)^2\sigma_x^2+\alpha^2 k^2 h^2(\gamma^*)\sigma_y^2+2\alpha(1-\alpha)kh(\gamma^*)\sigma_x\sigma_y\rho \tag{7.12}$$

第一项$(1-\alpha)^2\sigma_x^2$是公司已有资产所产生的价值波动；第二项$\alpha^2k^2h^2(\gamma^*)\sigma_y^2$是新投资带来的价值波动；第三项$2\alpha(1-\alpha)kh(\gamma^*)\sigma_x\sigma_y\rho$是当前资产和新投资资产之间的相关性的贡献。

由 Kyle 模型，我们知道公司股票的流动性是

$$\lambda=\frac{1}{2}\frac{\sigma_v}{\sigma_u} \tag{7.13}$$

这样公司股票的流动性和公司资产流动性之间的关系连接了起来，它们之间的关系是由经理的最优投资决策内生决定的。

本 章 小 结

在本章，我们通过学习 Kyle 模型，理解和掌握当市场中的投资者拥有不对称信息时，资产价格是如何确定的，反之我们可以实证地检验公司股票中的信息含量程度。Kyle 模型的应用十分广泛，我们仅仅用一个小例子来展示其在公司金融中的应用。

重要术语

信息不对称，信息交易者，噪声交易者，流动性，市场微观结构

扩展内容

（Amihud 指标（2002）计算代码）

```
/*导入从 CSMAR 下载的股票日交易数据*/
PROC IMPORT OUT = WORK.amihud1
            DATAFILE = "D: \TRD_Dalyr.csv"
            DBMS = CSV REPLACE;
     GETNAMES = YES;
     DATAROW = 2;
RUN;
/*初步整理数据*/
data amihud2;
  set amihud1;
  if Markettype = 1 or Markettype = 4; *选择沪深主板股票;
  Daily_Amihud = abs（Dretnd）/Dnvaltrd*1000000000; *计算日度 Amihud Ratio;
  year = substr（Trddt, 1, 4）; *从日期中提取年份;
run;

/* 对数据集进行排序 */
proc sort data = amihud2; by year stkcd; run;

/* 计算每只股票的年均 Amihud Ratio 和年均市值 */
proc means data = amihud2 noprint;
  by year stkcd;
```

```
   var Daily_Amihud Dsmvosd;
   output out = amihud3 ( drop = _freq_ _type_ ) mean ( Daily_Amihud ) = Amihud_Ratio mean
( Dsmvosd ) = marketvalue;
run;

/* 计算每年所有股票年均市值的 30%和 70%分位数 */
proc univariate data = amihud3 noprint;
   var marketvalue;
   by year;
   output out = pctlpre pctlpts = 30 70 pctlpre = pctl;
run;

/* 合并数据集*/

proc sql;
   create table amihud4 as
   select a.*, b.pctl30, b.pctl70 from amihud3 a left join pctlpre b on
   a.year = b.year + 1
   order by year, stkcd
   ;
quit;
run;

/* 按照 30-40-30 的比例将所有股票分为大盘股和小盘股*/

data amihud4; set amihud4;
   if marketvalue< = pctl30 then size = "small";
   if marketvalue> = pctl70 then size = "big";
   if size = ""then delete;
run;

/* 分别计算大盘股和小盘股的 Amihud Ratio 并分析结果*/

proc sort data = amihud4; by year size; run;
proc means data = amihud4 noprint;
   var Amihud_Ratio;
   by year size;
   output out = amihudbygroup ( drop = _freq_ _type_ ) mean = Amihud_by_group;
run;
```

参考文献

Gopalan R, Kadan O, Pevzner M.2012. Asset liquidity and stock liquidity. Journal of Financial and Quantitative Analysis, 47 (2): 333-364.

Kyle A S.1985. Continuous auctions and insider trading. Econometrica，53（6）：1315.

O'Hara M.1997. Market Microstructure Theory. Cambridge：Blackwell Publishing.

Pennacchi G.2007. Theory of Asset Pricing. Boston：Pearson.

Pástor L，Stambaugh R F.2003. Liquidity risk and expected stock returns. Journal of Political Economy，111（3）：642-685.

习题

1. 尝试用 Pástor 和 Stambaugh（2003）的方法计算我国 A 股市场个股的流动性，并与 Amihud 指标进行比较。

2. 扩展内容中的代码用当年的市值进行分组，尝试修改代码，用上一年的市值进行分组计算。

第八章

因素模型与套利定价模型

本 章 目 标

本章主要介绍单因素模型、多因素模型，以及多因素套利定价模型。我们首次引入金融市场均衡的特殊机制——无风险均衡机制，给出套利的定义，并推出单因素与多因素无套利定价模型。本章最后将讨论套利定价模型与 CAPM 的区别与联系。

第一节 单因素模型

我们在第五章讨论了 CAPM，这个模型给出了均衡条件下的证券收益与风险之间的联系。那么为什么我们还要引入因素模型？这是因为虽然 CAPM 有非常多的优点，但是也存在一些问题。

（1）CAPM 无法实际地计算市场组合。

我们知道在 CAPM 里，有一个关于市场组合的假设，但是计算这个市场组合的方法没有给出。根据市场组合的定义，它应该是市场中所有资产构成的组合，但是在实证研究中，常用的是以股指来替代市场组合进行检验。因此在实际中无法确定市场组合是 CAPM 的一个缺陷，这也是 Ross 对 CAPM 提出的质疑。

（2）在运用 CAPM 时，需要以马科维茨的投资组合理论为基础。

我们知道一个投资组合选择规则的成功取决于所运用分析数据的质量，即证券期望收益与协方差矩阵的估计质量。如果证券人员要分析 50 种股票，那么需要估计多少个数据呢？若 $n = 100$，需要估计多少数据？

我们通过简单的计算可以知道，如果需要估计 n 种股票的期望收益、标准差及各股票之间的协方差，总共有 $\frac{n(n+1)}{2}+n$ 个数据。当 $n = 50$ 时，数据量为 1325 个，如果 $n = 100$，数据量为 5150 个。显然随着资产数量的增加，需要估计的变量也迅速增加。这样的计算量在现在虽然不算什么，但是在均值–方差理论提出的年代还是非常困难的。因此如何简化计算，以便更加迅速地得到最优策略成为当时急需解决的一个难题。

（3）在 CAPM 里，最重要的结论是证券市场线的给出。

证券市场线只考虑了市场组合对证券或证券组合期望收益率的影响，即把市场风险全部集中地体现在一个因素里，但是实际中影响总体市场环境变化的宏观因素很多。因此有必要把更多影响风险的因素考虑进定价模型中，在这种情况下，多因素模型成为有利的工具。

威廉·夏普（William Sharpe）于 1963 年提出了“单因素模型”，将均值-方差模型予以简化。他认为马科维茨的投资组合分析中，方差-协方差矩阵太过复杂，不易计算，因此提出单因素模型。此模型假设证券间彼此无关，且各证券的收益率仅与某一市场因素有关，这一因素可能是股票市场的指数、国民生产总值、物价指数或任何对股票收益产生较大影响的因素。由于单因素模型的提出，任一股票收益率可由单一的外在指数来决定，这大大简化了马科维茨投资组合模型的分析工作。由此，均值-方差理论能够被迅速地应用于实际投资组合管理中。

一、单因素模型的定义

单因素模型是描述证券收益率生成过程的一种模型，往往以指数形式出现。单因素模型的提出解决了两个问题，一是提供了一种简化的应用投资组合理论的方式，二是细分了影响总体市场环境变化的宏观因素，如国民收入、通胀率、利率、能源价格等具体带来风险的因素。在实际操作中，通常以回归分析得出单因素模型。我们通过下面这个例子来说明。

例 8.1 假设考虑经济增长对某公司证券收益率的影响，即只考虑 GDP 变化对风险补偿的影响。表 8.1 给出了某公司的证券收益率与当年 GDP 增长率的数据。

表 8.1 GDP 增长率与证券收益率

年份	GDP 增长率	证券收益率
第 1 年	5.7%	14.3%
第 2 年	6.4%	19.2%
第 3 年	7.9%	23.4%
第 4 年	7.0%	15.6%
第 5 年	5.1%	9.2%
第 6 年	2.9%	13.0%

我们可以先画图来反映两者间的关系。图 8.1 把各个年份的证券收益率与 GDP 增长率间的关系用描点法给出，接下来我们使用一元回归分析的统计技术做一条直线来拟合图 8.1 中的点，由此得到图 8.1 中的直线。图 8.1 中这条直线的回归方程为

$$r_t = 2.0282\text{GDP}_t + 3.952$$

任一给定证券的实际回报率由于含有非因素回报率而位于拟合直线的上方或下方，因此对例 8.1 中的单因素模型所反映的关系完整描述为

$$r_t = 2.0282\text{GDP}_t + 3.952 + \varepsilon_t$$

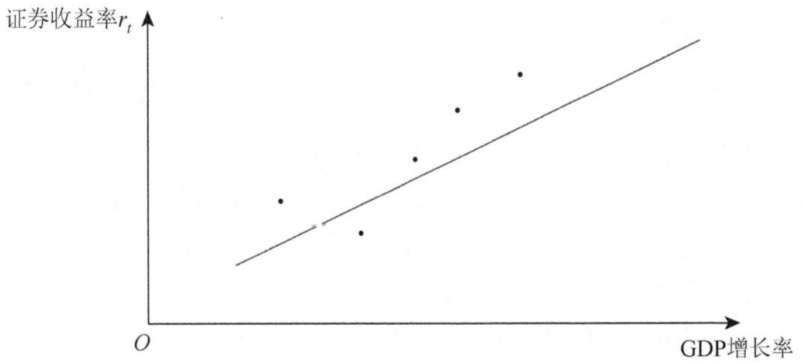

图 8.1 单因素模型

二、单因素模型的一般形式

一般地，单因素模型认为有一个因素 F 对证券收益率产生广泛影响。

$$\tilde{r}_i = a_i + b_i F + \varepsilon_i \tag{8.1}$$

从式（8.1）中我们可以看出，任何一个证券的收益由三部分构成。a_i 是宏观因素的增长值期望为零时该证券的期望收益率；$b_i F$ 是系统性风险收益，即随整个市场运动变化的不确定性（非预期的）的收益率，且变化的敏感度是 b_i；ε_i 是随机扰动项，它与 GDP 无关，代表非系统性风险对收益率的影响。

单因素模型有两个重要的假设。

（1）随机误差与因素不相关，这意味着因素的结果对随机误差的结果没有任何影响。

（2）任意两种证券的随机误差之间不相关。这意味着一种证券的随机误差结果对任意其他证券的随机误差结果不产生任何影响。换句话说，两种证券的回报率仅仅通过对因素的共同反应而相关联。

三、单因素模型的两个重要特征

在单因素模型假设下，我们可以得到单因素模型具有的三个重要的特征。

（1）单因素模型能够克服马科维茨投资组合理论中出现的庞大计算量的困难。下面我们具体来说明一下。假设组合里有 n 项资产，计算组合的方差–协方差矩阵需要进行 $\frac{1}{2}n(n+1)$ 次方差–协方差的测算。如果是满足单因素模型的话，需要多少计算量呢？

如果有两个资产 i 和 j 都满足如下单因素模型：

$$\tilde{r}_i = a_i + b_i F + \varepsilon_i \text{ ,} \operatorname{cov}(F, \varepsilon_i) = 0$$
$$\tilde{r}_j = a_j + b_j F + \varepsilon_j \text{ ,} \operatorname{cov}(F, \varepsilon_j) = 0$$

则有

$$\operatorname{cov}(\tilde{r}_i, \tilde{r}_j) = b_i b_j \sigma_F^2 \tag{8.2}$$

$$\sigma_i^2 = b_i^2 \sigma_F^2 + \sigma_{\varepsilon_i}^2 \tag{8.3}$$

因此我们如果要计算 n 个证券构成的方差–协方差矩阵，需要计算 n 个 b_i、1 个 σ_F^2、n 个 $\sigma_{\varepsilon_i}^2$，总共计算 $2n+1$ 个变量，与均值–方差模型里计算的数量相比极大地降低了计算量。

（2）因素风险与非因素风险。我们在计算资产的方差时，发现其方差由 $b_i^2\sigma_F^2$ 和 $\sigma_{\varepsilon_i}^2$ 两部分组成。我们把 $b_i^2\sigma_F^2$ 称为因素风险，$\sigma_{\varepsilon_i}^2$ 称为非因素风险。因素风险是由宏观因素 F 变化而导致的风险，非因素风险是由资产自身决定的风险。

（3）分散化。非因素风险会随着资产数目的增加而逐渐被分散掉，因此非因素风险对应于非系统风险，而因素风险对应于系统风险。显然，引入因素模型后，系统风险与非系统风险的定义变得更加清晰。下面我们来说明这一结论。

假设资产 i 的收益率服从单因素模型，即

$$\tilde{r}_i = a_i + b_i F + \varepsilon_i \tag{8.4}$$

下面我们考虑组合 p 由 n 个资产构成，每个资产的比例为 w_i，则组合 p 的收益率可以写为

$$\tilde{r}_p = \sum w_i a_i + \sum w_i b_i F + \sum w_i \varepsilon_i = a_p + b_p F + \varepsilon_p \tag{8.5}$$

其中，$a_p = \sum w_i a_i$；$b_p = \sum w_i b_i$；$\varepsilon_p = \sum w_i \varepsilon_i$。

我们可以求出组合 p 的期望收益率与方差为

$$E(\tilde{r}_p) = a_p + b_p E(F)$$

$$\sigma_p^2 = b_p^2\sigma_F^2 + \sigma_{\varepsilon_p}^2$$

这里可以看到组合 p 的风险也由因素风险和非因素风险组成，其中因素风险为 $b_p^2\sigma_F^2$，非因素风险为 $\sigma_{\varepsilon_p}^2$。因为

$$\sigma_{\varepsilon_p}^2 = \mathrm{Var}(\sum w_i \varepsilon_i) = \sum \mathrm{Var}(w_i \varepsilon_i) + 2\mathrm{cov}(w_i\varepsilon_i, w_j\varepsilon_j) = \sum w_i^2 \sigma_{\varepsilon_i}^2 \tag{8.6}$$

当 $w_i \to 0$ 时，$\sigma_{\varepsilon_p}^2 \to 0$，因此我们说组合的非因素风险将随着资产数量的增多而趋于0。

下面我们看几个例子。

四、市场模型

在实际应用过程中常用市场指数作为影响证券价格的单因素，此时的单因素模型被称为市场模型。市场模型实际上是单因素模型的一个特例。

假设某证券在某一特定时期内的收益率与同一时期市场指数（如标普 500 指数）的收益率相联系，即如果行情上扬，则该证券价格很可能会上升，市场行情下降，则该证券价格很可能下跌。因此，可以用市场模型的方程表示这一关系：

$$\tilde{r}_i = a_i + \beta_i \tilde{r}_I + \varepsilon_i \tag{8.7}$$

其中，$\tilde{r}_i$ 表示某一给定时期证券 i 的收益率；I 表示市场指数；$\tilde{r}_I$ 表示相同时期市场指数 I 的收益率；ε_i 表示随机误差项。

五、CAPM 与单因素模型的关系

（一）CAPM 与单因素模型

CAPM 实际上是一种特殊的单因素模型，而且它是资产定价的均衡模型，但单因素模型不是。具体来说，我们比较分别由 CAPM 和单因素模型得到的证券的期望收益率：

$$E(R_i) = \alpha_i + \beta_i E(F) \tag{8.8}$$

$$E(R_i) = r_f + (E(r_M) - r_f)\beta_{iM} \tag{8.9}$$

可以看到两者之间主要的区别在于以下几个方面。

（1）CAPM 是均衡模型，单因素模型是非均衡模型。

（2）对于单因素模型，β 值相同的资产期望收益率未必相同，即 $\beta_i = \beta_j \nRightarrow E(R_i) = E(R_j)$，但是对于 CAPM，$\beta$ 值相同的资产期望收益率一定相同，即 $\beta_i = \beta_j \Rightarrow E(R_i) = E(R_j)$。

（3）在 CAPM 中，所有资产的收益率都仅由一个市场组合来确定，但是对于单因素模型来说，可能会有很多不同的因素影响资产的收益率。

（二）CAPM 与市场模型比较

在 CAPM 和市场模型中都有一个被称为 β 值的斜率，并且这两个模型或多或少地包含了市场，但是它们之间有明显的区别。

（1）CAPM 是一个均衡模型，它描述证券的价格如何确定。市场模型是一个因素模型，是一个非均衡模型。

（2）CAPM 是相对于整个市场组合而言的，即相对于市场中所有证券的集合；而市场模型是相对于某个市场指数而言的，即基于市场中的一个样本。

（3）虽然从严格意义上讲，CAPM 中的 β 值和市场模型中的 β 值是有区别的，但是在实际操作中，由于我们不能确切知道市场组合的构成，一般用市场指数来代替，因此我们可以用市场模型中测算的 β 值来代替 CAPM 中的 β 值。

第二节　多因素模型

与单因素模型不同，多因素模型考虑资产收益率不仅仅由某一个因素来决定，而是由多个因素共同作用。由于经济状况影响着大部分企业，对经济前景的预期的变化被认为对绝大部分证券的收益率产生深刻影响。经济并不是一个简单的、统一的实体，因而我们需要确认一些具有广泛作用的共同影响力，如 GDP、利率水平、通货膨胀率、石油价格水平。

多因素模型与现实的近似程度更高。这一简化形式使得证券组合理论广泛应用于实际成为可能，尤其是 20 世纪 70 年代以来计算机的发展和普及，以及软件的成套化和市场化，极大地促进了现代证券组合理论在实践中的应用。

一、多因素模型的定义

我们以双因素模型为例来进行介绍。

双因素模型定义为

$$r_i = a_i + b_{i1}F_1 + b_{i2}F_2 + \varepsilon_i \tag{8.10}$$

其中，F_1 和 F_2 表示两个对证券回报率具有普遍影响的因素；b_{i1} 和 b_{i2} 分别表示证券 i 对两个因素的敏感性；同单因素模型一样，ε_i 表示随机误差项，a_i 表示当两个因素都取值为 0 时证券 i 的期望收益率。

在双因素模型中，我们需要为每种证券估计四个参数——a_i、b_{i1}、b_{i2} 及随机误差的标准差 ε_i。对于每个因素，需要估计两个参数——因素的预期值及因素的方差。此外还要估计两个因素的协方差 $\text{cov}(F_1,F_2)$。

二、双因素模型的主要特征

（一）简化均值-方差理论中的计算量

和单因素模型一样，一旦利用前面那些方程计算出期望收益率、方差和协方差后，投资者便可以使用最优化来导出弯曲的马氏有效集。继而，对于一个给定的无风险利率，可以确定切点组合，在此基础上，投资者可以确定他的最佳组合。此时，计算方差-协方差矩阵需要估计多少参数？

假设有两个资产 i 和 j 的收益率满足这样的双因素模型：$R_i = a_i + b_{i1}F_1 + b_{i2}F_2 + \varepsilon_i$，$R_j = a_j + b_{j1}F_1 + b_{j2}F_2 + \varepsilon_j$。

同时我们假设下列条件成立：

$$E(\varepsilon_i) = E(\varepsilon_j) = 0$$

$$\text{cov}(F_1,\varepsilon_i) = \text{cov}(F_2,\varepsilon_i) = \text{cov}(F_1,\varepsilon_j) = \text{cov}(F_2,\varepsilon_j) = 0$$

$$\text{cov}(\varepsilon_i,\varepsilon_j) = 0$$

则

$$\begin{aligned}\text{cov}(R_i,R_j) &= \text{cov}(a_i + b_{i1}F_1 + b_{i2}F_2 + \varepsilon_i, a_j + b_{j1}F_1 + b_{j2}F_2 + \varepsilon_j) \\ &= b_{i1}b_{j1}\sigma_{F_1}^2 + b_{i2}b_{j2}\sigma_{F_2}^2 + b_{i1}b_{j2}\text{cov}(F_1,F_2) + b_{i2}b_{j1}\text{cov}(F_1,F_2)\end{aligned} \tag{8.11}$$

$$\sigma_i^2 = E(R_i - E(R_i))^2 = b_{i1}^2\sigma_{F_1}^2 + b_{i2}^2\sigma_{F_2}^2 + 2b_{i1}b_{i2}\text{cov}(F_1,F_2) + \sigma_{\varepsilon_i}^2 \tag{8.12}$$

因此，要计算方差-协方差矩阵需计算 n 个 b_{i1}、n 个 b_{i2}、$\sigma_{F_1}^2$、$\sigma_{F_2}^2$、$\text{cov}(F_1,F_2)$、n 个 $\sigma_{\varepsilon_i}^2$，总共 $3n+3$ 个变量。

（二）分散化

对于一个充分分散化的组合，非因素风险将变得不显著。同单因素模型一样，在双因素模型中，一个组合对某一因素的敏感性是对所含证券的敏感性的加权平均，权数为投资于各证券的比例。

我们假设组合 p 由 n 个资产构成，每个资产 i 满足双因素模型：

$$\tilde{r}_i = a_i + b_{i1}F_1 + b_{i2}F_2 + \varepsilon_i \tag{8.13}$$

组合 p 的收益率可以写为

$$\tilde{r}_p = \sum x_i\tilde{r}_i = a_p + b_{p1}F_1 + b_{p2}F_2 + \varepsilon_p$$

其中，

$$\begin{cases} a_p = \sum x_i a_i \\ b_{p1} = \sum x_i b_{i1} \\ b_{p2} = \sum x_i b_{i2} \\ \varepsilon_p = \sum x_i \varepsilon_i \end{cases}$$

则我们可以得到

$$E(\tilde{r}_p) = a_p + b_{p1}E(F_1) + b_{p2}E(F_2)$$

$$\sigma_p^2 = E(\tilde{r}_p - E(\tilde{r}_p))^2 = b_{p1}^2\sigma_{F_1}^2 + b_{p2}^2\sigma_{F_2}^2 + 2b_{p1}b_{p2}\mathrm{cov}(F_1, F_2) + \sigma_{\varepsilon_p}^2$$

同理，如果资产 i 的数量足够多，我们不难说明非因素风险 $\sigma_{\varepsilon_p}^2 = 0$。因此组合的风险最终由 b_{p1}、b_{p2}、σ_{F_1}、σ_{F_2}、$\mathrm{cov}(F_1, F_2)$ 来决定。

三、因素模型的估计：时间序列法

在对因素模型进行实证研究时，我们一般采用时间序列法，具体步骤如下。

（1）假设知道事先影响证券回报率的因素，这些因素的识别可以通过分析公司的经济状况来完成。宏观方面的因素包括：宏观经济的某些方面，如 GDP 增长率、通货膨胀率、利率和石油价格等，微观经济方面，如产业组织以及证券的基础分析。

（2）确定出典型因素后，模型建立者搜集不同时期有关因素的值以及证券的回报率。计算因素回报率，分析出证券回报率对各因素的敏感度、证券的零因素。

下面我们可以看一个多因素模型的经典例子——Fama-French 三因子模型。

Fama 和 French 利用时间序列法估计因素模型，采取的因素包括：市场因素、规模因素和账面-市场权益因素。他们建立的多因素模型为

$$r_{it} - r_{ft} = a_i + b_{i1}(r_{Mt} - r_{ft}) + b_{i2}\mathrm{SMB}_t + b_{i3}\mathrm{HML}_t + \varepsilon_{it} \tag{8.14}$$

其中，$r_{Mt} - r_{ft}$ 表示市场指数收益率超过国库券月收益率的部分；SMB_t 表示规模因素，为大证券指数与小证券指数月收益率之差，证券的规模由每年 6 月底证券价格乘以在外流通的股份数计算，大证券指数是由超过纽约证券交易所（New York Stock Exchange，NYSE）中间水平的证券组成，小证券指数则反之；HML_t 表示账面-市场权益因素，为高账面-市场权益比率与低账面-市场权益比率的证券指数月收益率之差，其中，账面权益为公司资产负债表中证券持有者的权益，市场权益为公司股票价格与发行股数的乘积，高账面-市场权益比率由比率较高的 1/3 的证券构成，低账面-市场权益比率由比率较低的 1/3 的证券构成。

Fama 与 French 还研究了债券的月回报率影响因素：

$$r_{it} - r_{ft} = a_i + b_{i1}\mathrm{TERM}_t + b_{i2}\mathrm{DEF}_t + \varepsilon_{it} \tag{8.15}$$

其中，TERM_t 表示期限结构因素，为长期国债与一月期国库券的月回报率之差；DEF_t 表示违约因素，为长期公司债券与长期国债月回报率的差。

有关多因素模型的研究在国内外都取得了非常多的成果，有兴趣的读者可以去查阅相关文献。

第三节　套利的定义

CAPM 是一个描述为什么不同的证券具有不同的期望收益率的均衡模型。该模型认为证券之所以具有不同的期望收益率是因为它们具有不同的 β 值。斯蒂芬·罗斯（Stephen Ross）在 1976 年提出另一种资产定价模型——套利定价理论（arbitrage pricing theory, APT），从某种程度上说，它没有 CAPM 那么复杂。

APT 认为均衡的证券市场中不存在无风险利润。套利就是不承担风险就能赚取利润的行为，它利用证券间定价的不一致性进行资金转移，从中获取利润。套利行为是现代有效市场即市场均衡价格形成的一个决定因素。由于套利行为获得的是无风险利润，投资者一旦发现这种机会就会设法利用。随着投资者的套利行为的发生，这些获利机会将被消除，从而推动市场的均衡。

一、套利的概念

套利是指没有净投资却能得到净收益的行为，是由于价格的暂时失衡而无风险地套取利润的活动。套利可以分为三类。

定义 8.1　第一类套利：成本为负，未来支付为 0。

定义 8.2　第二类套利：成本为 0，未来支付为正。简单说，第二类的套利机会让投资者不花任何成本就能有机会获得正的收入。

定义 8.3　第三类套利：成本为负，未来支付为正。

下面我们做一些更加具体的描述。先引入一些记号：假设价格向量表示为 $S=(S_1, S_2,\cdots,S_N)^{\mathrm{T}}$，支付矩阵为

$$X=\begin{pmatrix} x_{11} & \cdots & x_{1N} \\ \vdots & & \vdots \\ x_{N1} & \cdots & x_{NN} \end{pmatrix} \tag{8.16}$$

其中，每一行表示 N 个证券不同状态下的支付。假设投资者持有的投资组合可以用向量 $\theta=(\theta_1,\theta_2,\cdots,\theta_N)^{\mathrm{T}}$ 表示，则我们可以重新定义三类套利如下。

第一类套利：$S^{\mathrm{T}}\cdot\theta<0$，$X\cdot\theta=0$。

第二类套利：$S^{\mathrm{T}}\cdot\theta=0$，$X\cdot\theta>0$。

第三类套利：$S^{\mathrm{T}}\cdot\theta<0$，$X\cdot\theta>0$。

下面我们看一个例子。

例 8.2　市场中交易三只证券 A、B、C。这三只证券当前的价格分别为 1、1、2。其支付如下所示，请问该市场是否有第一类、第二类、第三类套利？

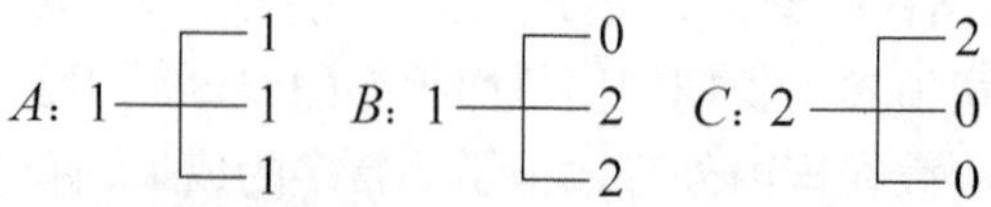

解：我们可以写出支付矩阵如下：

$$X = \begin{pmatrix} 1 & 0 & 2 \\ 1 & 2 & 0 \\ 1 & 2 & 0 \end{pmatrix}$$

价格向量 $S=(1,1,2)^{\mathrm{T}}$，假设投资组合 $\theta=(\theta_1,\theta_2,\theta_3)^{\mathrm{T}}$，如果市场存在第一类套利，则满足：

$$S^{\mathrm{T}} \cdot \theta = (1,1,2) \cdot \begin{pmatrix} \theta_1 \\ \theta_2 \\ \theta_3 \end{pmatrix} = \theta_1 + \theta_2 + 2\theta_3 < 0$$

$$\theta_1 + 2\theta_3 = 0$$

$$\theta_1 + 2\theta_2 = 0$$

如果该线性方程组有解，则说明市场存在第一类套利机会。通过简单计算我们可以找到套利组合 $\theta=(2,-1,-1)^{\mathrm{T}}$ 满足第一类套利机会的定义，表示卖空 1 单位的组合 B，卖空 1 单位的组合 C，买入 2 单位的组合 A，可以获得第一类套利机会。同理我们也可以找到满足第二类、第三类套利机会的组合，这里略去。

二、APT 的假设条件

APT 有一些基本的假设条件需要满足，与 CAPM 相比较，APT 的假设条件要简单一些，也不需要有市场组合的假设。

（1）市场是完全竞争的，无摩擦的。

（2）投资者是非餍足的，当投资者发现套利机会，就一定会构造套利组合来赚钱。

（3）所有投资者的预期都相同，任何证券 i 的回报率满足 k 因子模型：

$$r_i = a_i + \beta_{i1}F_1 + \beta_{i2}F_2 + \cdots + \beta_{ik}F_k + \varepsilon_i$$

（4）$E(\varepsilon_i)=0$， $\mathrm{cov}(\varepsilon_i,F_k)=0$， $\mathrm{cov}(\varepsilon_i,\varepsilon_j)=0, i \neq j$， $\mathrm{cov}(F_i,F_j)=0$。

（5）市场上证券种类个数大于因子种类个数 k。

注意：APT 没有对个体风险偏好做任何假设。

APT 的假设之一是资产的收益率都满足一个多因素模型。后面我们将说明所有具有相等因素敏感度的证券或证券组合，除去非因素风险外，具有相同的表现。因此，所有具有相等因素敏感度的证券或证券组合的期望收益率或价格是一样的，否则，就会存在套利机会，投资者就会利用它们，直到这些套利机会消失为止。这就是 APT 的实质。

下面我们要定义一个非常重要的组合——套利组合。

定义 8.4 如果一个证券组合满足下列三个条件。

（1）初始价格为零（期初不花钱）。

（2）对各个因素的敏感度为零（也就是因素风险为零）。

（3）期望收益率为正。

我们就认为这个组合是一个套利组合。

根据定义 8.4，套利组合应满足下列方程组：

$$\begin{cases} w_1 + w_2 + \cdots + w_n = 0 \\ b_{11}w_1 + b_{21}w_2 + \cdots + b_{n1}w_n = 0 \\ b_{12}w_1 + b_{22}w_2 + \cdots + b_{n2}w_n = 0 \\ \vdots \\ b_{1n}w_1 + b_{2n}w_2 + \cdots + b_{nn}w_n = 0 \\ \overline{r}_1 w_1 + \overline{r}_2 w_2 + \cdots + \overline{r}_n w_n > 0 \end{cases}$$

其中，第一个方程表示初始投资为 0；第二个方程至倒数第二个方程表示风险为 0；最后一个方程表示未来收益为正。

例 8.3 假定投资者拥有三种证券，他所持的每种证券当前的市值为 12 000 000 美元。这三种证券具有如表 8.2 所示的期望收益率和敏感因子。这样的期望收益率与敏感因子是否代表一个均衡状态？如果不处于均衡状态，价格应该如何变化？

表 8.2 三种证券的期望收益率与敏感因子

证券 i	期望收益率 r_i	敏感因子 b_i
证券 1	15%	0.9
证券 2	21%	3.0
证券 3	12%	1.8

解：我们假设套利组合 p 的权重向量为 (w_1, w_2, w_3)，根据套利组合的定义，我们有

$$w_1 + w_2 + w_3 = 0$$

$$0.9w_1 + 3.0w_2 + 1.8w_3 = 0$$

$$0.15w_1 + 0.21w_2 + 0.12w_3 > 0$$

通过简单地计算，我们可以得到该方程组的解为 $w_1 = -\frac{4}{7}w_3$，$w_2 = -\frac{3}{7}w_3$，$w_3 < 0$。显然，满足这三个条件的组合有无数个，因此套利组合不是唯一的。我们可以取一些特殊的值来获得套利组合。例如，令 $w_3 = -0.175$，我们可以获得一个套利组合 $(w_1, w_2, w_3) = (0.1, 0.075, -0.175)$。通过计算可知其套利收益率为 0.98%。如果投资者希望能获得更多套利收益，那么可以进一步改变 w_3 的取值，如 $w_3 = -2$，套利收益率为 11.14%。

如果套利组合为 $(w_1, w_2, w_3) = (0.1, 0.075, -0.175)$，说明投资者需要卖出权重 0.175 的证券 3，即 $-0.175 \times 12\,000\,000 = -2.1 \times 10^6$ 美元，同时买入权重 0.1 的证券 1，$0.1 \times 12\,000\,000 = 1.2 \times 10^6$ 美元，买入权重 0.075 的证券 2，$0.075 \times 12\,000\,000 = 0.9 \times 10^6$ 美元，其套利总收益为 $0.98\% \times 120\,000\,000 = 1\,176\,000$ 美元。

我们可以看到，要构建套利组合，一定需要卖空某个组合。如果市场不允许卖空，一般无法套利，但是在某些场合，不允许卖空也可以进行套利。例如，在这个例子中，假设投资者初始拥有证券 3，其比例为 $w_3 = 40\%$，那么我们可以构建套利组合，卖出证券 3，即 $w_3' = -0.4, w_1 = 0.23, w_2 = 0.17$，从而构建一个套利组合。

由套利组合 (0.1,0.075,−0.175) 可知，投资者可以购买 1 200 000 美元的证券 1 和

900 000 美元的证券 2，同时卖出 2 100 000 美元的证券 3 来获得套利收益。市场上所有的投资者如果发现了这样的机会，都会进行套利，也就是买入证券 1 和证券 2，同时卖出证券 3，那么资产的价格会发生什么变化？我们说证券 1 和证券 2 的价格上升，证券 3 的价格下跌。这种价格变化会不会无限制地进行下去，即证券 1 和证券 2 的价格一直上涨，而证券 3 的价格一直下跌呢？答案是否定的。投资者的买卖行为将导致套利机会减少，最终消失，市场达到均衡状态，此时，期望收益率和敏感性满足如下线性关系：

$$\overline{r}_i = \lambda_0 + \lambda_1 b_i,\quad i = 1,2,3 \tag{8.17}$$

这就是我们说的单因素套利定价模型。那么为什么说证券的收益率一定会满足这个线性关系呢？我们通过下面的引理进行说明。

Farkas 引理（不等式无解的充要条件）：

$$\text{不等式组}\begin{cases} A^{\mathrm{T}}\cdot y \leqslant 0 \\ b^{\mathrm{T}}\cdot y > 0 \end{cases}\text{无解} \Rightarrow \exists x \geqslant 0, \text{s.t.}\quad A\cdot x = b$$

我们可以引用该引理来证明单因素套利定价模型。为了说明这一点，我们仍旧使用例 8.3 来阐述。假设套利组合为 (x_1, x_2, x_3)，则市场无套利机会表示下列线性方程组无解。

$$x_1 + x_2 + x_3 = 0$$

$$b_1x_1 + b_2x_2 + b_3x_3 = 0$$

$$\overline{r}_1x_1 + \overline{r}_2x_2 + \overline{r}_3x_3 > 0$$

我们引入一些记号，假设 $A = \begin{pmatrix} 1 & 1 & 1 \\ b_1 & b_2 & b_3 \end{pmatrix}^{\mathrm{T}}$，$y = (x_1, x_2, x_3)^{\mathrm{T}}$，$b = (\overline{r}_1, \overline{r}_2, \overline{r}_3)^{\mathrm{T}}$。根据 Farkas 引理，方程组无解的充要条件为 $\exists x \geqslant 0, x = (\lambda_0, \lambda_1)^{\mathrm{T}} \geqslant 0, \text{s.t.}\quad A\cdot x = b$，即 $\begin{pmatrix} 1 & b_1 \\ 1 & b_2 \\ 1 & b_3 \end{pmatrix}\cdot\begin{pmatrix} \lambda_0 \\ \lambda_1 \end{pmatrix} = \begin{pmatrix} \overline{r}_1 \\ \overline{r}_2 \\ \overline{r}_3 \end{pmatrix}$。进一步可以写为 $\overline{r}_i = \lambda_0 + \lambda_1 b_i (i = 1,2,3)$，这就是单因素套利定价模型。

在这个线性定价模型里出现了两个新的参数 λ_0, λ_1，下面我们要说明这两个参数是有特殊含义的值。由于单因素套利定价模型对任意资产均成立，我们假设对无风险资产也成立。因此等式左边为 r_f，右边为 λ_0，有 $\lambda_0 = r_f$。我们再假设单因素套利定价模型对因素 F 也成立，那么左边为因素的期望收益率，右边为 $r_f + \lambda_1$，因此我们有

$$E(r_F) = r_f + \lambda_1,\quad \lambda_1 = E(r_F) - r_f$$

因此单因素套利定价模型可以写为 $\overline{r}_i = r_f + (E(r_F) - r_f)b_i$（$i = 1,2,3$）。从这个证明可以看到，虽然是从数学引理得到了单因素套利定价模型，但是单因素套利定价模型中的参数都具有显著的经济含义，其中 λ_0 为无风险资产，λ_1 为因素的风险定价。

下面我们通过一些具体的命题来看套利定价的实质。

性质 8.1　对于一个充分分散化的组合，特定风险可以被分散掉。

证明：对于单因素模型

$$\tilde{r}_i = a_i + b_iF + \tilde{\varepsilon}_i \tag{8.18}$$

我们对式（8.18）两边都取期望值得

$$E(\tilde{r}_i) = a_i + b_i E(F) \tag{8.19}$$

两式相减得到

$$\tilde{r}_i = E(\tilde{r}_i) + b_i(F - E(F)) + \tilde{\varepsilon}_i$$

令

$$F = F - E(F)$$

$$\tilde{r}_i = E(\tilde{r}_i) + b_i F + \tilde{\varepsilon}_i\text{，}\ E(F) = 0 \tag{8.20}$$

通过这样的一个变化，资产 i 的收益率由三部分组成，第一部分为预期到的收益率，第二部分为宏观因素未预期的变化带来的影响，第三部分为随机扰动项。

假设组合 p 由 n 个资产组成，每个资产的收益率都满足式（8.20），则有

$$\tilde{r}_p = \sum w_i \tilde{r}_i = E(\tilde{r}_p) + b_p F + \tilde{\varepsilon}_p \tag{8.21}$$

其中，$\sum w_i b_i = b_p$，$\sum w_i \tilde{\varepsilon}_i = \tilde{\varepsilon}_p$，则可以推出

$$\sigma_p^2 = E(\tilde{r}_p - E(\tilde{r}_p))^2 = b_p^2 \sigma_F^2 + \sigma_{\varepsilon_p}^2 \tag{8.22}$$

我们可以得到

$$\text{当}\, w_i \to 0\,\text{时，}\ \sigma_{\varepsilon_p}^2 = \mathrm{Var}(\sum w_i \varepsilon_i) \to 0 \tag{8.23}$$

因此有

$$\sigma_p = b_p \sigma_F \tag{8.24}$$

组合 p 的收益率可以写为

$$\tilde{r}_p = E(\tilde{r}_p) + b_p F \tag{8.25}$$

由式（8.25）可得，对于充分分散化的投资组合 p，其风险只有系统风险，没有非系统风险。下面的性质 8.2 与性质 8.3 都讨论充分分散化的投资组合的期望收益率与其风险之间的联系。性质 8.4 讨论一般的资产的期望收益率与风险之间的关系。

性质 8.2 如果两个充分分散化的具有相同敏感因子的投资组合在市场均衡时一定具有相同的期望收益率，否则将存在无风险套利机会，通过套利使二者期望收益率相等，即

$$b_A = b_B \Rightarrow E(r_A) = E(r_B)$$

我们通过下面这个例子来进行说明。

例 8.4 图 8.2 给出了资产组合 A 和 B 的期望收益率情况。实线描绘了因素敏感因子 $b_A = 1$ 的充分分散化的投资组合 A 的情况。A 的期望收益率为 10%，虚线代表另一充分分散化投资组合 B 的收益，其期望收益率为 8%，且 $b_B = 1$，那么，A 和 B 是否能够同时存在于市场里呢？

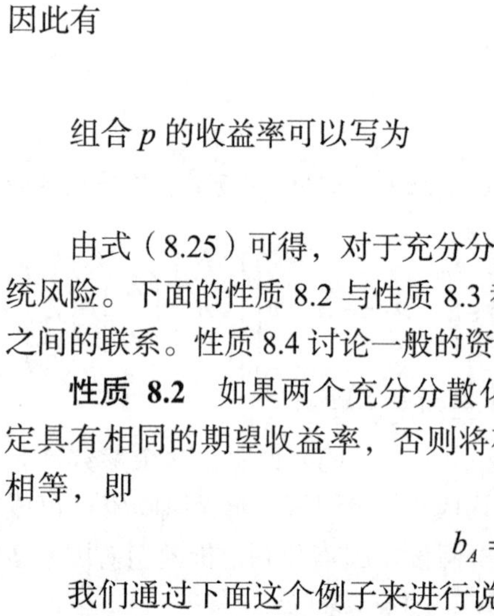

图 8.2 APT（收益率-宏观因素）

解： 投资组合 A 与 B 对市场风险的敏感性相同，但期望收益率不同，显然市场中存在套利机会。可以选择买入投资组合 A，卖空投资组合 B，构建套利组合。已知 $E(r_A) = 10\%, E(r_B) = 8\%$，$b_A = b_B = 1$，则 A 和 B 的期望收益率应该满足如下等式：

$$\tilde{r}_A = E(r_A) + b_A \cdot F = 10\% + 1.0F$$
$$\tilde{r}_B = E(r_B) + b_B \cdot F = 8\% + 1.0F$$

我们构建一个套利组合——卖空 1 000 000 股投资组合 B，买入 1 000 000 股投资组合 A，则成本为 0，组合的敏感性 $b_p = 0$。

套利收益：买入 A 可以获得 $\tilde{r}_A = 1\,000\,000(10\% + 1.0F)$；卖出 B，未来平仓需要支出 $\tilde{r}_B = -1\,000\,000(8\% + 1.0F)$。

套利净利润为 2 万美元，因此 A 与 B 如果 β 值相同，其期望收益率必须相同，否则可以套利。

性质 8.3　对于任意的两个充分分散化的投资组合 U 和 V，其期望收益率中风险补偿必须正比于敏感因子 β 值。可表述为下式：

$$\frac{E(r_U) - r_f}{b_U} = \frac{E(r_V) - r_f}{b_V}$$

证明： 有资产 U 和 V，为了构建一个零 β 值的组合，令组合中两个资产的权重符号相反，资产 U 的权重为 $\frac{b_V}{b_V - b_U}$，资产 V 的权重为 $\frac{-b_U}{b_V - b_U}$。这样得到一个 β 值为 0 的 Z 组合：

$$\beta_Z = 0, E(r_Z) = r_f = E(r_U) \cdot \frac{b_V}{b_V - b_U} + E(r_V) \cdot \frac{-b_U}{b_V - b_U}$$
$$\Rightarrow \frac{E(r_U) - r_f}{b_U} = \frac{E(r_V) - r_f}{b_V}$$

下面我们举例来说明如果两个充分分散化的投资组合不满足性质 8.3，如何进行套利。

例 8.5　如图 8.3 所示，请问市场中是否存在套利机会。有资产 A 和资产 C：$E(r_A) = 10\%$，$\beta_A = 1.0$，$E(r_C) = 6\%$，$\beta_C = 0.5$。

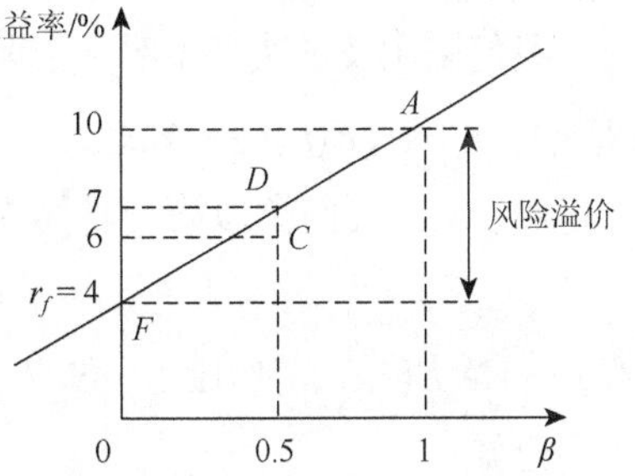

图 8.3　充分分散化组合（期望收益率-β 值）

解： 若 $\frac{E(r_A) - r_f}{b_A} = \frac{E(r_C) - r_f}{b_C}$，则 A 和 C 应该落在图中同一条线上，因此我们说有套利机会。实际上：

$$\frac{E(r_A) - r_f}{b_A} \neq \frac{E(r_C) - r_f}{b_C}$$

我们构建套利组合 D，由 50%的组合 A 与 50%的无风险资产构成，则 D 与 C 具有相同的 β 值：

$$\beta_D = 0.5 = \beta_C$$
$$E(r_D) = 0.5r_f + 0.5E(r_A) = 7\% \neq E(r_C)$$

根据性质 8.2，卖出 C 组合，买入 D 组合，获得 1%的套利。因此，为了排除套利机会，所有充分分散化的投资组合的期望收益率和 β 值的关系都应当落在从点 r_f 出发的直线上，各个组合的风险补偿的大小正比于其 β 值。

注：由性质 8.3，可以给出 SML。如果考虑市场组合 M 也满足性质 8.3，则对任意充分分散化的资产 i，有 $\frac{E(r_i)-r_f}{b_i}=E(r_M)-r_f$。这里要注意的是，这个推导仅对充分分散化的组合成立，如果是一般的资产，以上结论还成立吗？我们来看性质 8.4。性质 8.4 讨论了任意一个资产的收益与风险之间的关系，我们的结论是，对大部分资产来说，满足单因素套利定价模型，不满足的只是有限个资产。

性质 8.4 对于绝大多数资产 i，j，其风险溢价与敏感因子 β 值成比例，即

$$\frac{E(r_i)-r_f}{b_i}=\frac{E(r_j)-r_f}{b_j}=K$$

证明：假设某个证券 i 的收益率满足单因素模型，$\tilde{r}_i=E(r_i)+\beta_i F+e_i$，其中，$F$ 表示对宏观预测的偏差值。我们需要分两种情况来讨论。

（1）当 $e_i=0$ 时，证券 i 为充分分散化的产品（如指数类的衍生品），可构建套利组合 A，由 F 和无风险资产构成，构成比例由敏感因子 β 值决定，即组合 A 可以由 b_i 比例的因素组合 F 和 $1-b_i$ 的无风险资产构成。我们有 $E(r_A)=b_iE(r_F)+(1-b_i)r_f=r_f+b_i(E(r_F)-r_f)$。因此 $b_A=b_i$。

注意到 $E(r_i)=E(r_A)=r_f+b_i(E(r_F)-r_f)$，有 $\frac{E(r_i)-r_f}{b_i}=E(r_F)-r_f=K$，完成证明。

（2）当 $e_i\neq 0$ 时，我们需要证明只有有限项 $E(r_i)\neq r_f+b_i(E(r_F)-r_f)$，即 $\frac{E(r_i)-r_f}{b_i}\neq K$ 中的 i 仅有有限项。

我们采用反证法来说明，假设满足 $E(r_i)\neq r_f+b_i(E(r_F)-r_f)$ 的 i 有无限多项，即 $\forall\varepsilon>0$，$|E(r_i)-r_f-b_i(E(r_F)-r_f)|\geqslant\varepsilon$，一共有 N 项满足，且 $N\to\infty$。

对于 i，我们类似第一种情况来构造 A_i，则 $b_{A_i}=b_i$，且

$$E(r_{A_i})=r_f+b_i(E(r_F)-r_f)$$

若 $E(r_i)>E(r_{A_i})$，卖出 A_i，买入 i；若 $E(r_i)<E(r_{A_i})$，卖出 i，买入 A_i。

已知：

$$\tilde{r}_i=E(r_i)+\beta_i F+e_i,\quad \tilde{r}_{A_i}=E(r_{A_i})+\beta_i F$$

则组合的收益率为

$$\begin{cases}E(r_i)-E(r_{A_i})+e_i, E(r_i)>E(r_{A_i})\\ E(r_{A_i})-E(r_i)-e_i, E(r_{A_i})>E(r_i)\end{cases}$$

我们把这 N 个组合的收益率统一描述为

$$r_i'=|E(r_i)-r_f-b_i(E(r_F)-r_f)|+\delta_i e_i$$

$$\delta_i = \begin{cases} 1, E(r_i) > E(r_{A_i}) \\ -1, E(r_i) < E(r_{A_i}) \end{cases}$$

我们用 1/N 作为构建组合 p 的投资比例，将这 N 个组合构成新的投资组合 p'，则 p' 的收益率可以表示为

$$\tilde{r}_{p'} = \sum \frac{1}{N}\tilde{r}_i = \sum \frac{1}{N} | E(r_i) - r_f - b_i(E(r_F) - r_f) | + \sum \frac{1}{N}\delta_i e_i$$

显然，

$$E(\tilde{r}_{p'}) = | E(r_i) - r_f - \beta_i(E(r_F) - r_f) | > 0$$

$$\sigma_{p'}^2 = \frac{1}{N^2}\sum \sigma_{e_i}^2 \to 0\text{，}\quad N \to \infty$$

这说明我们找到了一个套利组合，其成本为 0，风险为 0，但是期望收益率为正，矛盾于市场没有套利的条件。这个矛盾之所以产生，原因在于 N 趋于无穷，因此我们可以说明不满足单因素套利定价模型的资产 i 只会有有限个。$\dfrac{E(r_i) - r_f}{b_i} = K$ 对于大多数 i 成立。

性质 8.5　对于任意单个资产 i，性质 8.4 成立，则对于任意投资组合 p，也成立。

$$\frac{E(r_p) - r_f}{b_p} = K$$

这个性质可以由性质 8.4 得出。这里我们略去证明。

下面我们看一个问题，如图 8.4 所示，若有组合在 B 点，投资者应该如何套利？

显然组合 B 的期望收益率高于均衡收益率，也就是定价过低，因此投资者应该卖出 S，买入 B，实现套利。

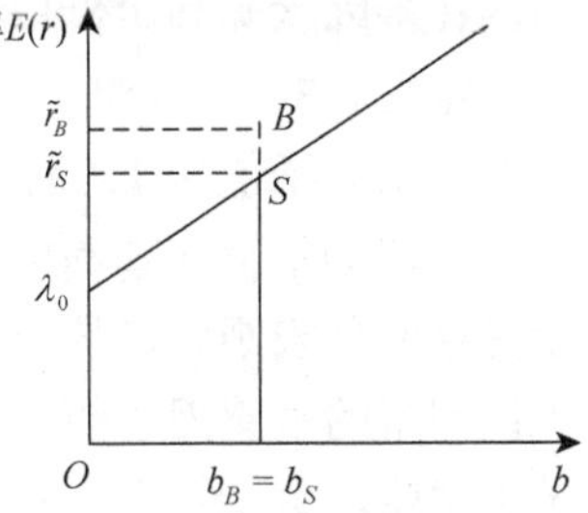

图 8.4　套利组合（期望收益率-b 值）

下面我们正式给出单因素套利定价模型：

$$E(\overline{r_i}) = \lambda_0 + \lambda_1 b_i = r_f + b_1(\delta_1 - r_f) \tag{8.26}$$

其中，λ_1 表示因素的风险溢价；δ_1 表示对因素有单位敏感性的组合的期望收益率。

例 8.6　考虑下面的单因素经济体系的资料（表 8.3），所有投资组合已充分分散化。

表 8.3　投资组合的期望收益率与敏感因子值

投资组合	$E(r)$	b
A	12%	1.2
F	6%	0

现假定另一投资组合 E 也充分分散化，敏感因子值为 0.6，期望收益率为 8%，是否存在套利机会？如果存在，具体方案如何？

解： 构造新的组合 G，由 0.5 的组合 A 和 0.5 的组合 F 构成。

构造套利组合为卖出组合 E，买入等量的组合 G。套利收益为 1%。

例 8.7 假定 A 和 B 投资组合都已经充分分散化。$E(r_A)=12\%$，$E(r_B)=9\%$，如果影响经济的要素只有一个，且 A 的敏感因子值为 1.2，B 的敏感因子值为 0.8，可以确定无风险利率是多少？该经济要素的风险溢价是多少？

解：由 $\dfrac{E(r_A)-r_f}{b_A}=\dfrac{E(r_B)-r_f}{b_B}$，代入已知条件求解后可以得出无风险利率为 3%，风险溢价为 4.5%。

第四节　多因素套利定价模型

第三节我们讨论了单因素套利定价模型，我们将按照类似的思路讨论多因素套利定价模型，本节将以双因素套利定价模型为主进行说明。

我们假设资产的收益率受到两个宏观因素的影响，其收益率可以写为如下形式：

$$\tilde{r}_i=E(r_i)+\beta_{i1}F_1+\beta_{i2}F_2+e_i \tag{8.27}$$

其中，因素 F_1 表示未预期到的宏观因素 1 的变化；因素 F_2 表示未预期到的宏观因素 2 的变化，它们的预期值都等于零；e_i 表示企业特有的风险，预期值也为零。F_1 与 F_2 的相关性为 0。

一、双因素套利定价模型

在多因素套利定价模型里，有一个非常重要的概念——因素组合。

定义 8.5 因素组合是非系统风险已经被充分分散化的组合，因素组合对其中一个因素的敏感因子值为 1，而对其他因素的敏感因子值都为 0。

若市场不存在套利机会，那么对任意充分分散化的投资组合 A 的风险补偿应该等于承受这两种宏观因素的系统风险所得到的补偿之和，而每种宏观因素的补偿应该等于相对于该因素的敏感因子值乘以因素组合的风险补偿，否则存在套利机会。我们通过下面的例子来说明。

例 8.8 任意一个充分分散化的投资组合 A，它对宏观因素的敏感因子值分别为 0.5、0.75。宏观因素的期望收益率分别为 10%、12%，无风险证券的收益率为 4%，则若组合 A 的期望收益率为 12%，是否有套利机会？

解：已知 $b_{A_1}=0.5$，$b_{A_2}=0.75$，$E(r_1)=10\%$，$E(r_2)=12\%$，$r_f=4\%$，由 $E(r_A)-r_f=b_{A_1}(E(r_1)-r_f)+b_{A_2}(E(r_2)-r_f)$，可以计算得出 $E(r_A)=13\%\neq 12\%$。故存在套利机会，可构造套利组合 p：取资产 F_1 的权重为 50%，资产 F_2 的权重为 75%，无风险资产 r_f 的权重为 –25%。我们可以通过简单计算得出 $\beta_{p_1}=0.5=\beta_{A_1}$，$\beta_{p_2}=0.75=\beta_{A_2}$。$E(r_p)=0.5E(r_1)+0.75E(r_2)+(-0.25)r_f=13\%$。组合 p 的敏感因子与组合 A 完全一致，但是组合 p 的期望收益率与 A 不同，因此可以获得套利利润，可以通过卖出 A，买入 p，获得 1%的套利收益率。

下面我们总结一下套利组合的构建方法：对于任意一个暴露在 F_1 和 F_2 这两个宏观因素的系统风险下的投资组合 p，分别以其敏感因子值 b_{p_1}、b_{p_2} 为权重选取因素组合 1 和 2，再加上权重为$1-b_{p_1}-b_{p_2}$的无风险证券（若$1-b_{p_1}-b_{p_2}<0$，则表示无风险证券的卖空或以无风险利率借入资金）。这一套利组合实际上复制了组合 A，所以组合 A 可由此套利组合给出定价，即

$$\begin{aligned}E(r_A)&=r_f+b_{p_1}(E(F_1)-r_f)+b_{p_2}(E(F_2)-r_f)\\&=b_{A_1}E(F_1)+b_{A_2}E(F_2)+(1-b_{p_1}-b_{p_2})r_f\end{aligned}$$

这一多因素套利定价模型显然是单因素套利定价模型中 SML 的推广。

二、套利组合

在双因素套利定价模型里，我们也可以给出套利组合的构建办法。

例 8.9　假定市场中的四种证券的回报率可由双因素模型生成：

$$\tilde{r}_i=a_i+b_{i1}F_1+b_{i2}F_2+e_i$$

四种证券具有如表 8.4 的期望收益率和敏感因子值，请问市场是否有套利组合？

表 8.4　四种证券的期望收益率和敏感因子值

证券	期望收益率	b_{i1}	b_{i2}
证券 1	15%	0.9%	2.0%
证券 2	21%	3.0%	1.5%
证券 3	12%	1.8%	0.7%
证券 4	8%	2.0%	3.2%

解：假定套利组合为(w_1,w_2,w_3,w_4)，则根据套利组合的定义，我们可以列出如下线性方程组：

$$\begin{cases}w_1+w_2+w_3+w_4=0\\0.9w_1+3.0w_2+1.8w_3+2.0w_4=0\\2.0w_1+1.5w_2+0.7w_3+3.2w_4=0\\15w_1+21w_2+12w_3+8w_4>0\end{cases}$$

通过简单计算，我们可以找到一个套利组合$(w_1,w_2,w_3,w_4)=(0.1,0.088,-0.108,-0.08)$，并且套利收益率为$E(r_p)=1.41\%$。因此通过购买证券 1 和证券 2，同时出售证券 3 和证券 4，证券 1 和证券 2 价格上涨，证券 3 和证券 4 价格下跌，推动市场均衡，即当满足前面三个等式的组合的期望收益率为 0 时，达到均衡。此时期望收益率和敏感因子之间满足如下线性关系：

$$\tilde{r}_i=\lambda_0+\lambda_1 b_{i1}+\lambda_2 b_{i2} \tag{8.28}$$

这就是双因素套利定价模型。我们可以同样采用 Farkas 引理来证明这个结论，因为证明过程与在单因素套利定价模型里的说明类似，我们这里略去。

三、多因素套利定价模型的定义

我们对双因素套利定价模型（8.28）中的参数λ_0，λ_1，λ_2进行讨论。

$$\tilde{r}_i=\lambda_0+\lambda_1 b_{i1}+\lambda_2 b_{i2}$$

假定i为无风险资产，有$r_f=\lambda_0$。

如果i为因素组合F_1，则有$E(r_{F_1})=r_f+\lambda_1$，$\lambda_1=E(r_{F_1})-r_f$，λ_1表示因素组合1的风险溢价。

如果假定i为因素组合F_2，则有$\lambda_2=E(r_{F_2})-r_f$，λ_2表示因素组合2的风险溢价。

因此双因素套利定价模型可以写为

$$\overline{r}_i=r_f+(\delta_1-r_f)b_{i1}+(\delta_2-r_f)b_{i2} \tag{8.29}$$

进一步推广到多因素情况，我们有多因素套利定价模型的一般公式：

$$\overline{r}_i=r_f+(\delta_1-r_f)b_{i1}+\cdots+(\delta_K-r_f)b_{iK} \tag{8.30}$$

δ_i表示因素组合i的期望收益率，该组合仅对因素组合i有单位敏感性，对其他因素无敏感性。显然多因素套利定价模型是双因素套利定价模型的一个推广。

四、APT和CAPM的比较

APT与CAPM最根本的区别在于，APT特别强调的是无套利均衡原则，CAPM是典型的收益-风险权衡所主导的市场均衡，是许多投资者的行为共同作用的结果。APT的出发点是排除无风险套利机会，少数投资者会构筑大额的套利头寸，从而产生巨大的市场压力来重建均衡。

APT不需要CAPM赖以成立的投资者风险偏好的假设。APT的成立只需要有充分分散化的投资组合，不像CAPM一定要有对风险市场组合有替代作用的市场指数。APT的定价并不是对所有的证券都成立。考虑充分分散化的投资组合，可以利用 APT，但是对于单个资产的定价，APT并不都成立，利用CAPM要更加实用。

APT和CAPM也有一定的联系，体现在CAPM中的β与APT中的b存在一定的关系。下面我们分单因素套利定价模型和双因素套利定价模型来具体说明。

命题 8.1 已知单因素套利定价模型$E(r_i)=r_f+\lambda_1 b_i$，CAPM为

$$E(r_i)=r_f+\beta_i(E(\tilde{r}_M)-r_f)$$

则$\beta_i=b_i\dfrac{\operatorname{cov}(F,\tilde{r}_M)}{\sigma_M^2}$，$\lambda_1=(E(\tilde{r}_M)-r_f)\cdot\dfrac{\operatorname{cov}(F,\tilde{r}_M)}{\sigma_M^2}$。

证明： 由于资产i满足单因素模型，$\tilde{r}_i=a_i+b_iF+e_i$。

$\operatorname{cov}(\tilde{r}_i,\tilde{r}_M)=\operatorname{cov}(a_i+b_iF+e_i,\tilde{r}_M)=b_i\operatorname{cov}(F,\tilde{r}_M)$，两边同除$\sigma_M^2$，我们有$\beta_i=b_i\dfrac{\operatorname{cov}(F,\tilde{r}_M)}{\sigma_M^2}$，代入CAPM，可得

$$E(r_i)=r_f+b_i\frac{\operatorname{cov}(F,\tilde{r}_M)}{\sigma_M^2}(E(\tilde{r}_M)-r_f)=r_f+\lambda_1 b_i$$

$$\Rightarrow \lambda_1=(E(\tilde{r}_M)-r_f)\cdot\frac{\operatorname{cov}(F,\tilde{r}_M)}{\sigma_M^2}$$

得证。

命题 8.2 已知双因素套利定价模型$E(r_i)=r_f+\lambda_1 b_{i1}+\lambda_2 b_{i2}$，CAPM为

$$E(r_i)=r_f+\beta_i(E(\tilde{r}_M)-r_f)$$

则有

$$\beta_i=\frac{b_{i1}\text{cov}(F_1,\tilde{r}_M)}{\sigma_M^2}+\frac{b_{i2}\text{cov}(F_2,\tilde{r}_M)}{\sigma_M^2}$$

$$\lambda_1=(E(\tilde{r}_M)-r_f)\cdot\frac{\text{cov}(F_1,\tilde{r}_M)}{\sigma_M^2}$$

$$\lambda_2=(E(\tilde{r}_M)-r_f)\cdot\frac{\text{cov}(F_2,\tilde{r}_M)}{\sigma_M^2}$$

该命题的证明与命题 8.1 类似，我们略去。

本 章 小 结

本章讨论了因素模型与 APT。对单因素模型与双因素模型进行了介绍，同时比较了市场模型、CAPM 与单因素模型之间的异同。与 CAPM 相比，APT 的假设更少，也不需要有市场组合，只需要资产的收益率满足一个多因素模型，但是 APT 并不是对所有资产都成立。

重要术语

因素模型，市场模型，套利，单因素套利定价模型，多因素套利定价模型，因素组合

参考文献

汪昌云. 2006. 金融经济学. 北京：中国人民大学出版社.

Capiński M，Zastawniak T. 2010. Mathematics for Finance：An Introduction to Financial Engineering. Berlin：Springer.

Huang C F，Litzenberger R H. 1988. Foundations for financial economics. Journal of Finance，44（2）：529.

Oesch D. 2008. George Pennacchi：theory of asset pricing. Financial Markets and Portfolio Management，22（3）：285-286.

习题

1. 下表描述了一个满足单因素模型的有三只股票的金融市场。

股票	资本/元	β	平均收益率	标准差
A	3000	1.0	10%	40%
B	1940	0.2	2%	20%
C	1360	1.7	17%	50%

这个单因素与市场指数完全相关，市场指数的标准差为 25%。回答以下三个问题：

（1）指数投资组合的平均收益为多少？

（2）股票 B 和指数之间的协方差为多少？

（3）把股票 B 的方差分成系统风险和公司特有风险两部分。

2. 假设投资组合中包含对 A、B 两个风险资产及无风险资产的投资，投资比例如下。

资产	比例	因素敏感性	非因素风险
r_f	0.10	0	0
A	0.36	0.2	49
B	0.54	3.5	100

（1）如果因素的标准差为 15%，组合的因素风险为多少？

（2）组合的非因素风险为多少？

（3）组合的总风险为多少？

3. 用下列数据回答以下问题。假设股票 A、B 的指数模型如下：

$$R_A = 3\% + 0.7R_M + e_A$$
$$R_B = -2\% + 1.2R_M + e_B$$
$$\sigma_M = 20\%$$

A 资产的 $R_A^2 = 0.20$；B 资产的 $R_B^2 = 0.12$。

（1）每种股票的标准差是多少？

（2）这两种股票之间的协方差与相关系数各是多少？

（3）每种股票与市场指数间的协方差各是多少？

4. 在一个只有两种股票的资本市场上，股票 A 的资本是股票 B 的 2 倍。A 的超额收益的标准差为 30%，B 的超额收益的标准差为 50%，两者超额收益的相关系数为 0.7。回答以下问题。

（1）市场指数投资组合的标准差是多少？

（2）每种股票的 β 值是多少？

（3）每种股票的残差是多少？

（4）如果股票 A 期望收益率超过无风险收益率 11%，市场投资组合投资的风险溢价是多少？

5. 假定股票 A 与 B 的指数模型如下：

$$R_A = 1.0\% + 0.9R_M + e_A$$
$$R_B = -2.0\% + 1.1R_M + e_B$$
$$\sigma_M = 20\%$$
$$\sigma_{e_A} = 30\%$$
$$\sigma_{e_B} = 10\%$$

求每种股票的方差和它们之间的协方差。若将 A、B 组成等权重的组合，那么组合的非因素风险、因素风险与总风险各是多少？

6. 某投资者拥有一个 A 和 B 两种证券构成的投资组合，这两种证券的收益率满足双因素模型。具体如下：

证券	零因素	因素 1 敏感性	因素 2 敏感性	非因素风险	比例
A	2%	0.3	2.0	196	0.7
B	3%	0.5	0.8	100	0.3

假设因素之间不相关，因素 1 的期望收益率为 15%，标准差为 20%，因素 2 的期望收益率为 4%，标准差为 5%，计算这个投资者的期望收益率和标准差。

第九章

单期金融市场

本 章 目 标

本章主要讨论了单期金融市场模型的设定及性质，讨论了市场上无套利条件及风险中性测度，深入探讨了无套利机会和风险中性概率之间的关系，进一步从风险中性概率和无套利机会阐释市场的完备性。本章主要考查学生对概念的理解，以及运用性质求解衍生品价格的熟练度。

第一节 单 期 模 型

一、模型设定

单期模型是随时间变化的复杂随机现象（如股票和债券价格）的简化和理想抽象化。其具有如下优点：一是数学意义上的简洁，二是通过单期模型可以不借助复杂的随机过程和随机积分知识来解释市场的无套利原理、市场完备性及资产定价理论。单期模型能够体现重要的经济学原理，同时也便于过渡到后面章节学习复杂的连续时间模型。因此单期模型作为学习的引入是非常必要的。

基本的单期模型包含下列性质。

（1）初始时间 $t=0$ 以及终止时间 $t=1$，在这两个时点上进行交易和消费。

（2）有限样本空间 $\Omega=\{\omega_1,\omega_2,\cdots,\omega_K\}$，其中 $K<\infty$。

（3）每一个事件 $\omega\in\Omega$ 可以看作一种状态的可能性，初始时间 $t=0$ 时 ω 的值未知，终止时间 $t=1$ 时已知。

（4）在样本空间 Ω 上的概率测度为 P，对于任意事件 ω 都有 $P(\omega)>0$。

（5）银行储蓄账户 $B=\{B_t:t=0,1\}$，当 $t=0$ 时，$B_0=1$；当 $t=1$ 时，$B_1>0$ 是一个随机变量。假设当 $t=1$ 时，对于任何事件 ω 的账户价值 $B_1(\omega)$ 严格为正，因此银行账户价值与其他证券价格不同。一般而言，B_1 被视作初始存入 1 单位货币的银行账户 B_t 在 $t=1$ 时的价值，令 $r\equiv B_1-1$，则 r 可以被视作利率。在很多应用方面，r 和 B_1 的值是确定的标量，实际应用中若有必要，B_1 可以是正的随机变量。

（6）价格过程 $S=\{S_t:t=0,1\}$，其中 $S_t=(S_1(t),S_2(t),\cdots,S_N(t))$（$N<\infty$）表示 N 个证

券在时刻t的价格。在t时刻第n个证券的价格为$S_n(t)$。在许多应用方面，这N个风险证券常常被认为是股票。初始$t=0$时，投资者已知价格是正的标量，然而$t=1$时的价格对于投资者而言是一个非负的随机变量，即只有当$t=1$时投资者才能明确得知价格。当$N=1$时，价格可简写为S_t。

在上面的单期模型中，我们考虑投资者的交易行为。

交易策略$H=(H_0,H_1,\cdots,H_N)$为一个$N+1$维的实值向量，描述了投资者从初始时间$t=0$到终止时间$t=1$时的投资组合。特别地，H_0是指在$t=0$到$t=1$之间的储蓄账户数量，而H_n指的是在$t=0$到$t=1$之间持有的第n个证券的数量（如股份数）。通常来说，H_n或正或负（为负则意味着卖空）。有些情况下，交易策略会受到市场规则和政策的约束，如要求$H_n \geqslant 0$，意味着风险资产在市场中被限制卖空。

价值过程$V=\{V_t:t=0,1\}$描述了投资组合在每个时间点上的总价值，可以写为

$$V_t \equiv H_0B_t+\sum_{n=1}^{N}H_nS_n(t)，\quad t=0,1$$

注意到价值过程依赖于交易策略H的选择，并且V_0是实值，而V_1是随机变量。

利润过程G是一个随机变量，描述了在$t=0$到$t=1$之间，由投资组合产生的总利润或总亏损。$H_n(S_n(1)-S_n(0))$是投资在第n个证券上的净利润（银行账户同理），因此总利润可以写为

$$G \equiv H_0r+\sum_{n=1}^{N}H_n\Delta S_n(t)，\quad t=0,1$$

其中，$\Delta S_n(t)=S_n(1)-S_n(0)$。

可以通过简单的计算验证下列等式：

$$V_1=V_0+G \tag{9.1}$$

因此式（9.1）说明投资组合价值的任何变化都是由投资组合收益或损失带来的，而不是因为外部的证券加入或者现金流入等。

我们将银行账户作为分母，用下式定义贴现的价格过程$S^*=\{S_t^*:t=0,1\}$，其中$S_t^*=(S_1^*(t),S_2^*(t),\cdots,S_n^*(t))$。

$$S_n^*(t)=\frac{S_n(t)}{B_t}，\quad n=1,2,\cdots,N;t=0,1$$

因此贴现的价值过程为

$$V_t^* \equiv H_0+\sum_{n=1}^{N}H_nS_n^*(t)，\quad t=0,1$$

那么贴现的利润为

$$G^* \equiv \sum_{n=1}^{N}H_n\cdot S_n^*$$

其中，$S_n^*(t)=H_n(S_n^*(1)-S_n^*(0))$，经过一些变换可以得到

$$V_t^*=V_t/B_t，\quad t=0,1 \tag{9.2}$$

那么式（9.1）也可以得到贴现形式：

$$V_t^* = V_0^* + G^*，\quad t = 0,1 \tag{9.3}$$

二、模型计算

例 9.1　假设 $K=2$，$N=1$，$r=1/9$，$S_0=5$，$S_1(\omega_1)=20/3$ 并且 $S_1(\omega_2)=40/9$，验证：$V_1 - V_0 + G$ 和 $V_t^* = V_0^* + G^*$。

解： 由于 $r=1/9$，$B_1 = 1+r = 10/9$，由定义得 $S_1^*(\omega_1)=6$，$S_1^*(\omega_2)=4$。对于一个具有套利机会的策略 $H=(H_0,H_1)$，我们令 $V_0 = V_0^* = H_0 + 5H_1$，因此

$$V_1 = (10/9)H_0 + S_1H_1，\quad V_1^* = H_0 + S_1^*H_1$$

由于 $G = V_1 - V_0$，

$$G = (1/9)H_0 + (S_1 - 5)H_1，\quad G^* = H_1(S_1^* - 5)$$

当处于状态 ω_1 时，

$$V_1 = (10/9)H_0 + (20/3)H_1，\quad V_1^* = H_0 + 6H_1$$

$$G = (1/9)H_0 + (5/3)H_1，\quad G^* = H_1$$

当处于状态 ω_2 时，

$$V_1 = (10/9)H_0 + (40/9)H_1，\quad V_1^* = H_0 + 4H_1$$

$$G = (1/9)H_0 - (5/9)H_1，\quad G^* = -H_1$$

因此，对于任意 $\omega \in \Omega$，都有 $V_1 = V_0 + G$ 和 $V_t^* = V_0^* + G^*$ 成立。

例 9.2　假设 $K=3$，$N=1$，$r=1/9$，$S_0=5$，$S_1(\omega_1)=20/3$，$S_1(\omega_2)=40/9$，$S_1(\omega_3)=30/9$，验证：$V_1 = V_0 + G$ 和 $V_t^* = V_0^* + G^*$。

解： 略。

例 9.3　假设 $K=3$，$r=1/9$，并令 $S_n(t)$ 价格过程如表格所示。

n	$S_n(0)$	$S_n(1)$		
		ω_1	ω_2	ω_3
1	5	60/9	60/9	40/9
2	10	40/3	80/9	80/9

求贴现价格过程 $S_n^*(t)$。

解：

n	$S_n^*(0)$	$S_n^*(1)$		
		ω_1	ω_2	ω_3
1	5	6	6	4
2	10	12	8	8

例 9.4　假设 $K=4$，$r=1/9$，并令 $S_n(t)$ 价格过程如表格所示。

n	$S_n(0)$	$S_n(1)$			
		ω_1	ω_2	ω_3	ω_4
1	5	60/9	60/9	40/9	20/9
2	10	40/3	80/9	80/9	120/9

求贴现价格过程 $S_n^*(t)$。

解：

n	$S_n^*(0)$	$S_n^*(1)$			
		ω_1	ω_2	ω_3	ω_4
1	5	6	6	4	2
2	10	12	8	8	12

第二节　无套利条件

一、占优策略

为了使单期模型具有经济学含义，必须满足一些条件。例如，如果投资者在一个交易过程中可以不用承担损失风险而获得正的利润，那么模型的设定显然就不合理，这样的情形称为存在占优策略（dominant strategy）。

定义：占优策略。一个策略 $\hat{H}$ 被称作占优策略，当存在另一个交易策略 $\tilde{H}$，使得 $\hat{V}_0=\tilde{V}_0$ 时，对于任意 $\omega\in\Omega$，$\hat{V}_1(\omega)>\tilde{V}_1(\omega)$。换句话说，虽然两个交易策略下具有相同的初始价值，但是占优策略可以保证期末获得更多的收益。

如果一个交易策略 H 满足 $V_0=0$，且对于任意 $\omega\in\Omega$ 都有 $V_1(\omega)>0$，也就是说，交易策略 H 比其他任何初始价值为 0 以及没有任何投资的策略要更占优，那么可以称 H 是一个占优策略。相反地，如果一个策略 $\hat{H}$ 比 $\tilde{H}$ 更占优，那么可以通过 V 的线性性质 $V_0=\hat{V}_0-\tilde{V}_0$ 和 $V_1(\omega)=\hat{V}_1(\omega)-\tilde{V}_1(\omega)$，定义一个新的策略 $H=\hat{H}-\tilde{H}$，H 显然就是一个占优策略。

性质 9.1　存在占优策略当且仅当存在一个交易策略 H 使得 $V_0=0$，并且对于任意 $\omega\in\Omega$ 都有 $V_1(\omega)>0$。

注意到性质 9.1 的条件从经济学角度来看是不合理的，因为该策略没有任何的初始投资却获得了确定性的正的收益。因此一个存在占优策略的证券市场模型是不合理的。若存在占优策略，那么也就不奇怪市场上存在一个使得财富从初始的严格为负转化为非负的交易策略。

下面我们对这个结论进行证明。假设 H 满足性质 9.1 的条件，那么通过式（9.2）以及 $B_t>0$，可以得到存在一个投资对于任意 $\omega\in\Omega$，$V_0^*=0$ 并且 $V_1^*(\omega)>0$，因此通过式（9.3），$H=(H_1,\cdots,H_N)$一定对于任意$\omega\in\Omega$都满足$G^*(\omega)>0$。于是可以通过设定$\tilde{H}_n=H_n$（$n=1,\cdots,N$），定义新策略$\tilde{H}$：

$$\tilde{H}_0=-\sum_{n=1}^{N}H_nS_n^*(0)-\delta$$

其中，

$$\delta\equiv\min_{\omega}G^*(\omega)>0$$

根据$\tilde{V}_t^*$的定义可知$\tilde{V}_0^*\equiv-\delta<0$且对于任意$\omega\in\Omega$都有$\tilde{V}_t^*(\omega)=\tilde{V}_0^*+\tilde{G}^*(\omega)=-\delta+\tilde{G}^*(\omega)\geqslant0$，因此再次通过式（9.2）就得到了$\tilde{H}$。

相反地，假设存在一个交易策略$\tilde{H}=(\tilde{H}_1,\cdots,\tilde{H}_N)$，那么通过上述的逆过程，对于任意$\omega\in\Omega$都有$\tilde{G}^*(\omega)>0$，因此令$H_n=\tilde{H}_n$（$n=1,\cdots,N$）得

$$H_0=-\sum_{n=1}^{N}H_nS_n^*(0)$$

那么新策略H满足$V_0=0$且对于任意$\omega\in\Omega$都有$V_1(\omega)>0$，性质 9.1 还可以等价为性质 9.2。

性质 9.2 存在占优策略当且仅当存在一个交易策略使得$V_0<0$，并且对于任意$\omega\in\Omega$都有$V_1(\omega)\geqslant0$。

占优策略的存在还会导致我们不能合理地对金融产品定价。$V_1(\omega)$经常被认为是在时间$t=1$时一个合约或组合的收益，而V_0被认为是在时点$t=0$时该合约或组合的价格，但是如果一个交易策略$\hat{H}$比$\tilde{H}$更占优，那么即使前者在任意$\omega\in\Omega$状态下都有更高的收益，组合$\hat{V}$和$\tilde{V}$也都具有相同的价格，而这与现实情况并不相符。

二、线性定价测度

若存在线性定价测度（linear pricing measure），则金融产品的价格将具有一致性，也就是说，对于每一个交易策略H，有一个非负的向量$\pi=(\pi(\omega_1),\cdots,\pi(\omega_K))$，使得

$$V_0^*=\sum_{\omega_i}\pi(\omega_i)V_1^*(\omega_i)=\sum_{\omega_i}\pi(\omega_i)V_1(\omega_i)/B_1(\omega_i)$$

现在与占优策略相关的不符合逻辑的定价不再存在，每一个组合都有唯一的价格，且一个组合如果比另一个偿付更多，其也会有更高的初始成本。

若存在线性定价测度π，那么通过V_t^*的定义可以得到

$$H_0+\sum_{n=1}^{N}H_nS_n^*(0)=\sum_{\omega_i}\pi(\omega_i)\left[H_0+\sum_{n=1}^{N}H_nS_n^*(1)(\omega_i)\right]\tag{9.4}$$

式（9.4）对任意的交易策略H都成立。特别地，我们令$H_0>0,H_1=H_2=\cdots=H_N=0$，可以得到线性定价测度必须满足$\pi(\omega_1)+\pi(\omega_2)+\cdots+\pi(\omega_K)=1$，因此可以认为$\pi$是在样本空间$\Omega$下的概率测度。

对于任意的选定的n，令$H_n=1$，而其余所有的$H_i=0(i\neq n)$，那么可以得到

$$S_n^*(0)=\sum_{\omega_i}\pi(\omega_i)S_n^*(1)(\omega_i)\cdot E^{\pi}(S_n^*(1)),\quad n=1,\cdots,N\tag{9.5}$$

其中，E^{π} 表示在概率测度 π 下的数学期望值。

相反地，假设 π 是在样本空间 Ω 下的概率测度，则有式（9.5）成立，那么式（9.4）也自然成立。因此，我们可以得到性质 9.3。

性质 9.3 π 是线性定价测度，当且仅当它是满足式（9.5）的概率测度。

由于线性定价测度 π 可以作为概率测度，式（9.5）表明每个证券的初始价格都等于在这个测度下的期末贴现价格的期望。相同地，通过 π 的初始定义，任何投资组合的初始价值 V_0 都等于在测度 π 下期末贴现价格的期望。

结果表明，占优策略与线性定价测度之间存在着密切的关系。

性质 9.4 存在线性定价测度，当且仅当不存在占优策略。

这一性质可以通过线性规划对偶理论进行验证。特别地，令列向量 $\pi \in \mathbb{R}^K$ 以及列向量 $Z \in \mathbb{R}^{N+1}$：

$$Z = \begin{pmatrix} S_1^*(0) \\ \vdots \\ S_N^*(0) \\ 1 \end{pmatrix}$$

并且令 $\mathbb{Z}$ 为 $(N+1) \times K$ 阶矩阵：

$$\mathbb{Z} \equiv \begin{pmatrix} S_1^*(1,\omega_1) & \cdots & S_1^*(1,\omega_K) \\ \vdots & & \vdots \\ S_N^*(1,\omega_1) & \cdots & S_N^*(1,\omega_K) \\ 1 & \cdots & 1 \end{pmatrix}$$

然后通过性质 9.3 可知，线性定价测度的存在表明下面的线性规划的解存在：

$$\begin{aligned} \max \quad & (0,\cdots,0)\pi \\ \text{s.t.} \quad & \begin{cases} \mathbb{Z}\pi = Z \\ \pi \geqslant 0 \end{cases} \end{aligned} \tag{9.6}$$

通过对偶理论，该线性规划问题的对偶问题一定存在解 $h = (h_1, \cdots, h_{N+1})$：

$$\begin{aligned} \min \quad & hZ \\ \text{s.t.} \quad & h\mathbb{Z}\pi \geqslant 0 \end{aligned} \tag{9.7}$$

这两个对偶的最优化问题的目标值一定会重合（某种情况下显然都会等于 0）。式（9.7）中的解 h 可以认为是一个交易策略，其最后一个元素 h_{N+1} 与 H_0 对应。式（9.7）中的目标函数表明 $V_0^* = 0$，而约束条件表明对于任意 $\omega \in \Omega$ 都有 $V_1^*(\omega) \geqslant 0$，因此通过性质 9.2 中的线性定价测度的存在性可知，不存在任何占优策略。

相反地，若不存在占优策略，那么式（9.7）存在解 $h = 0$，根据对偶理论，式（9.6）中的解 π 可以被看作一个线性定价测度。

综上所述，从经济学的角度来看，允许占优策略的证券市场模式是不合理的。另外，因为无占优策略的模型伴随着线性定价测度，所以这些模型似乎是合理的。因此，将注意力集中在无占优策略的模型上是有意义的。

定义：一价定律（law of one price）。如果市场上不存在这样两个交易策略 $\hat{H} = \tilde{H}$，

对任意 $\omega\in\Omega$ 都满足 $\hat{V}_1(\omega)=\tilde{V}_1(\omega)$，但是 $\hat{V}_0>\tilde{V}_0$，我们则称这个市场满足一价定律。

换言之，如果一价定律成立，那么任何资产的价格在 $t=0$ 时刻是唯一的。如果有两个不同的交易策略在 $t=1$ 时产生相同的收益，但其相应投资组合的初始价值不同，则一价定律不成立。这一概念在性质 9.2 中提到了。

注意如果不存在两个不同的交易策略在 $t=1$ 时产生相同的收益，那么一价定律自然成立。换言之，如果交易策略 $\hat{H}$ 和 $\tilde{H}$ 满足 $\hat{V}_1^*=\tilde{V}_1^*$ 且 $\hat{V}_0^*>\tilde{V}_0^*$，意味着对任意 $\omega\in\Omega$ 都有 $\hat{G}^*(\omega)\leqslant\tilde{G}^*(\omega)$。定义一个新交易策略 $H_n=\tilde{H}_n-\hat{H}_n$（$n=1,\cdots,N$），对任意 $\omega\in\Omega$ 都有 $G^*(\omega)>0$，因此根据性质 9.1 可以得到性质 9.5。

性质 9.5　如果不存在占优策略，那么一价定律成立，反之未必。

换言之，如果一价定律不成立，那么就存在一个占优策略。反之不一定正确，如例 9.5 所示，对于满足一价定律的模型是存在占优策略的。因此，在某种意义上，一价定律不成立比存在占优策略更糟糕。

例 9.5　（一价定律不成立）假设 $K=2$，$N=1$，$r=1$，$S_0=10$ 且 $S_1(\omega_1)=S_1(\omega_2)=12$。

解：根据设定，V_1 在 Ω 上为常数，且对于任意标量 λ，都有无限个交易策略使得 $V_1=\lambda$，并且每个策略都有不同的初值 V_0。

如果假设 $S_1(\omega_2)=8$，那么对于任意 $X\in\mathbb{R}^2$，都存在一个唯一的 H 和一个唯一的初始价格，因此 $V_1=X$，这时一价定律成立。但是，对于交易策略 $H=(10,-1)$，有 $V_0=0$ 且 $V_1=(8,12)$，因此这个策略必定是占优策略。

在没有占优策略的模型中，很明显，这类模型不可能存在以零财富开始并且在 $t=1$ 时财富严格为正的交易策略。如果交易策略从零财富开始，不能损失任何金钱，最后在 $t=1$ 时，在至少一个状态 ω 上（但并非全部）的财富绝对为正，那该怎么办？换言之，投资者将有可能在交易中获利，但不会面临遭受损失的风险。这种投资机会被称为套利机会，从经济学角度看也是不合理的。

定义：套利机会是一种交易策略 H，使得 $V_0=0$、$V_1\geqslant 0$、$E(V_1)>0$。其中，$E(\cdot)$ 表示数学期望。

注意到套利机会是一种无风险获取利润的方式：开始时没有初始成本，并且没有任何负债，却具有得到正财富的机会和概率。如果存在这种情况，那么每个人都会采用这种交易策略，从而影响证券价格。因此，从经济学角度来看，单期模型是合理的，要求市场上不存在任何套利机会。

通过性质 9.1 的原理可以得到性质 9.6。

性质 9.6　如果存在一个占优策略，那么就存在一个套利机会，但反之并不成立。

例 9.6　假设 $K=2$，$N=1$，$r=0$，$S_0=10$，且 $S_1(\omega_1)=12$，$S_1(\omega_2)=10$（对于一只股票，下标表示时间）。对于交易策略 $H=(-10,1)$，其显然是套利机会，因为有 $V_0=0$ 且 $V_1=(2,0)$，但是 $\pi=(0,1)$ 是一个线性定价测度，因此不存在占优策略。

通过式（9.2）与对于任意 t 和 ω 都有 $B_t>0$，可以得到性质 9.7。

性质 9.7　策略 H 是一个套利机会，当且仅当：① $V_0^*=0$；② $V_1^*\geqslant 0$；③ $E(V_1^*)>0$。

事实上，通过收益过程，我们还可以得到一种等价条件：策略 H 是一个套利机会，当且仅当$G^* \geqslant 0$，$E(G^*) > 0$。

为了说明这一点，假设 H 是一个套利机会。根据式（9.3），$G^* = V_1^* - V_0^*$，因此通过性质 9.7 有$G^* \geqslant 0$且$E(G^*) = E(V_1^*) - E(V_0^*) = E(V_1^*) > 0$。相反地，假设性质 9.7 中的①和②被某种交易策略$\hat{H}$满足，然后考虑下述策略$H = (H_0, \hat{H}_1, \cdots, \hat{H}_N)$，其中：

$$H_0 = -\sum_{n=1}^{N} \hat{H}_n S_n^*(0)$$

在H下$V_0^* = 0$，另外，通过式（9.3）可以得到$V_1^* = V_0^* + G^* = G^*$，因此在性质 9.7 中，$H$ 是一个套利机会，①和②即意味着$V_1^* \geqslant 0$和$E(V_1^*) > 0$。

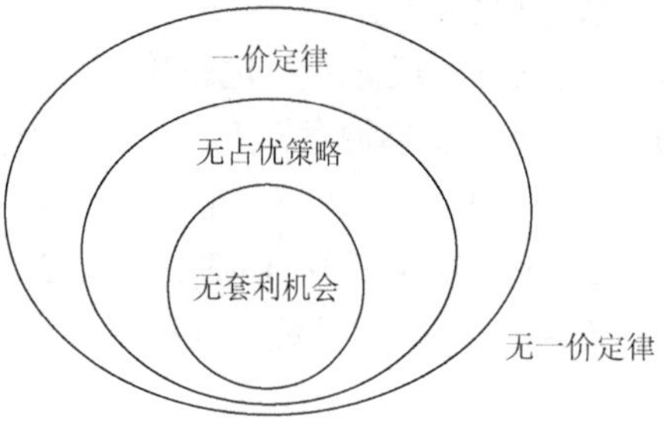

图 9.1　单期证券市场模型分类

综上所述，如图 9.1 所示，所有单期证券市场模型可分为四类：①无套利机会；②有套利机会但无占优策略；③有占优策略但一价定律成立；④一价定律不成立。从经济学的角度来看，只有第一类是合理的。

不幸的是，要直接检验模型是否存在套利机会并非易事，至少在存在两个或更多风险证券的情况下更是如此，但模型不存在套利机会有一个重要的充要条件，这种情况涉及贴现价格过程和风险中性概率测度，这是一种特殊的线性定价测度，这将是第三节的主题。

第三节　风险中性概率测度

在第二节中，可以发现如果存在一个线性定价测度，那么就不可能存在任何占优策略，但仍然存在套利机会。为了排除套利机会，我们还需要一个线性定价测度，使得每个状态$\omega \in \Omega$为严格正的财富。

如果满足下列条件，则在事件集Ω上的概率测度Q为风险中性概率测度。

（1）对任意$\omega \in \Omega$，都有$Q(\omega) > 0$。

（2）$E_Q(\Delta S_n^*) = 0$，$n = 1, 2, \cdots, N$。

其中，$E_Q(X)$表示随机变量X在概率测度Q下的期望，注意：

$$E_Q(\Delta S_n^*) = E_Q(S_n^*(1) - S_n^*(0)) = E_Q(S_n^*(1)) - E_Q(S_n^*(0))$$

因此$E_Q(\Delta S_n^*) = 0$等同于：

$$E_Q(S_n^*(1)) = E_Q(S_n^*(0)), \quad n = 1, 2, \cdots, N \tag{9.8}$$

这与式（9.5）基本相同，并表示在特定的概率测度下，每个风险证券在时间$t = 1$的贴现价格等于其初始价格。因此，给定每个状态$\omega \in \Omega$的价值都是严格正，风险中性概率测度是一个线性定价测度。

我们现在可以得到一个非常重要的结果。

性质 9.8　套利机会不存在当且仅当存在一个风险中性概率测度 Q。

在证明结果之前，可以先看几个例子。

例 9.1（续）为了找到严格正的概率 $Q(\omega_1)$ 和 $Q(\omega_2)$ 满足：

$$5 = 6Q(\omega_1) + 4Q(\omega_2)$$

同时 Q 必须是概率测度，需要满足：

$$1 = Q(\omega_1) + Q(\omega_2)$$

容易得到满足等式的 $Q(\omega_1) = Q(\omega_2) = 1/2$，因此这就是风险中性概率测度，通过性质 9.8 得知该市场不存在套利机会。

容易发现本例中的贴现价格过程不存在套利机会。事实上，根据性质 9.8 可以容易地理解含有一个简单的风险资产（$N = 1$）的例子。从定义出发，套利机会存在当且仅当投资者在贴现价格过程 S^* 上持有 H_1 的头寸可以获得非负的收益，这就说明至少存在一个 $\omega \in \Omega$ 使得 $S^*(\omega) > 0$，或者至少存在一个 $\omega \in \Omega$ 使得 $S^*(\omega) < 0$。在上述两种情况中，找到一个满足式（9.8）的严格为正的概率测度是有可能的。如果这两种情况都不存在，那么可以发现风险中性概率测度并且套利机会不存在。

例 9.2（续）为了找到风险中性概率测度，我们需要解下列两个三元一次等式：

$$5 = 6Q(\omega_1) + 4Q(\omega_2) + 3Q(\omega_3)$$
$$1 = Q(\omega_1) + Q(\omega_2) + Q(\omega_3)$$

我们将用 $Q(\omega_1)$ 表达另外两个未知的 $Q(\omega_2), Q(\omega_3)$，那么该系统将满足对于任意 $Q(\omega_1)$ 都有

$$Q(\omega_2) = 2 - 3Q(\omega_1)$$
$$Q(\omega_3) = -1 + 2Q(\omega_1)$$

由于 Q 是严格为正的概率测度，我们必须使得对于任意 i 都有 $Q(\omega_i) > 0$，那么就可以将上述两个等式转化为两个关于 $Q(\omega_1)$ 的不等式，并且 $Q(\omega_1) > 0$。因此可以得到 $Q(\omega_2) > 0$ 当且仅当 $Q(\omega_1) < 2/3$，相同地，$Q(\omega_3) > 0$ 当且仅当 $Q(\omega_1) > 1/2$。因此结果是严格为正的概率测度当且仅当 $1/2 < Q(\omega_1) < 2/3$。换句话说，对于任意参数值 λ 满足 $1/2 < \lambda < 2/3$，$Q = (\lambda, 2 - 3\lambda, -1 + 2\lambda)$ 是风险中性概率测度，且不存在套利机会。

例 9.3（续）为了找到风险中性概率测度，我们需要解下面的线性方程组：

$$\begin{cases} 5 = 6Q(\omega_1) + 6Q(\omega_2) + 4Q(\omega_3) \\ 10 = 12Q(\omega_1) + 8Q(\omega_2) + 8Q(\omega_3) \\ 1 = Q(\omega_1) + Q(\omega_2) + Q(\omega_3) \end{cases}$$

容易得到满足等式的 $Q(\omega_1) - Q(\omega_3) - 1/2$，$Q(\omega_2) - 0$。这是一种线性定价测度，但这种测度并不是严格正的，因此不存在风险中性概率测度。根据性质 9.7，这种情况下肯定存在套利机会，但需要花点时间来找，我们将稍后再回到这个例子。

例 9.3 说明当存在两个或更多风险证券时，风险中性概率测度的几何意义不再像单一证券中那样直观。从第一种证券的贴现价格过程来看，很明显，我们可以找到满足公式 $E_Q(S_1^*(1)) = 5$ 的严格正概率测度 Q。对于第二种风险证券也是同理。

问题在于，我们无法找到一个严格正概率测度同时适用于两种证券。尽管单独来看，

这些证券似乎是可接受的，但是这两种证券之间的相互作用存在套利机会。正是这种相互作用使得在有两种或更多风险证券存在的情况下更难以直观地理解性质 9.7。

这三个例子说明了可能出现的三种情况：①存在唯一的风险中性概率测度；②存在无限多个风险中性概率测度；③不存在风险中性概率测度。对于 $N \geqslant 2$ 的情况，我们现在返回对性质 9.8 的解释。对于一般的单期模型，考虑集合：

$$\mathbb{W} = \{X \in \mathbb{R}^K : X = G^*，\text{对任意的交易策略 } H\}$$

我们应该把 $\mathbb{W}$ 认为是一组随机变量，且根据式（9.3），我们应认为当投资的初始值为零时，每个 $X \in \mathbb{W}$ 为一个可能的在时间 $t=1$ 上的贴现价值。注意 $\mathbb{W}$ 是 $\mathbb{R}^K$ 的一个线性子空间，也就是说，对于任意 $X \in \mathbb{W}$ 、$\hat{X} \in \mathbb{W}$ 以及常数 a 和 b ，都有 $aX + b\hat{X} \in \mathbb{W}$ 。

紧接着考虑集合：

$$\mathbb{A} \equiv \{X \in \mathbb{R}^K : X \geqslant 0 \text{且} X \neq 0\}$$

其处于 $\mathbb{R}^K$ 的非负象限。鉴于性质 9.7，当且仅当 $\mathbb{W} \cap \mathbb{A} \neq \varnothing$ ，市场存在套利机会，即当且仅当子空间 $\mathbb{W}$ 与 $\mathbb{R}^K$ 的非负部分交叉，市场存在套利机会。因此，要在一个没有风险中性概率测度的模型中寻找套利机会，可以使用线性代数学来定量地描述 $\mathbb{W}$ ，然后计算 $\mathbb{W}$ 与 $\mathbb{A}$ 的交集。

现在子空间 $\mathbb{W}$ 对应的正交子空间为

$$\mathbb{W}^{\perp} = \{Y \in \mathbb{R}^K : X \cdot Y = 0, \forall X \in \mathbb{W}\}$$

其中，X 和 Y 的内积 $X \cdot Y$ 定义为 $X \cdot Y = X(\omega_1)Y(\omega_1) + \cdots + X(\omega_K)Y(\omega_K)$ 。如果考虑 $K=2$ 时的集合，或者 $K=3$ ，是很容易相信 $\mathbb{W} \cap \mathbb{A} \neq \varnothing$ 意味着 $\mathbb{W}^{\perp}$ 中存在一条射线，沿着这条射线，不在原点的每个点的每个分量都是严格正的。特别地，沿着这条射线将存在一个点，其分量总和为 1，在这种情况下，这一点可以被解释为一个概率测度。换句话说，定义

$$\mathbb{P}^{+} = \{X \in \mathbb{R}^K : X_1 + \cdots + X_K = 1，\ X_1, \cdots, X_K > 0\}$$

其几何图形表明当且仅当 $\mathbb{W}^{\perp} \cap \mathbb{P}^{+} \neq \varnothing$ ，存在 $\mathbb{W} \cap \mathbb{A} \neq \varnothing$ 。

因为对于任意 n 都有 $\Delta S_n^* \in \mathbb{W}$ ，那么 $\mathbb{W}^{\perp} \cap \mathbb{P}^{+}$ 里的任意元素事实上都是风险中性概率测度，相反地，如果 Q 是任意一个风险中性概率测度，那么对于任意 $G^* \in \mathbb{W}$ 以及对应的交易策略 H ，我们有

$$E_Q(G^*) = E_Q\left(\sum_{n=1}^{N} H_n \cdot S_n^*\right) = \sum_{n=1}^{N} H_n E_Q(\Delta S_n^*) = 0 \tag{9.9}$$

那么 $Q \in \mathbb{W}^{\perp} \cap \mathbb{P}^{+}$ 。因此如果我们定义含有所有风险中性概率测度的集合，那么有

$$\mathbb{M} = \mathbb{W}^{\perp} \cap \mathbb{P}^{+}$$

另外，通过图 9.2，我们可以推测 $\mathbb{W} \cap \mathbb{A} \neq \varnothing$ 当且仅当 $\mathbb{M} \neq \varnothing$ 。这个推测显然与性质 9.8 一样。

为了使这一论点更为严谨，并将其应用于一般 K 的情形，可以方便地使用 Hahn-Banach 定理的一个版本——超平面分离定理。考虑下述集合：

$$\mathbb{A}^{+} = \{X \in \mathbb{A} : E(X) \geqslant 1\}$$

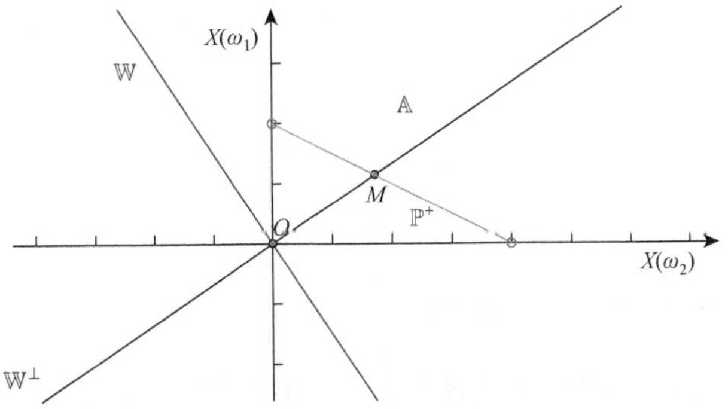

图 9.2　风险中性概率测度的几何意义

这是一个在 $\mathbb{R}^K$ 上为凸的闭集，套利机会存在意味着 $\mathbb{W}$ 和 $\mathbb{A}^+$ 是不相交的，因此根据超平面分离定理，存在 $Y \in \mathbb{W}^\perp$ 使对于任意 $X \in \mathbb{A}^+$ 都有 $X \cdot Y > 0$，对于任意 $k = 1, \cdots, K$，我们可以发现一个在 $\mathbb{A}^+$ 上的向量 X，其第 k 个元素为正且其他元素都为零，因此每一个 Y 中的元素必须严格为正。通过设定 $Q(\omega_k) = Y(\omega_k) / (Y(\omega_1) + \cdots + Y(\omega_k))$，显然 Q 为在 $\mathbb{W}^\perp$ 上的概率测度。由于对于任意 n 都有 $\Delta S_n^* \in \mathbb{W}$，我们可以认为 Q 是一个风险中性概率测度。

很容易得到与性质 9.8 相反的情况。如果一个 Q 是风险中性概率测度，那么像上述解释的那样，对于一个套利策略 H，我们有式（9.9），即 G^* 不满足 $G^* \geqslant 0$ 且 $E(G^*) \geqslant 0$。因此根据性质 9.7，如果一个 Q 是风险中性概率测度，则不存在任何套利机会且我们的推测和性质 9.8 得以验证。

例 9.3（续）已知 S_n^*，如果我们想要计算非空集合 $\mathbb{W} \cap \mathbb{A}$，我们可以计算得到 ΔS_n^*，如下表所示。

n	$\Delta S_n^*(1)$		
	ω_1	ω_2	ω_3
1	1	1	−1
2	2	−2	−2

所有交易可能得到的财富集合 $\mathbb{W}$ 满足：

$$\mathbb{W} = \{X \in \mathbb{R}^3 : X = (H_1 + 2H_2, H_1 - 2H_2, -H_1 - 2H_2),\ \ H_1, H_2 \in \mathbb{R}\}$$

注意到对于任意 $X \in \mathbb{W}$ 都有 $X_1 + X_3 = 0$，相反地，给定任意满足 $X_1 + X_3 = 0$ 的向量 X 都可以找到一个满足 $G^* = X$ 的唯一交易策略 H。因此

$$\mathbb{W} = \{X = (X_1, X_2, X_3) \in \mathbb{R}^3 : X_1 + X_3 = 0\}$$

那么：

$$\mathbb{W}^\perp = \{Y \in \mathbb{R}^3 : Y = (\lambda, 0, \lambda),\ \ \lambda \in \mathbb{R}\}$$

现在比较 $\mathbb{W}$ 和 $\mathbb{A}$，我们可以得到

$$\mathbb{W} \cap \mathbb{A} = \{X \in \mathbb{R}^3 : X_1 = X_3 = 0, X_2 > 0\}$$

从任意正的 X_2，我们可以计算得到交易策略 H，使得 $t=1$ 时刻的组合价值为 $(0,X_2,0)$。那么可以得到解：

$$H_1+2H_2=0$$

$$H_1-2H_2=X_2$$

即 $H_1=X_2/2$ 且 $H_2=-X_2/4$，最终得到

$$H_0=-H_1S_1^*(0)-H_2S_2^*(0)=-5(X_2/2)-10(X_2/4)$$

如果令 $H_0=0$，很显然对于任意 $X_2>0$，$H=(0,X_2/2,-X_2/4)$ 是一个套利机会。

第四节 衍生品定价原理

假设未定权益是一个随机变量 X，表示 $t=1$ 时的收益。我们可以把未定权益看作买卖双方在 $t=0$ 时签订的合同的一部分。如果 $\omega\in\Omega$ 是未来的真实状态，卖方承诺在 $t=1$ 时向买方支付 $X(\omega)$ 的金额。因此，当 $t=0$ 时，未定权益 X 是一个随机变量，重要的是确定该收益在 $t=0$ 时的值。换言之，我们关心的是买方在 $t=0$ 时应向卖方支付的公平价格是多少，才能使双方满意。

或许会认为，未定权益的价值取决于买方和卖方的风险偏好和效用函数，但在许多情况下并非如此。根据 APT 的论点，未定权益通常存在一个唯一在 $t=0$ 时的价值，该值不依赖于买卖双方的风险偏好。

定义：复制策略。如果存在某种交易策略 H，使得未定权益 X 的收益和交易策略 H 所产生的期末财富相同，即 $V_1=X$，则称其为可复制的投资组合。在这种情况下，我们说 H 生成 X。

现在假设 $t=0$ 时，X 的价格 p 满足 $p>V_0$，那么投资者在 $t=0$ 时出售价格为 p 的未定权益，并且构造成本为 V_0 的交易策略 H，其就获得了无风险利润 $p-V_0$，因为在 $t=1$ 时，与 H 对应的投资组合的价值 V_1 正好等于未定权益的债务 X。换句话说，如果 $p>V_0$，那么这个精明的投资者可以通过投资一个投资组合来锁定利润，以清偿未定权益的债务。

同样地，如果 $p<V_0$，那么一个精明的投资者将根据交易策略 H 在 $t=0$ 时借到 V_0 的金额，并购买价格为 p 的未定权益，从而锁定 V_0-p 的无风险利润。在 $t=1$ 时，收回的金额 X 正好与结算未定权益的价值 V_1 相等。也就是说，如果 $p<V_0$，那么这个精明的投资者可以锁定一个无风险的利润 V_0-p。

如果 $p=V_0$，那么显然我们不能用 H 来获取无风险的利润。这不一定意味着 V_0 是 X 的正确值，因为假设有第二种交易策略，比如说 $\hat{H}$，使得 $\hat{V}_1=X$ 但 $\hat{V}_0\neq V_0$，那么，即使 $p=V_0$，也可以使用上面的论述来锁定与 $\hat{H}$ 有关的无风险利润。当然，这里的问题是，一价定律并不成立。因此对于唯一的、满足逻辑的、在 $t=0$ 时的价格 V_0，假设一价定律成立确实有必要。在这种情况下，我们说 V_0 是 APT 所暗示的 X 的价格。

如第二节所述，如果没有套利机会，那么就没有占优策略，如果没有占优策略，那么一价定律成立。因此，根据性质 9.8，风险中性概率测度的存在意味着一价定律成立。或者，我们可以从以下重要的计算过程中直接看到，若 Q 是任意的风险中性概率测度，那么对于任意一个交易策略 H 都有

$$\begin{aligned} V_0 = V_0^* &= E_Q(V_0^*) \\ &= E_Q(V_1^* - G^*) \\ &= E_Q(V_1^*) - E_Q\left(\sum_{n=1}^{N} H_n \cdot S_n^*\right) \\ &= E_Q(V_1^*) - \sum_{n=1}^{N} H_n E_Q(\Delta S_n^*) \\ &= E_Q(V_1^*) = E_Q(V_1 / B_1) \end{aligned} \tag{9.10}$$

换句话说，在 Q 下，$t=1$ 时，任何投资组合的预期贴现价值等于其初始值。因此，如果投资组合价值上升的概率为正，那么价值下降的概率也一定为正，反之亦然。此时，不可能存在两个交易策略 H 和 $\hat{H}$，使得 $V_1 = \hat{V}_1$ 和 $V_0 \neq \hat{V}_0$，所以一价定律必须成立。

注意到式（9.10）中的计算不取决于对 Q 的选择，因为 V_1^* 是某些交易策略下投资组合在 $t=1$ 时的贴现值。换句话说，对于存在两个或两个以上风险中性概率测度的模型，对于任意 Q，$E_Q(V_1^*)$ 是常数。

回到未定权益 X，根据本节开头的论点，我们有以下重要的定价概念。

性质 9.9　如果一价定律成立，则可获得的未定权益 X 在 $t=0$ 时的值为 $V_0 = H_0 B_0 + \sum_{n=1}^{N} H_n S_n(0)$，其中，$H$ 表示生成 X 的交易策略。

如果我们有一个更强的条件，即模型不存在套利机会，根据式（9.2）、式（9.10）、性质 9.9 和 $B_0 = 1$，那么我们会得到以下结果。

性质 9.10　风险中性定价原理：如果单期模型不存在套利机会，则 $t=0$ 时可获得的未定权益 X 的价值为 $E_Q(X / B_1)$，其中，Q 是任意风险中性概率测度。

我们现在来看几个例子。

例 9.1（续）假设 $r = 1/9$，$X(\omega_1) = 7$，$X(\omega_2) = 2$，如果 X 是可复制的，那么 $t=0$ 时 X 的价值为

$$E_Q(X / B_1) = \frac{1}{2} \times \frac{9}{10} \times 7 + \frac{1}{2} \times \frac{9}{10} \times 2 = 4.05$$

为了检验这个结果，一个方法是计算存在交易策略 H 生成 X。这可以通过计算下列连等式求得。

$$X / B_1 = V_1^* = V_0^* + G^* = 4.05 + H_1 \Delta S_1^*$$

上述连等式中只包含一个未知变量 H_1。对于任意 ω，这两个等式都有相同的解，$H_1 = 2.25$。为了决定 H_0 的大小，我们可以解下列等式：

$$4.05 = V_0 = H_0 + H_1 S_1 = H_0 + 2.25 \times 5$$

得到 $H_0 = -7.2$ 。

总的来说，未定权益 X 实际上是可复制的。为了生成 X ，首先需要有初始财富 4.05 元，再以无风险利率 $r = 1/9$ 借 7.2 元，然后利用 $7.2 + 4.05 = 11.25$ 元购买 $11.25 \div 5 = 2.25$ 份风险资产。在 $t = 1$ 时，需要支付 $7.2 \times 10/9 = 8$ 元来偿还这笔债务。该投资组合的价值依赖于事件 ω ： ω_1 发生时，组合的价值为 $V_1 = 2.25 \times 20/3 - 8 = 7$ ； ω_2 发生时，组合的价值为 $V_1 = 2.25 \times 40/9 - 8 = 2$ 。如果 $t = 0$ 时，该未定权益的价值与 4.05 不同，那么可以利用本部分开头讨论的交易过程来获取无风险收益。

例 9.7 对于一个更普遍的模型，令

$$X(\omega) = \begin{cases} 1, & \omega = \hat{\omega} \\ 0, & \omega \neq \hat{\omega} \end{cases}$$

对于一些 $\hat{\omega} \in \Omega$ ，如果 X 是可复制的，那么 $t = 0$ 时 X 的价值为

$$E_Q(X / B_1) = \sum_{\omega} Q(\omega) X(\omega) / B_1(\omega) = Q(\hat{\omega}) / B_1(\hat{\omega})$$

由于这个原因， $Q(\hat{\omega}) / B_1(\hat{\omega})$ 有时被称为关于 $\hat{\omega} \in \Omega$ 的状态价格。因此 $t = 0$ 时的未定权益 X 的价格仅是以状态价格作为权重的不同状态的报酬的加权平均和。

例 9.2（续）考虑任意未定权益 $X = (X_1, X_2, X_3)$ 。当且仅当对于某对数 H_0 和 H_1 ， $V_1 = H_0 B_1 + H_1 S_1 = X$ ，即方程组存在解时，未定权益才可以被复制。

$$\omega_1\text{: } (10/9) H_0 + (20/3) H_1 = X_1$$

$$\omega_2\text{: } (10/9) H_0 + (40/9) H_1 = X_2$$

$$\omega_3\text{: } (10/9) H_0 + (30/9) H_1 = X_3$$

因为有三个方程却只有两个未知数，所以该线性方程组可能没有解。用第三个方程代替前两个方程中的 H_0 得到 $H_1 = (3X_1 - 3X_3)/10$ 和 $H_1 = (9X_2 - 9X_3)/10$ 。

因此，当且仅当 H_1 的这两个值相同时，未定权益 X 是可得的，即当且仅当

$$X_1 - 3X_2 + 2X_3 = 0 \tag{9.11}$$

这个例子说明了一个一般原则，即当基础模型具有多个风险中性概率测度时，并非所有未定权益都是可复制的，这一原则将在第五节中阐述。

第五节 市场的完备性

存在风险中性概率测度并不一定意味着可以使用风险中性定价来确定未定权益在 $t = 0$ 时的价格。因为未定权益可能不能复制，在这种情况下，不清楚其 $t = 0$ 时的价格应该是多少，尤其没有理由确定等式 $E_Q(X / B_1)$ 是正确的。因此，我们需要一种方便的方法来检查未定权益是否确实可复制。如第四节例 9.1（续）所示，一种方法是通过求解连等式来计算复制未定权益的交易策略。当且仅当未定权益可复制时，这种解决方案才会存在，但还有其他的方法。

定义：市场完备性。如果市场模型中每个未定权益 X 都可以通过某种交易策略生成，则该市场模型是完备的。否则，这个市场模型就被认为是不完备的。

事实证明，有一些简单的方法可以检查市场是否完备。一种方法是理解上面提到的连等式何时总是有解。

性质 9.11　假设没有套利机会，市场是完备的，当且仅当 Ω 中未知状态数量 K 等于 $\{B_1, S_1(1), \cdots, S_1(N)\}$ 中独立向量的个数。

为了证明这个性质，定义 $K\times(N+1)$ 阶矩阵 A：

$$A=\begin{bmatrix} B_1(\omega_1) & S_1(1)(\omega_1) & \cdots & S_N(1)(\omega_1) \\ B_1(\omega_2) & S_1(1)(\omega_2) & \cdots & S_N(1)(\omega_2) \\ \vdots & \vdots & & \vdots \\ B_1(\omega_K) & S_1(1)(\omega_K) & \cdots & S_N(1)(\omega_K) \end{bmatrix}$$

并考虑列向量 $H=(H_0, H_1, \cdots, H_N)^\top$ 和 $X=(X_1, \cdots, X_K)$。当且仅当 $AH=X$ 对于每个 X 都有对应解 H 时，该模型是完备的。通过线性代数学的内容得知，当且仅当矩阵 A 有秩 K，即该矩阵有 K 个独立列时，模型是完备的才成立。

例 9.1（续）矩阵

$$A=\begin{bmatrix} 10/9 & 20/3 \\ 10/9 & 40/9 \end{bmatrix}$$

有两个独立的行，矩阵行满秩，因此市场是完备的。

例 9.2（续）矩阵

$$A=\begin{bmatrix} 10/9 & 20/3 \\ 10/9 & 40/9 \\ 10/9 & 10/3 \end{bmatrix}$$

秩为 2，而 $K=3$，所以这个市场是不完备的。我们前面看到，风险中性概率测度的形式是 $Q=(\lambda, 2-3\lambda, -1+2\lambda)$，其中，$\lambda$ 是满足 $1/2<\lambda<2/3$ 的任意标量。假设我们取任意这样的 Q，然后使用性质 9.10 中的公式：

$$E_Q(X/B_1)=\lambda\left(\frac{9}{10}\right)X_1+(2-3\lambda)\left(\frac{9}{10}\right)X_2+(-1+2\lambda)\left(\frac{9}{10}\right)X_3$$

如果 X 是可复制的，那么 X 的值对于所有 λ 都是相同的，因为在生成交易策略下它必须与 V_0 一致。注意，当且仅当式（9.11）成立时，$E_Q(X/B_1)$ 相同。此外，回顾有关式（9.11）的讨论，未定权益可复制当且仅当式（9.11）存在。综上所述，我们发现，当且仅当在任意风险中性概率测度下，$E_Q(X/B_1)$ 是相同时，该模型中的未定权益是可复制的。这个充要条件一般成立。

如上所述，在本节中，$\mathbb{M}$ 是所有风险中性概率测度的集合，假设 $\mathbb{M}\neq\varnothing$。如果未定权益 X 是可复制的，那么 $E_Q(X/B_1)$ 对于所有的 $Q\in\mathbb{M}$ 是恒定的。这是因为，已经在式（9.10）中讨论的，对于所有的 $Q\in\mathbb{M}$，有 $V_0=E_Q(X/B_1)$，其中，V_0 表示复制投资组合的初始值。

为了证明相反的情况，假设未定权益X是不可复制的，然后证明等式$E_Q(X/B_1)$对所有$Q\in\mathbb{M}$不取相同的值就足够了。考虑$K\times(N+1)$阶矩阵A，$N+1$维列向量H和K维列向量X。如果X是不可复制的，那么$AH=X$就没有解H。根据 Farkas 引理的一个稍加修改的版本（见章节习题 8），必然存在一个行向量$\pi=(\pi_1,\cdots,\pi_K)$满足：

$$\pi A=0，\pi X>0$$

令$\hat{Q}\in\mathbb{M}$存在套利机会，并且标量$\lambda>0$足够小，使得

$$Q(\omega_k)=\hat{Q}(\omega_k)+\lambda\pi_k B_1(\omega_k)>0，\ k=1,\cdots,K$$

由于π乘以A的第 1 列等于零，刚才定义的量Q实际上是一个概率测度，给出了每个状态$\omega\in\Omega$的正概率。此外，对于任何折扣价格过程S_n^*，我们有

$$\begin{aligned}&E_Q S_n^*(1)\\&=\sum Q(\omega_k)S_n(1,\omega_k)/B_1(\omega_k)\\&=\sum\hat{Q}(\omega_k)S_n(1,\omega_k)/B_1(\omega_k)+\lambda\sum\pi_k S_n(1,\omega_k)\\&=\sum\hat{Q}(\omega_k)S_n^*(1,\omega_k)\end{aligned}$$

其中，π乘以A的第$n+1$列等于零，但是$\hat{Q}\in\mathbb{M}$，因此$\sum\hat{Q}(\omega_k)S_n^*(1,\omega_k)=S_n^*(0)$，我们认识到$Q\in\mathbb{M}$。

有待证明的是，Q下X/B_1的期望值与$\hat{Q}$下的期望值不同。令$\delta=\pi X$，并且注意到$\delta>0$，那么

$$\begin{aligned}&E_Q(X/B_1)\\&=\sum Q(\omega_k)X(\omega_k)/B_1(\omega_k)\\&=\sum\hat{Q}(\omega_k)X(\omega_k)/B_1(\omega_k)+\lambda\sum\pi_k X_n(\omega_k)\\&=E_{\hat{Q}}(X/B_1)+\lambda\delta\end{aligned}$$

换句话说，X是不可复制的，因此$E_Q(X/B_1)\neq E_{\hat{Q}}(X/B_1)$，我们有以下结论。

性质 9.12 未定权益X是可复制的，当且仅当$E_Q(X/B_1)$对于任意$Q\in\mathbb{M}$都有相同的值。

一方面，注意到如果$\mathbb{M}$里面只有一个元素，X是一个任意的未定权益，那么$E_Q(X/B_1)$对所有$Q\in\mathbb{M}$取相同的值，在这种情况下X必须是可复制的，并且市场也是完备的。另一方面，假设每个未定权益X是可复制的，但是$\mathbb{M}$包含两个不同的风险中性概率测度，如Q和$\hat{Q}$。在这种情况下，一定存在$Q(\omega_k)\neq\hat{Q}(\omega_k)$，那么取未定权益$X$，定义为

$$X(\omega)=\begin{cases}B_1(\omega_k), & \omega=\omega_k\\0, & \text{否则}\end{cases}$$

那么

$$E_Q(X/B_1)=Q(\omega_k)\neq\hat{Q}(\omega_k)=E_{\hat{Q}}(X/B_1)$$

这与性质 9.12 相矛盾，即如果X是可复制的，那么$E_Q(X/B_1)$对所有$Q\in\mathbb{M}$取相同的值。因此，如果模型是完备的，那么$\mathbb{M}$中不能有多个元素。结合以上论述得到性质 9.13。

性质 9.13　市场是完备的，当且仅当$\mathbb{M}$只包含一个风险中性概率测度。

总之，如果市场是完备的，那么我们就知道如何为所有的未定权益定价。此外，如果市场不完备，那么我们知道如何对一些未定权益（即所有可实现的未定权益）进行定价。对于在一个不完备的模型中无法实现的权益，我们不能精确地指出它在$t=0$时的价格，但事实证明，我们至少可以确定在$t=0$时的公平合理的价值区间。

在本节的其余部分中，我们将考虑一个不完备的市场，并将重点放在一个不可复制的任意未定权益X上。考虑：

$$V_+(X)\equiv\inf\{E_Q(Y/B_1):Y\geqslant X,Y\text{是可复制的}\}$$

这里选择$Q\in\mathbb{M}$并不重要，因为它只是用来计算可获得的未定权益的价格。还要注意，$V_+(X)$上界由$\sup\{E_Q(X/B_1):Q\in\mathbb{M}\}$限定。

$V_+(X)$很重要，因为它是X的公允价格的一个上界。类似于第四节讨论的套利论点，如果X可以以更高的价格出售，如$p>V_+(X)$，那么可以利用下述交易策略：未定权益Y是可复制的，并且满足$Y\geqslant X$且$p>E_Q(Y/B_1)\geqslant V_+(X)$。

特别是，当$t=0$时，应该卖出X，用部分收益购买价格为$E_Q(Y/B_1)$的投资组合复制Y，则差额$p-E_Q(Y/B_1)$为无风险利润。在时间$t=1$时，投资组合Y的价值将始终足以覆盖未定权益X。因此，$V_+(X)$是最低的投资组合的价格，可用于对冲未定权益X的空头头寸。无法获得的未定权益X不能以高于$V_+(X)$的价格进行交易，否则将存在套利机会。同样，这一未定权益不能以低于$V_-(X)$的价格进行交易。

$$V_-(X)\equiv\sup\{E_Q(Y/B_1):Y\leqslant X,Y\text{是可复制的}\}$$

与$V_+(X)$一样，$V_-(X)$是定义良好的有限量，$V_-(X)<\inf\{E_Q(X/B_1):Q\in\mathbb{M}\}$。$X$的公允价格必须在区间$[V_-(X),V_+(X)]$内。因此，我们可以计算$V_+(X)$以及满足$V_+(X)=E_Q(Y/B_1)$的任何可实现的未定权益$Y\geqslant X$，并且类似地计算$V_-(X)$。

考虑线性规划：

$$\min\quad\lambda$$
$$\text{s.t.}\quad\begin{cases}Y\geqslant X\\U-Y/B_1=0\\\lambda-U\cdot Q_1=0\\\quad\vdots\\\lambda-U\cdot Q_J=0\end{cases}\tag{9.12}$$

其中，$\lambda\in\mathbb{R}$，$Y\in\mathbb{R}^K$，$U\in\mathbb{R}^K$。

这里$Q_j\in\mathbb{M}=\mathbb{W}^\perp\cdot\mathbb{P}^\perp$（$j=1,2,\cdots,J$），是独立向量，从而形成维度为$J$的$\mathbb{W}^\perp$的基。这意味着贴现收益的子空间$\mathbb{W}$具有维数$K-J$，可以表示为

$$\mathbb{W}=\{X\in\mathbb{R}^K:X\cdot Q_j=0,\quad j=1,2,\cdots,J\}$$

现在假设Y是一个可复制的未定权益，$t=0$时，价格为λ，设$U=Y/B_1$。因为$V_1^*=V_0^*+G^*$，等价于$U-\lambda e\in\mathbb{W}$且$U=Y/B_1$，其中e是全为1的行向量。对于所有j，都

有$e\cdot Q_j=1$，所以反过来等价于$U=Y/B_1$，$U\cdot Q_j-\lambda=0$，其中$j=1,2,\cdots,J$。因此式（9.12）中的可行域可以解释为所有可得未定权益Y且$Y\geqslant X$的集合。如果λ和Y是该线性规划最优解的一部分，则$V_+(X)=\lambda$，并且Y是可得未定权益且$Y\geqslant X$，$t=0$时，其价格等于$V_+(X)$。注意，这个线性规划总是存在一个最优解，因为可行域是非空的，目标函数是有界的。

相同地，如果我们解下列线性规划：

$$\min \quad \lambda$$

$$\text{s.t.}\quad \begin{cases} Y\leqslant X \\ U-Y/B_1=0 \\ \lambda-U\cdot Q_1=0 \\ \quad\vdots \\ \lambda-U\cdot Q_J=0 \end{cases} \tag{9.13}$$

其中，$\lambda\in\mathbb{R}$，$Y\in\mathbb{R}^K$，$U\in\mathbb{R}^K$。得到最优解(λ,Y,U)，则$V_-(X)$和Y是一个可得的未定权益，且$Y\leqslant X$，$t=0$时其价格等于$V_-(X)$。

结果表明，线性规划不仅能使我们完全求解感兴趣的量，而且还能给我们带来额外的好处。考虑另一个线性规划：

$$\max \quad \sum_{k=1}^{K}(X(\omega_k)/B(\omega_k))\psi_k$$

$$\text{s.t.}\quad \begin{cases} \theta_1+\cdots+\theta_J=1 \\ \psi_1-Q_1(\omega_1)\theta_1-\cdots-Q_J(\omega_1)\theta_J=0 \\ \psi_2-Q_1(\omega_2)\theta_1-\cdots-Q_J(\omega_2)\theta_J=0 \\ \quad\vdots \\ \psi_K-Q_1(\omega_K)\theta_1-\cdots-Q_J(\omega_K)\theta_J=0 \end{cases} \tag{9.14}$$

其中，$\psi\in\mathbb{R}^K$，$\theta\in\mathbb{R}^J$，$\psi\geqslant 0$。

如果(ψ,θ)是一个可行的套利机会，那么

$$\psi=\theta_1 Q_1+\cdots+\theta_J Q_J$$

这是非负的，另外，e是全为 1 的行向量，那么我们有

$$e\cdot\psi=\theta_1 e\cdot Q_1+\cdots+\theta_J e\cdot Q_J=\theta_1+\cdots+\theta_J=1$$

由于每个Q_j是一个概率测度，ψ也可以被认为是一个概率测度。对于任意贴现价格过程S_n^*我们有

$$E_\psi(\Delta S_n^*)=\theta_1\Delta S_n^*\cdot Q_1+\cdots+\theta_J\Delta S_n^*\cdot Q_J$$

由于每个$Q_j\in\mathbb{M}$，ψ可以解释为线性定价测度（但不一定是风险中性概率测度）。换言之，可行域可以解释为$\mathbb{M}$上的闭包，因此式（9.14）中目标函数的最优值精确等于$\sup\{E_Q(X/B_1):Q\in\mathbb{M}\}$。

现在有一个非常重要的结果。根据线性规划理论，式（9.12）和式（9.14）是相互对偶的。因此利用线性规划对偶理论，它们的最优目标值是相等的。当然，类似的结果适用于式（9.13），因此所有这些结果可以总结如下。

如果$\mathbb{M} \neq \varnothing$，那么对于任意未定权益$X$有

$$V_+(X) = \sup\{E_Q(X/B_1): Q \in \mathbb{M}\}$$
$$V_-(X) = \inf\{E_Q(X/B_1): Q \in \mathbb{M}\} \tag{9.15}$$

当然，如果X是可复制的，那么$V_+(X) = V_-(X)$就是$t=0$时X的价格。

例 9.2（续）考虑未定权益$X=(30,20,10)$，因为它不满足式（9.11），所以它是不可复制的。回顾$\mathbb{M}$由所有的形式为$Q=(q,2-3q,\cdots,-1+2q)$的概率测度组成，其中$1/2 < Q < 2/3$，计算出$E_q(X/B_1)=27-9q$是很简单的，因此

$$V_+(X) = \sup\{E_q(X/B_1)\} = \sup\{27-9q\} = 27-9\times\frac{1}{2} = 22\frac{1}{2}$$

$$V_-(X) = \inf\{E_q(X/B_1)\} = \inf\{27-9q\} = 27-9\times\frac{2}{3} = 21$$

在解式（9.12）时，我们得到对应于$V_+(X)$的可复制未定权益，即$Y=(30,20,15)$，这可以通过检查式（9.11）以及$t=0$时Y的价格确实是$22\frac{1}{2}$来验证。同样地，与$V_-(X)$对应的可复制未定权益被验证为$Y=(30,50/3,10)$。

本 章 小 结

重要术语

单期模型，风险中性概率测度，未定权益，占优策略，一价定律，线性定价测度，完备性

参考文献

Pliska S R. 1997. Introduction to Mathematical Finance: Discrete Time Models. Malden: Blackwell Publishing.

习题

1. 求下列模型的V、V^*、G与G^*。

（1）假设$K=2$，$N=1$，$r=1/9$，$S_0=5$，$S_1(\omega_1)=20/3$并且$S_1(\omega_2)=40/9$。

（2）假设$K=2$，$N=2$，$r=1/9$，$S_n(t)$价格过程如表格所示。

n	$S_n(0)$	$S_n(1)$		
		ω_1	ω_2	ω_3
1	5	60/9	40/9	20/9
2	10	40/3	80/9	80/9

（3）假设$K=2$，$N=2$，$r=1/9$，$S_n(t)$价格过程如表格所示。

n	$S_n(0)$	$S_n(1)$			
		ω_1	ω_2	ω_3	ω_4
1	5	60/9	40/9	20/9	10/9
2	10	40/3	80/9	80/9	40/3

2. 假设 $K=3$， $N=2$， $r=0$，并令 $S_n(t)$ 价格过程如表格所示。

n	$S_n(0)$	$S_n(1)$		
		ω_1	ω_2	ω_3
1	4	8	6	3
2	7	10	8	4

证明存在占优策略，且一价定律成立。

3. 证明 $\mathbb{W}^{\perp}$ 和 $\mathbb{W}$ 是线性子空间。

4. 计算如下情形下的 $\mathbb{W}^{\perp}$ 和 $\mathbb{W}$。

（1）例 9.1 （2）例 9.2

5. 确定例 9.2 的所有风险中性概率测度或所有套利机会。

6. 假设 $K=2$，$N=1$，且利率 $r\geqslant 0$。风险资产价格 $S_0=1$，$S_1(\omega_1)=u(\text{'up'})$，且 $S_1(\omega_2)=d(\text{'down'})$，其中 u 和 d 满足 $u>d>0$，up 表示价格上升，down 表示价格下降。当 r、u 和 d 满足什么条件时，存在风险中性概率测度并说明该测度具体是什么。对于这些参数的互补值，请说明所有套利机会是什么。

7.（期权买卖平价公式）假设利率 r 是一个标量，c 和 p 分别表示看涨期权和看跌期权的价格，两者的行权价格 e 相同。证明看涨和看跌期权要么同时可以被复制，要么都不可以被复制。在可被复制的情况下，用风险中性估值法证明：

$$c-p=S_0-e/(1+r)$$

8.（1）矩阵 A 定义为 $(K+1)\times(K+2N)$ 阶矩阵：

$$A=\begin{bmatrix} 0 & 0 & 0 & \cdots & 0 & 1 & 1 & \cdots & 1 \\ \Delta S_1^*(\omega_1) & -\Delta S_1^*(\omega_1) & -\Delta S_2^*(\omega_1) & \cdots & -\Delta S_N^*(\omega_1) & -1 & 0 & \cdots & 0 \\ \Delta S_1^*(\omega_2) & -\Delta S_1^*(\omega_2) & -\Delta S_2^*(\omega_2) & \cdots & -\Delta S_N^*(\omega_2) & 0 & -1 & \cdots & 0 \\ \vdots & \vdots & \vdots & & \vdots & \vdots & \vdots & & \vdots \\ \Delta S_1^*(\omega_K) & -\Delta S_1^*(\omega_K) & -\Delta S_2^*(\omega_K) & \cdots & -\Delta S_N^*(\omega_K) & 0 & 0 & \cdots & -1 \end{bmatrix}$$

令 b 为 $K+1$ 维列向量 $(1,0,\cdots,0)^{\top}$，证明当且仅当存在一个套利机会时，

$$Ax=b\,,\quad x\geqslant 0\,,\quad x\in\mathbb{R}^{K+2N}$$

有解。

（2）Farkas 引理是超平面分割定理的一个变种，它说给定一个 $m\times n$ 阶矩阵 A 和一个 m 维列向量 b，要么 $Ax=b$（$x\geqslant 0, x\in\mathbb{R}^n$）有解，要么 $yA\leqslant 0, yb>0$（$y\in\mathbb{R}^n$）有解，但不是两者都有。利用上述以及第一问结果，证明如果没有套利机会，则存在风险中性概率测度。

第十章

连续时间金融理论基础

本 章 目 标

本章主要讨论连续时间金融理论基础，包括如何运用σ-代数建模信息流；如何计算条件期望及条件期望的性质；离散鞅、二次变差、分布等性质；如何通过离散随机游走推出布朗运动及布朗运动对随机游走性质的继承；简单及一般伊藤积分等。

第一节 σ-代数与概率测度

无限概率空间被用来模拟具有无限种可能结果的随机实验的不同情况。以将一枚硬币投掷无数次这个简单实验为例。我们定义：

$$\Omega_{\infty} = \text{正面和反面的无限序列} \tag{10.1}$$

Ω_{∞}的一个元素被表示为$\omega = \omega_1, \omega_2, \omega_3, \cdots$，这里$\omega_n$表示第$n$次投掷硬币的结果。

投掷硬币的次数无限，因此上述样本空间是无限且不可数的，即不可能在序列中列出它们的元素。我们面对的第一个问题是，对于大多数实验，一个特定结果的概率总是为0（如无限次投掷中每次都掷出正面）。因此，我们不能通过加总样本空间中子集A的所有元素的概率来确定A的概率，而必须直接定义事件的概率。在无限样本空间中存在无限多的事件，即使能够很好地理解所模拟的实验，其中一些事件依然过于复杂以至于很难确定它的概率。因此，我们仅给出某些简单事件概率的公式，然后利用概率测度的性质来确定更复杂事件的概率。

定义 10.1 设Ω为非空集，$\mathcal{F}$是Ω所有子集的集合，当$\mathcal{F}$满足如下性质时，我们说$\mathcal{F}$是一个σ-代数。

（1）空集$\varnothing$属于$\mathcal{F}$。

（2）当一个集合A属于$\mathcal{F}$时，它的补集A^c也属于$\mathcal{F}$。

（3）当一系列集合$A_1, A_2, \cdots, A_n$属于$\mathcal{F}$时，它们的并集$\bigcup_{n=1}^{\infty} A_n$也属于$\mathcal{F}$。

如果我们有一个σ-代数，则我们对集合中子集做的所有操作（交、并、补）形成的子集也依然属于这个σ-代数。例如，集合A和B在一个σ-代数中，则对序列$A, B, \varnothing, \varnothing, \varnothing \cdots$，从性质（1）和（3）可得$A \cup B$也在$\sigma$-代数中。同样的论证表明，如果有限

多个集合 $A_1,A_2,\cdots,A_N$ 属于一个 σ –代数，则它们的并集也一定属于这个 σ –代数。如果 $A_1,A_2,\cdots,A_n,\cdots$ 是 σ –代数中的一个集合序列，因为 $\bigcup_{n=1}^{\infty}A_n=\left(\bigcup_{n=1}^{\infty}A_n^c\right)^c$，那么对等式右侧应用性质（2）和（3）可得 $\bigcup_{n=1}^{\infty}A_n$ 也在同一个 σ –代数中。类似地，一个 σ –代数中有限数量集合的交集也属于这个 σ –代数。因此若 $\mathcal{F}$ 是一个 σ –代数，则整个空间 Ω 也是 $\mathcal{F}$ 中的集合，因为 Ω 是 $\varnothing$ 的补集。

定义 10.2 设 Ω 为非空集，$\mathcal{F}$ 是 Ω 子集的一个 σ –代数。概率测度 P 是这样一个函数：对每个集合 $A\in\mathcal{F}$，在[0, 1]中分配一个数字，称为 A 的概率并写作 $P(A)$。要求如下。

（1）$P(\Omega)=1$。

（2）（可加性）对 $\mathcal{F}$ 中的不相交集合 $A_1,A_2,\cdots,A_n,\cdots$，有

$$P\left(\bigcup_{n=1}^{\infty}A_n\right)=\sum_{n=1}^{\infty}P(A_n) \tag{10.2}$$

将 $(\Omega,\mathcal{F},P)$ 称为概率空间。

由概率测度的属性可以推出一个概率测度必须满足以下条件。

（1）$P(\varnothing)=0$。

（2）对 $\mathcal{F}$ 中不相交的集合 A 和 B，有 $P(A\bigcup B)=P(A)+P(B)$。

（3）若 $A_1,A_2,\cdots,A_N$ 是 $\mathcal{F}$ 中有限个不相交的集合，有 $P\left(\bigcup_{n=1}^{N}A_n\right)=\sum_{n=1}^{N}P(A_n)$。

（4）$P(A^c)=1-P(A)$。

考虑 $A_1=A_2=A_3=\cdots=\varnothing$，根据定义 10.2 可将原式变为 $P(\varnothing)=\sum_{n=1}^{\infty}P(\varnothing)$，因此[0, 1]中唯一可能分配给 $P(\varnothing)$ 的概率为 $P(\varnothing)=0$。

对于定义 10.2 的属性（2），令第 N 个集合后的集合有 $A_{N+1}=A_{N+2}=A_{N+3}=\cdots=\varnothing$。

结合条件（1）可得条件（3）。特别地，令 $N=2$，$A_1=A$，$A_2=B$，则可推出条件（2）。又令条件（2）中的 $B=A^c$，根据定义 10.2 中的属性（1）可得条件（4）。

例 10.1 回到掷硬币的实验。设 Ω_∞ 表示可能结果的集合，假设正面出现的概率 $0<p<1$ 显然是合理的，因此反面出现的概率 $q=1-p$，同样有 $0<q<1$，且不同次投掷间结果独立。我们尝试构造一个与该随机实验对应的概率测度。

首先定义 $P(\varnothing)=0$ 及 $P(\Omega)=1$，这两个集合即构成一个 σ –代数 $\mathcal{F}_0$，则有

$$\mathcal{F}_0=\{\varnothing,\Omega\} \tag{10.3}$$

定义如下两个集合的概率测度：$A_H=$ 所有第一次抛掷为正面的序列的集合 $=\{\omega;\omega_1=H\}$；$A_T=$ 所有第一次抛掷为反面的序列的集合 $=\{\omega;\omega_1=T\}$。

因此有 $P(A_H)=p$ 及 $P(A_T)=q$。因为 $A_H^c=A_T$，所以不必为构造 σ –代数 $\mathcal{F}_1$ 再添加其他集合，有

$$\mathcal{F}_1=\{\varnothing,\Omega,A_H,A_T\} \tag{10.4}$$

同理为下述四个集合定义概率测度。

A_{HH} = 前两次投掷都为正面的序列的集合 = $\{\omega;\omega_1 = H, \omega_2 = H\}$。

A_{HT} = 前两次投掷为正面反面的序列的集合 = $\{\omega;\omega_1 = H, \omega_2 = T\}$。

A_{TH} = 前两次投掷为反面正面的序列的集合 = $\{\omega;\omega_1 = T, \omega_2 = H\}$。

A_{TT} − 前两次投掷都为反面的序列的集合 = $\{\omega;\omega_1 = T, \omega_2 = T\}$。

定义：

$$P(A_{HH}) = p^2\text{，}\ P(A_{HT}) = pq\text{，}\ P(A_{TH}) = pq\text{，}\ P(A_{TT}) = q^2 \tag{10.5}$$

根据概率测度的条件（4）可以得出上述集合的补集 A_{HH}^c、A_{HT}^c、A_{TH}^c 及 A_{TT}^c 的概率；根据条件（3）可以确定 $A_{HH}\cup A_{TH}$、$A_{HH}\cup A_{TT}$、$A_{HT}\cup A_{TH}$ 及 $A_{HT}\cup A_{TT}$ 的概率；对存在交集的成对集合有 $A_{HH}\cup A_{HT} = A_H$ 和 $A_{TT}\cup A_{TH} = A_T$，因此其概率也是可知的。同时可以注意到，三个集合的并集都是式（10.5）中集合的补集，概率是确定的。例如，$A_{HH}\cup A_{HT}\cup A_{TH} = A_{TT}^c$。

此时我们共确定了 16 个集合的概率，这些集合同样可以构成一个 σ −代数 $\mathcal{F}_2$：

$$\mathcal{F}_2 = \{\varnothing,\ \Omega,\ A_H,\ A_T,\ A_{HH},\ A_{HT},\ A_{TH},\ A_{TT},\ A_{HH}^c,\ A_{HT}^c,\ A_{TH}^c,\ A_{TT}^c,\ A_{HH}\cup A_{TH},$$
$$A_{HH}\cup A_{TT},\ A_{HT}\cup A_{TH},\ A_{HT}\cup A_{TT}\}$$

这就是用前两次投掷硬币的结果表示的每一集合的概率。

例 10.2 为了解释一个重要的概念我们回顾一个熟悉的模型，即定义在[0, 1]上的均匀分布。闭区间[a, b]上的概率可以由式（10.6）定义：

$$P[a,b] = b - a\text{，}\ 0 \leqslant a \leqslant b \leqslant 1 \tag{10.6}$$

显然当 $b = a$，即[a, b]是一个仅包含点 a 的集合时，其概率为 0，因此开区间（a, b）的概率应同闭区间[a, b]相等，即

$$P(a,b) = b - a\text{，}\ 0 \leqslant a \leqslant b \leqslant 1 \tag{10.7}$$

很自然我们会想知道，是否有方法可以描述所有概率由式（10.7）决定的集合以及概率测度的性质。由闭区间开始并加入构造一个 σ −代数所需的其他集合就形成了这个 σ −代数。因为所有的开区间都可以表示为一系列闭区间的并集，如：

$$(a,b) = \bigcup_{n=1}^{\infty}\left[a + \frac{1}{n}, b - \frac{1}{n}\right] \tag{10.8}$$

所以这个 σ −代数包含了所有的开区间。我们将这一 σ −代数叫作[0, 1]子集的 Borel σ −代数，表示为 $B[0,1]$，其中的集合叫做 Borel 集。Borel 集由开集的有限次的并、交、补构成。

第二节 信 息 流

为了对衍生品定价，首先应确定需要构建对冲复制策略的初始财富。当我们负责一个衍生品的收益时，需要明确在未来每一时间点持有标的证券的头寸，这取决于如何解决当前时间和未来时间之间的不确定性。为了得到复制策略，我们需要对未来决策基于的信息进行数学建模。在二叉树模型中，这些信息是关于硬币投掷的结果。对于连续时间模型，需要一些更为复杂的工具来定义信息的概念。

定义 10.3 设Ω是非空集，T为一固定正数，且对所有的$t\in[0,T]$，都有一个σ-代数$\mathcal{F}_t$。假设所有的时间$s<t$，则每个在$\mathcal{F}_s$中的集合也同样在$\mathcal{F}_t$中。我们称σ-代数$(\mathcal{F}_t)_{_0\leqslant t\leqslant T}$集合为一个$\sigma$-代数流。

σ-代数流告诉了我们将来会获得的信息。准确来说，当我们位于时间t时（其中$0\leqslant t\leqslant T$），对于$\mathcal{F}_t$中的每一个集合，我们都能知道。

设X是一随机变量且在进行随机实验前，我们已知它的“公式”。因此只需知道ω的具体取值，我们就可以计算$X(\omega)$。反之，如果我们仅被告知$X(\omega)$的数值，那么可以反过去找X在Ω中的原像。实际上，每一个服从$\{X\in B\}$形式的集合都是可以被认识的，这里B是Borel集的子集。同样地，出于技术原因，我们仅关注Borel–可测的子集B。

定义 10.4 设X是一定义在非空样本空间Ω上的随机变量，由X生成的σ-代数表示为$\sigma(X)$，是形如$\{X\in B\}$的所有Ω子集的集合，这里B的范围遍历所有的Borel子集。

例 10.3 回顾无限掷硬币的实验，通过下面几个公式为实验结果赋值：

$$S_0(\omega)=1\text{，对所有的 }\omega\in\Omega_\infty$$

$$S_1(\omega)=\begin{cases}2, & \omega_1=H\\ \dfrac{1}{2}, & \omega_1=T\end{cases} \tag{10.9}$$

$$S_2(\omega)=\begin{cases}4, & \omega_1=\omega_2=H\\ 1, & \omega_1\neq\omega_2\\ \dfrac{1}{4}, & \omega_1=\omega_2=T\end{cases} \tag{10.10}$$

更一般地，有

$$S_{n+1}(\omega)=\begin{cases}2S_n(\omega), & \omega_{n+1}=H\\ \dfrac{1}{2}S_n(\omega), & \omega_{n+1}=T\end{cases} \tag{10.11}$$

S_2是仅与前两枚硬币投掷结果相关的函数，为了获得完整的实验结果，第三次投掷的结果也被加入，但显然它是无关紧要的。

$$\begin{cases}S_2(HHH)=S_2(HHT)=4\\ S_2(HTH)=S_2(HTT)=S_2(THH)=S_2(THT)=1\\ S_2(TTH)=S_2(TTT)=\dfrac{1}{4}\end{cases} \tag{10.12}$$

如果B仅包含单个数值4，那么有$\{S_2\in B\}=\{HHH,HHT\}=A_{HH}$，因此$A_{HH}$属于$\sigma$-代数$\sigma(S_2)$；类似地，如果$B$中仅包含单个数值1，则可以得出$A_{HT}\cup A_{TH}$也属于$\sigma$-代数$\sigma(S_2)$的结论；若$B$包含数值$\dfrac{1}{4}$，则$A_{TT}$属于$\sigma(S_2)$；令$B=\varnothing$，加入$\varnothing$；令$B=R$，加入$\Omega$；令$B=[1,4]$，则$\sigma(S_2)$包含集合$A_{HH}\cup A_{HT}\cup A_{TH}$。总的来说，由于$B$的范围在$R$的Borel子集上，则通过列表集合$\{\varnothing,\ \Omega,\ A_{HH},A_{HT}\cup A_{TH},A_{TT}\}$以及结合所有的补集和并集得到了$\sigma$-代数$\sigma(S_2)$。

一方面，$\sigma(S_2)$中的每一个集合都包含在上文提到的σ-代数$\mathcal{F}_2$中，即前两枚硬币投掷所包含的信息。另一方面，A_{HT} 和 A_{TH} 在 $\mathcal{F}_2$ 中单独出现，但 $\sigma(S_2)$ 中仅包含它们的并集。这是因为观察前两次硬币的投掷的结果可以让我们区分第一次为正、第二次为反，以及第一次为反、第二次为正两种情况；但当我们仅知道 S_2 的值时无法做到这一点。可以看到，$\mathcal{F}_2$ 中有足够（甚至更多）的信息可以确定 S_2 的值，因此我们说 S_2 是 $\mathcal{F}_2$ -可测的。

定义 10.5 设 X 是一定义在非空样本空间 Ω 上的随机变量，$\mathcal{G}$ 是 Ω 子集的 σ -代数。如果每个 $\sigma(X)$ 中的集合同样在 $\mathcal{G}$ 中，则说 X 是 $\mathcal{G}$-可测的。

当且仅当 σ -代数中的信息足够决定 X 的值时，随机变量 X 才是 $\mathcal{G}$-可测的。如果 X 是 $\mathcal{G}$-可测的，则所有的 Borel-可测的函数 $f(X)$ 同样是 $\mathcal{G}$-可测的，即如果 $\mathcal{G}$ 中的信息可以确定 X 的值，那么它同样足以确定 $f(X)$ 的数值。如果 X 和 Y 是 $\mathcal{G}$-可测的，那么所有的二元 Borel-可测的函数 $f(X,Y)$ 都是 $\mathcal{G}$-可测的。特别地，$X+Y$ 和 XY 是 $\mathcal{G}$-可测的。

定义 10.6 设 Ω 为拥有 σ -代数流 $(\mathcal{F}_t)_{\_0\leqslant t\leqslant T}$ 的样本空间，其中 $0\leqslant t\leqslant T$ 。设 $X(t)(0\leqslant t\leqslant T)$ 是一个随机过程，如果对每个 t，随机变量 $X(t)$ 都是 $\mathcal{F}_t$ -可测的，我们就说这个随机过程是一个关于 $(\mathcal{F}_t)_{\_0\leqslant t\leqslant T}$ 适应的随机过程。

在本章的连续时间模型中，资产价格及投资组合（如头寸）、财富（如投资组合的价值）都是关于公共信息流适应的。

第三节　条 件 期 望

定义 10.7 设 $(\Omega,\mathcal{F},P)$ 是一个概率空间，$\mathcal{G}$ 为 $\mathcal{F}$ 的子 σ -代数，X 是一个非负或可积的随机变量。X 关于 $\mathcal{G}$ 的条件期望表示为 $E(X\mid\mathcal{G})$，满足下述条件。

（1）（可测性）$E(X\mid\mathcal{G})$ 是 $\mathcal{G}$-可测的。

（2）（局部平均性）

$$\int_A E(X\mid\mathcal{G})(\omega)\mathrm{d}P(\omega)=\int_A X(\omega)\mathrm{d}P(\omega),\quad A\in\mathcal{G} \tag{10.13}$$

如果 $\mathcal{G}$ 是由其他随机变量 W（如 $\mathcal{G}=\sigma(W)$）生成的 σ -代数，我们一般写作 $E(X\mid W)$ 而不是 $E(X\mid\sigma(W))$。

定义 10.7 的条件（1）保证基于 $\mathcal{G}$ 中信息对 X 的估计本身就是一个随机变量，$E(X\mid\mathcal{G})$ 的条件值也可以由 $\mathcal{G}$ 中信息确定。条件（2）保证了 $E(X\mid\mathcal{G})$ 确实是对 X 的估计。它使得 $\mathcal{G}$ 中所有集合上的 X 有相同的平均值。

定义 10.7 带来两个问题，即是否存在满足条件（1）和条件（2）的随机变量 $E(X\mid\mathcal{G})$ 及该随机变量是否唯一。第一个问题可由 Radon-Nikodym 定理解释，这里给出对于第二个问题的解释。假设 Y 和 Z 都满足定义 10.7 的两个条件。因为 Y 和 Z 都是 $\mathcal{G}$-可测的，因此它们的差 Y–Z 同样关于 $\mathcal{G}$ 可测，且集合 $A=\{Y-Z>0\}$ 属于 $\mathcal{G}$。根据式（10.13），有

$$\int_A Y(\omega)\mathrm{d}P(\omega)=\int_A X(\omega)\mathrm{d}P(\omega)=\int_A Z(\omega)\mathrm{d}P(\omega)$$

因此

$$\int_A (Y(\omega)-Z(\omega))\mathrm{d}P(\omega)=0$$

被积函数在集合 A 上是严格正的，因此这个方程的唯一解是 A 的概率为 0，即 $Y=Z$。这表明虽然在确定 $E(X\mid\mathcal{G})$ 时不同的过程会导致不同的随机变量，但这些不同的随机变量几乎处处是相等的。

定义 10.8 设 $(\Omega,\mathcal{F},P)$ 是一个概率空间，$\mathcal{G}$ 为 $\mathcal{F}$ 的一个子 σ-代数，则下述性质成立。

（1）（线性条件期望）如果 X 和 Y 是可积的随机变量，c_1 和 c_2 为常数，则有

$$E(c_1X+c_2Y\mid\mathcal{G})=c_1E(X\mid\mathcal{G})+c_2E(Y\mid\mathcal{G})$$

当 X 和 Y 为非负随机变量，c_1 和 c_2 为正时，该性质同样成立。

（2）（可测变量可以提出）如果 X 和 Y 是可积的随机变量，Y 和 XY 都可积，且 X 是 $\mathcal{G}$-可测的，则有

$$E(XY\mid\mathcal{G})=XE(Y\mid\mathcal{G})$$

当 X 为正且 Y 非负时，该性质同样成立。

（3）（条件迭代）如果 $\mathcal{H}$ 是 $\mathcal{G}$ 的一个子 σ-代数（即 $\mathcal{H}$ 中包含的信息少于 $\mathcal{G}$）且 X 是一个可积的随机变量，则有

$$E[E(X\mid\mathcal{G})\mid\mathcal{H}]=E(X\mid\mathcal{H})$$

当 X 非负时，该性质同样成立。

（4）（独立）如果 X 是可测的且独立于 $\mathcal{G}$，则有

$$E(X\mid\mathcal{G})=E(X)$$

当 X 非负时，该性质同样成立。

（5）（条件 Jensen 不等式）如果实函数 $\varphi(y)$ 是关于 y 的凸函数，且 X 是一个可积的随机变量，则有

$$E(\varphi(X)\mid\mathcal{G})\geqslant\varphi(E(X\mid\mathcal{G}))$$

下面依次给出上述性质的证明。

（1）线性性质允许我们首先将随机变量拆分并分别计算期望，然后再将期望加总。首先证明 $E(c_1X+c_2Y\mid\mathcal{G})$ 与等式右侧相等。我们观察由于 $E(X\mid\mathcal{G})$ 和 $E(Y\mid\mathcal{G})$ 是 $\mathcal{G}$-可测的，因此等式右侧同样是 $\mathcal{G}$-可测的。由于 $E(X\mid\mathcal{G})$ 和 $E(Y\mid\mathcal{G})$ 本身具有局部平均性，对每个 $A\in\mathcal{G}$，有

$$\begin{aligned}&\int_A (c_1E(X\mid\mathcal{G})(\omega)+c_2E(Y\mid\mathcal{G})(\omega))\mathrm{d}P(\omega)\\&=c_1\int_A E(X\mid\mathcal{G})(\omega)\mathrm{d}P(\omega)+c_2\int_A E(Y\mid\mathcal{G})(\omega)\mathrm{d}P(\omega)\\&=c_1\int_A X(\omega)\mathrm{d}P(\omega)+c_2\int_A Y(\omega)\mathrm{d}P(\omega)\\&=\int_A (c_1X(\omega)+c_2Y(\omega))\mathrm{d}P(\omega)\end{aligned}$$

这说明 $c_1E(X\mid\mathcal{G})+c_2E(Y\mid\mathcal{G})$ 满足局部平均性质，即 $E(c_1X+c_2Y\mid\mathcal{G})=c_1E(X\mid\mathcal{G})+c_2E(Y\mid\mathcal{G})$。

（2）如果 $\mathcal{G}$ 中的信息可以确定 X 的值，则我们可以将 X 从估计中移除。例如，要估计

XY，可以仅对 Y 做估计并将估计值乘以 X。因为 X 和 $E(Y\mid\mathcal{G})$ 都是$\mathcal{G}$–可测的，所以它们的乘积也是$\mathcal{G}$–可测的。首先检验局部平均性。

设 X 是$\mathcal{G}$–可测的示性函数（如 $X=I_B$，这里 B 是$\mathcal{G}$中的一个集合）。由于$E(Y\mid\mathcal{G})$ 自身满足局部平均性，对所有的集合 $A\in\mathcal{G}$ 有

$$\int_A X(\omega)E(Y\mid\mathcal{G})(\omega)\mathrm{d}P(\omega)=\int_{A\cap B}E(Y\mid\mathcal{G})(\omega)\mathrm{d}P(\omega)$$

$$=\int_{A\cap B}Y(\omega)\mathrm{d}P(\omega)=\int_A X(\omega)Y(\omega)\mathrm{d}P(\omega)$$

根据定义 10.1，我们可以将这个结果推广到所有$\mathcal{G}$–可测的随机变量 X，且 XY 是可积的。因此 $XE(Y\mid\mathcal{G})$ 满足 $E(XY\mid\mathcal{G})$ 的局部平均性，是 $E(XY\mid\mathcal{G})$ 的条件期望。

（3）如果我们根据$\mathcal{G}$中的信息估计 X，再根据信息量较少的$\mathcal{H}$中的信息估计该估计值，则这与直接用$\mathcal{H}$估计随机变量 X 的结果相同。可以发现，根据定义，$E(X\mid\mathcal{H})$是$\mathcal{H}$–可测的，下式可以描述$E(E(X\mid\mathcal{G})\mid\mathcal{H})$ 的局部平均性：

$$\int_A E(E(X\mid\mathcal{G})\mid\mathcal{H})(\omega)\mathrm{d}P(\omega)=\int_A E(X\mid\mathcal{G})(\omega)\mathrm{d}P(\omega)\text{，}\quad A\in\mathcal{H}$$

因此为了证明性质（3），我们必须证明可以用$E(X\mid\mathcal{H})$ 替代上式左侧的$E(E(X\mid\mathcal{G})\mid\mathcal{H})$。当$A\in\mathcal{H}$时，$A$ 也在$\mathcal{G}$中，且$E(X\mid\mathcal{H})$ 和 $E(X\mid\mathcal{G})$ 的局部平均性意味着：

$$\int_A E(X\mid\mathcal{H})(\omega)\mathrm{d}P(\omega)=\int_A X(\omega)\mathrm{d}P(\omega)=\int_A E(X\mid\mathcal{G})(\omega)\mathrm{d}P(\omega)$$

这说明$E(X\mid\mathcal{H})$满足$E(E(X\mid\mathcal{G})\mid\mathcal{H})$ 的局部平均性，$E(X\mid\mathcal{H})$ 即为$E(E(X\mid\mathcal{G})\mid\mathcal{H})$。

（4）如果 X 与$\mathcal{G}$中的信息独立，则 X 的最佳估计就是它自身的期望值，这同样是根据信息能够给出的最好估计。可以发现 $E(X)$是$\mathcal{G}$–可测的。事实上，$E(X)$并不是随机的，因此对每一个σ–代数，$E(X)$都是可测的。类似地，考虑第一种情况，假设 X 是一个与$\mathcal{G}$独立的示性随机变量（如 $X=I_B$，这里 B 与$\mathcal{G}$独立）。对所有的 $A\in\mathcal{G}$，有

$$\int_A X(\omega)\mathrm{d}P(\omega)=P(A\cap B)=P(A)\times P(B)=P(A)E(X)=\int_A E(X)\mathrm{d}P(\omega)$$

利用引理 10.1 可以推广至更一般的情况，即证明了$E(X)$ 满足$E(X\mid\mathcal{G})$ 的局部平均性。

我们注意到$E(X\mid\mathcal{G})$ 是 X 的一个无偏估计，即

$$E(E(X\mid\mathcal{G}))=E(X)$$

引理 10.1　设 X 是概率空间$(\Omega,\mathcal{F},P)$ 上的随机变量，g 是 R 上 Borel–可测的函数，那么有

$$E(|g(X)|)=\int_R |g(x)|\mathrm{d}\mu_X(x)$$

若这个值是有界的，那么有

$$E(g(X))=\int_R g(x)\mathrm{d}\mu_X(x)$$

证明：

步骤 1：示性函数。设 $g(x)=I_B(x)$ 是 R 上的一个 Borel 子集的示性函数。因为该函数是非负的，所以有

$$E(I_B(X)) = \int_R I_B(X)\mathrm{d}\mu_X(x) \tag{10.14}$$

因为随机变量 $I_B(X)$ 仅有 0 和 1 两个取值，所以它的期望为

$$E(I_B(X)) = 1\times P\{X\in B\} + 0\times P\{X\notin B\} = P\{X\in B\}$$

类似地，对于压扁了 x 的函数 $I_B(X)$ 也仅有 0 和 1 两个取值，它的积分为

$$\int_R I_B(X)\mathrm{d}\mu_X(x) = 1\times\mu_X\{x; I_B(X)=1\} + 0\times\mu_X\{x; I_B(X)=0\} = \mu_X(B)$$

式（10.14）得证。

步骤 2：简单非负函数。简单非负函数是有限个示性函数的加权加总，设：

$$g(x) = \sum_{k=1}^{n}\alpha_k I_{B_k}(x)$$

其中，α_k 表示非负常数；B_k 表示 R 上的 Borel 子集。由于被积函数是线性的，根据式（10.14）有

$$E(g(X)) = E\sum_{k=1}^{n}\alpha_k I_{B_k}(X) = \sum_{k=1}^{n}\alpha_k E(I_{B_k}(X)) = \sum_{k=1}^{n}\alpha_k\int_R I_{B_k}(x)\mathrm{d}\mu_X(x)$$

同时线性的被积函数也意味着：

$$\sum_{k=1}^{n}\alpha_k\int_R I_{B_k}(x)\mathrm{d}\mu_X(x) = \int_R\left(\sum_{k=1}^{n}\alpha_k I_{B_k}(x)\right)\mathrm{d}\mu_X(x) = \int_R g(x)\mathrm{d}\mu_X(x)$$

因此当 g 是简单非负函数时，我们可以证明 $E(g(X)) = \int_R g(x)\mathrm{d}\mu_X(x)$。

步骤 3：Borel-可测的非负函数。设 $g(x)$ 是定义在 R 上任意的 Borel-可测非负函数。对每一个正整数 n，定义：

$$B_{k,n} = \left\{x; \frac{k}{2^n}\leqslant g(x)\leqslant\frac{k+1}{2^n}\right\},\quad k = 0,1,2,\cdots,4^n-1$$

对每个固定的 n，集合 $B_{0,n}, B_{1,n},\cdots, B_{4^n-1,n}$ 对应如下范围：

$$0 < \frac{1}{2^n} < \frac{2}{2^n} < \cdots < \frac{4^n}{2^n} = 2^n$$

在下一阶段 $n+1$，范围区间包括阶段 n 中所有的区间，且新的划分点位于旧点位的中点，因此如下简单函数满足 $0\leqslant g_1\leqslant g_2\leqslant\cdots\leqslant g$：

$$g_n(x) = \sum_{k=0}^{4^n-1}\frac{k}{2^n}I_{B_{k,n}}(x)$$

随着 n 的增大，函数值越来越趋近于 g。事实上，对每个 $x\in R$，都有 $\lim\limits_{n\to\infty} g_n(x) = g(x)$。由步骤 2 我们已知，对任意 n 有 $E(g_n(X)) = \int_R g_n(x)\mathrm{d}\mu_X(x)$，令 $n\to\infty$，利用单调收敛定理有

$$E(g(X)) = \lim_{n\to\infty}E(g_n(X)) = \lim_{n\to\infty}\int_R g_n(x)\mathrm{d}\mu_X(x) = \int_R g(x)\mathrm{d}\mu_X(x)$$

步骤 3 得证。

步骤 4：一般 Borel-可测函数。设 $g(x)$ 是一般 Borel-可测函数，取值可以为正或为负。函数 $g^+(x) = \max\{g(x),0\}$ 和 $g^-(x) = \max\{-g(x),0\}$ 都是非负的，因此从步骤 3 中可得

$$E(g^+(X))=\int_R g^+(x)\mathrm{d}\mu_X(x)，\quad E(g^-(X))=\int_R g^-(x)\mathrm{d}\mu_X(x)$$

若上述两式都是有界的，则我们可以将两式作差，结果为$E(g(X))=\int_R g(x)\mathrm{d}\mu_X(x)$，步骤 4 得证。

引理 10.2　（独立）设$(\Omega,\mathcal{F},P)$是一个概率空间，$\mathcal{G}$为$\mathcal{F}$的一个子σ-代数。假设随机变量$X_1,\cdots,X_K$是$\mathcal{G}$-可测的，随机变量$Y_1,\cdots,Y_L$与$\mathcal{G}$独立。设$f(x_1,\cdots,x_K,y_1,\cdots,y_L)$是哑变量$x_1,\cdots,x_K$和$y_1,\cdots,y_L$的函数，定义：

$$g(x_1,\cdots,x_K)=E(f(x_1,\cdots,x_K,Y_1,\cdots,Y_L)) \tag{10.15}$$

则有

$$E(f(X_1,\cdots,X_K,Y_1,\cdots,Y_L)\mid\mathcal{G})=g(X_1,\cdots,X_K) \tag{10.16}$$

这里意味着，由于$\mathcal{G}$中的信息足以确定$X_1,\cdots,X_K$的值，那么当估计$f(X_1,\cdots,X_K,Y_1,\cdots,Y_L)$时，我们应当令这些随机变量固定。另一部分随机变量$Y_1,\cdots,Y_L$与$\mathcal{G}$独立，所以我们应当把它们整合出来而不考虑$\mathcal{G}$中的信息。这两个步骤可以通过式（10.15）完成。我们得到一个依赖于$X_1,\cdots,X_K$值的估计，并且在最后一步将变量$x_1,\cdots,x_K$替换为随机变量$X_1,\cdots,X_K$。

例 10.4　设(X,Y)是一对联合正态分布随机变量，其相关系数为ρ。定义$W=Y-\dfrac{\rho\sigma_2}{\sigma_1}X$，则$X$与$W$相互独立，因为

$$\begin{aligned}\mathrm{cov}(X,W)&=E[(X-E(X))(W-E(W))]\\&=E[(X-E(X))(Y-E(Y))]-E\left[\frac{\rho\sigma_2}{\sigma_1}(X-E(X))^2\right]\\&=\mathrm{cov}(X,Y)-\frac{\rho\sigma_2}{\sigma_1}\sigma_1^2\\&=0\end{aligned}$$

且W的期望为$\mu_3=\mu_2-\dfrac{\rho\sigma_2}{\sigma_1}\mu_1$，标准差为

$$\begin{aligned}\sigma_3^2&=E[(W-E(W))^2]\\&=E[(Y-E(Y))^2]-\frac{2\rho\sigma_2}{\sigma_1}E[(X-E(X))(Y-E(Y))]+\frac{\rho^2\sigma_2^2}{\sigma_1^2}E[(X-E(X))^2]\\&=(1-\rho^2)\sigma_2^2\end{aligned}$$

根据线性性质，有

$$E(Y\mid X)=\frac{\rho\sigma_2}{\sigma_1}X+E(W)=\frac{\rho\sigma_2}{\sigma_1}(X-\mu_1)+\mu_2 \tag{10.17}$$

由于：

$$Y=\frac{\rho\sigma_2}{\sigma_1}X+W \tag{10.18}$$

估计值的误差为$Y-E(Y\mid X)=W-E(W)$。

误差是随机的，期望值为 0（即这是一个无偏估计）且与$E(Y\mid X)$独立（因为$E(Y\mid X)$

是$\sigma(X)$-可测的，且 W 独立于$\sigma(X)$ ）。误差与条件数学期望$E(Y|X)$之间的独立性是例 10.4 中联合正态分布的结果。一般来说，误差与$E(Y|X)$不相关，但不一定独立。

我们想要根据 X 的知识来估计随机变量 X 和 Y 的函数 $f(X,Y)$，因为 X 和 Y 不是独立的，所以不能直接使用独立引理。Y 可以写作 $Y=\dfrac{\rho\sigma_2}{\sigma_1}X+W$，且 X 是$\sigma(X)$-可测的，W 独立于$\sigma(X)$且为正态分布。因此可以通过独立引理计算$E(f(X,Y)|X)$。首先用实值 x 替代随机变量 X 并计算期望。因此，定义：

$$\begin{aligned}g(x)&=E\left[f\left(x,\frac{\rho\sigma_2}{\sigma_1}x+W\right)\right]\\&=\frac{1}{\sigma_3\sqrt{2\pi}}\int_{-\infty}^{\infty}f\left(x,\frac{\rho\sigma_2}{\sigma_1}x+w\right)\exp\left\{-\frac{(w-\mu_3)^2}{2\sigma_3^2}\right\}\mathrm{d}w\end{aligned}$$

那么有

$$E(f(X,Y)|X)=g(X)$$

我们在连续时间框架中引入鞅和马尔可夫过程所需的工具，下面给出它们的定义。

定义 10.9 设$(\Omega,\mathcal{F},P)$是一个概率空间，T 是一个固定的正数。设$(\mathcal{F}_t)_{_0\leqslant t\leqslant T}$ 是一个σ-代数流，这里$0\leqslant t\leqslant T$。考虑一个适应的随机过程$M(t)$，同样有$0\leqslant t\leqslant T$。

（1）如果

$$E(M(t)|\mathcal{F}_s)=M(s),\quad 0\leqslant s\leqslant t\leqslant T$$

我们称这一过程是一个鞅，它没有上升或下降的趋势。

（2）如果

$$E(M(t)|\mathcal{F}_s)\leqslant M(s),\quad 0\leqslant s\leqslant t\leqslant T$$

我们称这一过程为上鞅，它仅有下降的趋势而没有上升的趋势。

（3）如果

$$E(M(t)|\mathcal{F}_s)\geqslant M(s),\quad 0\leqslant s\leqslant t\leqslant T$$

我们称这一过程为下鞅，它仅有上升的趋势而没有下降的趋势。

定义 10.10 设$(\Omega,\mathcal{F},P)$是一个概率空间，T 是一个固定的正数。设$(\mathcal{F}_t)_{_0\leqslant t\leqslant T}$ 是一个σ-代数流，考虑一个适应的随机过程$X(t)$，同样有$0\leqslant t\leqslant T$。假设对所有的$0\leqslant s\leqslant t\leqslant T$和所有的非负、Borel-可测函数$f$，存在 Borel-可测函数$g$使得

$$E[f(X(t))|\mathcal{F}_s]=g(X(s))\tag{10.19}$$

那么我们称 X 为马尔可夫过程。

在定义中，函数f允许依赖于t，函数g允许依赖于s。如果通过把$f(x)$写作$f(t,x)$来表示对时间的依赖性，则同样可以将$g(x)$写作$f(s,x)$，因为时间变量t和s可以表明我们使用的是不同时间的不同函数来处理x，因此式（10.19）可以写成

$$E[f(t,X(t))|\mathcal{F}_s]=f(s,X(s)),\quad 0\leqslant s\leqslant t\leqslant T$$

最终我们可以看到，当我们把$f(t,x)$看作两变量的函数时，式（10.19）满足一个偏微分方程。该偏微分方程给出了我们在知道$f(t,x)$时确定$f(s,x)$的方法。

第四节 离散随机游走

一、对称随机游走

为了构造一个对称随机游走，我们重复抛掷一枚硬币（正面 H 和反面 T 出现的概率都为 0.5），将结果表示为 $\omega=\omega_1,\omega_2,\omega_3,\cdots$，即无限次投掷结果的序列，且 ω_n 是第 n 次投掷的结果。设

$$X_j=\begin{cases}1, & \omega_j=H\\ -1, & \omega_j=T\end{cases}$$

并定义：

$$M_0=0\text{，}\quad M_k=\sum_{j=1}^{k}X_j, k=1,2,\cdots$$

过程 M_k 即为一个对称随机游走。每次投掷，它要么上升一个单位，要么下降一个单位，两种可能的概率是相等的。对称随机游走的一条可能路径如图 10.1 所示。

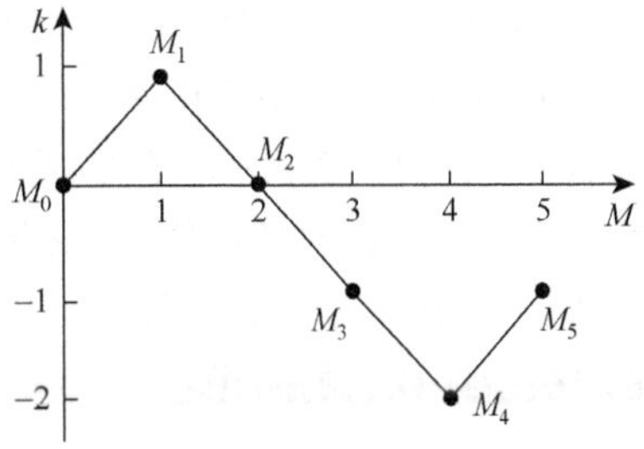

图 10.1 对称随机游走的一条可能路径

二、对称随机游走的增量

对称随机游走的增量是独立的，这意味着选择非负整数 $0=k_0<k_1<\cdots<k_n$，随机变量 $M_{k_1}-M_{k_0}$，$M_{k_2}-M_{k_1}$，$\cdots$，$M_{k_m}-M_{k_{m-1}}$ 是独立的，这些随机变量被叫作对称随机游走的增量。

$$M_{k_{i+1}}-M_{k_i}=\sum_{j=k_i+1}^{k_{i+1}}X_j$$

增量代表了时间 k_i 到 k_{i+1} 之间随机游走位置的变动。不重叠时间间隔的增量是独立的，因为它们依赖于不同时刻抛掷的硬币。

此外，每个增量 $M_{k_{i+1}}-M_{k_i}$ 都具有期望值 0 和方差 $k_{i+1}-k_i$，因此等式右侧的每个 X_j 都为 0，且 $\mathrm{Var}(X_j)=E(X_j^2)=1$。又因为不同 X_j 之间是独立的，所以有

$$\mathrm{Var}(M_{k_{i+1}}-M_{k_i})=\sum_{j=k_i+1}^{k_{i+1}}\mathrm{Var}(X_j)=k_{i+1}-k_i$$

对称随机游走的方差以单位时间 1 的速度累积，因此对任意非负整数 k 在时间间隔 k 到 n 上的方差增量是 $n-k$。

三、对称随机游走的鞅性质

为了证明对称随机游走是一个鞅，选择非负整数 $k<l$，因为 M_k 仅与前 k 枚硬币的投掷相关，且根据定义 10.8 中的线性和独立性，有

$$\begin{aligned}E(M_l \mid F_k) &= E[(M_l - M_k) + M_k \mid F_k] \\ &= E[(M_l - M_k) \mid F_k] + E(M_k \mid F_k) \\ &= E[(M_l - M_k) \mid F_k] + M_k \\ &= E(M_l - M_k) + M_k = M_k\end{aligned}$$

四、对称随机游走的二次变差

对称随机游走在时间 k 的二次变差定义如下：

$$[M,M]_k = \sum_{j=1}^{k}(M_{k_{i+1}} - M_{k_i})^2 = k$$

注意这一计算是逐路径的，沿某一路径到时间 k 的二次变差是加总该路径上所有的一步增量 $M_j - M_{j-1}$（其值为 1 或−1）。因为 $(M_j - M_{j-1})^2 = 1$，所以无论 $M_j - M_{j-1}$ 取值为何，都有 $\sum_{j=1}^{k} 1 = k$ 。

注意到 $[M,M]_k$ 与 $\mathrm{Var}(M_k)$ 相同，但计算过程有所区别。$\mathrm{Var}(M_k)$ 是计算所有路径的平均，将它们的概率加入统计。如果随机游走不是对称的（如硬币正面和反面朝上的概率不等），$\mathrm{Var}(M_k)$ 的结果会受到影响。对比来看，$[M,M]_k$ 沿单一路径，向上及向下的概率不进行计算。随机游走的方差仅能从理论上计算，因为它需要一个关于所有路径的、已实现的和未实现的平均值。从具体的价格数据中，可以准确地计算沿实现路径的二次变差。随机游走的独特之处在于，$[M,M]_k$ 不依赖于所选的特定路径，但随机游走的二次变差通常取决于计算它的路径。

五、对称随机游走的变换

为了近似布朗运动，我们可以在上述对称随机游走的基础上，缩短每次游走的时间，并且缩短每步的步长。固定一个正整数 n，当 nt 为整数时，定义如下的缩放对称随机游走：

$$W^{(n)}(t) = \frac{1}{\sqrt{n}} M_{nt}$$

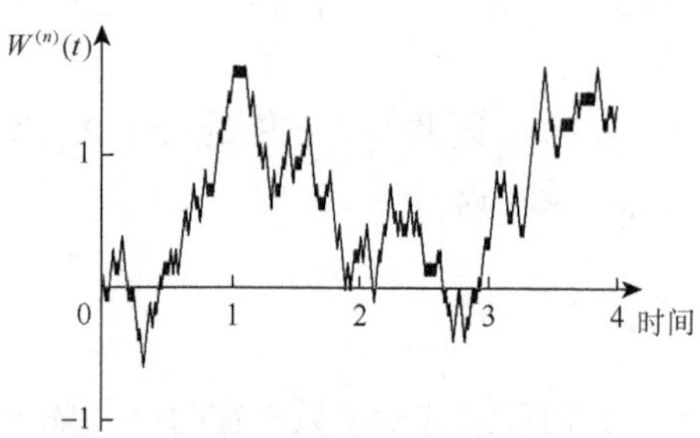

图 10.2 $W^{(100)}$ 的一条路径

若 nt 不是正整数，通过对 t 左右两侧最近的能使 ns 和 nu 为整数的点 s 和点 u 进行线性插值来定义 $W^{(n)}(t)$ 。当 $n \to \infty$ 时，$W^{(n)}(t)$ 会收敛到布朗运动。图 10.2 为 $W^{(100)}$ 到时间 $t = 4$ 的模拟路径，它代表了投掷 400 枚硬币且每步的步长为 0.1 的随机游走。

与随机游走类似，缩放的随机游走的增量同样是独立的。如果 $0 = t_0 < t_1 < \cdots < t_m$，则

$$(W^{(n)}(t_1) - W^{(n)}(t_0)), (W^{(n)}(t_2) - W^{(n)}(t_1)), \cdots, (W^{(n)}(t_m) - W^{(n)}(t_{m-1}))$$

相互独立。这些随机变量取决于不同的硬币投掷。例如，$W^{(100)}(0.10) - W^{(100)}(0)$ 仅取决于前 10 枚硬币的投掷，而 $W^{(100)}(0.35) - W^{(100)}(0.20)$ 取决于第 20 枚至第 35 枚硬币的投掷。

此外，如果$0 \leqslant s \leqslant t$且$ns$和$nt$都为整数，则有

$$E(W^{(n)}(t) - W^{(n)}(s)) = 0 , \quad \mathrm{Var}(W^{(n)}(t) - W^{(n)}(s)) = t - s$$

这是由于$W^{(n)}(t) - W^{(n)}(s)$是$n(t-s)$个独立随机变量的和，它们的期望是 0，方差为$\frac{1}{n}$。

给出$0 \leqslant s \leqslant t$，且如下拆分$W^{(n)}(t)$：

$$W^{(n)}(t) = W^{(n)}(t) - W^{(n)}(s) + W^{(n)}(s)$$

如果ns和nt都为整数，则等式右侧的第一部分是独立于$\mathcal{F}_s$的，$\mathcal{F}_s$即从 0 到时间s的信息的σ-代数。同时$W^{(n)}(s)$是关于$\mathcal{F}_s$可测的，因此可以证明缩放的随机游走有和随机游走一样的鞅性质，即

$$E(W^{(n)}(t) \mid \mathcal{F}_s) = W^{(n)}(s)$$

最后考虑缩放随机游走的二次变差，定义如下：

$$\begin{aligned}[W^{(n)}, W^{(n)}](t) &= \sum_{j=1}^{nt} \left[W^{(n)}\left(\frac{j}{n}\right) - W^{(n)}\left(\frac{j-1}{n}\right) \right]^2 \\ &= \sum_{j=1}^{nt} \left(\frac{1}{\sqrt{n}} X_j \right)^2 = \sum_{j=1}^{nt} \frac{1}{n} = t\end{aligned}$$

如果沿着缩放随机游走的路径从时间 0 到t，计算每个步长在时间上的增量、平方并加总，则可以得到用于计算的时间间隔的长度。这是一个逐路径计算，而非取所有可能路径上的平均值，所以原则上二次变差取决于进行计算的特定路径，然而，沿着每条路径计算的结果都是相同的。注意$\mathrm{Var}(W^{(n)}(t))$的结果也是t，但它是所有可能路径上的均值。

六、缩放随机游走的极限分布

另一种研究缩放随机游走的方法是固定时间t，并考虑在当前时间所有可能路径的集合。例如，设置$t = 0.25$，并考虑$W^{(100)}(0.25) = \frac{1}{10} M_{25}$的可能值。该随机变量由 25 枚硬币的投掷结果生成，由于未缩放的M_{25}可以取−25～25 的所有奇整数，因此$W^{(100)}(0.25)$的可能取值为

$$-2.5, -2.3, -2.1, \cdots, -0.1, 0.1, \cdots, 2.1, 2.3, 2.5$$

当$W^{(100)}(0.25)$的值为 0.1 时，25 次投掷中必然有 13 次正面和 12 次反面，概率为

$$P\{W^{(100)}(0.25) = 0.1\} = \frac{25!}{13!12!}\left(\frac{1}{2}\right)^{25} = 0.1555$$

将上述信息绘制在图 10.3 中，中心为 0.1，面积为 0.1555，取值范围为−1.5～1.5（为了让直方图看起来更简洁，略去概率过低的部分）。

随机变量$W^{(100)}(0.25)$的期望为 0，方差为 0.25。图 10.3 中的曲线是方差、期望与$W^{(100)}(0.25)$相同的正态分布密度函数，可以看出$W^{(100)}(0.25)$与正态分布非常接近。若定义一个有界函数$g(x)$并计算$E[g(W^{(100)}(0.25))]$，一个好的近似是将$g(x)$乘以图 10.3 中的正态分布密度函数并积分。

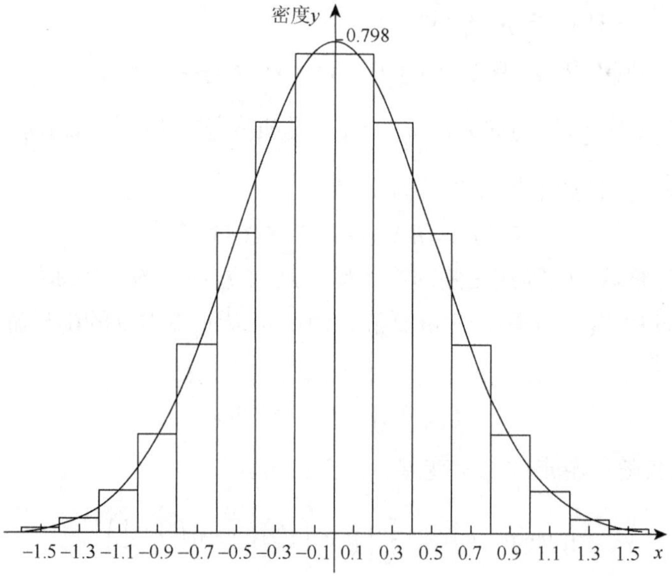

图 10.3 $W^{(100)}(0.25)$ 的分布及正态分布密度函数 $y=\frac{2}{\sqrt{2\pi}}e^{-2x^2}$

$$E[g(W^{(100)}(0.25))]\approx\frac{2}{\sqrt{2\pi}}\int_{-\infty}^{\infty}g(x)e^{-2x^2}dx$$

根据中心极限定理，该近似是准确的，下面给出详细定理。

定理 10.1 固定 $t\geqslant 0$，当 $n\to\infty$ 时，在 t 时刻缩放随机游走 $W^{(n)}(t)$ 的分布收敛于均值为 0、方差为 t 的正态分布。

简要地证明：

可以通过矩母函数来计算分布。对于期望为 0、方差为 t 的正态分布，其密度函数为 $f(x)=\frac{1}{\sqrt{2\pi t}}e^{-\frac{x^2}{2t}}$，其矩母函数为

$$\begin{aligned}\varphi(u)&=\int_{-\infty}^{\infty}\exp(ux)f(x)dx\\&=\frac{1}{\sqrt{2\pi t}}\int_{-\infty}^{\infty}\exp\{ux-\frac{x^2}{2t}\}dx\\&=e^{\frac{1}{2}u^2t}\cdot\frac{1}{\sqrt{2\pi t}}\int_{-\infty}^{\infty}\exp\left\{-\frac{(x-ut)^2}{2t}\right\}dx\\&=e^{\frac{1}{2}u^2t}\end{aligned}$$

因为 $\frac{1}{\sqrt{2\pi t}}\exp\left\{-\frac{(x-ut)^2}{2t}\right\}$ 是均值为 ut、方差为 t 的正态分布，积分为 1。

如果 nt 为整数，则 $W^{(n)}(t)$ 的矩母函数为

$$
\begin{aligned}
\varphi_n(u) &= E(\mathrm{e}^{uW^{(n)}(t)}) \\
&= E\left(\exp\left\{\frac{u}{\sqrt{n}}M_{nt}\right\}\right) \\
&= E\left(\exp\left\{\frac{u}{\sqrt{n}}\sum_{j=1}^{nt}X_j\right\}\right) = E\left(\prod_{j=1}^{nt}\exp\left\{\frac{u}{\sqrt{n}}X_j\right\}\right)
\end{aligned}
$$

由于随机变量是独立的，等式右侧也可以写为

$$
E\left(\prod_{j=1}^{nt}\exp\left\{\frac{u}{\sqrt{n}}X_j\right\}\right) = \prod_{j=1}^{nt}\left(\frac{1}{2}\mathrm{e}^{\frac{u}{\sqrt{n}}} + \frac{1}{2}\mathrm{e}^{-\frac{u}{\sqrt{n}}}\right) = \left(\frac{1}{2}\mathrm{e}^{\frac{u}{\sqrt{n}}} + \frac{1}{2}\mathrm{e}^{-\frac{u}{\sqrt{n}}}\right)^{nt}
$$

当 $n \to \infty$ 时，要证明 $\varphi_n(u) = \left(\frac{1}{2}\mathrm{e}^{\frac{u}{\sqrt{n}}} + \frac{1}{2}\mathrm{e}^{-\frac{u}{\sqrt{n}}}\right)^{nt}$ 收敛于矩母函数 $\varphi(u) = \mathrm{e}^{\frac{1}{2}u^2 t}$，只需证明 $\log\varphi_n(u) = nt\log\left(\frac{1}{2}\mathrm{e}^{\frac{u}{\sqrt{n}}} + \frac{1}{2}\mathrm{e}^{-\frac{u}{\sqrt{n}}}\right)$ 收敛于 $\ln\varphi(u) = \frac{1}{2}u^2 t$。

改写变量 $x = \frac{1}{\sqrt{n}}$，则有

$$
\lim_{n\to\infty}\log\varphi_n(u) = t\lim_{x\to 0}\frac{\log\left(\frac{1}{2}\mathrm{e}^{ux} + \frac{1}{2}\mathrm{e}^{-ux}\right)}{x^2}
$$

如果将 $x = 0$ 带入右侧表达式，则得到 $\frac{0}{0}$，因此可以使用洛必达法则。对分子求导有

$$
\frac{\partial}{\partial x}\log\left(\frac{1}{2}\mathrm{e}^{ux} + \frac{1}{2}\mathrm{e}^{-ux}\right) = \frac{\frac{u}{2}\mathrm{e}^{ux} - \frac{u}{2}\mathrm{e}^{-ux}}{\frac{1}{2}\mathrm{e}^{ux} + \frac{1}{2}\mathrm{e}^{-ux}}
$$

对分母求导有

$$
\frac{\partial}{\partial x}x^2 = 2x
$$

因此：

$$
\lim_{n\to\infty}\log\varphi_n(u) = t\lim_{x\to 0}\frac{\frac{u}{2}\mathrm{e}^{ux} - \frac{u}{2}\mathrm{e}^{-ux}}{2x\left(\frac{1}{2}\mathrm{e}^{ux} + \frac{1}{2}\mathrm{e}^{-ux}\right)} = \frac{t}{2}\lim_{x\to 0}\frac{\frac{u}{2}\mathrm{e}^{ux} - \frac{u}{2}\mathrm{e}^{-ux}}{x}
$$

这里有 $\lim_{x\to 0}\left(\frac{1}{2}\mathrm{e}^{ux} + \frac{1}{2}\mathrm{e}^{-ux}\right) = 1$，因此当 $x = 0$ 时，可以再次使用洛必达法则。对分子求导有

$$
\frac{\partial}{\partial x}\left(\frac{u}{2}\mathrm{e}^{ux} - \frac{u}{2}\mathrm{e}^{-ux}\right) = \frac{u^2}{2}\mathrm{e}^{ux} + \frac{u^2}{2}\mathrm{e}^{-ux}
$$

分母的导数就为 1。因此：

$$\lim_{n\to\infty}\log\varphi_n(u)=\frac{t}{2}\lim_{x\to 0}\left(\frac{u^2}{2}\mathrm{e}^{ux}+\frac{u^2}{2}\mathrm{e}^{-ux}\right)=\frac{1}{2}u^2t$$

由此得证。

七、对数正态分布作为二叉树模型的极限

中心极限定理可以用来证明二叉树资产定价模型的极限收敛到一个对数正态分布，这里假设利率 r 为 0。结果证明，二叉树模型即离散时间的几何布朗运动模型，它是 Black-Scholes-Merton 期权定价公式的基础。

通过二叉树模型构造一个时间 0 到 t 之间的股票价格模型，股票价格每单位时间变动整数 n 步，且 nt 为整数。取上涨系数 $u_n=1+\frac{\sigma}{\sqrt{n}}$，下跌系数 $d_n=1-\frac{\sigma}{\sqrt{n}}$，这里 σ 是股票价格的波动率，为一固定正数，则风险中性概率为

$$\tilde{p}=\frac{1+r-d_n}{u_n-d_n}=\frac{\sigma/\sqrt{n}}{2\sigma/\sqrt{n}}=\frac{1}{2}，\quad \tilde{q}=\frac{u_n-1-r}{u_n-d_n}=\frac{\sigma/\sqrt{n}}{2\sigma/\sqrt{n}}=\frac{1}{2}$$

时间 t 的股票价格由股票的初始价格 $S(0)$ 和前 nt 枚硬币的投掷有关。正面的次数 H_{nt} 和反面的次数 T_{nt} 之和总是 nt，写作 $nt=H_{nt}+T_{nt}$。随机游走 M_{nt} 是正面向上的次数与反面向上的次数之差，即 $M_{nt}=H_{nt}-T_{nt}$。

整理可得 $H_{nt}=\frac{1}{2}(nt+M_{nt})$、$T_{nt}=\frac{1}{2}(nt-M_{nt})$。

具有上涨系数 u_n 及下跌系数 d_n 的模型，时间 t 时的股票价格为

$$S_n(t)=S(0)u_n^{H_{nt}}d_n^{T_{nt}}=S(0)\left(1+\frac{\sigma}{\sqrt{n}}\right)^{\frac{1}{2}(nt+M_{nt})}\left(1-\frac{\sigma}{\sqrt{n}}\right)^{\frac{1}{2}(nt-M_{nt})}$$

当 $n\to\infty$ 时，我们希望确定该随机变量的分布。

定理 10.2 当 $n\to\infty$ 时，$S_n(t)$ 的分布收敛于

$$S(t)=S(0)\exp\left\{\sigma W(t)-\frac{1}{2}\sigma^2t\right\}$$

其中，$W(t)$ 表示一个均值为 0、方差为 t 的正态分布随机变量。$S(t)$ 的分布称为对数正态分布。

证明：

要证明定理 10.2，则需证明分布

$$\ln(S_n(t))=\ln(S(0))+\frac{1}{2}(nt+M_{nt})\ln\left(1+\frac{\sigma}{\sqrt{n}}\right)+\frac{1}{2}(nt-M_{nt})\ln\left(1-\frac{\sigma}{\sqrt{n}}\right)$$

趋近于分布

$$\ln(S(t))=\ln(S(0))+\sigma W(t)-\frac{1}{2}\sigma^2t$$

因此，需要对 $f(x)=\ln(1+x)$ 使用泰勒展开式。由 $f'(x)=(1+x)^{-1}$ 及 $f''(x)=-(1+x)^{-2}$，计算得 $f'(0)=1$ 和 $f''(0)=-1$。

根据泰勒展开式：

$$\ln(1+x)=f(0)+f'(0)x+\frac{1}{2}f''(0)x^2+O(x^3)=x-\frac{1}{2}x^2+O(x^3)$$

其中，$O(x^3)$表示x^3的等价无穷小量。当$n\to\infty$时：

$$\ln(S_n(t))=\ln(S(0))+\frac{1}{2}(nt+M_{nt})\left(\frac{\sigma}{\sqrt{n}}-\frac{\sigma^2}{2n}+O\left(n^{-\frac{3}{2}}\right)\right)$$

$$+\frac{1}{2}(nt-M_{nt})\left(-\frac{\sigma}{\sqrt{n}}-\frac{\sigma^2}{2n}+O\left(n^{-\frac{3}{2}}\right)\right)$$

$$=\ln(S(0))+nt\left(-\frac{\sigma^2}{2n}+O\left(n^{-\frac{3}{2}}\right)\right)+M_{nt}\left(\frac{\sigma}{\sqrt{n}}+O\left(n^{-\frac{3}{2}}\right)\right)$$

$$=\ln(S(0))-\frac{1}{2}\sigma^2t+O\left(n^{-\frac{1}{2}}\right)+\sigma W^{(n)}(t)+O(n^{-1})W^{(n)}(t)$$

$W^{(n)}(t)=\frac{1}{\sqrt{n}}M_{nt}$在最后一行中出现了两次。根据中心极限定理，它的分布收敛于均值为0、方差为t的正态分布随机变量$W(t)$。当$W^{(n)}(t)$乘以分母中有n的项时，该值为0。当$n\to\infty$时，$O\left(n^{-\frac{1}{2}}\right)$也为0。因此$\ln(S_n(t))$的分布趋近于$\ln(S(0))+\sigma W(t)-\frac{1}{2}\sigma^2t$，定理得证。

第五节　布朗运动

一、布朗运动的定义

我们获得的布朗运动是当$n\to\infty$时缩放随机游走$W^{(n)}(t)$的极限。布朗运动继承了这些随机游走的性质，定义如下。

定义 10.11　设$(\Omega,\mathcal{F},P)$是一个概率空间。对于每个$\omega\in\Omega$，假设$t\geqslant0$的连续函数$W(t)$满足$W(0)=0$且依赖于ω，那么$W(t)(t\geqslant0)$是布朗运动，对所有的$0=t_0<t_1<\cdots<t_m$，增量$W(t_1)-W(t_0),W(t_2)-W(t_1),\cdots,W(t_m)-W(t_{m-1})$是独立的，且每个增量是正态分布的。

$$E(W(t_{i+1})-W(t_i))=0$$

$$\mathrm{Var}(W(t_{i+1})-W(t_i))=t_{i+1}-t_i$$

对于布朗运动，不仅$W(t)=W(t)-W(0)$是正态分布，对所有的$0\leqslant s\leqslant t$，增量$W(t)-W(s)$也是正态分布的。

对于布朗运动W，随机实验结果ω满足$0\leqslant W(0.25)\leqslant0.2$集合的概率为

$$P\{0\leqslant W(0.25)\leqslant0.2\}=\frac{2}{\sqrt{2\pi}}\int_0^{0.2}\mathrm{e}^{-2x^2}\mathrm{d}x$$

与图10.3中以0.1为中心的直方图（即0.1555）不同，该集合概率为正态曲线下0～0.2的面积，但这两个区域非常接近。

二、布朗运动的分布

对于所有的$0<t_0<t_1<t_2<\cdots<t_m$，增量

$$W(t_1)-W(t_0),W(t_2)-W(t_1),\cdots,W(t_m)-W(t_{m-1})$$

是独立且正态分布的，因此随机变量$W(t_1),W(t_2),\cdots,W(t_m)$具有联合正态分布。联合正态分布由它们的均值和协方差来决定。每个随机变量$W(t_i)$均值为 0。对任意两个时间$0\leqslant s\leqslant t$，$W(s)$和$W(t)$的协方差为

$$\begin{aligned}E(W(s)W(t))&=E(W(s)(W(t)-W(s))+W^2(s))\\&=E(W(s))E(W(t)-W(s))+E(W^2(s))\\&=0+\mathrm{Var}(W(s))=s\end{aligned}$$

这里第二个等式用到了$W(s)$和$W(t)-W(s)$之间的独立性。因此布朗运动的方差-协方差矩阵为

$$\begin{bmatrix}E(W^2(t_1)) & E(W(t_1)W(t_2)) & \cdots & E(W(t_1)W(t_m))\\ E(W(t_2)W(t_1)) & E(W^2(t_2)) & \cdots & E(W(t_2)W(t_m))\\ \vdots & \vdots & & \vdots\\ E(W(t_m)W(t_1)) & E(W(t_m)W(t_2)) & \cdots & E(W^2(t_m))\end{bmatrix}=\begin{bmatrix}t_1 & t_1 & \cdots & t_1\\ t_1 & t_2 & \cdots & t_2\\ \vdots & \vdots & & \vdots\\ t_1 & t_2 & \cdots & t_m\end{bmatrix}\tag{10.20}$$

下面计算该随机向量$(W(t_1),W(t_2),\cdots,W(t_m))$的矩母函数。首先注意到：

$$\begin{aligned}&u_3W(t_3)+u_2W(t_2)+u_1W(t_1)\\&=u_3(W(t_3)-W(t_2))+(u_2+u_3)(W(t_2)-W(t_1))+(u_1+u_2+u_3)W(t_1)\end{aligned}$$

更一般地，有

$$\begin{aligned}&u_mW(t_m)+u_{m-1}W(t_{m-1})+u_{m-2}W(t_{m-2})+\cdots+u_1W(t_1)\\&=u_m(W(t_m)-W(t_{m-1}))+(u_{m-1}+u_m)(W(t_{m-1})-W(t_{m-2}))\\&\quad+(u_1+u_2+u_3)(W(t_{m-2})-W(t_{m-3}))+\cdots+(u_1+u_2+\cdots+u_m)W(t_1)\end{aligned}$$

利用上式计算随机向量的矩母函数：

$$\begin{aligned}&\varphi(u_1,u_2,\cdots,u_m)\\&=E[\exp\{u_mW(t_m)+u_{m-1}W(t_{m-1})+\cdots+u_1W(t_1)\}]\\&=E[\exp\{u_m(W(t_m)-W(t_{m-1}))+(u_{m-1}+u_m)(W(t_{m-1})-W(t_{m-2}))\\&\quad+\cdots+(u_1+u_2+\cdots+u_m)W(t_1)\}]\\&=E(\exp\{u_m(W(t_m)-W(t_{m-1}))\})\times E(\exp\{(u_{m-1}+u_m)(W(t_{m-1})-W(t_{m-2}))\})\\&\quad\times\cdots\times E(\exp\{(u_1+u_2+\cdots+u_m)W(t_1)\})\\&=\exp\left\{\frac{1}{2}u_m^2(t_m-t_{m-1})\right\}\times\exp\left\{\frac{1}{2}(u_{m-1}+u_m)^2(t_m-t_{m-2})\right\}\\&\quad\times\cdots\times\exp\left\{\frac{1}{2}(u_1+u_2+\cdots+u_m)^2t_1\right\}\end{aligned}$$

综上所述，布朗运动的矩母函数为

$$
\begin{aligned}
&\varphi(u_1,u_2,\cdots,u_m)\\
&=E[\exp\{u_mW(t_m)+u_{m-1}W(t_{m-1})+\cdots+u_1W(t_1)\}]\\
&=\exp\left\{\frac{1}{2}(u_1+u_2+\cdots+u_m)^2t_1+\frac{1}{2}(u_2+u_3+\cdots+u_m)^2(t_2-t_1)\right.\\
&\quad\left.+\cdots+\frac{1}{2}(u_{m-1}+u_m)^2(t_{m-1}-t_{m-2})+\frac{1}{2}u_m^2(t_m-t_{m-1})\right\}
\end{aligned}
\tag{10.21}
$$

定理 10.3 （布朗运动的另一种特征）设$(\Omega,\mathcal{F},P)$是一个概率空间。对于每个$\omega\in\Omega$，假设$t\geqslant 0$的连续函数$W(t)$满足$W(0)=0$且依赖于ω，以下三个性质等价。

（1）对于所有的$0=t_0<t_1<\cdots<t_m$，增量

$$W(t_1)-W(t_0),W(t_2)-W(t_1),\cdots,W(t_m)-W(t_{m-1})$$

是独立的，且每个增量是正态分布的，则有

$$E(W(t_{i+1})-W(t_i))=0$$

$$\mathrm{Var}(W(t_{i+1})-W(t_i))=t_{i+1}-t_i$$

（2）对于所有的$0=t_0<t_1<\cdots<t_m$，随机变量$W(t_1),W(t_2),\cdots,W(t_m)$是均值为 0、协方差矩阵为式（10.20）的联合正态分布。

（3）对于所有的$0=t_0<t_1<\cdots<t_m$，随机变量$W(t_1),W(t_2),\cdots,W(t_m)$有形如式（10.21）的矩母函数。

若具有性质（1）、（2）、（3）中的任意一条（等同于全部具有），那么$W(t)$（$t\geqslant 0$）是一个布朗运动。

三、布朗运动生成的σ–代数流

定义 10.12 设$(\Omega,\mathcal{F},P)$是一个概率空间，在该空间上定义一个布朗运动$W(t)$（$t\geqslant 0$）。布朗运动生成的σ–代数流$\mathcal{F}_t$（$t\geqslant 0$），满足以下几个方面。

（1）（信息累积）对于$0\leqslant s\leqslant t$，每一个在$\mathcal{F}_s$中的集合同样在$\mathcal{F}_t$中。换句话说，较晚时间$\mathcal{F}_t$所提供的信息至少和较早的时间$\mathcal{F}_s$提供的一样多。

（2）（适应性）对于每个$t\geqslant 0$，布朗运动$W(t)$在时间 t 是$\mathcal{F}_t$–可测的。换句话说，t时刻可以获得的信息足以估计该时刻的布朗运动$W(t)$。

（3）（独立于未来增量）对于$0\leqslant t\leqslant u$，增量$W(u)-W(t)$与$\mathcal{F}_t$是独立的。换句话说，布朗运动在t时刻后的任何增量都与t时刻可获得的信息独立。

设$\Delta(t)$（$t\geqslant 0$）是一个随机过程，若对于每个$t\geqslant 0$，随机变量$\Delta(t)$是$\mathcal{F}_t$–可测的，则说$\Delta(t)$适应于σ–代数流$\mathcal{F}_t$。

性质（1）和（2）在上述定义中保证了每个时刻t可获得的信息至少与在时刻t的布朗运动中可以观察到的一样多。性质（3）说明这些信息对预测布朗运动未来的变动是无用的。

在我们建立的资产定价模型中，性质（3）是有效市场假说的原因。布朗运动的σ–代数流$\mathcal{F}_t$有两种可能：一是令$\mathcal{F}_t$仅包含观察到的布朗运动自身到时刻 t 的信息；二是包含布朗运动及一个或更多其他过程的信息。如果$\mathcal{F}_t$中包含布朗运动外其他过程的观测，则由于性质（3），这些额外的信息不被允许提供关于未来增量的信息。

四、布朗运动的鞅性质

定理 10.4 布朗运动是一个鞅。

证明： 给定 $0 \leqslant s \leqslant t$，有

$$\begin{aligned} E(W(t) \mid \mathcal{F}_s) &= E[(W(t) - W(s)) + W(s) \mid \mathcal{F}_s] \\ &= E((W(t) - W(s)) \mid \mathcal{F}_s) + E(W(s) \mid \mathcal{F}_s) \\ &= E(W(t) - W(s)) + W(s) \\ &= W(s) \end{aligned}$$

五、布朗运动的二次变差

布朗运动没有自然步长，如果给定 $T > 0$，我们可以简单地选择一个步长，如 $\frac{T}{n}$，并计算具有该步长的布朗运动到时间 T 的二次变差，即

$$\sum_{j=0}^{n-1}\left\{W\left[\frac{(j+1)T}{n}\right] - W\left(\frac{jT}{n}\right)\right\}^2$$

当 $n \to \infty$，即步长足够小时，该极限为 T，与缩放随机游走中的最终结果一致。

布朗运动二次变差不为 0，这使得随机微积分与普通微积分存在差异，这也是 Black-Scholes-Merton 偏微分方程中波动率项的来源。

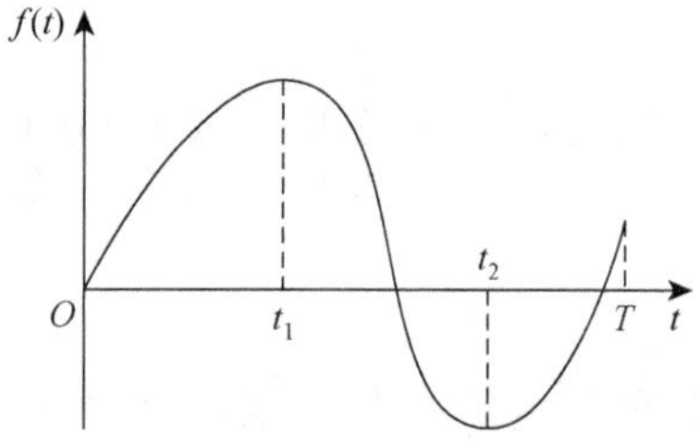

图 10.4 一阶变分计算

（一）一次变差

在证明布朗运动在时间 0 到 T 上的二次变差为 T 之前，简单讨论一次变差。我们希望计算图 10.4 中的函数在时间 0 到 T 之间上下震动的数量，用下移幅度加上上移幅度，而非减去，这称之为一阶变分 $\mathrm{FV}_T(f)$，有

$$\begin{aligned} \mathrm{FV}_T(f) &= (f(t_1) - f(0)) - (f(t_2) - f(t_1)) + (f(T) - f(t_2)) \\ &= \int_0^{t_1} f'(t)\mathrm{d}t + \int_{t_1}^{t_2} (-f'(t))\mathrm{d}t + \int_{t_2}^{T} f'(t)\mathrm{d}t \\ &= \int_0^{T} | f'(t) | \mathrm{d}t \end{aligned} \tag{10.22}$$

中间项 $-(f(t_2) - f(t_1)) = f(t_1) - f(t_2)$ 保证了函数 $f(t)$ 在时间 t_1 和 t_2 之间向下移动的幅度被添加到总值中，而非减去。

一般来说，为了计算函数的一次变差，首先选择 $[0,T]$ 间的分区 $\Pi = \{t_0, t_1, \cdots, t_n\}$，即一组时间：

$$0 = t_0 < t_1 < \cdots < t_n = T$$

这些将用于确定步长。时间划分 $0 = t_0, t_1, \cdots, t_n = T$ 不需要是等距的。划分的最大步长表示为 $\|\Pi\| = \max\limits_{j=0,\cdots,n-1}(t_{j+1} - t_j)$，然后定义：

$$\mathrm{FV}_T(f) = \lim_{\|\Pi\| \to 0} \sum_{j=0}^{n-1} | f(t_{j+1}) - f(t_j) |$$

当区间分割数量 n 趋近于无穷时，上式取极限，最长子区间 $t_{j+1}-t_j$ 的长度趋近于 0。

使用中值定理来验证上述定义，该定理对任意导数处处有定义的函数适用。对任意子区间 $[t_j,t_{j+1}]$，存在点 t_j^*，有

$$\frac{f(t_{j+1})-f(t_j)}{t_{j+1}-t_j}=f'(t_j^*) \tag{10.23}$$

换句话说，$[t_j,t_{j+1}]$ 中某处的切线与点 $(t_j,f(t_j))$ 及 $(t_{j+1},f(t_{j+1}))$ 的连线平行。如图 10.5 所示。

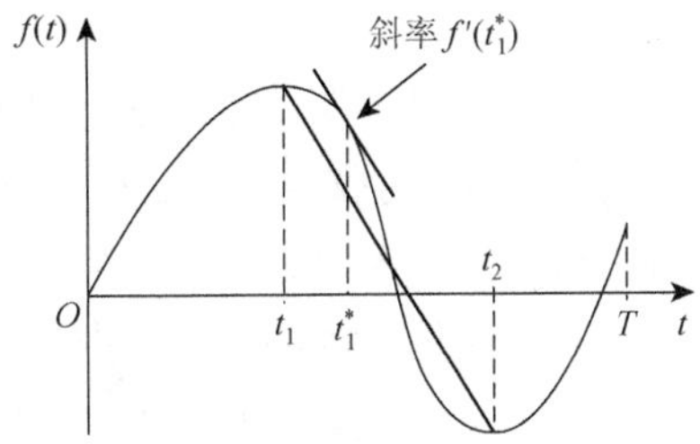

图 10.5 中值定理

式（10.23）左右两侧分别乘以 $t_{j+1}-t_j$，有

$$f(t_{j+1})-f(t_j)=f'(t_j^*)(t_{j+1}-t_j)$$

等式右边的和可写为

$$\sum_{j=0}^{n-1}|f'(t_j^*)|(t_{j+1}-t_j)$$

这是函数 $|f'(t)|$ 积分的黎曼和，因此：

$$\mathrm{FV}_T(f)=\lim_{\|\Pi\|\to 0}\sum_{j=0}^{n-1}|f'(t_j^*)|(t_{j+1}-t_j)=\int_0^T|f'(t)|\,\mathrm{d}t$$

式（10.22）得证。

（二）二次变差

定义 10.13 设 $f(t)$ 是定义在 $0\leqslant t\leqslant T$ 上的函数，f 在 $[0,T]$ 时间上的二次变差为

$$[f,f](T)=\lim_{\|\Pi\|\to 0}\sum_{j=0}^{n-1}(f(t_{j+1})-f(t_j))^2$$

其中，$\Pi=\{t_0,t_1,\cdots,t_n\}$，且 $0=t_0<t_1<\cdots<t_n=T$。

假设函数 f 有一个连续的导数，那么：

$$\sum_{j=0}^{n-1}(f(t_{j+1})-f(t_j))^2=\sum_{j=0}^{n-1}|f'(t_j^*)|^2\,(t_{j+1}-t_j)^2\leqslant\|\Pi\|\sum_{j=0}^{n-1}|f'(t_j^*)|^2\,(t_{j+1}-t_j)$$

因此：

$$\begin{aligned}[f,f](T)&\leqslant\lim_{\|\Pi\|\to 0}\left[\|\Pi\|\sum_{j=0}^{n-1}|f'(t_j^*)|^2\,(t_{j+1}-t_j)\right]\\&=\lim_{\|\Pi\|\to 0}\|\Pi\|\cdot\lim_{\|\Pi\|\to 0}\sum_{j=0}^{n-1}|f'(t_j^*)|^2\,(t_{j+1}-t_j)\\&=\lim_{\|\Pi\|\to 0}\|\Pi\|\cdot\int_0^T|f'(t)|^2\mathrm{d}t=0\end{aligned}$$

一方面，大多数函数都有连续的导数，因此它们的二次变差为 0。出于这个原因，普通微积分中不用考虑二次变差的影响。另一方面，布朗运动的路径不能对时间微分。对于没有导数的函数，中值定理不再适用。例如，绝对值函数 $f(t)=|t|$。连接点 $(t_1,f(t_1))$ 和点 $(t_2,f(t_2))$ 的弦斜率为 $\frac{1}{5}$，但是 t_1 和 t_2 间函数的导数不等于 $\frac{1}{5}$。实际上，这个导数对所有的

$t < 0$都为–1，对$t > 0$总是 1，且在零点处没有定义。对于布朗运动$W(t)$，$\frac{\mathrm{d}}{\mathrm{d}t}W(t)$没有定义。

定理 10.5 设W是一个布朗运动，则对于所有的$T \geqslant 0$，二次变差$[W,W](T)=T$。

证明： 设$\Pi=\{t_0,t_1,\cdots,t_n\}$是$[0,T]$的时间分割，定义该划分上的二次变差为

$$Q_\Pi=\sum_{j=0}^{n-1}(W(t_{j+1})-W(t_j))^2$$

我们需要证明这个二次变差是一个随机变量（即它依赖于计算它的布朗运动路径），且当$\|\Pi\|\to 0$时收敛于 T。还需证明它有期望值 T，且方差收敛于 0，因此不论计算路径为何，该二次变差总是收敛于它的期望值 T。

二次变差是独立随机变量的和，因此它的均值和方差也是随机变量的均值和与方差的和。

$$E[(W(t_{j+1})-W(t_j))^2]=\mathrm{Var}[W(t_{j+1})-W(t_j)]=t_{j+1}-t_j$$

这意味着：

$$E(Q_\Pi)=\sum_{j=0}^{n-1}E[(W(t_{j+1})-W(t_j))^2]=\sum_{j=0}^{n-1}(t_{j+1}-t_j)=T$$

此外，有

$$\begin{aligned}&\mathrm{Var}[(W(t_{j+1})-W(t_j))^2]\\&=E[(W(t_{j+1})-W(t_j))^2-(t_{j+1}-t_j)^2]\\&=E[(W(t_{j+1})-W(t_j))^4]-2(t_{j+1}-t_j)E[(W(t_{j+1})-W(t_j))^2]+(t_{j+1}-t_j)^2\end{aligned}$$

均值为 0 的正态随机变量的四阶矩是其方差的三倍，因此有

$$E[(W(t_{j+1})-W(t_j))^4]=3(t_{j+1}-t_j)^2$$

$$\begin{aligned}\mathrm{Var}[(W(t_{j+1})-W(t_j))^2]&=3(t_{j+1}-t_j)^2-2(t_{j+1}-t_j)^2+(t_{j+1}-t_j)^2\\&=2(t_{j+1}-t_j)^2\end{aligned}$$

且有

$$\begin{aligned}\mathrm{Var}(Q_\Pi)&=\sum_{j=0}^{n-1}\mathrm{Var}[(W(t_{j+1})-W(t_j))^2]=\sum_{j=0}^{n-1}2(t_{j+1}-t_j)^2\\&\leqslant\sum_{j=0}^{n-1}2\|\Pi\|(t_{j+1}-t_j)=2\|\Pi\|T\end{aligned}$$

综上所述，$\lim\limits_{\|\Pi\|\to 0}\mathrm{Var}(Q_\Pi)=0$，$\lim\limits_{\|\Pi\|\to 0}Q_\Pi=E(Q_\Pi)=T$。定理 10.5 得证。

在上面的证明中，我们得到

$$E[(W(t_{j+1})-W(t_j))^2]=t_{j+1}-t_j\text{，}\ \mathrm{Var}[(W(t_{j+1})-W(t_j))^2]=2(t_{j+1}-t_j)^2$$

当$t_{j+1}-t_j$较小时，$(t_{j+1}-t_j)^2$的值非常小，因此虽然$(W(t_{j+1})-W(t_j))^2$是随机的，但大概率趋近于它的均值$t_{j+1}-t_j$，因此有

$$(W(t_{j+1})-W(t_j))^2\approx t_{j+1}-t_j$$

这个近似是比较准确的，因为当$t_{j+1}-t_j$很小时，等式两侧都趋近于0，或者写成

$$\frac{(W(t_{j+1})-W(t_j))^2}{t_{j+1}-t_j}\approx 1 \tag{10.24}$$

实际上，$\dfrac{(W(t_{j+1})-W(t_j))^2}{t_{j+1}-t_j}$并不近似于1，不论$t_{j+1}-t_j$有多小。它是标准正态随机变量的平方：

$$Y_{j+1}=\frac{W(t_{j+1})-W(t_j)}{\sqrt{t_{j+1}-t_j}}$$

如果我们计算布朗运动在时间区间$[0,T_1]$上的二次变差，可以得到$[W,W](T_1)=T_1$；如果计算时间区间$[0,T_2]$上的二次变差，这里$0\leqslant T_1\leqslant T_2$，可以得到$[W,W](T_2)=T_2$。因此，如果划分区间$[T_1,T_2]$，对每个子区间的布朗运动增量进行平方并加总，并在最大步长趋近于0时取极限，则有$[W,W](T_2)-[W,W](T_1)=T_2-T_1$。布朗运动在区间$[T_1,T_2]$上累积了$T_2-T_1$单位二次变差。该结论对每个时间间隔都是正确的，因此可以得出结论：布朗运动以单位时间1的速度积累二次变差。

如前所述，布朗运动的二次变差是资产价格波动率的来源。

取$[0,T]$中的分区$\Pi=\{t_0,t_1,\cdots,t_n\}$（如$0=t_0<t_1<\cdots<t_n=T$），为了计算布朗运动：

$$\lim_{\|\Pi\|\to 0}\sum_{j=0}^{n-1}(W(t_{j+1})-W(t_j))^2=T$$

我们可以计算$W(t)$与t的协变差以及t自身的二次变差，即

$$\lim_{\|\Pi\|\to 0}\sum_{j=0}^{n-1}(W(t_{j+1})-W(t_j))(t_{j+1}-t_j)=0$$

$$\lim_{\|\Pi\|\to 0}\sum_{j=0}^{n-1}(t_{j+1}-t_j)^2=0$$

极限为0，因此有

$$|(W(t_{j+1})-W(t_j))(t_{j+1}-t_j)|\leqslant \max_{0\leqslant k\leqslant n-1}|(W(t_{k+1})-W(t_k))|(t_{j+1}-t_j)$$

则有

$$\left|\sum_{j=0}^{n-1}(W(t_{j+1})-W(t_j))(t_{j+1}-t_j)\right|\leqslant \max_{0\leqslant k\leqslant n-1}|(W(t_{k+1})-W(t_k))|\cdot T$$

因为W是连续的，所以当最长子区间的长度$\|\Pi\|$趋近于0时，$\max\limits_{0\leqslant k\leqslant n-1}|(W(t_{k+1})-W(t_k))|$有极限0。

$$\sum_{j=0}^{n-1}(t_{j+1}-t_j)^2\leqslant \max_{0\leqslant k\leqslant n-1}(t_{k+1}-t_k)\cdot\sum_{j=0}^{n-1}(t_{j+1}-t_j)^2=\|\Pi\|\cdot T$$

当$\|\Pi\|$趋于0时，上式显然有极限0。

上述等式同样可写为

$$\mathrm{d}W(t)\mathrm{d}t=0,\quad \mathrm{d}t\mathrm{d}t=0$$

第六节 伊 藤 积 分

一、简单伊藤积分

固定一个正数 T，在定义$\int_0^T \Delta(t)\mathrm{d}W(t)$中，$W(t)$是布朗运动。用$\mathcal{F}_t$（$t \geqslant 0$）表示布朗运动生成的$\sigma$-代数流。被积函数$\Delta(t)$是一个适应的随机过程。这样做的原因是$\Delta(t)$表示在时刻 t 我们持有资产的头寸，这通常取决于资产到时刻 t 的价格路径。$\Delta(t)$是$\mathcal{F}_t$-可测的。换句话说，在时刻t可获得的信息足够计算该时点$\Delta(t)$的值。当我们位于时刻 0 时，$\Delta(t)$是未知的，它是一个随机变量。当到达时刻t时，我们就有足够的信息来计算$\Delta(t)$。

布朗运动在时刻 t 后的增量独立于$\mathcal{F}_t$，且由于$\Delta(t)$关于$\mathcal{F}_t$是可测的，它也一定独立于这些未来的布朗运动增量。我们持有的资产头寸可能依赖于资产的历史价格，但一定独立于驱动价格的布朗运动的未来增量。

要给出伊藤积分$\int_0^T \Delta(t)\mathrm{d}W(t)$的意义，面临的问题是布朗运动的路径具有无限的一次变差，不能按照普通的黎曼积分来定义，如果$g(t)$是一个可微的函数，那么定义：

$$\int_0^T \Delta(t)\mathrm{d}g(t) = \int_0^T \Delta(t)g'(t)\mathrm{d}t$$

等式右侧相当于对时间的黎曼积分，这对布朗运动不成立。

（一）积分的构造

针对布朗运动路径的不可微性，伊藤积分采用如下方法来定义。首先为简单积分$\Delta(t)$定义伊藤积分，然后将其推广到简单积分的极限，现在描述该过程。

设$\Pi = \{t_0, t_1, \cdots, t_n\}$是$[0,T]$的一个划分（如$0 = t_0 < t_1 < \cdots < t_n = T$）。假设$\Delta(t)$在每个子区间$[t_j, t_{j+1})$上是一个常数，这样的过程$\Delta(t)$是一个简单过程。

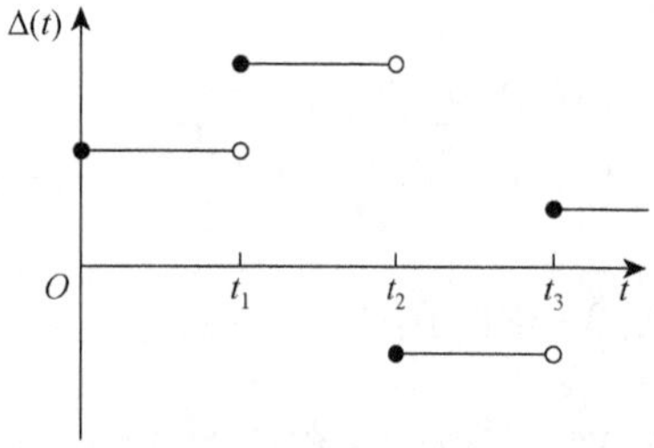

图 10.6 简单过程的一条路径

图 10.6 展示了简单过程$\Delta(t)$的一条路径。我们在区间时刻t_j取值并保持不变直到下一个区间时刻t_{j+1}（不包含）。尽管在图 10.6 中不明显，但所示路径依赖于布朗运动$W(t)$的路径所依赖的相同的ω。如果选择不同的ω，布朗运动的路径就会不同，$\Delta(t)$的路径也可能会不同。$\Delta(t)$的值仅用来表示时刻t可获得的信息。因为在时刻 0 没有信息，所以$\Delta(0)$的值对所有路径都应当是相同的。因此对于$0 \leqslant t \leqslant t_1$，第一个区间$[0,t_1)$上的$\Delta(t)$并不真正依赖于$\omega$。第二个区间$[t_1,t_2)$上$\Delta(t)$的值可以取决于在第一个区间$[0,t_1)$上的观测。

按下述方式考虑简单过程$\Delta(t)$和布朗运动$W(t)$间的相互作用。将$W(t)$看作资产在时刻 t 的单位价格。$t_0, t_1, \cdots, t_{n-1}$作为资产的交易日，$\Delta(t_0), \Delta(t_1), \cdots, \Delta(t_{n-1})$为每个交易日的资产头寸，持有该头寸直到下一个交易日。每个时刻t交易的收益为

$$I(t)=\Delta(t_0)(W(t)-W(t_0))=\Delta(t_0)W(t),\quad 0\leqslant t\leqslant t_1$$

$$I(t)=\Delta(t_0)W(t_1)+\Delta(t_1)(W(t)-W(t_1)),\quad t_1\leqslant t\leqslant t_2$$

$$I(t)=\Delta(t_0)W(t_1)+\Delta(t_1)(W(t_2)-W(t_1))+\Delta(t_2)(W(t)-W(t_2)),\quad t_2\leqslant t\leqslant t_3$$

并依次类推。更一般地，如果$t_k\leqslant t\leqslant t_{k+1}$，那么：

$$I(t)=\sum_{j=0}^{k-1}\Delta(t_j)(W(t_{j+1})-W(t_j))+\Delta(t_k)(W(t)-W(t_k)) \tag{10.25}$$

式（10.25）中的过程$I(t)$即简单过程$\Delta(t)$的伊藤积分，可以写为

$$I(t)=\int_0^T\Delta(u)\mathrm{d}W(u)$$

特别地，取$t=t_n=T$，则式（10.25）为伊藤积分对于简单函数的定义。

（二）伊藤积分的性质

下面证明式（10.25）为鞅，因此$I(t)$没有上升或下降的趋势。

定理 10.6 式（10.25）定义的伊藤积分是一个鞅。

证明：设$0\leqslant s\leqslant t\leqslant T$给定，假设$s$和$t$位于分区$\prod$的不同子区间内。如果$s$和$t$位于相同的子区间，下面证明可以简化，将式（10.25）写为

$$\begin{aligned}I(t)=&\sum_{j=0}^{l-1}\Delta(t_j)(W(t_{j+1})-W(t_j))+\Delta(t_l)(W(t_{l+1})-W(t_l))\\&+\sum_{j=l+1}^{k-1}\Delta(t_j)(W(t_{j+1})-W(t_j))+\Delta(t_k)(W(t)-W(t_k))\end{aligned} \tag{10.26}$$

必须证明$E(I(t)|\mathcal{F}_s)=I(s)$。对式（10.26）右侧四项取条件期望，第一项$\sum_{j=0}^{l-1}\Delta(t_j)(W(t_{j+1})-W(t_j))$中所有的随机过程都是$\mathcal{F}_s$-可测的。因为该项中最后出现的时间是$t_l$，且$t_l\leqslant s$。因此：

$$E\left[\sum_{j=0}^{l-1}\Delta(t_j)(W(t_{j+1})-W(t_j))\,|\,\mathcal{F}_s\right]=\sum_{j=0}^{l-1}\Delta(t_j)(W(t_{j+1})-W(t_j)) \tag{10.27}$$

式（10.26）右侧第二项由条件期望性质可将关于$\mathcal{F}_s$的已知部分提出，并利用W的鞅性质写为

$$\begin{aligned}E[\Delta(t_l)(W(t_{l+1})-W(t_l))\,|\,\mathcal{F}_s]&=\Delta(t_l)[E(W(t_{l+1})\,|\,\mathcal{F}_s)-W(t_l)]\\&=\Delta(t_l)(W(s)-W(t_l))\end{aligned} \tag{10.28}$$

将式（10.27）和式（10.28）相加就得到了$I(s)$。

式（10.26）右侧第三项和第四项的条件期望为 0，因此有$E(I(t)|\mathcal{F}_s)=I(s)$。

第三项可以总结为$\Delta(t_l)(W(t_{l+1})-W(t_l))$的形式，这里$t_j\geqslant t_{l+1}>s$，因此可做如下迭代：

$$
\begin{aligned}
&E[\Delta(t_j)(W(t_{j+1})-W(t_j))\mid\mathcal{F}_s]\\
&=E\{E[\Delta(t_j)(W(t_{j+1})-W(t_j))\mid\mathcal{F}_{t_j}]\mid\mathcal{F}_s\}\\
&=E\{\Delta(t_j)[E(W(t_{j+1})\mid\mathcal{F}_{t_j})-W(t_j)]\mid\mathcal{F}_s\}\\
&=E[\Delta(t_j)(W(t_j)-W(t_j))\mid\mathcal{F}_s]=0
\end{aligned}
$$

最后使用了 W 是鞅的事实。由于第三项中每一部分的条件期望都为 0，第三项的条件期望也为 0。

$$
E\left[\sum_{j=l+1}^{k-1}\Delta(t_j)(W(t_{j+1})-W(t_j))\middle|\mathcal{F}_s\right]=0
$$

式（10.26）的第四项与第三项可以采用类似的计算方式，因此：

$$
\begin{aligned}
&E[\Delta(t_k)(W(t)-W(t_k))\mid\mathcal{F}_s]\\
&=E\{E[\Delta(t_k)(W(t)-W(t_k))\mid\mathcal{F}_{t_k}]\mid\mathcal{F}_s\}\\
&=E\{\Delta(t_k)[E(W(t)\mid\mathcal{F}_{t_k})-W(t_k)]\mid\mathcal{F}_s\}\\
&=E[\Delta(t_k)(W(t_k)-W(t_k))\mid\mathcal{F}_s]=0
\end{aligned}
$$

定理 10.6 得证。

由于 $I(t)$ 是一个鞅且 $I(0)=0$，对于所有的 $t\geqslant 0$，有 $E(I(t))=0$。由此得出结论 $\mathrm{Var}(I(t))=E(I^2(t))$，该式可以在定理 10.7 中被证明。

定理 10.7 （伊藤等距）式（10.25）定义的伊藤积分满足：

$$
E(I^2(t))=E\left(\int_0^t\Delta^2(u)\mathrm{d}u\right)
$$

证明： 为了简化符号，设 $D_j=W(t_{j+1})-W(t_j)$（$j=0,1,\cdots,k-1$），且 $D_k=W(t)-W(t_k)$，所以式（10.25）可以写为 $I(t)=\sum_{j=0}^{k}\Delta(t_j)D_j$ 且

$$
I^2(t)=\sum_{j=0}^{k}\Delta^2(t_j)D_j^2+2\sum_{0\leqslant i<j\leqslant k}\Delta(t_i)\Delta(t_j)D_iD_j
$$

首先，证明每个交叉项的期望值为 0。对于 $i<j$，随机变量 $\Delta(t_i)\Delta(t_j)D_i$ 是 $\mathcal{F}_{t_j}$-可测的，而布朗运动增量 D_j 与 $\mathcal{F}_{t_j}$ 独立且有 $E(D_j)=0$。因此：

$$
E\mid\Delta(t_i)\Delta(t_j)D_iD_j\mid=E\mid\Delta(t_i)\Delta(t_j)D_i\mid\cdot E(D_j)=E\mid\Delta(t_i)\Delta(t_j)D_i\mid\cdot 0=0
$$

其次，考虑平方项 $\Delta^2(t_j)D_j^2$。随机变量 $\Delta^2(t_j)$ 是 $\mathcal{F}_{t_j}$-可测的，布朗运动增量的平方 D_j^2 与 $\mathcal{F}_{t_j}$ 独立，且 $E(D_j^2)=t_{j+1}-t_j$（$j=0,\cdots,k-1$），特别地，$E(D_k^2)=t-t_k$。因此：

$$
\begin{aligned}
E(I^2(t))&=\sum_{j=0}^{k}E(\Delta^2(t_j)D_j^2)=\sum_{j=0}^{k}E(\Delta^2(t_j))\cdot E(D_j^2)\\
&=\sum_{j=0}^{k-1}E[\Delta^2(t_j)(t_{j+1}-t_j)]+E[\Delta^2(t_k)(t-t_k)]
\end{aligned}
$$

但是在子区间 $[t_j,t_{j+1})$ 上 $\Delta(t_j)$ 是固定的，因此 $\Delta^2(t_j)(t_{j+1}-t_j)=\int_{t_j}^{t_{j+1}}\Delta^2(u)\mathrm{d}u$。类似地，有

$\Delta^2(t_k)(t-t_k)=\int_{t_k}^{t}\Delta^2(u)\mathrm{d}u$，因此有

$$E(I^2(t))=\sum_{j=0}^{k-1}E\left(\int_{t_j}^{t_{j+1}}\Delta^2(u)\mathrm{d}u+\int_{t_k}^{t}\Delta^2(u)\mathrm{d}u\right)$$
$$=E\left(\sum_{j=0}^{k-1}\int_{t_j}^{t_{j+1}}\Delta^2(u)\mathrm{d}u+\int_{t_k}^{t}\Delta^2(u)\mathrm{d}u\right)=E\left(\int_0^t\Delta^2(u)\mathrm{d}u\right)$$

最后，讨论伊藤积分 $I(t)$，即积分 t 的上限的二次变差。布朗运动以单位时间 1 的速度累积二次变差。伊藤积分 $I(t)=\int_0^t\Delta(u)\mathrm{d}B(u)$ 中，被积函数 $\Delta(u)$ 会随时间和路径的不同进行缩放。二次变差计算的是增量的平方，因此布朗运动的二次变差根据 $\Delta^2(u)$ 缩放。

定理 10.8 伊藤积分累积的二次变差为

$$[I,I](t)=\int_0^t\Delta^2(u)\mathrm{d}u$$

证明：首先计算伊藤积分在子区间 $[t_j,t_{j+1}]$ 上累积的二次变差，该子区间上 $\Delta(u)$ 是常数。为此选择分区点 $t_j=s_0<s_1<\cdots<s_m=t_{j+1}$ 且考虑：

$$\sum_{i=0}^{m-1}(I(s_{i+1})-I(s_i))^2=\sum_{i=0}^{m-1}[\Delta(t_j)(W(s_{i+1})-W(s_i))]^2$$
$$=\Delta^2(t_j)\sum_{i=0}^{m-1}(W(s_{i+1})-W(s_i))^2 \tag{10.29}$$

当 $m\to\infty$ 时，最大步长 $\max\limits_{i=0,\cdots,m-1}(s_{i+1}-s_i)$ 趋近于 0，$\sum\limits_{i=0}^{m-1}(W(s_{i+1})-W(s_i))^2$ 收敛于布朗运动在子区间 $[t_j,t_{j+1}]$ 上累积的二次变差 $t_{j+1}-t_j$。因此式（10.29）的极限，即伊藤积分在区间 $[t_j,t_{j+1}]$ 累积的二次变差为

$$\Delta^2(t_j)(t_{j+1}-t_j)=\int_{t_j}^{t_{j+1}}\Delta^2(u)\mathrm{d}u$$

这里由于 $\Delta(u)$ 在子区间 $[t_j,t_{j+1}]$ 是常数，类似地，伊藤积分在区间 $[t_k,t]$ 上累积的二次变差为 $\int_{t_k}^{t}\Delta^2(u)\mathrm{d}u$。两者相加则得到了定理 10.8。

从定理 10.7 及定理 10.8 可以看到一个过程的二次变差及方差的差异。二次变差是逐路径计算的，结果也取决于路径。如果沿着布朗运动的一条路径选择较大的头寸 $\Delta(u)$，伊藤积分将有一个大的二次变差。沿着不同的路径可以选择较小的头寸 $\Delta(u)$，则伊藤积分的二次变差同样较小。二次变差可以看作一种对风险的度量，它取决于我们持有的头寸。方差 Var($I(t)$)是二次变差在全部可能路径上的平均，它是一个期望，因此不是随机的。

在前文中，我们把 $\mathrm{d}W(t)\mathrm{d}W(t)=\mathrm{d}t$ 解释为布朗运动的二次变差在单位时间上的累积速度是 1，这是 $[W,W](t)=t$（$t\geqslant 0$）的另一种写法。伊藤积分公式 $I(t)=\int_0^t\Delta(u)\mathrm{d}W(u)$ 可以写成 $\mathrm{d}I(t)=\Delta(t)\mathrm{d}W(t)$ 的微分形式，将 $\mathrm{d}I(t)$ 平方有

$$\mathrm{d}I(t)\mathrm{d}I(t)=\Delta^2(t)\mathrm{d}W(t)\mathrm{d}W(t)=\Delta^2(t)\mathrm{d}t \tag{10.30}$$

式（10.30）表明伊藤积分 $I(t)$ 的二次变差以单位时间 $\Delta^2(t)$ 的速度累积，该累积速度依赖于时间及路径。式（10.30）即定理 10.8 的另一种解释。

$I(t)=\int_0^t \Delta(u)\mathrm{d}W(u)$ 和 $\mathrm{d}I(t)=\Delta(t)\mathrm{d}W(t)$ 表示的是相同的概念，虽然后者可能更直观。$I(t)=\int_0^t \Delta(u)\mathrm{d}W(u)$ 的准确含义可由式（10.25）给出，$\mathrm{d}I(t)=\Delta(t)\mathrm{d}W(t)$ 可以粗略地理解为当从时刻 t 往前移动很短一段时间时，伊藤积分 $I(t)$ 的变化是 $\Delta(t)$ 乘以布朗运动 $W(t)$ 的变化。准确来讲，通过对上述形式中的微分等式两侧进行积分有

$$I(t)=I(0)+\int_0^t \Delta(u)\mathrm{d}W(u) \tag{10.31}$$

$I(t)=\int_0^t \Delta(u)\mathrm{d}W(u)$ 和式（10.31）的唯一区别是 $I(t)=\int_0^t \Delta(u)\mathrm{d}W(u)$ 规定了初始条件 $I(0)=0$，而式（10.31）允许 $I(0)$ 为任意常数。

二、一般伊藤积分

在本节中，我们定义伊藤积分 $\int_0^T \Delta(t)\mathrm{d}W(t)$ 不再假设 $\Delta(t)$ 是一个简单过程。假设 $\Delta(t)$（$t\geqslant 0$）适应于 σ-代数流 $\mathcal{F}_t$，且平方可积。

$$E\left(\int_0^T \Delta^2(t)\mathrm{d}t\right)<\infty \tag{10.32}$$

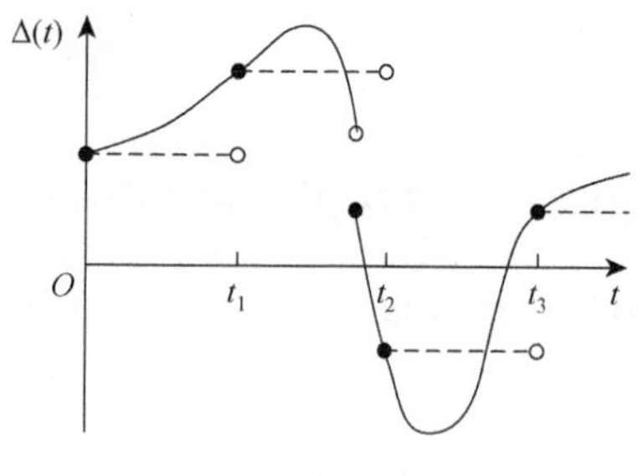

图 10.7 连续变化积分的近似

为了定义 $\int_0^T \Delta(t)\mathrm{d}W(t)$，我们使用简单过程来近似 $\Delta(t)$，图 10.7 给出了方法图示。在图 10.7 中，实线表示连续变化的 $\Delta(t)$，虚线表示近似的简单积分。近似简单积分通过选择分区 $0=t_0<t_1<t_2<t_3$ 构造，令近似简单过程在每个 t_j 上等于 $\Delta(t_j)$，且在子区间 $[t_j,t_{j+1})$ 上保持不变。当划分的最大步长趋近于 0 时，上述简单过程将成为连续变化过程很好的近似。

一般来说，可以选择一系列简单过程 $\Delta_n(t)$，当 $n\to\infty$ 时，该过程收敛于连续变化积分 $\Delta(t)$。收敛意味着 $\lim\limits_{n\to\infty}E\left(\int_0^T|\Delta_n(t)-\Delta(t)|^2\mathrm{d}t\right)=0$。

对每个 $\Delta_n(t)$，已经定义了在 $0\leqslant t\leqslant T$ 上的伊藤积分 $\int_0^t \Delta_n(u)\mathrm{d}W(u)$。我们用式（10.33）定义连续变化积分 $\Delta(t)$ 的伊藤积分：

$$\int_0^t \Delta(u)\mathrm{d}W(u)=\lim_{n\to\infty}\int_0^t \Delta_n(u)\mathrm{d}W(u),\quad 0\leqslant t\leqslant T \tag{10.33}$$

这个积分继承了简单过程伊藤积分的性质，在定理 10.9 中总结了这些性质。

定理 10.9 设 T 是一个大于 0 的常数，且 $\Delta(t)$（$0\leqslant t\leqslant T$）是一个满足式（10.33）的适应随机过程。由式（10.33）定义的 $I(t)=\int_0^t \Delta(u)\mathrm{d}W(u)$ 具有如下性质。

（1）（连续性）作为积分上限 t 的函数，$I(t)$ 的路径是连续的。

（2）（自适应性）对每个 t，$I(t)$ 都是 $\mathcal{F}_t$-可测的。

（3）（线性）如果 $I(t)=\int_0^t\Delta(u)\mathrm{d}W(u)$ 且 $J(t)=\int_0^t\Gamma(u)\mathrm{d}W(u)$，则有 $I(t)\pm J(t)=\int_0^t(\Delta(u)\pm\Gamma(u))\mathrm{d}W(u)$。此外对任意常数 c，有 $cI(t)=\int_0^t c\Delta(u)\mathrm{d}W(u)$。

（4）（鞅）$I(t)$ 是一个鞅。

（5）（伊藤等距）$E(I^2(t))=E\left(\int_0^t\Delta^2(u)\mathrm{d}u\right)$。

（6）（二次变差）$[I,I](t)=\int_0^t\Delta^2(u)\mathrm{d}u$。

例 10.5 计算 $\int_0^T W(t)\mathrm{d}W(t)$。首先选择一个较大的整数 n，并用简单过程近似被积函数 $\Delta(t)=W(t)$：

$$\Delta_n(t)=\begin{cases}W(0)=0, & 0\leqslant t<\dfrac{T}{n}\\ W\left(\dfrac{T}{n}\right), & \dfrac{T}{n}\leqslant t<\dfrac{2T}{n}\\ \quad\vdots & \quad\vdots\\ W\left[\dfrac{(n-1)T}{n}\right], & \dfrac{(n-1)T}{n}\leqslant t<T\end{cases}$$

如图 10.8 所示，有 $\lim\limits_{n\to\infty}E\left(\int_0^T|\Delta_n(t)-W(t)|^2\mathrm{d}t\right)=0$。定义：

$$\begin{aligned}\int_0^T W(t)\mathrm{d}W(t)&=\lim_{n\to\infty}\int_0^T\Delta_n(t)\mathrm{d}W(t)\\&=\lim_{n\to\infty}\sum_{j=0}^{n-1}W\left(\frac{jT}{n}\right)\left\{W\left[\frac{(j+1)T}{n}\right]-W\left(\frac{jT}{n}\right)\right\}\end{aligned}\tag{10.34}$$

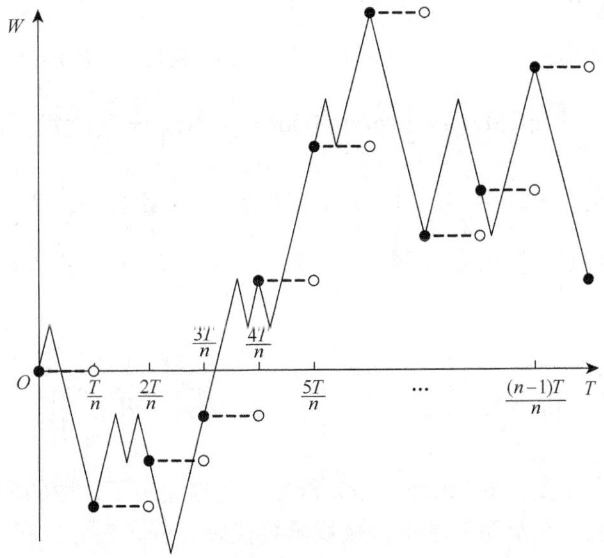

图 10.8 简单过程对布朗运动的近似

为了简化符号，令 $W_j = W\left(\frac{jT}{n}\right)$，则有

$$
\begin{aligned}
\frac{1}{2}\sum_{j=0}^{n-1}(W_{j+1}-W_j)^2 &= \frac{1}{2}\sum_{j=0}^{n-1}W_{j+1}^2 - \sum_{j=0}^{n-1}W_jW_{j+1} + \frac{1}{2}\sum_{j=0}^{n-1}W_j^2 \\
&= \frac{1}{2}\sum_{k=1}^{n}W_k^2 - \sum_{j=0}^{n-1}W_jW_{j+1} + \frac{1}{2}\sum_{j=0}^{n-1}W_j^2 \\
&= \frac{1}{2}W_n^2 + \frac{1}{2}\sum_{k=0}^{n-1}W_k^2 - \sum_{j=0}^{n-1}W_jW_{j+1} + \frac{1}{2}\sum_{j=0}^{n-1}W_j^2 \\
&= \frac{1}{2}W_n^2 + \sum_{j=0}^{n-1}W_j^2 - \sum_{j=0}^{n-1}W_jW_{j+1} \\
&= \frac{1}{2}W_n^2 + \sum_{j=0}^{n-1}W_j(W_j - W_{j+1})
\end{aligned}
\tag{10.35}
$$

第二个等式通过变化下标 $k = j+1$ 得到第一项的加总。在第三个等式中运用了 $W_0 = W(0) = 0$。由式（10.35）得

$$\sum_{j=0}^{n-1}W_j(W_{j+1}-W_j) = \frac{1}{2}W_n^2 - \frac{1}{2}\sum_{j=0}^{n-1}(W_{j+1}-W_j)^2$$

代入初始的符号，有

$$
\begin{aligned}
&\sum_{j=0}^{n-1}W\left(\frac{jT}{n}\right)\left\{W\left[\frac{(j+1)T}{n}\right]-W\left(\frac{jT}{n}\right)\right\} \\
&= \frac{1}{2}W^2(T) - \frac{1}{2}\sum_{j=0}^{n-1}\left\{W\left[\frac{(j+1)T}{n}\right]-W\left(\frac{jT}{n}\right)\right\}^2
\end{aligned}
$$

令式（10.34）中 $n \to \infty$，可以得到

$$\int_0^T W(t)\mathrm{d}W(t) = \frac{1}{2}W^2(T) - \frac{1}{2}[W,W](T) = \frac{1}{2}W^2(T) - \frac{1}{2}T \tag{10.36}$$

将式（10.36）与普通积分对比。如果 g 是一个可微函数且有 $g(0)=0$，那么

$$\int_0^T g(t)\mathrm{d}g(t) = \int_0^T g(t)g'(t)\mathrm{d}t = \frac{1}{2}g^2(t)\Big|_0^T = \frac{1}{2}g^2(T)$$

式（10.36）中的额外项 $-\frac{1}{2}T$ 来自布朗运动的非零二次变差。我们总是在子区间的左端点计算被积函数的值（如式（10.34）的右侧）。如果改为在中点计算被积函数的值，则式（10.34）变为

$$\lim_{n\to\infty}\sum_{j=0}^{n-1}W\left[\frac{\left(j+\frac{1}{2}\right)T}{n}\right]\left\{W\left[\frac{(j+1)T}{n}\right]-W\left(\frac{jT}{n}\right)\right\}$$

那么所得的积分就会改变，即 Stratonovich 积分，它也适用于一般的积分规则，然而该积分不适用于金融领域。在金融领域中，被积函数代表了资产头寸，积分代表了资产价格。

对于可导函数 $g(t)$，这种区别对于积分 $\int_0^t g(t)\mathrm{d}g(t)$ 没有影响（如伊藤积分和 Stratonovich

积分趋近于同一极限$\frac{1}{2}g^2(T)$)。对于具有非零二次变差的积分，子区间中选取的求值位置会影响积分的极限。

式（10.36）中积分的上限T是任意的，可以用任何$t \geqslant 0$替代。换句话说：

$$\int_0^t W(u)\mathrm{d}W(u) = \frac{1}{2}W^2(t) - \frac{1}{2}t, \quad t \geqslant 0$$

定理 10.9 保证了$\int_0^t W(u)\mathrm{d}W(u)$是一个鞅，因此期望为一个常数。

本 章 小 结

在概率测度理论中，使用σ-代数建模信息流。与σ-代数$\mathcal{G}$相关的信息流可以理解为进行一个随机实验得到不同的结果ω。ω值未知，但对任意σ-代数$\mathcal{G}$中的集合，可知ω是否属于该集合。$\mathcal{G}$上的集合越多，所提供的信息就越多。若$\mathcal{G}$只包含空集和全集，则不提供信息。

当且仅当$\mathcal{G}$上的所有 Borel 子集$\{X \in B\} = \{\omega \in \Omega, X(\omega) \in B\}$，则我们说随机变量$X$是$\mathcal{G}$-可测的。在这种情况下，$\mathcal{G}$中的信息流足以决定随机变量$X(\omega)$的值，即使它可能不足以确定随机实验的结果$\omega$的值。

当$\mathcal{G}$中的信息流与X的值有关但不足以决定它时，我们可以使用$\mathcal{G}$的信息来估计X，这称为给定$\mathcal{G}$时X的条件期望，表示为$E(X|\mathcal{G})$。为了保证条件期望是一个好的X的估计，需要满足局部平均性，即

$$\int_A E(X|\mathcal{G})(\omega)\mathrm{d}P(\omega) = \int_A X(\omega)\mathrm{d}P(\omega), \quad A \in \mathcal{G}$$

条件期望具有四条性质：线性、可测变量可以提出、独立、满足条件 Jensen 不等式。

布朗运动是一个连续随机过程$W(t)$（$t \geqslant 0$），具有独立的、正态分布的增量。本章中采用了布朗运动在时刻 0 时起始值为 0 的假设，但可以通过添加一常数a改变布朗运动的起始位置。对于$0 = t_0 < t_1 < \cdots < t_m$，布朗运动的增量为

$$W(t_1) - W(t_0), W(t_2) - W(t_1), \cdots, W(t_m) - W(t_{m-1})$$

其独立且为正态分布，其均值和方差分别为

$$E(W(t_{i+1}) - W(t_i)) = 0, \quad \mathrm{Var}(W(t_{i+1}) - W(t_i)) = t_{i+1} - t_i$$

布朗运动是一个鞅且为马尔可夫过程，它以单位时间 1 的速度累积二次变差。如果在时间间隔$[T_1, T_2]$上取分区点$T_1 = t_0 < t_1 < \cdots < t_m = T_2$，并计算$\sum_{j=0}^{m-1}(W(t_{j+1}) - W(t_j))^2$，结果与计算所选的路径相关。如果令最大子区间长度$t_{i+1} - t_i$无限趋近于 0，我们能够得到相同的极限$T_2 - T_1$，这即为计算二次变差区间时的长度。定义$\mathrm{d}W(t)\mathrm{d}W(t) = \mathrm{d}t$来描述上述事实，即布朗运动的二次变差在一个区间内的累积值等于区间的长度，这与计算所选择的路径无

关。同理计算$\sum_{j=0}^{m-1}(W(t_{j+1})-W(t_j))(t_{j+1}-t_j)$及$\sum_{j=0}^{m-1}(t_{j+1}-t_j)^2$的极限，极限都为 0。因此有$\mathrm{d}W(t)\mathrm{d}t=\mathrm{d}t\mathrm{d}t=0$。

设$W(t)$是布朗运动且$\Delta(t)$是关于布朗运动生产σ-代数流适应的随机过程，则伊藤积分$I(t)=\int_0^t\Delta(u)\mathrm{d}W(u)$是一个鞅，因为在$t=0$时$I(t)$为 0，对于任意 t，$E(I(t))=0$。根据伊藤等距，方差为$E(I^2(t))=E\left(\int_0^t\Delta^2(u)\mathrm{d}u\right)$。

重要术语

概率空间，σ-代数，可测，条件期望，随机游走，布朗运动，鞅，二次变差，伊藤积分

参考文献

Shreve S E. 2004. Stochastic Calculus for Finance Ⅱ Continuous-Time Models. Berlin：Springer.

习题

1. 考虑一个有四个元素a,b,c,d的概率空间Ω，σ-代数$\mathcal{F}$是Ω子集的集合。$\mathcal{F}$中的集合如下：

$$\Omega,\{a,b,c\},\{a,b,d\},\{a,c,d\},\{b,c,d\}$$
$$\{a,b\},\{a,c\},\{a,d\},\{b,c\},\{b,d\},\{c,d\}$$
$$\{a\},\{b\},\{c\},\{d\},\text{空集}$$

如下定义一个概率测度P：

$$P(a)=\frac{1}{6},\quad P(b)=\frac{1}{3},\quad P(c)=\frac{1}{4},\quad P(d)=\frac{1}{4}$$

且$\mathcal{F}$中其他集合的概率是元素概率之和。

通过下式定义两个随机变量X和Y，$P(a,b,c)=P(a)+P(b)+P(c)=\frac{3}{4}$：

$$X(a)=1,\quad X(b)=1,\quad X(c)=-1,\quad X(d)=-1$$
$$Y(a)=1,\quad Y(b)=-1,\quad Y(c)=1,\quad Y(d)=-1$$

定义$Z=X+Y$。

（1）列出$\sigma(X)$中的集合。

（2）求$E(Y|X)$（即a,b,c,d指定此随机变量的值），验证是否满足局部平均性。

（3）求$E(Z|X)$，再次验证是否满足局部平均性。

（4）计算$E(Z|X)-E(Y|X)$。引用定理 10.8 中条件期望的适当性质，解释为什么结果是X。

2. 设X和Y是概率空间$(\Omega,\mathcal{F},P)$上的两个可积随机变量。有$Y=Y_1+Y_2$，这里$Y_1=E(Y|X)$是关于$\sigma(X)$可测的，且$Y_2=Y-E(Y|X)$。证明Y_2和X是无关的。更一般地，证明Y_2与所有关于$\sigma(X)$可测的随机变量无关。

3. 设$W(t)$（$t\geqslant 0$）是一个布朗运动，$\mathcal{F}_t$（$t\geqslant 0$）是布朗运动的一个σ-代数流。证明$W^2(t)-t$是一个鞅。（提示：对$0<s<t$，将$W^2(t)$写作$(W(t)-W(s))^2+2W(t)W(s)-W^2(s)$。）

4. 设$W(t)$（$0\leqslant t\leqslant T$）是一个布朗运动，$\mathcal{F}_t$（$0\leqslant t\leqslant T$）是一个相关的σ-代数流。设$\Delta(t)$（$0\leqslant t\leqslant T$）是非随机的简单过程，即有一个$[0,T]$上的分区$\Pi=\{t_0,t_1,\cdots,t_n\}$，因此对所有的$j$，$\Delta(t_j)$是一个非随机量，且$\Delta(t)=\Delta(t_j)$在子区间$[t_j,t_{j+1})$。对$t\in[t_k,t_{k+1}]$，定义随机积分

$$I(t)=\sum_{j=0}^{k-1}\Delta(t_j)(W(t_{j+1})-W(t_j))+\Delta(t_k)(W(t)-W(t_k))$$

（1）证明对所有的 $0 \leqslant s < t \leqslant T$，增量 $I(t)-I(s)$ 独立于 $\mathcal{F}_s$。（简单地，如果 s 是两个分区间的点，我们总可以插入 s 作为一个额外的分区点。新命名的分区点仍可以类似于 $t_0, t_1, \cdots, t_n$，但有更大的 n，且有 $s=t_k$。当然，必须设 $\Delta(s)=\Delta(t_{k-1})$ 以使得 Δ 在区间 $[s, t_{k-1})$ 和 $[t_{k-1}, s)$ 上取相同的值。类似地，如果 t 不是一个额外的分区点，也可以将其插入。因此只需证明对所有的 $0 \leqslant s < t \leqslant T$，若 t_k 和 t_l 是两个分区点且有 $t_l < t_k$，则 $I(t_k)-I(t_l)$ 独立于 $\mathcal{F}_s$。）

（2）证明对所有的 $0 \leqslant s < t \leqslant T$，增量 $I(t)-I(s)$ 是正态分布随机变量，且均值为 0，方差为 $\int_s^t \Delta^2(u)\mathrm{d}u$。

（3）利用（1）和（2）证明 $I(t)$（$0 \leqslant t \leqslant T$）是一个鞅。

（4）证明 $I^2(t)-\int_s^t \Delta^2(u)\mathrm{d}u$（$0 \leqslant t \leqslant T$）是一个鞅。

第十一章 连续时间金融的应用

本章目标

本章主要讨论连续时间金融的应用，主要围绕 Black-Scholes-Merton 期权定价模型展开。以欧式看涨期权为例，通过本章的学习，读者能够理解推导出定价公式的整个过程。具体地说，读者能够理解无套利的思想，并利用期权复制投资组合的现金流，进行对冲，进而理解期权定价模型的思想；能够了解引入风险中性概率测度的原因及方法；能够理解鞅表示定理和 Feynman-Kac 定理。

第一节　测度变换

一、Radon-Nikodym 导数

在概率空间 $(\Omega,\mathcal{F},P)$ 中，P 是定义在可测空间 $(\Omega,\mathcal{F})$ 上的一种概率测度。概率测度是以下两次映射得到的结果。

第一次映射是属于样本空间的基本事件 ω，$\omega\in\Omega$，存在一个样本空间 Ω 在实数集 R 上的映射，即 $X:\Omega\to R$，X 便是一个随机变量的取值，即事件 ω 发生，那么随机变量 X 便会得到一个取值，记为 $X(\omega)$，$X(\omega)$ 的取值范围是定义在 R 上的一个 Borel 子集 B，$\{X\in B\mid\omega\in\Omega,X(\omega)\in B\}$，其中 B 表示全体 Borel 集。

第二次映射是将随机事件 $X(\omega)$ 的取值映射到实数集 $[0,1]$，即 $P:X(\omega)\in B\to[0,1]$。可以发现，无论是随机变量的取值还是概率测度的大小，两者都是事件 ω 的函数，这点对于后续学习、深入理解非常重要。

测度变换是在第二次映射上进行变动，将一种映射变为另一种映射。关于概率测度还需要满足的其他条件在第十章第一节已经介绍，在此不再赘述。

接下来以一个例子引入 Radon-Nikodym 导数。

例 11.1　假设样本空间 $\Omega=\{\omega_1,\omega_2,\omega_3\}$，在 P 测度下的概率分布为 $P(\omega_1)=\dfrac{1}{3}$，$P(\omega_2)=\dfrac{1}{3}$，$P(\omega_3)=\dfrac{1}{3}$，在 Q 测度下的概率分布为 $Q(\omega_1)=\dfrac{1}{6}$，$Q(\omega_2)=\dfrac{1}{3}$，$Q(\omega_3)=\dfrac{1}{2}$，

那么 $Z(\omega_1)=\dfrac{Q(\omega_1)}{P(\omega_1)}=\dfrac{1}{2}$，$Z(\omega_2)=\dfrac{Q(\omega_2)}{P(\omega_2)}=1$，$Z(\omega_3)=\dfrac{Q(\omega_3)}{P(\omega_3)}=\dfrac{3}{2}$，即连接 P 测度与 Q 测度的 Radon-Nikodym 导数的值，P 测度到 Q 测度的过程就是测度变换。

定义 11.1　（Radon-Nikodym 导数）在概率空间 $(\Omega,\mathcal{F},P)$ 中，随机变量 $Z\geqslant 0$，在 P 测度下的期望 $E^P(Z)=1$，对于任意 $A\in\mathcal{F}$，定义：

$$Q(A)=\int_A Z(\omega)\mathrm{d}P(\omega) \tag{11.1}$$

则 Q 是一个概率测度。

对于一个可测的随机变量 X，在 P 测度和 Q 测度这两种不同的测度下，有两个期望值，在 P 测度下的期望记为 $E^P(X)$，在 Q 测度下的期望记为 $E^Q(X)$。

因为 Z 也会因 ω 的变化而变化，所以它也是一个随机变量。在随机变量 $X>0$ 时，由式(11.1)可以发现，通过 Z 建立联系的 P 测度下的期望 $E^P(X)$，与 Q 测度下的期望 $E^Q(X)$ 存在这样的关系：

$$E^Q(X)=E^P(XZ) \tag{11.2}$$

对于在 $(\Omega,\mathcal{F})$ 上的两种概率测度 P 测度和 Q 测度，如果在这两种测度下的零概率事件的集合相同，则这两种概率测度等价。

对于等价的概率测度，在随机变量 $Z>0$ 时：

$$E^P(X)=E^Q\left(\frac{X}{Z}\right) \tag{11.3}$$

则 Z 是 Q 关于 P 的 Radon-Nikodym 导数。

连续情况下记为

$$Z=\frac{\mathrm{d}P}{\mathrm{d}Q} \tag{11.4}$$

离散情况下记为

$$Z(\omega)=\frac{P(\omega)}{Q(\omega)} \tag{11.5}$$

从形式上来看，Radon-Nikodym 导数是两种概率测度的比值，用两个概率密度函数相除来计算。

接下来介绍 Radon-Nikodym 导数过程。这是一个鞅，通过对它的研究，可以方便后续介绍 Girsanov 定理。

在概率空间 $(\Omega,\mathcal{F},P)$ 中，$\mathcal{F}_t$（$0\leqslant t\leqslant T$）是 σ-代数流，0 是起始时刻，T 是终止时刻。假设随机变量 Z 几乎处处大于 0，并且在 P 测度下的期望 $E^P(Z)=1$，Q 测度由式（11.1）给出，那么 Radon-Nikodym 导数过程如下：

$$Z(t)=E^P(Z\mid\mathcal{F}_t)\text{，}\quad 0\leqslant t\leqslant T \tag{11.6}$$

可以通过累次条件期望来证明 $Z(t)$ 是一个鞅：

$$E^P[Z(t)\mid\mathcal{F}_s]=E^P[E^P(Z\mid\mathcal{F}_t)\mid\mathcal{F}_s]=E^P(Z\mid\mathcal{F}_s)=Z(s) \tag{11.7}$$

接下来再介绍两个测度变换的引理。

引理 11.1　假设 $0\leqslant t\leqslant T$，Y 是一个 $\mathcal{F}_t$-可测的随机变量，那么

$$E^Q(Y)=E^P(YZ(t)) \tag{11.8}$$

证明：

$$E^Q(Y)=E^P(YZ)=E^PE^P((YZ\mid\mathcal{F}_t))=E^P(YE^P(Z\mid\mathcal{F}_t))=E^P(YZ(t)) \tag{11.9}$$

这里的证明主要利用了累次期望、$\mathcal{F}_t$-可测的定义来提取已知量以及$Z(t)$的定义。

引理 11.2 假设$0\leqslant s\leqslant t\leqslant T$，$Y$是一个$\mathcal{F}_t$-可测的随机变量，那么

$$E^Q(Y\mid\mathcal{F}_s)=\frac{1}{Z(s)}E^P(YZ(t)\mid\mathcal{F}_s) \tag{11.10}$$

证明：等式右端为$\mathcal{F}_s$-可测，由部分平均性质得

$$\int_A\frac{1}{Z(s)}E^P(YZ(t)\mid\mathcal{F}_s)\mathrm{d}Q=\int_A Y\mathrm{d}Q\text{，}\quad\forall A\in\mathcal{F}_s \tag{11.11}$$

对于等式左端：

$$\begin{aligned}&E^Q(Y\mid\mathcal{F}_s)\\&=E^Q\left(I_A\frac{1}{Z(s)}E^P(YZ(t)\mid\mathcal{F}_s)\right)\\&=E^P(I_AE^P(YZ(t)\mid\mathcal{F}_s))\\&=E^P(E^P(I_AYZ(t)\mid\mathcal{F}_s))\\&=E^P(I_AYZ(t))\\&=E^Q(I_AY)\\&=\int_A Y\mathrm{d}Q\end{aligned}$$

因为左右两端的结果相同，所以得证。

二、Girsanov 定理

了解了 Radon-Nikodym 导数过程便可以进一步介绍 Girsanov 定理。之所以介绍这些理论，是因为在金融衍生品定价过程中，需要将真实世界的概率测度转变为风险中性世界的概率测度。风险中性与金融市场的有效性及无套利是一致的，在无套利的情况下才能对衍生品合理定价，在存在套利的情况下，信息不能及时反映在价格中，此时的价格也非合理的价格。因此，在风险中性世界中的价格过程即在有效市场的条件下的价格过程。

定理 11.1 （Girsanov 定理）在概率空间$(\Omega,\mathcal{F},P)$中，$W^P(t)$是一个布朗运动，$\mathcal{F}_t$（$0\leqslant t\leqslant T$）是由这个布朗运动生成的σ-代数流，0 是起始时刻，T是终止时刻。设$\Theta(t)$（$t\geqslant 0$）是一个适应性过程，那么定义：

$$Z(t)=\exp\left\{-\int_0^t\Theta(s)\mathrm{d}W^P(s)-\frac{1}{2}\int_0^t\Theta^2(s)\mathrm{d}s\right\} \tag{11.12}$$

$$W^Q(t)=W^P(t)+\int_0^t\Theta(s)\mathrm{d}s \tag{11.13}$$

并且存在一个限制条件：

$$E^P\left(\int_0^t\Theta^2(s)Z^2(s)\mathrm{d}s\right)<\infty$$

令$Z=Z(t)$，$E^P(Z)=1$，则过程$W^Q(t)$（$0\leqslant t\leqslant T$）是一个布朗运动。

Girsanov 定理在衍生品定价时可以将真实世界的价格过程与风险中性世界的价格过程互相转化。在风险中性世界中的价格过程是一个鞅，这将在本章第二节给出相关证明，本节将给出 Girsanov 定理的相关证明。

首先，不加证明地给出 Levy 定理，这是用来判断一个鞅是不是布朗运动的方法。

定理 11.2　（Levy 定理）假设 $\mathcal{F}_t$（$0 \leqslant t \leqslant T$）是 σ 代数流（域流），$M(t)$（$0 \leqslant t \leqslant T$）是鞅。如果① $M_0 = 0$，② $M(t)$ 具有连续路径，③对于所有 $0 \leqslant t$，$M(t)$ 的二次变差 $[M,M](t) = t$，则 $M(t)$ 是一个布朗运动。

其次，证明 $W^Q(t)$ 是一个布朗运动。

证明：首先，对 $W^Q(t)$ 进行微分：

$$\mathrm{d}W^Q(t) = \mathrm{d}W^P(t) + \Theta(t)\mathrm{d}t$$

然后，需要求出 $W^Q(t)$ 的二次变差：

$$\mathrm{d}W^Q(t) \times \mathrm{d}W^Q(t) = \mathrm{d}W^P(t) + \Theta(t)\mathrm{d}t^2$$

因为

$$\mathrm{d}W^P(t) \times \mathrm{d}W^P(t) = \mathrm{d}t$$

$$\mathrm{d}W^P(t) \times \mathrm{d}t = 0$$

$$\mathrm{d}t \times \mathrm{d}t = 0$$

所以

$$\mathrm{d}W^Q(t) \times \mathrm{d}W^Q(t) = \mathrm{d}W^P(t) \times \mathrm{d}W^P(t) = \mathrm{d}t$$

由此可以得出 $W^Q(t)$ 的二次变差，即 $[W^Q, W^Q](t) = t$。由 Levy 定理可知，因为 $W^Q(t)$ 初值为 0，路径连续，二次变差为 t，所以 $W^Q(t)$ 是一个布朗运动。

在证明出 $W^Q(t)$ 是一个布朗运动后，还需要进一步证明 $W^Q(t)$ 在 Q 测度下是鞅。这需要先证明 $Z(t)$、$W^Q(t) \times Z(t)$ 都是鞅，再利用式（11.11）证明 $W^Q(t)$ 是鞅。证明一个过程是鞅一般常用两种思路，一是利用鞅的定义，二是证明这个过程是个没有漂移项的伊藤过程，接下来的证明会使用到这两种思路。

首先，证明 $Z(t)$ 是鞅。

令 $X(t) = -\int_0^t \Theta(s)\mathrm{d}W^P(s) - \frac{1}{2}\int_0^t \Theta^2(s)\mathrm{d}s$，则 $Z(t) = \exp(X(t))$，由伊藤积分得

$$f(x) = \mathrm{e}^x,\quad f(x)'_x = \mathrm{e}^x,\quad f(x)''_{xx} = \mathrm{e}^x,\quad f(x)'_t = 0$$

所以

$$\begin{aligned}\mathrm{d}Z(t) &= \mathrm{d}f(X(t)) \\ &= \mathrm{e}^{X(t)}\mathrm{d}X(t) + \frac{1}{2}\mathrm{e}^{X(t)}\mathrm{d}X(t)\mathrm{d}X(t) \\ &= \mathrm{e}^{X(t)}\left(-\Theta(t)\mathrm{d}W^P(t) - \frac{1}{2}\Theta^2(t)\mathrm{d}t\right) + \frac{1}{2}\mathrm{e}^{X(t)}(\Theta^2(t)\mathrm{d}t) \\ &= -Z(t)\Theta(t)\mathrm{d}W^P(t)\end{aligned}$$

因为 $\mathrm{d}Z(t)$ 中不含 $\mathrm{d}t$ 项，并且伊藤积分是鞅，所以证明 $Z(t)$ 是鞅。因为 $E^P(Z) = E^P(Z(t)) = 1$，所以式（11.6）～式（11.11）同样适用。

其次，证明$W^Q(t)\times Z(t)$是鞅：

$$\begin{aligned}\mathrm{d}(W^Q(t)\times Z(t)) &= Z(t)\mathrm{d}W^Q(t)+W^Q(t)\mathrm{d}Z(t)+\mathrm{d}W^Q(t)\mathrm{d}Z(t)\\ &= Z(t)(\mathrm{d}W^P(t)+\Theta(t)\mathrm{d}t)-W^Q(t)Z(t)\Theta(t)\mathrm{d}W^P(t)-(\mathrm{d}W^P(t)+\Theta(t)\mathrm{d}t)(Z(t)\Theta(t)\mathrm{d}W^P(t))\\ &= (1-W^Q(t)\Theta(t))Z(t)\mathrm{d}W^P(t)\end{aligned}$$

由于同样$\mathrm{d}(W^Q(t)\times Z(t))$不含$\mathrm{d}t$项，并且伊藤积分是鞅，得证。

最后，利用已经证明的结论以及鞅的定义，证明$W^Q(t)$在Q测度下是鞅。

由定理 11.2 可知：

$$E^Q(W^Q(t)\mid\mathcal{F}_s)=\frac{1}{Z(s)}E^P(W^Q(t)Z(t)\mid\mathcal{F}_s)=\frac{1}{Z(s)}W^Q(s)Z(s)=W^Q(s)$$

所以证明$W^Q(t)$在Q测度下是鞅，即证明了 Girsanov 定理。

第二节 风险中性

之前的章节已经涉及风险中性的一些概念，为了方便后续理解，通俗地说，风险中性可以理解为这样的情形：在完美的金融市场中，资产份额可以任意分割，同时也不存在交易成本，不存在任何的套利机会，假如出现了套利机会，投资者会立刻发现并迅速将其抹平，基于基础金融产品的衍生品可以通过持有基础金融产品的投资组合进行复制，如果出现了衍生品的价格与组合价格不相等的情况，投资者能够迅速发现这样的机会，并且通过套利交易将其价差抹去，因此衍生品的价格应该与这个组合的价格相等，这个组合的价格应该按无风险利率贴现，得到现在的价格，同时这个价格也是衍生品现在的价格。为什么要按照无风险利率贴现？因为在风险中性的世界里，资产的期望收益率只有无风险利率，而其他伴随风险产生的收益都可以通过持有基础资产与衍生品的组合对冲掉，如果某种资产预期的无风险收益率不等于无风险利率，那么投资者同样可以通过套利交易将其抹平。在这样的情形中如果仅仅购买了风险资产，而不进行对冲，那么它的收益就是无风险收益再加上与风险相关的部分，这一部分一般服从一个分布（常见的假设为正态分布），因此正负均有可能，是不确定的、随机的，所以这才是风险。在一般假设严格的模型中（如假设无风险利率是常数），收益的不确定性都来自这部分，确定的部分都来自无风险利率。因此在这样的市场中，投资者对风险的态度对于定价无关紧要，他所获得的期望收益率就是无风险利率。这也正如投资组合理论中一样，投资者对风险的态度只会体现在配置于风险资产组合的比例上，不会体现在风险资产组合的选择上。

在更深入的研究中通常也会假设利率是一个随机变量，因此也有很多随机利率模型，如 CIR（Cox-Ingersoll-Ross）模型，但是，为了更加简明地突出重点，在本章我们假设利率服从的过程不是一个随机过程。

我们用$R(s)$表示在s时刻的瞬时利率R，那么在$0\leqslant s\leqslant t$这段时间内的利率为$\int_0^t R(s)\mathrm{d}s$，因此在这段时间内累计的折现率$D(t)$为

$$D(t)=\exp\left(-\int_0^t R(s)\mathrm{d}s\right) \tag{11.14}$$

所以 $\mathrm{d}D(t)=-\exp\left(-\int_0^t R(s)\mathrm{d}s\right)R(t)\mathrm{d}t$ ，即

$$\mathrm{d}D(t)=-D(t)R(t)\mathrm{d}t \tag{11.15}$$

在定义了贴现过程之后，将研究风险中性情况下的股票价格过程以及投资组合的价格过程，这将方便理解本章第三节的 Black-Scholes-Merton 期权定价模型。

在概率空间 $(\Omega,\mathcal{F},P)$ 中，$\mathcal{F}_t$（$0\leqslant t\leqslant T$）是 σ-代数流，0 是起始时刻，T 是终止时刻。$W^P(t)$ 是一个布朗运动。

假设股价的变动服从这样一个过程：

$$\mathrm{d}S(t)=\alpha(t)S(t)\mathrm{d}t+\sigma(t)S(t)\mathrm{d}W^P(t) \tag{11.16}$$

其中，$\alpha(t)$ 和 $\sigma(t)$ 分别表示漂移率和波动率，它们都是 $\mathcal{F}_t$ 下的适应过程，并且在 $0\leqslant t\leqslant T$ 上，$\sigma(t)>0$ 几乎处处成立，那么股价过程便服从一个广义几何布朗运动，式（11.16）也可以这样表示：

$$S(t)=S(0)\exp\left[\int_0^t\left(\alpha(s)-\frac{1}{2}\sigma^2(s)\right)\mathrm{d}s+\int_0^t\sigma(s)\mathrm{d}W^P(s)\right] \tag{11.17}$$

这可以通过伊藤公式证明。

令 $X(t)=\int_0^t\left(\alpha(s)-\frac{1}{2}\sigma^2(s)\right)\mathrm{d}s+\int_0^t\sigma(s)\mathrm{d}W^P(s)$ ，则对 $X(t)$ 的微分形式为

$$\mathrm{d}X(t)=\left(\alpha(t)-\frac{1}{2}\sigma^2(t)\right)\mathrm{d}t+\sigma(t)\mathrm{d}W^P(t)$$

由伊藤过程的二次变差得

$$\mathrm{d}X(t)\times\mathrm{d}X(t)=\sigma(t)\mathrm{d}W^P(t)\times\sigma(t)\mathrm{d}W^P(t)=\sigma^2(t)\mathrm{d}t$$

而 $\mathrm{d}t\times\mathrm{d}t=0$ ，$\mathrm{d}t\times\mathrm{d}W^P(t)=0$ ，因此交叉项以及 $\mathrm{d}t$ 平方项都为 0。

给定初值 $S(0)$ ，$f(x)=S(0)\exp(x)$ ，则 $S(t)=f(X(t))$ ，那么 $f_x'(X(t))=S(0)\exp(X(t))$ ，$f_{xx}''(X(t))=S(0)\exp(X(t))$ ，$f_t'(X(t))=0$ ，因此利用伊藤公式得

$$\begin{aligned}\mathrm{d}S(t)&=\mathrm{d}f(X(t))\\&=f_x'(X(t))\mathrm{d}X(t)+f_t'(X(t))\mathrm{d}t+\frac{1}{2}f_{xx}''(X(t))\mathrm{d}X(t)\mathrm{d}X(t)\\&=S(0)\exp(t)\left[\left(\alpha(t)-\frac{1}{2}\sigma^2(t)\right)\mathrm{d}t+\sigma(t)\mathrm{d}W^P(t)\right]+\frac{1}{2}S(0)\exp(t)\sigma^2(t)\mathrm{d}t\\&=\alpha(t)S(t)\mathrm{d}t+\sigma(t)S(t)\mathrm{d}W^P(t)\end{aligned}$$

在有了 $D(t)$ 、$S(t)$ 及它们的微分项之后，我们可以确定股价折现过程为

$$\begin{aligned}&D(t)S(t)\\&=\exp\left(-\int_0^t R(s)\mathrm{d}s\right)\times S(0)\exp\left[\int_0^t\left(\alpha(s)-\frac{1}{2}\sigma^2(s)\right)\mathrm{d}s+\int_0^t\sigma(s)\mathrm{d}W^P(s)\right]\\&=S(0)\exp\left[\int_0^t\sigma(s)\mathrm{d}W^P(s)+\int_0^t\left(\alpha(s)-\frac{1}{2}\sigma^2(s)-R(s)\right)\mathrm{d}s\right]\end{aligned} \tag{11.18}$$

对其进行微分，利用伊藤公式，得

$$\begin{aligned}&\mathrm{d}D(t)S(t)\\&=D(t)S(t)[\sigma(t)\mathrm{d}W^P(t)+(\alpha(t)-R(t))\mathrm{d}t]\\&=D(t)S(t)\sigma(t)(\mathrm{d}W^P(t)+\Theta(t)\mathrm{d}t)\end{aligned} \tag{11.19}$$

其中，$\Theta(t)=\dfrac{\alpha(t)-R(t)}{\sigma(t)}$，表示风险的市场价格。从形式上也可以发现，这其实是夏普比率，因此式（11.19）实际上表明折现股价承担的风险为单位预期总收益与单位无风险收益之差，而这个折现前后收益的波动率均发生变化，均为式（11.16）和式（11.19）中的$\sigma(t)$。

根据本章第一节的 Girsanov 定理，可以将 P 测度下的布朗运动变为 Q 测度下的布朗运动。这里需要使用风险的市场价格，即$\Theta(t)=\dfrac{\alpha(t)-R(t)}{\sigma(t)}$，那么经过测度变换后的式（11.19）为

$$\mathrm{d}D(t)S(t)=D(t)S(t)\sigma(t)\mathrm{d}W^Q(t) \tag{11.20}$$

可以发现在 Q 测度下股票的折现过程没有漂移项，只有随机波动项，此时这个股票折现过程是一个鞅，此时的概率测度 Q 即风险中性概率测度。考虑到股票的初值$S(0)$，那么在风险中性条件下的股价折现为

$$D(t)S(t)=S(0)+\int_0^t D(u)S(u)\sigma(u)\mathrm{d}W^Q(u) \tag{11.21}$$

其中，$\int_0^t D(u)S(u)\sigma(u)\mathrm{d}W^Q(u)$表示 Q 测度下的伊藤积分，因而这是鞅。

在风险中性测度下，股票的期望收益率便是无风险利率$R(t)$，证明这点只需要进行一步代换，由式（11.13）可以发现，$\mathrm{d}W^P(t)=\mathrm{d}W^Q(t)-\Theta(t)\mathrm{d}t$，将其代入式（11.16）得

$$\mathrm{d}S(t)=R(t)S(t)\mathrm{d}t+\sigma(t)S(t)\mathrm{d}W^Q(t) \tag{11.22}$$

式（11.22）说明在风险中性世界，股票价格过程的期望收益率是无风险利率$R(t)$，而不再是之前的期望收益率$\alpha(t)$，波动率没有发生改变，仍然是$\sigma(t)$。通过类比式（11.16）与式（11.22），很容易得到在风险中性世界的股价：

$$S(t)=S(0)\exp\left[\int_0^t\left(R(s)-\frac{1}{2}\sigma^2(s)\right)\mathrm{d}s+\int_0^t\sigma(s)\mathrm{d}W^Q(s)\right] \tag{11.23}$$

比较真实世界及风险中性世界，可以发现两者对于股票价格过程的刻画的主要区别就是在期望收益率上，可以理解为将真实世界的期望收益率进行了平移，便到了风险中性世界。期望收益率之所以会发生平移，是因为我们通过概率测度变换，将每条股票价格演化的路径所对应的权重进行了调整，这个权重便是概率。在这一过程中，股票的波动率未曾发生改变，这也就是说股票价格演化的路径并没有发生改变，在两个世界中股票价格演化的路径都是那些累积二次变差为$\sigma^2(t)$的路径，形象地说，路径的形状并没有被拉伸或扭曲，仍然是原来的样子。

第三节　期 权 定 价

有了第一节、第二节的铺垫，本节讨论 Black-Scholes-Merton 期权定价模型。在本节中，我们主要以欧式看涨期权为例展开研究。期权定价的核心思想是构造无套利的投资组合，如果市场是有效的，那么期权的价值便可以通过复制投资组合的价值得到，因为这两者是等价的，如果存在套利机会，市场上的套利者便会迅速行动，将其抹去。因此，我们会先研究投资组合价值的过程，再研究期权价值的过程，在无套利的情况下，两者应该等价，这样我们便可以推导出 Black-Scholes-Merton 偏微分方程。得到该方程的解，我们将会用到第二节的风险中性的知识。Black-Scholes-Merton 偏微分方程与后续的 Feynman-Kac 定理又有着千丝万缕的联系，这在后面章节将会讲解。

本节我们假设瞬时无风险利率是常数 r，因此从 0 到 t 时刻的累计折现率是 e^{-rt}。股票的波动率 σ 同样也假设为常数。我们还假设投资者都是自融资的，这表示投资者不会从外部借钱进行投资，他只用自己的资金进行资产配置。

一、投资组合价值的过程

我们假设投资者在 t 时刻账户的价值为 $X(t)$，它由一部分股票和一部分银行存款组成。假设 t 时刻股票的价格为 $S(t)$，它服从式（11.16）所定义的过程。持有的股票数量为 $\Delta(t)$，这也是一个在 σ -代数 $\mathcal{F}_t$ 下的适应过程，但是在$[t, t+\mathrm{d}t]$的这个极小的时间区间内，$\Delta(t)$是一个常数，这可以理解为投资者在$0\leqslant t\leqslant T$的时间内可以随时调整其账户的股票仓位，但是精确到每一个时间点，在这个瞬间，他的仓位是一个确定的常数。

在 t 时刻投资者所持有股票的价值等于 $S(t)\Delta(t)$，因此，此时账户中银行存款的价值便等于 $X(t)-S(t)\Delta(t)$，同时假设银行存款按无风险利率付息。那么在 t 时刻账户价值的变动便由两个部分组成，一是股票价值的变动 $\Delta(t)\mathrm{d}S(t)$，二是银行存款的变动 $r(X(t)-S(t)\Delta(t))\mathrm{d}t$，因此：

$$
\begin{aligned}
\mathrm{d}X(t) &= \Delta(t)\cdot\mathrm{d}S(t)+r(X(t)-S(t)\cdot\Delta(t))\cdot\mathrm{d}t \\
&= \Delta(t)\cdot\alpha(t)S(t)\cdot\mathrm{d}t+\Delta(t)\cdot\sigma S(t)\cdot\mathrm{d}W^P(t)+r(X(t)-S(t)\cdot\Delta(t))\mathrm{d}t \\
&= rX(t)\cdot\mathrm{d}t+\Delta(t)\cdot(\alpha(t)-r)S(t)\cdot\mathrm{d}t+\Delta(t)\cdot\sigma S(t)\cdot\mathrm{d}W^P(t)
\end{aligned}
\tag{11.24}
$$

由式（11.24）可以发现，投资者组合价值的变动由三项组成：一是$rX(t)\cdot\mathrm{d}t$，这表示投资者整个组合无论持有何种资产都应该获得的无风险的部分；二是$\Delta(t)\cdot(\alpha(t)-r)S(t)\cdot\mathrm{d}t$，这一项表示投资于股票的部分应该获得的预期超额收益，即风险溢价，它是对购买股票承担风险的补偿；三是$\Delta(t)\cdot\sigma S(t)\cdot\mathrm{d}W^P(t)$，这一项是对于购买股票所需要承担的风险，组合收益的不确定性正是来自此布朗运动，而$\Delta(t)\sigma S(t)$影响不确定性的大小。

在第二节我们讨论过股票折现过程，在本节的假设中$D(t)=\mathrm{e}^{-rt}$，因此股票的折现价值为$\mathrm{e}^{-rt}S(t)$，而组合的折现价值为$\mathrm{e}^{-rt}X(t)$。

股票的折现过程由式（11.19）得

$$\mathrm{d}(\mathrm{e}^{-rt}S(t))=\mathrm{e}^{-rt}S(t)(\sigma\mathrm{d}W^P(t)+(\alpha(t)-r)\mathrm{d}t) \tag{11.25}$$

而投资组合的折现过程同样可以通过伊藤公式得到，令 $f(t,X(t))=\mathrm{e}^{-rt}X(t)$ ，则 $f_x'(t,X(t))=\mathrm{e}^{-rt}$ ， $f_{xx}''(t,X(t))=0$ ， $f_t'(t,X(t))=-r\mathrm{e}^{-rt}X(t)$ 。

由伊藤公式，得

$$\begin{aligned}
\mathrm{d}(\mathrm{e}^{-rt}X(t))&=\mathrm{d}f(t,X(t))\\
&=f_x'(t,X(t))\mathrm{d}X(t)+f_t'(t,X(t))\mathrm{d}t+\frac{1}{2}f_{xx}''(t,X(t))\mathrm{d}X(t)\mathrm{d}X(t)\\
&=\mathrm{e}^{-rt}(rX(t)\mathrm{d}t+\Delta(t)(\alpha(t)-r)S(t)\mathrm{d}t+\Delta(t)\sigma S(t)\mathrm{d}W^P(t))-r\mathrm{e}^{-rt}X(t)\mathrm{d}t\\
&=\Delta(t)[\mathrm{e}^{-rt}S(t)(\sigma\mathrm{d}W^P(t)+(\alpha(t)-r)\mathrm{d}t)]\\
&=\Delta(t)\mathrm{d}(\mathrm{e}^{-rt}S(t))
\end{aligned} \tag{11.26}$$

式（11.26）表明投资组合的折现价值的变动完全取决于配置在股票的份额以及股价的折现，而与无风险资产的配置无关。

二、欧式看涨期权价值的过程

欧式看涨期权是在到期时刻 T（ $0\leqslant t\leqslant T$ ），支付为 $\max(S(T)-K,0)$ 的期权。执行价格 K 是在期权合约成立时确定的，因此它是一个常数，不随时间变化。影响期权价格的其他因素还有无风险利率 r、股票的波动率 σ，这两项被假设为常数，另外还有时间 t，以及股票在 t 的价格 $S(t)$，这两项无疑是随时间变化的。因此欧式看涨期权价值在 t 时刻的函数形式为 $c(t,S(t))$，这个函数本身是不存在随机性的，在 t 和 $S(t)$ 被确定的时候，期权价值也是确定的，但是 $S(t)$ 是含有随机性的，所以 $c(t,S(t))$ 也是随机的。

类似地，研究期权价值的变化同样也要使用伊藤公式。我们可以得到

$$\begin{aligned}
&\mathrm{d}c(t,S(t))\\
&=c_t(t,S(t))\mathrm{d}t+c_x(t,S(t))\mathrm{d}S(t)+\frac{1}{2}c_{xx}(t,S(t))\mathrm{d}S(t)\mathrm{d}S(t)\\
&=c_t(t,S(t))\mathrm{d}t+c_x(t,S(t))(\alpha(t)S(t)\mathrm{d}t+\sigma S(t)\mathrm{d}W^P(t))\\
&\quad+\frac{1}{2}c_{xx}(t,S(t))(\alpha(t)S(t)\mathrm{d}t+\sigma S(t)\mathrm{d}W^P(t))(\alpha(t)S(t)\mathrm{d}t+\sigma S(t)\mathrm{d}W^P(t))\\
&=\left(c_t(t,S(t))+c_x(t,S(t))\alpha(t)S(t)+\frac{1}{2}c_{xx}(t,S(t))\sigma^2S^2(t)\right)\mathrm{d}t\\
&\quad+c_x(t,S(t))\sigma S(t)\mathrm{d}W^P(t)
\end{aligned} \tag{11.27}$$

同样也需要求出折现期权价值的微分，函数形式 $f(t,x)=\mathrm{e}^{-rt}x$ ，将 $c(t,S(t))$ 代入 x 的位置， $f_x'(t,x)=\mathrm{e}^{-rt}$ ， $f_{xx}''(t,x)=0$ ， $f_t'(t,x)=-r\mathrm{e}^{-rt}x$ ，得

$$\begin{aligned}
&\mathrm{d}[\mathrm{e}^{-rt}c(t,S(t))]\\
&=\mathrm{d}f[t,c(t,S(t))]\\
&=f_x'[t,c(t,S(t))]\mathrm{d}c(t,S(t))+f_t'[t,c(t,S(t))]\mathrm{d}t\\
&\quad+\frac{1}{2}f_{xx}''(t,X(t))\mathrm{d}c(t,S(t))\mathrm{d}c(t,S(t))\\
&=\mathrm{e}^{-rt}\mathrm{d}c(t,S(t))-r\mathrm{e}^{-rt}c(t,S(t))\mathrm{d}t\\
&=\mathrm{e}^{-rt}\left[c_t(t,S(t))+c_x(t,S(t))\alpha(t)S(t)+\frac{1}{2}c_{xx}(t,S(t))\sigma^2S^2(t)-rc(t,S(t))\right]\mathrm{d}t\\
&\quad+\mathrm{e}^{-rt}c_x(t,S(t))\sigma S(t)\mathrm{d}W^P(t)
\end{aligned}\tag{11.28}$$

三、两个过程等价

正如我们在本节开头所述，在一个完美的金融市场中，套利机会转瞬即逝，投资组合的折现价值与欧式看涨期权的折现价值应该相等，即

$$\mathrm{e}^{-rt}X(t)=\mathrm{e}^{-rt}c(t,S(t))\tag{11.29}$$

为了确保在任意一个时刻 t（$0\leqslant t\leqslant T$），式（11.29）都能成立，我们计算其微分形式，得到

$$\mathrm{d}(\mathrm{e}^{-rt}X(t))=\mathrm{d}[\mathrm{e}^{-rt}c(t,S(t))]\tag{11.30}$$

即令式（11.26）与式（11.28）的结果相等。同时假设初值相等，即 $X(0)=c(0,S(0))$，那么，由于式（11.30）成立，得到

$$\begin{aligned}
&\Delta(t)S(t)[\sigma\mathrm{d}W^P(t)+(\alpha(t)-r)\mathrm{d}t]\\
&=\left[c_t(t,S(t))+c_x(t,S(t))\alpha(t)S(t)+\frac{1}{2}c_{xx}(t,S(t))\sigma^2S^2(t)-rc(t,S(t))\right]\mathrm{d}t\\
&\quad+c_x(t,S(t))\sigma S(t)\mathrm{d}W^P(t)
\end{aligned}\tag{11.31}$$

通过观察发现，式（11.31）两端的随机项都只有一项，即式（11.31）左边的 $\Delta(t)S(t)\sigma\mathrm{d}W^P(t)$ 和右边的 $c_x(t,S(t))\sigma S(t)\mathrm{d}W^P(t)$，那么可以令它们的系数相等，得

$$\Delta(t)=c_x(t,S(t))\tag{11.32}$$

可以发现，在 t 时刻投资组合中持有股票的份额应该等于期权价值对此时股票价格的偏导数。其实 $c_x(t,S(t))$ 在风险管理中是希腊值 delta（$\Delta(t)$）。

在使 $\mathrm{d}W^P(t)$ 项相等后，考虑等式两端 $\mathrm{d}t$ 项相等。将式（11.32）代入式（11.31）左端，然后提取两端 $\mathrm{d}t$ 项系数，得

$$\begin{aligned}
&c_x(t,S(t))S(t)(\alpha(t)-r)\\
&=c_t(t,S(t))+c_x(t,S(t))\alpha(t)S(t)+\frac{1}{2}c_{xx}(t,S(t))\sigma^2S^2(t)-rc(t,S(t))
\end{aligned}\tag{11.33}$$

可以发现两端都出现了 $c_x(t,S(t))\alpha(t)S(t)$，将其消去，得

$$-rc_x(t,S(t))S(t)=c_t(t,S(t))+\frac{1}{2}c_{xx}(t,S(t))\sigma^2S^2(t)-rc(t,S(t))\tag{11.34}$$

移项得

$$rc(t,S(t)) = c_t(t,S(t)) + rc_x(t,S(t))S(t) + \frac{1}{2}c_{xx}(t,S(t))\sigma^2 S^2(t) \tag{11.35}$$

将式（11.35）的 $S(t)$ 替换成更一般的 x，便是欧式看涨期权的 Black-Scholes-Merton 偏微分方程：

$$rc(t,x) = c_t(t,x) + rc_x(t,x)x + \frac{1}{2}c_{xx}(t,x)\sigma^2 S^2(t) \tag{11.36}$$

Black-Scholes-Merton 偏微分方程不涉及概率，它的变量 t 和 x 都不是随机变量。

式（11.35）的解是欧式看涨期权的定价公式。此外，解的终值条件是

$$c(T,S(T)) = \max(S(T)-K,0) \tag{11.37}$$

四、推导 Black-Scholes-Merton 期权定价模型

推导 Black-Scholes-Merton 期权定价模型需要用到前面风险中性的相关知识。

将式（11.26）稍作变形，进行测度变换，得到

$$\begin{aligned} \mathrm{d}(\mathrm{e}^{-rt}X(t)) &= \Delta(t)\mathrm{e}^{-rt}S(t)\sigma\left(\mathrm{d}W^P(t) + \frac{\alpha(t)-r}{\sigma}\mathrm{d}t\right) \\ &= \Delta(t)\mathrm{e}^{-rt}S(t)\sigma\mathrm{d}W^Q(t) \end{aligned} \tag{11.38}$$

式（11.38）说明投资组合的折现价值在风险中性测度 Q 下是鞅。这说明投资者无论是将资金配置在银行账户，还是配置一部分在股票上，他的期望收益率都是无风险利率 r。

我们进一步假设 $V(t)$ 是 $\mathcal{F}_t$ -可测的随机变量，假设它表示在 T 时刻期权的价值，因为无套利，所以：

$$X(T) = V(T) \tag{11.39}$$

我们在此处假设使得式（11.39）成立的 $X(0)$ 和 $\Delta(t)$（$0 \leqslant t \leqslant T$）总是存在的，这个假设在之前的证明中有所忽略，它是指给定初值条件 $X(0)$，在任意 t 时刻总存在一个股票份额 $\Delta(t)$ 使得投资组合的折现价值是鞅，在这种情况下，通过持有包含投资组合的长头寸（短头寸）和期权的短头寸（长头寸），我们可以构造出一个风险中性的新的组合，在这个组合中，我们总是可以调整股票或期权的仓位来保持整个组合的风险中性，这个假设在本章第四节中可以证明。因此，因为式（11.38）说明投资组合的折现价值在风险中性概率测度 Q 下是鞅，所以期权的折现价值在 Q 测度下也是鞅，因此：

$$\mathrm{e}^{-rt}X(t) = E^Q(\mathrm{e}^{-rT}X(T)\,|\,\mathcal{F}_t) = E^Q(\mathrm{e}^{-rT}V(T)\,|\,\mathcal{F}_t) \tag{11.40}$$

我们假设式（11.39）时时都成立，因此：

$$\mathrm{e}^{-rt}V(t) = E^Q(\mathrm{e}^{-rT}V(T)\,|\,\mathcal{F}_t) \tag{11.41}$$

进一步得到

$$V(t) = E^Q(\mathrm{e}^{-r(T-t)}V(T)\,|\,\mathcal{F}_t) \tag{11.42}$$

欧式看涨期权在 T 时刻的支付为 $\max(S(T)-K,0)$，这等于 $V(T)$，因此式（11.42）可以写为

$$E^Q[\mathrm{e}^{-r(T-t)}\max(S(T)-K,0)\,|\,\mathcal{F}_t] \tag{11.43}$$

几何布朗运动是一种马尔可夫过程，这意味着在 t 时刻的折现价值依赖于股票价格 $S(t)$ 以及 t 自身的取值，而与 t 之前的取值无关，因此：

$$c(t,S(t))=E^{Q}[\mathrm{e}^{-r(T-t)}\max(S(T)-K,0)\mid\mathcal{F}_t] \tag{11.44}$$

得

$$S(t)=S(0)\exp\left[\sigma W^{Q}(t)+\left(r-\frac{1}{2}\sigma^2\right)t\right] \tag{11.45}$$

因此：

$$S(T)=S(t)\exp\left[\sigma(W^{Q}(T)-W^{Q}(t))+\left(r-\frac{1}{2}\sigma^2\right)(T-t)\right] \tag{11.46}$$

令 $Y=-\dfrac{W^{Q}(T)-W^{Q}(t)}{\sqrt{T-t}}$，这是一个服从标准正态分布的随机变量，令 $\tau=T-t$，表示离到期日 T 还剩的时间，则式（11.46）改写为

$$S(T)=S(t)\exp\left[-\sigma Y\sqrt{\tau}+\left(r-\frac{1}{2}\sigma^2\right)\tau\right] \tag{11.47}$$

可以发现 $S(T)$ 由两项的乘积组成，一项是在 $\mathcal{F}_t$ -可测的 $S(t)$，另一项是独立于 $\mathcal{F}_t$ 的 $\exp\left[-\sigma Y\sqrt{\tau}+\left(r-\frac{1}{2}\sigma^2\right)\tau\right]$，因此代入式（11.44），得

$$\begin{aligned}&c(t,S(t))\\&=E^{Q}\left(\mathrm{e}^{-r\tau}\max\left\{S(t)\exp\left[-\sigma Y\sqrt{\tau}+\left(r-\frac{1}{2}\sigma^2\right)\tau\right]-K,0\right\}\middle|\mathcal{F}_t\right)\\&=E^{Q}\left(\mathrm{e}^{-r\tau}\max\left\{S(t)\exp\left[-\sigma Y\sqrt{\tau}+\left(r-\frac{1}{2}\sigma^2\right)\tau\right]-K,0\right\}\right)\end{aligned} \tag{11.48}$$

注意式（11.48）的积分变量是 Y，不是 $S(t)$，为了区分，我们暂时将 $S(t)$ 替换成 x，所以式（11.48）改写为

$$\begin{aligned}&c(t,x)\\&=E^{Q}\left(\mathrm{e}^{-r\tau}\max\left\{x\mathrm{e}^{\left[-\sigma Y\sqrt{\tau}+\left(r-\frac{1}{2}\sigma^2\right)\tau\right]}-K,0\right\}\right)\\&=\int_{-\infty}^{\infty}\frac{1}{\sqrt{2\pi}}\mathrm{e}^{-r\tau}\max\left\{x\mathrm{e}^{\left[-\sigma Y\sqrt{\tau}+\left(r-\frac{1}{2}\sigma^2\right)\tau\right]}-K,0\right\}\mathrm{e}^{-\frac{Y^2}{2}}\mathrm{d}Y\end{aligned} \tag{11.49}$$

接下来确定式（11.49）的积分上限，因此：

$$x\mathrm{e}^{\left[-\sigma Y\sqrt{\tau}+\left(r-\frac{1}{2}\sigma^2\right)\tau\right]}-K>0$$

移项得

$$\mathrm{e}^{\left[-\sigma Y\sqrt{\tau}+\left(r-\frac{1}{2}\sigma^2\right)\tau\right]}>\frac{K}{x}$$

两端取对数，得

$$-\sigma Y\sqrt{\tau}+\left(r-\frac{1}{2}\sigma^2\right)\tau>\ln\left(\frac{K}{x}\right)$$

再移项，得

$$\left(r-\frac{1}{2}\sigma^2\right)\tau+\ln\left(\frac{x}{K}\right)>\sigma Y\sqrt{\tau}$$

整理，得

$$Y<\frac{1}{\sigma\sqrt{\tau}}\left[\left(r-\frac{1}{2}\sigma^2\right)\tau+\ln\left(\frac{x}{K}\right)\right]$$

将 $\frac{1}{\sigma\sqrt{\tau}}\left[\left(r-\frac{1}{2}\sigma^2\right)\tau+\ln\left(\frac{x}{K}\right)\right]$ 记为 $d_-(\tau,x)$。

超过这个积分上限时，被积函数等于 0，所以此时的积分值为 0，因此对结果也不会产生影响。

所以式（11.49）可以改写为

$$\begin{aligned}c(t,x)&=\int_{-\infty}^{d_-(\tau,x)}\frac{1}{\sqrt{2\pi}}\left\{\mathrm{e}^{-r\tau}x\mathrm{e}^{\left(-\sigma Y\sqrt{\tau}+\left(r-\frac{1}{2}\sigma^2\right)\tau\right)}-K\mathrm{e}^{-r\tau}\right\}\mathrm{e}^{-\frac{Y^2}{2}}\mathrm{d}Y\\&=\frac{1}{\sqrt{2\pi}}\int_{-\infty}^{d_-(\tau,x)}x\mathrm{e}^{\left(-\sigma Y\sqrt{\tau}-\frac{1}{2}\sigma^2\right)}\mathrm{e}^{-\frac{Y^2}{2}}\mathrm{d}Y-\frac{1}{\sqrt{2\pi}}\int_{-\infty}^{d_-(\tau,x)}\mathrm{e}^{-r\tau}K\mathrm{e}^{-\frac{Y^2}{2}}\mathrm{d}Y\\&=\frac{1}{\sqrt{2\pi}}\int_{-\infty}^{d_-(\tau,x)}x\mathrm{e}^{\left(-\sigma Y\sqrt{\tau}-\frac{1}{2}\sigma^2-\frac{Y^2}{2}\right)}\mathrm{d}Y-\mathrm{e}^{-r\tau}K\frac{1}{\sqrt{2\pi}}\int_{-\infty}^{d_-(\tau,x)}\mathrm{e}^{-\frac{Y^2}{2}}\mathrm{d}Y\\&=x\frac{1}{\sqrt{2\pi}}\int_{-\infty}^{d_-(\tau,x)}\mathrm{e}^{-\frac{1}{2}(Y+\sigma\sqrt{\tau})^2}\mathrm{d}Y-\mathrm{e}^{-r\tau}KN(d_-(\tau,x))\end{aligned}$$

其中，$N(\cdot)$表示标准正态分布的累积分布函数。

接下来做一步变量替换，令 $z=Y+\sigma\sqrt{\tau}$，则积分上限变为 $d_-(\tau,x)+\sigma\sqrt{\tau}$，记为 $d_+(\tau,x)$，所以：

$$\begin{aligned}&c(t,x)\\&=x\frac{1}{\sqrt{2\pi}}\int_{-\infty}^{d_+(\tau,x)}\mathrm{e}^{-\frac{1}{2}z^2}\mathrm{d}z-\mathrm{e}^{-r\tau}KN(d_-(\tau,x))\\&=xN(d_+(\tau,x))-\mathrm{e}^{-r\tau}KN(d_-(\tau,x))\end{aligned}\tag{11.50}$$

再将 x 替换成 $S(t)$，得到 Black-Scholes-Merton 期权定价模型：

$$c(t,S(t))=S(t)N(d_+(\tau,S(t)))-\mathrm{e}^{-r\tau}KN(d_-(\tau,S(t)))\tag{11.51}$$

可以验证式（11.51）同样也是式（11.35）的解，即 Black-Scholes-Merton 偏微分方程的解，这将作为课后习题。

到这里不免有个疑问，为什么已经推导出 Black-Scholes-Merton 偏微分方程，却用求风险中性概率测度下的期望的方法求解，这种方法解出的结果是否只是偶然符合 Black-Scholes-Merton 偏微分方程，这将在本章第五节解答。

第四节　鞅表示定理

在第三节得到式（11.39）时，我们假设使得式（11.39）成立的 $\Delta(t)$（$0 \leqslant t \leqslant T$）总是存在的，本节将会对此进行更加详细的说明。本节将会先引入鞅表示定理，再应用鞅表示定理得到 $\Delta(t)$，证明 $\Delta(t)$ 在 $0 \leqslant t \leqslant T$ 总是存在的。

定理 11.3　（鞅表示定理）设在概率空间 $(\Omega, \mathcal{F}, P)$ 中，$\mathcal{F}_t$（$0 \leqslant t \leqslant T$）是由布朗运动 $W^P(t)$ 生成的 σ-代数流，设 $M(t)$（$0 \leqslant t \leqslant T$）是这个 σ-代数流上的一个鞅，则存在一个适应性过程 $\Gamma(u)$（$0 \leqslant u \leqslant T$），使得

$$M(t) = M(0) + \int_0^t \Gamma(t) \mathrm{d}W^P(t), \quad 0 \leqslant t \leqslant T \tag{11.52}$$

鞅表示定理是指如果 σ-代数流是由一个布朗运动生成的，那么这个 σ-代数流里的每个鞅都可以分解成初值加上这个布朗运动的伊藤积分。

与之前的学习内容对比，可以发现只要 σ-代数流 $\mathcal{F}_t$（$0 \leqslant t \leqslant T$）是一致的，那么：

布朗运动随机积分 $\Leftrightarrow$ 鞅过程

需要注意的是，此处的鞅是布朗运动生成的，布朗运动是连续的，因此这里的鞅是连续的、不含跳跃的，只有在不含跳跃的前提下，以上的结论才能够成立。如果鞅是含有跳跃成分的，那么在建模过程中也需要定义一个不同于布朗运动的随机积分，用来描述跳跃成分，这样会使得这个鞅的不确定性再增加一个来源，于是我们之前的结论在这种情形下不再成立。

鞅表示定理结合 Girsanov 定理会得到一个推论，这个推论关系到鞅的测度变换。

推论 11.1　在概率空间 $(\Omega, \mathcal{F}, P)$ 中，$W^P(t)$ 是一个布朗运动，$\mathcal{F}_t$（$0 \leqslant t \leqslant T$）是由这个布朗运动生成的 σ-代数流，0 是起始时刻，T 是终止时刻。设 $\Theta(t)$ 是一个适应性过程，那么定义：

$$Z(t) = \exp\left(-\int_0^t \Theta(s) \mathrm{d}W^P(s) - \frac{1}{2}\int_0^t \Theta^2(s) \mathrm{d}s\right)$$

$$W^Q(t) = W^P(t) + \int_0^t \Theta(s) \mathrm{d}s$$

并且存在一个限制条件：

$$E^P \int_0^t \Theta^2(s) Z^2(s) \mathrm{d}s < \infty$$

令 $Z = Z(t)$，$E^P(Z) = 1$，则过程 $W^Q(t)$（$0 \leqslant t \leqslant T$）是一个布朗运动。$M^Q(t)$（$0 \leqslant t \leqslant T$）是 Q 测度下的一个鞅，则存在一个适应性过程 $\Gamma^Q(u)$（$0 \leqslant u \leqslant T$）使得

$$M^Q(t) = M^Q(0) + \int_0^t \Gamma^Q(u) \mathrm{d}W^Q(t), \quad 0 \leqslant t \leqslant T \tag{11.53}$$

需要特别注意的是，这个推论并不是仅仅将 Girsanov 定理和鞅表示定理拼接并将

$W^P(t)$ 替换为 $W^Q(t)$ 而成的。在这个推论中，Q 测度下的鞅 $M^Q(t)$ 对应的 σ –代数流 $\mathcal{F}_t$（$0 \leqslant t \leqslant T$）也是由 P 测度下的布朗运动 $W^P(t)$ 生成的。如果仅仅是两个定理堆砌，那么 $M^P(t)$ 对应的 σ –代数流 $\mathcal{F}_t$（$0 \leqslant t \leqslant T$）应该是由 $W^Q(t)$ 生成的。

接下来我们将使用鞅表示定理来证明 $\Delta(t)$ 在 $0 \leqslant t \leqslant T$ 中总是存在的。本节的一些设定回到第二节中，利率过程为 $R(t)$，折现过程为 $D(t)$，波动率为 $\sigma(t)$，并且 $\sigma(t)$ 几乎处处非 0，同时还补充 $W^P(t)$ 是一个布朗运动，$\mathcal{F}_t$（$0 \leqslant t \leqslant T$）是由这个布朗运动生成的 σ –代数流。

仍然假设 $V(t)$ 是 $\mathcal{F}_t$ –可测的随机变量，它的定义同式（11.39），将式（11.41）中的 e^{-rt} 替换为折现过程 $D(t)$ 得到

$$D(t)V(t) = E^Q(D(T)V(T) \mid \mathcal{F}_t) \tag{11.54}$$

可以发现这是一个在 Q 测度下的鞅，因此根据累次期望的性质，对于 $0 \leqslant s \leqslant t \leqslant T$，有

$$\begin{aligned} &E^Q(D(t)V(t) \mid \mathcal{F}_s) \\ &= E^Q[E^Q(D(T)V(T) \mid \mathcal{F}_t) \mid \mathcal{F}_s] \\ &= E^Q(D(T)V(T) \mid \mathcal{F}_s) \\ &= D(t)V(t) \end{aligned} \tag{11.55}$$

因此，在 $D(0)V(0) = 0$ 时，由鞅表示定理得，$D(t)V(t)$ 可以写成如下形式：

$$D(t)V(t) = V(0) + \int_0^t \Gamma^Q(u)\mathrm{d}W^Q(u) \tag{11.56}$$

将式（11.38）中的 e^{-rt} 替换为折现过程 $D(t)$ 得到

$$\mathrm{d}(D(t)X(t)) = \Delta t D(t)S(t)\sigma(t)\mathrm{d}W^Q(t) \tag{11.57}$$

写成积分形式，可得

$$D(t)X(t) = X(0) + \int_0^t \Delta u D(u)S(u)\sigma(u)\mathrm{d}W^Q(u) \tag{11.58}$$

回顾式（11.39），我们假设在所有时刻 $X(T) = V(T)$，并且初值 $X(0) = V(0)$，因此，式（11.56）在任意时刻都与式（11.58）相等，所以 $\mathrm{d}W^Q(u)$ 对应的系数相等，得到

$$\Gamma^Q(t) = \Delta(t)D(t)S(t)\sigma(t) \tag{11.59}$$

所以：

$$\Delta t = \frac{\Gamma^Q(t)}{D(t)S(t)\sigma(t)} \tag{11.60}$$

由此可以证明 $\Delta(t)$ 的存在性。需要特别注意的是两个重要的假设，一是 $\sigma(t)$ 几乎必然非 0，直观可见，如果 $\sigma(t) = 0$，那么式（11.60）的分母将变为 0，从经济学意义上讲，如果 $\sigma(t) = 0$，那么股票的随机性将消失。二是我们假设 $W^P(t)$ 是一个布朗运动，$\mathcal{F}_t$（$0 \leqslant t \leqslant T$）是由这个布朗运动生成的 σ –代数流，这意味着股票和期权的不确定性的来源是一致的，因此才能对冲。

第五节　Feynman-Kac 定理

一般来说，金融衍生品定价主要有两种方法：一是根据资产价格服从的过程进行蒙特卡罗模拟，得到大量的风险中性概率测度下的路径，然后根据模拟的结果估计出资产价格期望的折现值；二是通过数值方法，解出资产价格过程对应的偏微分方程。本节主要的内容是针对第二种方法。正如在第三节末尾所说，通过 Feynman-Kac 定理，将 Black-Scholes-Merton 偏微分方程与风险中性条件下期权收益的期望连接起来，从而得到 Black-Scholes-Merton 期权定价模型。

补充一下，形如：

$$\mathrm{d}X(u)=\alpha(u,X(u))\mathrm{d}u+\beta(u,X(u))\mathrm{d}W(u) \tag{11.61}$$

被称为随机微分方程，其中，$\alpha(u,X(u))$ 表示漂移项，$\beta(u,X(u))$ 表示扩散项，在之前的学习中我们对随机微分方程早有接触，如式（11.16），它的漂移项为 $\alpha(t)S(t)$，扩散项为 $\sigma(t)S(t)$。

我们之前都是将 0 时刻作为初始时刻，研究期权或组合价值，在本节，初始时刻也将不再被局限于 0 时刻，将从 $t(0\leqslant t\leqslant T)$ 时刻开始，初始值也由 $X(0)=x$ 变为 $X(t)=x\ (x\in\mathrm{R})$，那么终值便写成 $X(T)$。接下来我们引入一些相关的设定，假设 $h(y)$ 是 Borel–可测函数，那么记 $h(X(T))$ 的期望为

$$g(t,x)=E^{t,x}[h(X(T))] \tag{11.62}$$

同时还假设对于所有的 t,x，$E^{t,x}(|h(X(T))|)<\infty$。$g(t,x)$ 本身只是偏微分方程，并不包含随机项，t,x 通常都是 Borel–可测的函数。

定理 11.4　设 $X(u)\ (u\geqslant 0)$ 是随机微分方程满足 0 时刻的初始条件的解，则对于 $0\leqslant t\leqslant T$，有

$$E[h(X(T))\,|\,\mathcal{F}_t]=g(t,X(t)) \tag{11.63}$$

式（11.63）等号左侧是从 0 时刻开始的，并不是从 t 时刻开始的，因此这个式子可以这样理解：在 $t\geqslant 0$ 这段时间的所有信息都是已知的，即 $\mathcal{F}_t$ –可测，那么基于这些信息再去计算 $h(X(T))\ (t\leqslant T)$ 的条件期望，便等同于从 t 时刻开始去计算 $h(X(T))$ 的期望。换句话说，在 $\mathcal{F}_t$ –可测、$X(t)$ 既定的情况下，起点是 0 或是 t 或是中间任意时刻，对于在终止时刻 T，$h(X(T))$ 的期望并不会产生影响，会对 $h(X(T))$ 产生影响的是从 t 到 T 这段时间内产生的新的信息，这些新信息都不是 $\mathcal{F}_t$ –可测的，它们的产生独立于 $\mathcal{F}_t$。因此，$X(T)$ 的结果只受到初值 $X(t)$ 与从 t 到 T 这段时间内产生的新的信息的影响，后者又是独立于前者的，由此引出定理 11.5。

定理 11.5　随机微分方程的解是马尔可夫过程。

引理 11.3　设 $X(u)\ (u\geqslant 0)$ 是随机微分方程满足 0 时刻的初始条件的解，$h(y)$ 是 Borel 的可测函数，$T>0$，设 $g(t,x)$ 由式（11.62）给出，则随机过程

$$g(t,X(t)),\quad 0\leqslant t\leqslant T \tag{11.64}$$

是鞅。

证明： 假设 $0\leqslant s\leqslant t\leqslant T$，由定理 11.4 可得

$$E[h(X(T))\,|\,\mathcal{F}_t]=g(t,X(t))$$
$$E[h(X(T))\,|\,\mathcal{F}_s]=g(s,X(s))$$

利用累次条件期望可得

$$E[e(t,X(t))\,|\,\mathcal{F}_s]=E\{E[h(X(T))\,|\,\mathcal{F}_t]\,|\,\mathcal{F}_s\}=E[h(X(T))\,|\,\mathcal{F}_s]=g(s,X(s))$$

所以，$g(t,X(t))$是鞅。

接下来给出 Feynman-Kac 定理，它将随机微分方程与偏微分方程建立联系。

定理 11.6 （Feynman-Kac 定理）给定随机微分方程：

$$\mathrm{d}X(u)=\alpha(u,X(u))\mathrm{d}u+\beta(u,X(u))\mathrm{d}W(u) \tag{11.65}$$

假设$h(y)$是 Borel 的可测函数，$T>0$，$0\leqslant t\leqslant T$，定义：

$$g(t,x)=E^{t,x}[h(X(T))] \tag{11.66}$$

同时还假设对于所有的t,x，$E^{t,x}(|\,h(X(T))\,|)<\infty$，则$g(t,x)$满足偏微分方程：

$$g_t(t,x)+\alpha(t,x)g_x(t,x)+\frac{1}{2}\beta^2(t,x)g_{xx}(t,x)=0 \tag{11.67}$$

以及终值条件$g(T,x)=h(x)$（$\forall x$）。

证明：设$X(t)$是从 0 时刻开始的随机微分方程的解。由引理 11.3 得，$g(t,X(t))$是鞅，所以对其进行微分后 dt 前的系数应该等于 0：

$$\begin{aligned}
&\mathrm{d}g(t,X(t))\\
&=g_t(t,X(t))\mathrm{d}t+g_x(t,X(t))\mathrm{d}X(t)+\frac{1}{2}g_{xx}(t,X(t))\mathrm{d}X(t)\mathrm{d}X(t)\\
&=g_t(t,X(t))\mathrm{d}t+g_x(t,X(t))\alpha(t,x)\mathrm{d}t\\
&\quad+g_x(t,X(t))\beta(t,X(t))\mathrm{d}W(t)+\frac{1}{2}g_{xx}(t,X(t))\beta^2(t,X(t))\mathrm{d}t\\
&=\left[g_t(t,X(t))+g_x(t,X(t))\alpha(t,x)+\frac{1}{2}g_{xx}(t,X(t))\beta^2(t,X(t))\right]\mathrm{d}t\\
&\quad+g_x(t,X(t))\beta(t,X(t))\mathrm{d}W(t)
\end{aligned}$$

因为 dt 前的系数等于 0，所以：

$$g_t(t,X(t))+g_x(t,X(t))\alpha(t,x)+\frac{1}{2}g_{xx}(t,X(t))\beta^2(t,X(t))=0$$

将$X(t)$替换为x即可得式（11.67）。

式（11.67）与 Black-Scholes-Merton 偏微分方程［即式（11.36）］还是不同的，原因在于我们推导式（11.36）考虑到了折现过程，而式（11.67）并没有考虑到这点，因此我们将进一步推导含折现的 Feynman-Kac 定理。

Feynman-Kac 定理的证明一般遵循以下三个步骤：首先找到鞅，其次对其取微分，最后令 dt 系数为 0。

定理 11.7 （含折现的 Feynman-Kac 定理）给定随机微分方程：

$$\mathrm{d}X(u)=\alpha(u,X(u))\mathrm{d}u+\beta(u,X(u))\mathrm{d}W(u) \tag{11.68}$$

假设$h(y)$是 Borel 的可测函数，$T>0$，$0\leqslant t\leqslant T$，利率r是常数，定义：

$$f(t,x)=E^{t,x}[\mathrm{e}^{-r(T-t)}h(X(T))] \tag{11.69}$$

同时还假设对于所有的 t,x， $E^{t,x}(|h(X(T))|)<\infty$，则 $f(t,x)$ 满足偏微分方程：

$$f_t(t,x)+\alpha(t,x)f_x(t,x)+\frac{1}{2}\beta^2(t,x)f_{xx}(t,x)=rf(t,x) \tag{11.70}$$

以及终值条件 $f(T,x)=h(x)$（$\forall x$）。

证明：设 $X(t)$ 是从 0 时刻开始的随机微分方程的解，那么：

$$f(t,X(t))=E[\mathrm{e}^{-r(T-t)}h(X(T))\,|\,\mathcal{F}_t]$$

可以发现 $f(t,X(t))$ 并不是鞅，这是因为仍然由累次条件期望得

$$E[f(t,X(t))\,|\,\mathcal{F}_s]=E\{E[\mathrm{e}^{-r(T-t)}h(X(T))\,|\,\mathcal{F}_t]\,|\,\mathcal{F}_s\}=E[\mathrm{e}^{-r(T-t)}h(X(T))\,|\,\mathcal{F}_s]$$

而

$$f(s,X(s))=E[\mathrm{e}^{-r(T-s)}h(X(T))\,|\,\mathcal{F}_s]$$

可见两者并不相等。为了通过累次条件期望得到鞅性质，我们需要进一步贴现到 0 时刻，这样取期望时，结果便与 t 无关，正如我们在推导 Black-Scholes-Merton 偏微分方程时也折现到了 0 时刻，由此可以发现：

$$\mathrm{e}^{-rt}f(t,X(t))=E[\mathrm{e}^{-rT}h(X(T))\,|\,\mathcal{F}_t]$$

这是一个鞅：

$$\begin{aligned}E[\mathrm{e}^{-rt}f(t,X(t))\,|\,\mathcal{F}_s]&=E\{E[\mathrm{e}^{-rT}h(X(T))\,|\,\mathcal{F}_t]\,|\,\mathcal{F}_s\}\\&=E[\mathrm{e}^{-rT}h(X(T))\,|\,\mathcal{F}_s]\\&=\mathrm{e}^{-rs}f(s,X(s))\end{aligned}$$

接下来，对 $\mathrm{e}^{-rt}f(t,X(t))$ 进行微分，得

$$\begin{aligned}&\mathrm{d}(\mathrm{e}^{-rt}f(t,X(t)))\\&=-r\mathrm{e}^{-rt}f(t,X(t))\mathrm{d}t+\mathrm{e}^{-rt}f_t(t,X(t))\mathrm{d}t\\&\quad+\mathrm{e}^{-rt}f_x(t,X(t))\mathrm{d}X(t)+\frac{1}{2}\mathrm{e}^{-rt}f_{xx}(t,X(t))\mathrm{d}X(t)\mathrm{d}X(t)\\&=\mathrm{e}^{-rt}[-rf(t,X(t))+f_t(t,X(t))]\mathrm{d}t+\mathrm{e}^{-rt}\alpha(t,X(t))f_x(t,X(t))\mathrm{d}t\\&\quad+\mathrm{e}^{-rt}\beta(t,X(t))f_x(t,X(t))\mathrm{d}W(t)+\frac{1}{2}\mathrm{e}^{-rt}\beta^2(t,X(t))f_{xx}(t,X(t))\mathrm{d}t\\&=\mathrm{e}^{-rt}\left[-rf(t,X(t))+f_t(t,X(t))+\alpha(t,X(t))f_x(t,X(t))+\frac{1}{2}\beta^2(t,X(t))f_{xx}(t,X(t))\right]\mathrm{d}t\\&\quad+\mathrm{e}^{-rt}\beta(t,X(t))f_x(t,X(t))\mathrm{d}W(t)\end{aligned}$$

因为 $\mathrm{d}t$ 前的系数等于 0，所以：

$$-rf(t,X(t))+f_t(t,X(t))+\alpha(t,X(t))f_x(t,X(t))+\frac{1}{2}\beta^2(t,X(t))f_{xx}(t,X(t))=0$$

即

$$f_t(t,X(t))+\alpha(t,X(t))f_x(t,X(t))+\frac{1}{2}\beta^2(t,X(t))f_{xx}(t,X(t))=rf(t,X(t))$$

即式（11.70）。

要得到 Black-Scholes-Merton 偏微分方程只需要将漂移项 $rS(t)$、扩散项 $\sigma S(t)$，以及期权价值 $c(t,S(t))$ 代入，进行替换。同时根据含折现的 Feynman-Kac 定理，把 $\max(S(T)-K,0)$ 代入式（11.69）右端替换 $h(X(T))$ 即可得到本章第三节中的结论。

通过含折现的 Feynman-Kac 定理我们解释了本章第三节中留下的问题，说明了两种方法是一致的。

本章小结

本章主要围绕 Black-Scholes-Merton 期权定价模型展开。以欧式看涨期权为例，为了得到 Black-Scholes-Merton 偏微分方程，我们首先介绍测度变换，并应用 Radon-Nikodym 导数和 Girsanov 定理，将真实世界概率测度变换为风险中性世界的概率测度。在风险中性世界我们推导出 Black-Scholes-Merton 偏微分方程，这个偏微分方程的解便是欧式看涨期权的定价公式，而为了得到方程的解，我们应用 Feynman-Kac 定理，它将偏微分方程与随机微分方程建立联系，正是通过这种联系，我们得到欧式看涨期权的定价公式。

重要术语

欧式看涨期权，Radon-Nikodym 导数，Girsanov 定理，风险中性，Black-Scholes-Merton 偏微分方程，鞅表示定理，Feynman-Kac 定理

扩展阅读

Black F，Scholes M. 1973. The pricing of options and corporate liabilities. Journal of Political Economy，81（3）：637-654.

Merton R C. 1973. The relationship between put and call price：comment. Journal of Finance，28（1）：183-184.

Merton R C. 1973. Theory of rational option pricing. Bell Journal of Economics and Management Science，4（1）：141-183.

Merton R C. 1976. Option pricing when underlying stock returns are discontinuous. Journal of Financial Economics，3（1/2）：125-144.

Stoll H R. 1969. The relationship between put and call option prices. Journal of Finance，24（5）：801-824.

参考文献

约翰·C. 赫尔. 2010. 期权、期货和其他衍生品. 8 版. 北京：清华大学出版社.

Aït-Sahalia Y，Hansen Y. 2009. Handbook of Financial Econometrics：Volume 1-Tools and Techniques. Amsterdam：North-Holland.

Jacod J，Protter P E. 2011. Discretization of Processes. Berlin：Springer.

Shreve S E. 2004. Stochastic Calculus for Finance Ⅱ：Continuous-Time Models. Berlin：Springer.

习题

1. 将式（11.51）代入 Black-Scholes-Merton 偏微分方程式（11.36），验证解是否成立。

2. 参考本章第三节期权定价模型推导欧式看涨期权定价公式和欧式看跌期权的定价公式。

3. 计算贴现股价的过程是利用式（11.18），先计算 $D(t)S(t)$ ，再对这个结果利用伊藤公式得到式（11.19）。验证利用伊藤乘积法则（ $\mathrm{d}(D(t)S(t)) - D(t)\mathrm{d}S(t) + S(t)\mathrm{d}D(t) + \mathrm{d}D(t)\mathrm{d}S(t)$ ）也同样可以得到这个结果。

4. 计算希腊值 Γ（gamma），即 $\dfrac{\partial^2 c(t,x)}{\partial S^2(t)}$ ；Θ（theta），即 $\dfrac{\partial c(t,x)}{\partial t}$ ；并利用 Black-Scholes-Merton 偏微分方程得到 $c(t,x)$ 与 Δ 、Γ、Θ 之间的关系。

第十二章

投资组合模型的选择问题

本章目标

我们在第二章讨论了一些风险模型，并提出一个问题：除了方差外，很多学者都提出了不同的风险度量模型，那么投资者应该如何去评价这些风险度量模型，或者说，到底哪一个模型“更好”。本章将研究五个具有代表性的投资组合模型，分别为均值-方差（mean-variance，MV）模型、均值绝对偏差（median absolute deviation，MAD）模型、线性概率模型（linear probability model，LPM）、极大极小模型，以及最大绝对偏差模型。我们讨论不同的风险度量模型是否真的会造成资产配置的效果不同。区别于传统的从风险与收益的角度进行比较的方法，我们研究五个投资组合模型得到的最优策略结构，通过权重和重叠的资产数目来探讨不同模型间的相似程度。我们的实证结果发现，不同的风险度量模型会对投资组合的构成造成非常显著的影响。这些结果对投资者或者基金经理进行投资实践具有非常重要的意义，因为传统的看法普遍认为模型的选择取决于投资者对风险的态度，而不是从模型本身的理论或者实践价值来选择模型。

第一节　投资组合模型有“好”有“坏”吗?

一、现有研究

选择正确的投资组合模型是任何基金经理成功的一个关键因素。虽然投资选择需要考虑一些基本的决定因素，但是数量方法已经越来越被广泛地应用于投资组合中。Markowiz（1952）开创了投资选择的数量方法先河，提出了著名的 MV 模型。他指出如果假设资产收益服从正态分布或者投资者的效用函数满足二次的条件，那么投资组合可以通过均值与方差的权衡来获得，即通过求解二次规划可以得到给定收益率下的风险最小的组合。MV 模型的假设条件在实际的投资环境里都是无法确保的，这导致了研究者提出新的风险度量模型，如下半方差模型（Markowitz，1959）、绝对偏差模型（Konno，1991）、最小化最大损失模型（Young，1998）、最大绝对偏差模型（Cai，2000）、LPM（Bawa，1975）等。即便如此，MV 模型还是世界上应用最广泛的投资组合模型。

许多新的投资组合模型提出的原因还在于模型的选择从本质上来说是一个主观选择，

不同的投资者可能定义不同的风险度量模型，这就引出了一个问题：如何判断一个模型的好坏，或者说如何说明新模型一定比旧模型“更好”。如果没有判断标准，那么就无法确定“好”的投资模型，这个问题让所有的学者感到迷惑。事实上，判断投资组合模型是否“最优”的问题一直没有得到解决，Cheng 和 Wolverton（2001）指出比较不同投资组合模型得到的投资组合确实很困难。他们发现最小化风险所得到的结果只在某个风险度量模型下成立，当一个在风险度量模型下确定的最优组合用另一个投资组合模型来衡量时，往往不是最优的，并且认为不可能找到“最好”的投资组合模型，除非找到一个通用的风险度量标准。既然甄别“好”与“坏”的模型非常困难，那么我们能否找到一些基本的判断标准呢？本章提供两种思路，一种是理论上的判别，另一种是通过实证来进行选择。

从理论的角度来说，Artzner 等（1999）提出了一致性风险度量（coherent risk measure）标准。根据这一思路，已经有大量的研究工作。Artzner 指出如果一个投资组合模型满足次可加、正齐次性、单调性及平移不变性，那么这样的投资组合模型称为相容性的模型。Follmer 和 Schiled（2002）、Frittelli 等（2002）给出了凸风险度量的定义，他们认为满足单调性、平移不变性及凸性的投资组合模型可以被称为凸风险模型。根据他们的定义，经典的相容性模型可以被看作满足凸风险及正齐次性的风险模型。Sergio 等（2005）将风险区分为两大类：分散风险模型及安全风险模型。Rochafellar（2006）给出了一个更加广义的偏差风险度量定义，并且将这个定义与相容性结合在一起。根据以上学者的研究，本章试图逐一考察所要研究的投资组合模型的性质，从理论角度对模型进行比较。

从实证角度来看，由于缺乏衡量的标准，相关研究较少。Byrne 和 Lee（2004）比较了 MV 模型、MAD 模型、最小化最大损失模型（min-max，MM）、LPM 及下半方差模型，提出比较不同风险度量模型下的投资组合的构成这一研究思路，而不是利用传统的风险与收益的比值来进行衡量。Yu（2006）讨论了 MV、绝对偏差、最大绝对偏差及平均绝对偏差四个模型的性质，并利用日本金融市场的数据进行了分析。Lam（2010）比较了 MV 模型、绝对偏差模型、最小化最大损失模型及 LPM，但是他仅仅给出了四个模型下的均值、风险及夏普比率，并未真正讨论这些模型的性质特点。

本章采用 Byrne 和 Lee（2004）的研究方法，区别于传统的收益与风险的比较思路，重点考察投资组合模型的最优策略中所包含的资产重复率，以及相同资产的权重差异，以便发现不同投资组合模型的资产配置是否相同或者完全不同。如果不同的投资组合模型得到的资产配置种类与权重极其相似，那么可以说这两个投资组合模型比较类似。反之，如果完全不同，那么投资组合模型的选择对投资者来说是一个关键问题。

二、投资组合模型的介绍

本节我们将逐一介绍和分析第一节提到的五个模型。假设 R_i（$i=1,\cdots,n$）为资产 i 的收益率，$r_i=E(R_i)$（$i=1,\cdots,n$）。令 M_0 为投资者初始财富，ρ 为投资者要求的回报率。定义 μ_i（$i=1,\cdots,n$）为投资者投资在资产 i 的最大值。令 x_i（$i=1,\cdots,n$）为投资者投资在资产 i 的数量，假设不允许卖空，即 $x_i>0$（$i=1,\cdots,n$）。

定义 12.1

$$S=\left\{x=(x_1,\cdots,x_n)\left|\sum_{j=1}^{n}r_jx_j\geqslant\rho M_0,\quad\sum_{j=1}^{n}x_j=M_0,\quad 0\leqslant x_j\leqslant\mu_j,\quad j=1,\cdots,n\right.\right\}$$

（一）MV 模型

Markowitz（1952）提出的 MV 模型为

$$\min\quad \mathrm{Var}(x)=\sum_{i=1}^{n}\sum_{j=1}^{n}\sigma_{ij}x_ix_j$$
$$\text{s.t.}\quad x\in S$$

虽然 MV 模型是最常用的方法，但是要求收益率满足正态分布或者效用函数是二次的假设过于苛刻。只有这两个条件满足才能证明最优策略是与投资者最大化效用符合的（Tobin，1958）。除了对假设条件进行批判外，也有学者认为利用方差作为风险度量方法是有缺陷的。显然，大部分投资者都认为收益低于目标值会有风险。为了克服这个缺陷，Markowitz（1959）提出了半方差（sevi-variance，SV）模型。Bawa（1975）、Bawa 和 Lindenberg（1977）根据这个思路提出考虑收益率与目标收益的 n 阶距，即 LPM，具体如下。

（二）LPM

下面给出 $n=2$ 的该模型：

$$\mathrm{LPM}=\frac{1}{T}\sum_{t=1}^{T}[\min(0,R_t-R_\tau)]^2$$

以及基于 LPM 的投资模型：

$$\min\quad \sum_{t=1}^{T}p_tz_t^2$$
$$\text{s.t.}\quad\begin{cases}z_t\geqslant-\sum(r_{jt}-r_j)x_j, & t=1,\cdots,T\\ z_t\geqslant 0, & t=1,\cdots,T\\ x\in S\end{cases}$$

其中，R_τ 表示投资者希望达到的最低目标收益，可以设定为无风险资产收益率或者为 0，这样就可以避免负的收益。

MV 模型和 LPM 需要用复杂的非线性方法来计算，在实践中需要计算机技术足够强大才能快速地求出最优策略。Sharpe（1971）提出如果可以将投资组合问题转化为线性规划问题，那么实际应用将更加便捷。Young（1998）提出最小化最大损失原则，即 MM 原则。MM 原则比较符合投资者的决策要求，因为在面对不确定的多种选择时，人们总是会理性地选择最小化最大损失（负的收益）。给定历史收益率数据，MM 原则下的最优组合被定义为能够最小化历史时期内的最大损失，约束条件为投资组合收益高于历史时期内最低平均收益，该模型如下。

（三）MM 模型

$$\min \quad M_p$$

$$\text{s.t.} \quad \begin{cases} \sum r_{jt}x_j - M_p \geqslant 0, \ t = 1,\cdots,T \\ \sum r_{jt}x_j \geqslant G \\ x \in S \end{cases}$$

其中，G 表示在历史时期内的最低平均收益。MM 模型与 MV 模型相比有很多优点。MM 模型可以解决很多复杂的问题，如考虑摩擦因素由固定交易费引起（通常在 MV 模型下无法解决）。此外，MM 模型与 MV 模型相比不要求资产收益率满足正态分布的条件。通过模拟研究，Young 认为 MM 模型提供了一个更加方便实用的投资决策方法。值得注意的是，MV 模型、LPM 及 MM 模型都对数据的奇异值非常敏感，因为收益率与均值的差异是用平方来处理的，平方放大了奇异值对风险估计的偏差。同样，LPM 也对那些远离目标的观测值非常敏感。MM 原则受到奇异值的影响也很大，因为它的目标是最小化最大损失。1989 年，Konno 提出能够克服被奇异值放大影响的模型，即 MAD 模型。MAD 模型的优点很多，首先，当资产收益率服从正态分布时，其最优配置与 MV 模型一样。其次，MAD 模型不需要计算方差-协方差矩阵。最后，Konno 和 Shirakawa（1994）发现 MAD 模型可以快速求解实际中的大型问题。这个方法的缺点在于快速的计算也许导致了方差-协方差矩阵的信息丧失（Simaan，1997）。该模型如下。

（四）MAD 模型

$$\min \quad l_1 = E\left|\sum_{j=1}^{n} R_j x_j - E\left(\sum_{j=1}^{n} R_j x_j\right)\right|$$

$$\text{s.t.} \quad x \in S$$

因为目标函数是非线性的，我们采用 Konno 和 Yamazaki（1991）的方法进行变换，可得

$$\min \quad \frac{1}{T}\sum_{t=1}^{T} y_t$$

$$\text{s.t.} \quad \begin{cases} y_t \geqslant \sum_{j=1}^{n}(r_{jt} - r_j)x_j, \quad t = 1,\cdots,T \\ y_t \geqslant -\sum_{j=1}^{n}(r_{jt} - r_j)x_j, \ t = 1,\cdots,T \\ x \in S \end{cases}$$

（五）CAI 模型

Cai 等（2000）对 MAD 模型进行了一些修改，他们考虑所有资产中的最大绝对偏差，以此来度量整个投资组合的风险，提出最大绝对偏差模型。他们将所有资产中的绝对偏差最大值作为优化目标，模型为

$$\min \quad l_{\infty}=\max_{j} E(|R_j x_j - r_j x_j|)$$
$$\text{s.t.} \quad x \in S$$

这个模型也可以进一步变换为线性模型：

$$\min \quad y$$
$$\text{s.t.} \quad \begin{cases} q_j x_j \leqslant y \\ x \in S \end{cases}$$

其中，$q_j = E(|R_j - r_j|)(j=1,\cdots,n)$。与 MAD 模型相比，文献作者指出该模型更加保守。

第二节　投资组合模型的性质

下面从理论上来研究五个模型的性质，为此，先给出 Artzner 等（1999）提出的相容性的概念。

一、相容性

定义 12.2　投资组合模型 f 为相容的，如果对任意的损失 X,Y，满足下面的四个性质［性质（1）～性质（4）］。

（1）单调性：$X \leqslant Y \Rightarrow f(X) \leqslant f(Y)$。

这个性质保证了如果投资策略 X 的损失总是小于投资策略 Y 的损失，那么 X 的风险应该不超过 Y 的风险。

（2）次可加：$f(X+Y) \leqslant f(X)+f(Y)$。

这个性质被认为是所有性质中最重要的一个。次可加的金融含义是投资组合的总风险不大于每个资产的风险之和。这个性质被认为是投资组合模型必须满足的一个基本要求，但是，Dowd（2005）发现 VaR 不满足次可加。

（3）正齐次性：$f(0)=0$，$f(\lambda x)=\lambda f(x)$（$\forall \lambda > 0$）。

这个性质表明购买或出售的头寸数量会影响到投资组合的风险。例如，购买某种资产时必须考虑到在购买时点能够售出的资产数量。因此，投资者必须考虑流动性风险。

（4）平移不变性：$f(X+t)=f(X)-t$（$\forall t$）。

这个性质意味着在投资组合里增加或减少 t 数量无风险资产会减少投资组合风险 t。

在上述四个性质中，（2）与（3）可以推出凸的定义，但是反之不成立。

（5）凸性：$f[\lambda X+(1-\lambda)Y] \leqslant \lambda f(X)+(1-\lambda)f(Y)$，$\forall \lambda \in [0,1]$。

如果放松正齐次性假设，可以得到凸风险的概念。

定义 12.3　一个投资组合模型是凸的风险模型，只要它满足上面的性质（1）、（4）、（5）。

此外，还有学者提出了偏差风险模型（Rockafellar et al.，2006），这里需要引入一个新的定义。

（6）G-P 平移不变性（Gaivoronski and Pflug，2001）：

$$f(X \pm t)=f(X), \quad \forall t$$

这个性质的含义是投资组合的风险不会因为买入或者卖出无风险资产而发生变化。

定义 12.4　如果一个投资组合模型满足正的、次可加、正齐次性，以及 G-P 平移不变性，那么这个投资组合模型被称为偏差风险模型。

二、模型的性质

根据前文给出的相容性定义，下面我们考察方差σ^2、标准差σ、MAD 模型、MM 模型、CAI 模型，以及 LPM 的性质。我们把相关结论汇总到表 12.1 中。

表 12.1　模型性质的比较

性质	σ^2	σ	MAD	CAI	MM	LPM
单调性	×	×	×	×	√	√
次可加	×	√	√	√	√	√
正齐次性	×	√	√	√	√	×
平移不变性	×	×	×	×	√	×
凸性	√	√	√	√	√	√
G-P 平移不变性	√	√	√	√	×	×
相容性	×	×	×	×	√	×
凸风险	×	×	×	×	√	×
偏差风险	×	√	√	√	×	×

从表 12.1 来看，只有 MM 模型是满足相容性及凸风险，而标准差、MAD 模型、CAI 模型符合偏差风险模型的定义。LPM 不满足相容性、凸风险及偏差风险。

第三节　实 证 分 析

一、数据与描述性分析

为了对上述五个模型进一步比较，本章利用我国金融市场的数据来进行实证研究。随机考虑沪深指数中的 16 只股票，数据时间段为 2001 年 1 月～2011 年 7 月，总共 126 个月度数据。不对股票做过多要求，只需要在考察期内所选股票平均收益率为正数。为便于计算，假设模型中的参数为$\rho = 0.001$，$M_0 = 1$，$\mu_i = 1$（$i = 1, \cdots, n$）。

表 12.2 给出了这 16 只股票的统计指标，由于 Jarque-Bera 统计量在 5%和 1%显著水平下的临界值分别为 5.9915 和 9.2103，我们发现绝大部分的股票收益率不符合正态分布的条件。如果用 MV 模型来进行资产配置，不一定能够得到最优资产配置，应该考虑其他投资组合模型。同时发现 16 只股票中，S2、S3、S4、S5、S6、S7、S8、S10、S11、S13、S16 为负偏态，S1、S9、S12 为正偏态，S14、S15 近似为对称分布。

表 12.2　16 只股票的描述性统计特征

特征	编号															
	S1	S2	S3	S4	S5	S6	S7	S8	S9	S10	S11	S12	S13	S14	S15	S16
股票代码	6600054	6600038	6600009	6600007	6600056	6600059	6600061	6600062	6600063	6600070	6600141	6600096	6600111	6600116	6600123	6600097
均值	0.001	0.002	0.002	0.002	0.001	−0.001	−0.005	0.003	0.002	−0.002	0.003	0.001	0.011	0.001	0.010	0.003
中位数	−0.002	0.002	0.010	0.005	0.008	−0.004	0.001	0.014	−0.003	−0.002	−0.003	−0.007	0.010	0.005	0.008	0.005
最大值	0.324	0.595	0.361	0.327	0.397	0.469	0.406	0.342	0.534	0.395	0.542	0.542	0.513	0.376	0.372	0.349
最小值	−0.340	−0.659	−0.491	−0.470	−0.586	−0.485	−0.691	−0.697	−0.433	−0.444	−0.649	−0.426	−0.733	−0.431	−0.470	−1.125
标准差	0.104	0.156	0.107	0.116	0.151	0.141	0.157	0.133	0.151	0.138	0.148	0.134	0.173	0.140	0.134	0.147
偏度	0.048	−0.214	−0.947	−0.335	−0.514	−0.344	−1.010	−1.509	0.402	−0.333	−0.506	0.407	−0.699	−0.157	−0.080	−3.395
峰度	4.332	6.687	7.720	5.252	4.675	5.233	6.370	9.474	4.867	4.569	7.547	4.636	6.167	3.154	4.074	28.902
Jarque−Bera 检验	9.359	72.327	135.790	28.979	20.273	28.664	81.055	267.863	21.691	15.255	113.918	17.543	62.891	0.643	6.191	3764.426
概率	0.009	0.000	0.000	0.000	0.000	0.000	0.000	0.000	0.000	0.000	0.000	0.000	0.000	0.725	0.045	0.000

二、最优策略

在数据时间段内，我们不对整个数据时间段来计算最优策略，而是将整个数据时间段采用滚动调整的方式进行计算。每次计算最优策略时，采用前 36 个月的历史数据来获取，保证最优策略能够反映不同时间段内的股票价格变动信息，这样总共得到 91 个最优策略，然后对这 91 个最优策略进行平均，观察每个投资组合模型在这 16 只股票上的配置比例，如表 12.3 所示。

表 12.3 16 只股票平均权重表

编号	MV	MAD	MM	LPM	CAI
S1	0.0486	0.0643	0.0245	0.0577	0.0752
S2	0.0310	0.0401	0.0056	0.0147	0.0566
S3	0.0335	0.0284	0.0157	0.0356	0.0821
S4	0.4278	0.4530	0.4140	0.4136	0.0712
S5	0.0032	0.0051	0.0046	0.0056	0.0526
S6	0.0669	0.0516	0.0876	0.0726	0.0586
S7	0.0462	0.0356	0.1261	0.0579	0.0559
S8	0.0641	0.0593	0.0447	0.0779	0.0654
S9	0.0510	0.0442	0.0222	0.0479	0.0566
S10	0.0225	0.0205	0.0000	0.0028	0.0611
S11	0.0394	0.0217	0.0732	0.0569	0.0608
S12	0.0489	0.0428	0.0700	0.0563	0.0700
S13	0.0369	0.0274	0.0205	0.0164	0.0608
S14	0.0281	0.0442	0.0012	0.0297	0.0555
S15	0.0253	0.0370	0.0341	0.0345	0.0574
S16	0.0267	0.0246	0.0559	0.0198	0.0600

注：表中数据由于经过四舍五入，可能存在相加不等于 1 的情况

从表 12.3 中可以看出，五个模型的配置结果完全不同，这可能是因为选择的股票的收益率并不全部满足正态分布的条件。

Byrne 和 Lee（1999）认为 LPM 与 MM 模型拒绝负偏的资产，但是表 12.3 中并未显示 LPM 与 MM 模型拒绝负偏的股票。我们考虑负偏的投资组合，分别选择五个模型进行资产配置，表 12.4 给出了比较的结果。显然，MAD 投资在这 8 只股票的比例为所有模型中最少的，仅为 23.91%，投资在负偏资产最多的模型为 CAI 模型，达到了 49.50%，因此不能认为这五个投资组合模型的资产配置策略与资产收益率的偏度有关。表 12.4 展示了负偏资产的投资比例。

表 12.4 负偏资产的投资比例

MV	MAD	MM	LPM	CAI
0.2753	0.2391	0.3748	0.3046	0.4950

为了观察采用不同的投资组合模型是否会得到相似的资产配置，Phillips（1993）提出了两个观测指标。

（1）每个模型得到的最优投资组合中相同资产的数量。

（2）在那些最优解中，同一个资产在不同模型中得到的配置比例是否相同。

为了验证这两点，我们把 91 个最优策略进行统计，观察不同资产在五个模型得到的最优配置中的比例以及出现的次数，统计重复出现的股票的次数，同时测算五个模型的相似度。表 12.5 反映了 91 个最优策略中，每个模型平均包含的资产数量，以及最大、最小数量。例如，MV 模型平均包含了 9.62 个资产，最大值为 14 个，最小值为 7 个。特别值得关注的是 CAI 模型的最优解全不为 0，说明该模型在资产配置中能够最大限度地分散化。

表 12.5 投资权重

权重	MV	MAD	MM	LPM	CAI
平均包含	9.62	9.41	6	8.57	16
最大	14	13	9	11	16
最小	7	7	4	6	16

表 12.6 反映了 91 个最优策略的权重平均值中，相同资产出现的次数。例如，MV 与 MAD 模型中，重复出现为 7.99，这意味着 MV 模型中的 9.62 个资产中，有 7.99 个会出现在 MAD 的 9.41 个资产中。

表 12.6 相同资产比较

模型	MV	MAD	MM	LPM	CAI
MV	9.62				
MAD	7.99	9.41			
MM	5.19	4.55	6.00		
LPM	7.79	7.10	5.35	8.57	
CAI	9.63	9.41	6.00	8.57	16.00

表 12.7 为资产相似度的比较结果。具体来说，MV 与 MAD 之间的相似度可以看作 MV 的解 9.62 加上 MAD 的解 9.41，再减去相似的 7.99，即 $9.62+9.41-7.99=11.04$，则在 MV 与 MAD 的总资产中，有 7.99 个相同，11.04 个不同，我们用 7.99 与 11.04 的比值来反映两个模型的相似度，即 $7.99/11.04\approx72.37\%$。需要注意的是，这里比较投资组合里相同资产的个数。表 12.7 的第 2 列显示 LPM 与 MV 模型最相似，其次是 MAD 模型。与 MM 模型最相似的为 LPM。与 CAI 模型最为接近的为 MV 模型。MM 模型与 CAI 模型的相似度最低。

表 12.7　资产相似度比较

模型	MV	MAD	MM	LPM	CAI
MV	1				
MAD	0.7237	1			
MM	0.4968	0.4190	1		
LPM	0.7486	0.6525	0.5804	1	
CAI	0.6016	0.5879	0.3750	0.5357	1

注：此表中的数据是由表 12.6 中未保留两位小数时的数据计算得到

对不同投资组合模型计算资产的重复率只反映了不同投资组合模型的关联度的一个方面。即使两个投资组合包含相同的资产种类，这些资产种类的权重也可能有很大区别。因此，需要进一步分析相同资产种类中的权重差别。

为了检验不同模型里投资组合中权重的构成，我们引入下面的度量方法：以 MV 模型与 MAD 模型为例，在重复出现的资产中，按照资产权重更小的比例作为两个模型的权重相似度，如表 12.8 所示，MV 模型与 MAD 模型之间的权重相似度为 83.22%。这表明 MV 模型与 MAD 模型得到的最优策略中，有 83.22%的资产是完全相同的。

表 12.8　权重相似度

模型	MV	MAD	MM	LPM	CAI
MV	1				
MAD	0.8322	1			
MM	0.6705	0.5942	1		
LPM	0.8660	0.7773	0.7167	1	
CAI	0.4631	0.4596	0.3237	0.4160	1

最后，我们分析投资者利用五个模型进行 10 个月投资后的财富变化。假定投资者利用表 12.5 的平均权重进行投资，投资区间为 2011 年 8 月～2012 年 5 月，假设投资者的初始财富为 1，图 12.1 反映了这 10 个月的财富变化情况。我们发现 CAI 模型的收益最低，其他四个模型的投资效果接近。

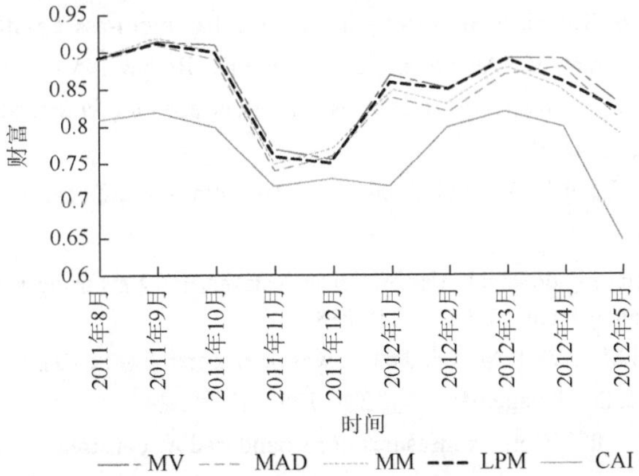

图 12.1　10 个月的财富变化

本章小结

除了经典的投资组合模型外，很多其他的投资组合模型也各有其理论与实践的优点，但是这些模型之所以没有被广泛地应用，原因可能是很难决定到底哪种投资组合模型是最“好”的。甚至有学者认为任何想要比较不同的投资组合模型的做法都是白费力气的，除非知道一种标准的风险度量尺度。为了克服这个困难，我们需要找到其他更有效的比较方法而不是像已有文献那样仅仅比较风险与收益的权衡。

本章从理论与实证两个角度来探讨不同投资组合模型得到的最优策略的异同问题。研究结果显示，不同的投资组合模型得到的最优策略有很大不同，这对于基金经理在进行资产配置时具有很强的实践指导意义。区别于已有文献集中于风险与收益的比较，我们研究不同投资组合模型之间的相似程度，通过权重和重叠的资产数目来探讨不同模型间的相似程度。研究结果表明，CAI 模型与其他模型的相似度最低，MAD 模型与 MV 模型的解比较类似，这与其他研究者的结论一致。本章中 LPM 与 MV 模型相似度最高，可能是因为所选资产在大部分情况下的收益率都低于期望收益率，因此其解与 MV 模型相近。同时，我们还发现，投资组合模型的最优策略与资产的偏度无关，这与 Byrne 和 Lee（1999）认为 LPM 与 MM 模型拒绝负偏的资产不同。

重要术语

一致性风险，LPM，MM 模型，MAD 模型，CAI 模型，MV 模型

参考文献

余湄，周荣喜，吴孟. 2013. 投资模型选择问题研究. 数量经济技术研究，（30）：98-110.

Artzner P，Delbaen F，Eber J-M，et al. 1999. Coherent measures of risk. Mathematical Finance，9（3）：203-228.

Bawa V S. 1975. Optimal rules for ordering uncertain prospects. Journal of Financial Economics，2（1）：95-121.

Bawa V S，Lindenberg E B. 1977. Capital market equilibrium in a mean-lower partial moment framework. Journal of Financial Economics，5（2）：189-200.

Byrne P，Lee S. 1999. The place of property in an Australian multi-asset portfolio：a comparison of the MPT and MAD optimization methods. Australian Land Economics Review，5（1）：21-28.

Byrne P，Lee S. 2004. Different risk measures：different portfolio compositions?. Journal of Property Investment & Finance，22（6）：501-511.

Cai X Q，Teo K L，Yang X Q，et al. 2000. Portfolio optimization under a minimax rule. Management Science，46：957-972.

Cheng P. 2001. Comparing downside-risk and mean-variance analysis using bootstrap simulation. Journal of Real Estate Portfolio Management，7（3）：225-238.

Cheng P，Wolverton M L. 2001. MPT and the downside risk framework：a comment on two recent studies. Journal of Real Estate Portfolio Management，7（2）：125-131.

Follmer H，Schied A. 2002. Convex measures of risk and trading constraints. Finance and Stochastics，6：429-447.

Frittelli M，Rosazza G E. 2002. Putting order in risk measures. Journal of Banking & Finance，26：1473-1486.

Gaivoronski A，Pflug G. 2001.Value at risk in portfolio optimization：properties and computational approach. Vienna：University of Vienna.

Konno H. 1989. Piecewise linear risk functions and portfolio optimization. Journal of the Operations Research Society，33：139-156.

Konno H，Shirakawa H. 1994. Equilibrium relations in a capital asset market：a mean-absolute deviation approach. Financial Engineering and the Japanese Markets，1：21-35.

Konno H，Yamazaki H. 1991. Mean-absolute deviation portfolio optimization model and its applications to the Tokyo stock market. Management Science，37（5）：519-531.

Lam W H，Jaaman S H，Isa Z. 2010. An empirical comparison of different risk measures in portfolio optimization. Business and Economic Horizons，1：39-45.

Markowitz H. 1952. Portfolio selection. Journal of Finance，7（1）：77-91.

Markowitz H M. 1959. Portfolio Selection：Efficient Diversification of Investment. New York：John Wiley & Sons.

Phillips H E. 1993. Portfolio optimization algorithms，simplified criteria，and security selection：a contrast and evaluation. Review of Quantitative Finance and Accounting，3：91-97.

Rockafellar R T，Uryasev S，Zabarankin M. 2006. Generalized deviations in risk analysis. Finance and Stochastics，10：51-74.

Sergio O，Svetlozar T R，Stoyan S，et al. 2005. The proper use of risk measures in portfolio theory. International Journal of Theoretical and Applied Finance，8：1107-1133.

Sharpe W. 1971. Linear programming formulation of the general portfolio selection problem. Journal of Financial and Quantitative Analysis，8：621-636.

Simaan Y. 1997. Estimation risk in portfolio selection：the mean variance model versus the mean absolute deviation model. Management Science，43：437-446.

Stone B. 1973. A general class of three-parameter risk measures. The Journal of Finance，28：675-685.

Tobin J. 1958. Liquidity preference as behavior towards risk. Review of Economic Studies，25：65-86.

Young M R. 1998. A minimax portfolio selection rule with linear programming solution. Management Science，44（5）：673-683.

Yu M，Inoue H，Shi J M. 2006. Portfolio optimization problems with linear programming models. Proceedings of the 2006 China International Conference in Finance.

第十三章

股票-债券投资模型问题

本 章 目 标

本章我们将介绍包括股票和债券的投资模型。第四章中我们给出了利用 MV 模型来求解股票组合的方法，本章我们将把资产的种类扩大到股票和债券构成的投资组合，利用一定的方法可以求解出该投资问题的解。我们选择了中国金融市场的数据，利用 MV 模型和 MAD 模型，分别选择股票、国债与企业债，构建投资组合的最优策略，并利用国内股票市场与债券市场的数据进行实证分析，结果发现加入债券后，与单纯地选择股票组合相比，投资组合的风险极大地降低，且收益更加稳定。

第一节　资产配置模型

一、MV 模型

我们先回顾一下 MV 模型：

$$\min \quad E\left[\sum_{j=1}^{n} R_j x_j - E\left(\sum_{j=1}^{n} R_j x_j\right)\right]^2$$

$$\text{s.t.} \quad \begin{cases} E\left(\sum_{j=1}^{n} R_j x_j\right) \geqslant \rho \\ \sum_{j=1}^{n} x_j = 1 \\ x_j \geqslant 0, \ j = 1, \cdots, n \end{cases} \tag{13.1}$$

二、绝对偏差模型

在第二章中我们介绍了绝对偏差，如果把 MV 模型里的方差改为绝对偏差，那么我们也可以构建 MAD 模型。在这个模型里，投资组合的风险利用绝对偏差来进行控制。具体如下：

$$\min \quad E\left[\left|\sum_{j=1}^{n} R_j x_j - E\left(\sum_{j=1}^{n} R_j x_j\right)\right|\right]$$

$$\text{s.t.}\quad \begin{cases} E\left(\sum_{j=1}^{n} R_j x_j\right) \geqslant \rho \\ \sum_{j=1}^{n} x_j = 1,\ x_j \geqslant 0(j=1,\cdots,n) \end{cases} \tag{13.2}$$

假设有投资者打算将基金分配到股票与债券中来进行投资组合管理。可供选择的股票有 n 个，我们表示为 S_j（$j=1,\cdots,n$）。可供选择的债券有 m 个，表示为 B_k（$k=1,\cdots,m$）。投资的最终目标是在满足最低要求收益率的基础上最小化整个投资组合的风险。我们需要考虑如何估计股票与债券的期望收益率。

三、股票及债券收益率的估计

对于股票收益率的估计方法我们比较熟悉，可以用历史数据方法对债券收益率进行估计，我们采用 Konno 和 Kobayashi（1997）的方法来进行估计。为了说明这两类资产的估计方法，我们给出一些记号。

假设 $j=1,\cdots,n$，$t=1,\cdots,T$，我们用 p_{jt} 表示第 j 个股票在 t 时刻的价格，b_{kt} 表示第 k 个债券在 t 时刻的收益率，d_{jt} 表示第 j 个股票在 t 时期的红利，q_{kt} 表示第 k 个债券在 t 时刻的价格，则

$$s_{jt} = \frac{p_{jt+1} - p_{jt} + d_{jt}}{p_{jt}} \tag{13.3}$$

$$b_{kt} = \frac{q_{kt+1} - q_{kt} + c_{kt}}{q_{kt}} \tag{13.4}$$

其中，s_{jt} 表示第 j 个股票在 t 时刻的收益率；c_{kt} 表示第 k 个债券在 t 时期的利息。

对任意股票 j 的期望收益率 $E(S_j)$，可以通过计算历史数据 s_{jt} 的平均值来完成，即

$$S_j = E(S_j) = \sum_{t=1}^{T} \frac{1}{T} s_{jt} \tag{13.5}$$

接下来我们讨论债券 k 的收益率。值得注意的是，债券的收益率依赖于发行后的利率期限结构，不能像股票一样通过历史数据来计算。理论上来说：

$$\hat{q}_{kt} = \frac{c_{kt}}{1+i_t} + \frac{c_{kt+1}}{(1+i_t)(1+i_{t+1})} + \cdots + \frac{c_{kT_k} + F_k}{(1+i_t)\cdots(1+i_{T_k})} \tag{13.6}$$

其中，i_t 表示 t 时期的即期收益率；T_k 表示到期期限；F_k 表示债券 k 的面值。通过简单地分析，可以得到

$$\beta_{kt} = \frac{\hat{q}_{kt+1} - \hat{q}_{kt} + c_{kt}}{\hat{q}_{kt}} = i_t \tag{13.7}$$

其中，β_{kt} 表示债券 k 在 t 时期的收益率。那么债券 B_k 的期望收益率如何来估计呢？有学者在 1996 年突破性地发现（Aït-Sahalia，1996），短期利率遵循布朗运动，且在年利率变动范围为 3%～15%时，利率变化路径的漂移率为 0。这意味着在正常的经济环境下，利率在 t 时期的期望值与其在初始时刻的值相等。并且学者也进一步指出，利率变化的范围不可能长时间地游离在 3%～15%之外，因为有很多因素将利率推动到这个正常区间中。

有了这个结论，我们可以得出债券 B_k 的期望收益率为 $b_k = E(\beta_{kt}) = i_t$ 。对于有违约风险或者可能赎回的债券来说，市场价格 q_{kt} 通常要比理论价格 $\hat{q}_{kt}$ 小。这类债券的价格可表示为

$$q_{kt} = \frac{c_{kt}}{1+\delta i_t} + \frac{c_{kt+1}}{(1+\delta i_t)(1+\delta i_{t+1})} + \cdots + \frac{c_{kT_k} + F_k}{(1+\delta i_t)\cdots(1+\delta i_{T_k})} \tag{13.8}$$

其中，δ 表示满足式（13.8）的一个最小的正根。该类债券的期望收益率为

$$b_k = E(\beta_{kt}) = \delta_{kt} i_t$$

四、不考虑摩擦因素的股票–债券投资组合

我们将分别建立采用 MV 与 MAD 两种投资模型的股票–债券模型。假定 x_j（$j=1,\cdots,n$）、y_k（$k=1,\cdots,m$）分别为投资在股票 j 和债券 k 的投资比例，显然

$$\sum_{j=1}^{n} x_j + \sum_{k=1}^{m} y_k = 1 \text{，} \quad x_j \geqslant 0 \text{，} \quad y_k \geqslant 0 \text{，} \quad j=1,\cdots,n \text{，} \quad k=1,\cdots,m \tag{13.9}$$

记 $R(x,y)$ 为投资组合的收益，则

$$R(x,y) = \sum_{j=1}^{n} S_j x_j + \sum_{k=1}^{m} B_k y_k \tag{13.10}$$

期望收益率可以表示为

$$E(R(x,y)) = \sum_{j=1}^{n} s_j x_j + \sum_{k=1}^{m} \delta_{k0} i_0 y_k \tag{13.11}$$

其中，i_0 表示投资期初 0 时刻的即期收益率，δ_{k0} 可根据式（13.8）计算。

由股票与债券构成的组合的方差可表示为

$$\begin{aligned} V(R(x,y)) &= E[R(x,y) - E(R(x,y))]^2 \\ &= \sum_{t=1}^{T} \frac{1}{T} \left[\sum_{j=1}^{n} (s_{jt} - s_j) x_j + \sum_{k=1}^{m} (b_{kt} - \overline{b}_{kt}) \right]^2 \end{aligned} \tag{13.12}$$

则股票与债券构成的组合的 MV 模型可以表示为

$$\begin{aligned} &\min \quad V(R(x,y)) \\ &\text{s.t.} \begin{cases} E(R(x,y)) \geqslant \rho \\ \displaystyle\sum_{j=1}^{n} x_j + \sum_{k=1}^{m} y_k = 1 \\ x_j \geqslant 0, \ j=1,\cdots,n \\ y_k \geqslant 0, \ k=1,\cdots,m \end{cases} \end{aligned} \tag{13.13}$$

由股票与债券构成的组合的绝对偏差可以表示为

$$\begin{aligned} W(R(x,y)) &= E(| R(x,y) - E(R(x,y)) |) \\ &= \sum_{t=1}^{T} \frac{1}{T} \left| \sum_{j=1}^{n} (s_{jt} - s_j) x_j + \sum_{k=1}^{m} (b_{kt} - \overline{b}_{kt}) \right| \end{aligned} \tag{13.14}$$

由股票与债券构成的组合用绝对偏差控制风险可以表示为

$$\min \quad W(R(x,y))$$

$$\text{s.t.}\quad \begin{cases} E(R(x,y)) \geqslant \rho \\ \sum_{j=1}^{n} x_j + \sum_{k=1}^{m} y_k = 1 \\ x_j \geqslant 0,\ j=1,\cdots,n \\ y_k \geqslant 0,\ k=1,\cdots,m \end{cases} \tag{13.15}$$

不难看出，式（13.13）、式（13.15）最后可分别转化为二次规划与线性规划来求解，能够利用 LINDO、LINGO 及 Matlab 等专业软件进行求解。

五、摩擦市场下基于 MV 与 MAD 的股票–债券投资模型

本部分讨论如何构建交易费存在的情况下的股票–债券投资模型。由于投资者在交易时必须考虑到印花税和固定交易费，假定投资者每次进行股票交易时，必须支付两笔费用，一笔为固定交易费 c_0，另一笔为成比例交易费，假定费率为 k_i，则股票投资组合 $(x_1, x_2, \cdots, x_n)$ 的成比例交易费可用"V"形交易费函数来表示，即 $C(x)=\sum_{i=1}^{n} k_i |x_i - x_i^0|$，其中，$x_i^0$ 表示投资者初期拥有的资产 i 的数量，x_i（$i=1,\cdots,n$）为投资者决定投资策略后持有的资产 i 的数量。该交易费函数由马科维茨首次引入。考虑到固定交易费的存在，一个股票与债券的投资组合的实际期望收益率为

$$E_C(R(x,y)) = \sum_{j=1}^{n} s_j x_j + \sum_{k=1}^{m} \delta_{k0} i_0 y_k - C(x) - c_0 \tag{13.16}$$

此时摩擦市场下的投资组合模型为

$$\min \quad V(R(x,y))$$
$$\text{s.t.}\quad \begin{cases} E_C(R(x,y)) \geqslant \rho \\ \sum_{j=1}^{n} x_j + \sum_{k=1}^{m} y_k = 1 \\ x_j \geqslant 0,\ j=1,\cdots,n \\ y_k \geqslant 0,\ k=1,\cdots,m \end{cases} \tag{13.17}$$

该模型进一步可以转化为

$$\min \quad V(R(x,y))$$
$$\text{s.t.}\quad \begin{cases} \sum_{j=1}^{n} s_j x_j + \sum_{k=1}^{m} i_0 \delta_{k0} y_k - \sum_{j=1}^{n} k_j (d_j^+ - d_j^-) \geqslant \rho + c_0 \\ d_j^+ - d_j^- = x_j - x_j^0,\ j=1,\cdots,n \\ \sum_{j=1}^{n} x_j + \sum_{k=1}^{m} y_k = 1 \\ x_j \geqslant 0, d_j^+ \geqslant 0, d_j^- \geqslant 0,\ j=1,\cdots,n \\ y_k \geqslant 0,\ k=1,\cdots,m \end{cases} \tag{13.18}$$

对于绝对偏差模型可表示为

$$\min \quad W(R(x,y))$$

$$\text{s.t.} \begin{cases} \sum_{j=1}^{n} s_j x_j + \sum_{k=1}^{m} i_0 \delta_{k0} y_k - \sum_{j=1}^{n} k_j (d_j^+ - d_j^-) \geqslant \rho + c_0 \\ d_j^+ - d_j^- = x_j - x_j^0,\ j = 1, \cdots, n \\ \sum_{j=1}^{n} x_j + \sum_{k=1}^{m} y_k = 1 \\ x_j \geqslant 0, d_j^+ \geqslant 0,\ d_j^- \geqslant 0, j = 1, \cdots, n \\ y_k \geqslant 0,\ k = 1, \cdots, m \end{cases} \tag{13.19}$$

我们可以将其转化为线性规划问题：

$$\min \quad W(R(x,y)) = \sum_{t=1}^{T} \frac{1}{T} w_t$$

$$\text{s.t.} \begin{cases} w_t \geqslant \sum_{j=1}^{n} (s_{jt} - s_j) x_j + \sum_{k=1}^{m} (b_{kt} - \overline{b}_{kt}) y_k \\ w_t \geqslant -\left[\sum_{j=1}^{n} (s_{jt} - s_j) x_j + \sum_{k=1}^{m} (b_{kt} - \overline{b}_{kt}) y_k \right] \\ \sum_{j=1}^{n} s_j x_j + \sum_{k=1}^{m} i_0 \delta_{k0} y_k - \sum_{j=1}^{n} k_j (d_j^+ - d_j^-) \geqslant \rho + c_0 \\ d_j^+ - d_j^- = x_j - x_j^0,\ j = 1, \cdots, n \\ \sum_{j=1}^{n} x_j + \sum_{k=1}^{m} y_k = 1 \\ x_j \geqslant 0, d_j^+ \geqslant 0, d_j^- \geqslant 0,\ j = 1, \cdots, n \\ y_k \geqslant 0,\ k = 1, \cdots, m \end{cases} \tag{13.20}$$

第二节　实 证 研 究

本节我们将选择中国市场的股票数据与债券数据，对建立的股票与债券的投资组合模型进行实证研究。

一、数据的选取

我们选择的数据时间段为 2005 年 1 月 31 日～2008 年 7 月 1 日，其中，利用 2005 年 1 月 31 日～2007 年 7 月 31 日的历史数据来构建最优策略，然后根据得出的最优策略比较 MV 模型与 MAD 模型在 2007 年 8 月 1 日～2008 年 7 月 1 日的投资结果。我们选择的投资组合为沪深 300 指数成分股中各行业具有代表性的股票共 28 只，2005 年之前发行并在检验期内尚未到期的国债 10 只（代码：100210、100213、100215、100301、100307、100311、100115、010210、010303、010308），企业债 3 只（代码：129902、111016、120207）。相关数据如表 13.1 所示。根据式（13.3）、式（13.4）、式（13.8），我们可分别计算股票与债券的月收益率及企业债的 δ 值。

表 13.1　样本股票基本信息

股票	代码	股票	代码
金融街	000402	东方明珠	600637
万科 A	000002	苏宁电器	002024
招商银行	600036	北大荒	600598
民生银行	600016	亚盛集团	600108
中信证券	600030	亚泰集团	600881
武钢股份	600005	南方航空	600029
宝钢股份	600019	神火股份	000933
中国联通	600050	三一重工	600031
中兴通讯	000063	中金岭南	000060
中国石化	600028	新能泰山	000720
中金黄金	600489	金发科技	600143
国电电力	600795	同仁堂	600085
中集集团	000039	江苏阳光	600220
金牛能源	000937	隆平高科	000998

二、无摩擦市场下股票-国债投资组合最优策略的计算

假定投资者要求的最低回报率为 $\rho=3\%$ 和 $\rho=5\%$ 两种情况。先利用式（13.13）和式（13.15），求出投资者在不同的最低回报率下，选择 28 只股票，10 只国债，利用 MV 和 MAD 模型得到的最优组合，同时也根据式（13.13）、式（13.15），分别计算仅由 28 只股票利用 MV 和 MAD 模型得到的最优策略。

表 13.2 给出 MV 模型与股票-债券模型建立最优投资组合后的 $E(r)/\sigma^2$ 值。表 13.3 给出 MAD 模型与股票-债券模型建立最优投资组合后的 $E(r)/W(r)$的值。它们分别表示了在以方差和绝对偏差为风险度量指标下，得到的资产配置所给出的平均收益和风险的比值，从表 13.2 和表 13.3 中可知，股票-债券模型的风险调整后的收益要明显高于仅由股票建立的投资组合，即无论是 MV 模型，还是 MAD 模型，在 3%和 5%的最低回报率下，股票-债券模型得到的风险调整后的收益都要高于原模型。

表 13.2　MV 风险调整后收益

模型	3%	5%
股票-债券模型	24.9459	32.9213
MV 模型	16.5495	16.5493

表 13.3　MAD 风险调整后收益

模型	3%	5%
股票-债券模型	1.9794	1.4062
MAD 模型	0.6901	0.6904

表 13.4 和表 13.5 分别表示了在最低回报率为 3%和 5%时，股票–债券模型中股票与国债的投资比例。在 3%的最低回报率下，股票比例要低于债券比例，但是在 5%的最低回报率下，股票比例占比变大，超过了债券比例。

表 13.4　股票–债券投资比例（$\rho=3\%$）

模型	股票比例	债券比例
MV 模型	0.2958	0.7042
MAD 模型	0.3044	0.6956

表 13.5　股票–债券投资比例（$\rho=5\%$）

模型	股票比例	债券比例
MV 模型	0.5190	0.4810
MAD 模型	0.5572	0.4428

三、无摩擦市场下股票与债券组合在考察期内的财富变化情况

根据上文的最优策略，考察投资者采用最优策略在考察期内的投资收益情况。假定投资者在 2007 年 8 月 1 日拥有单位财富，并根据上文的最优策略来构造投资组合，下面的图 13.1～图 13.4 展示了最低回报率分别为 3%和 5%两种情况下投资者的收益情况。

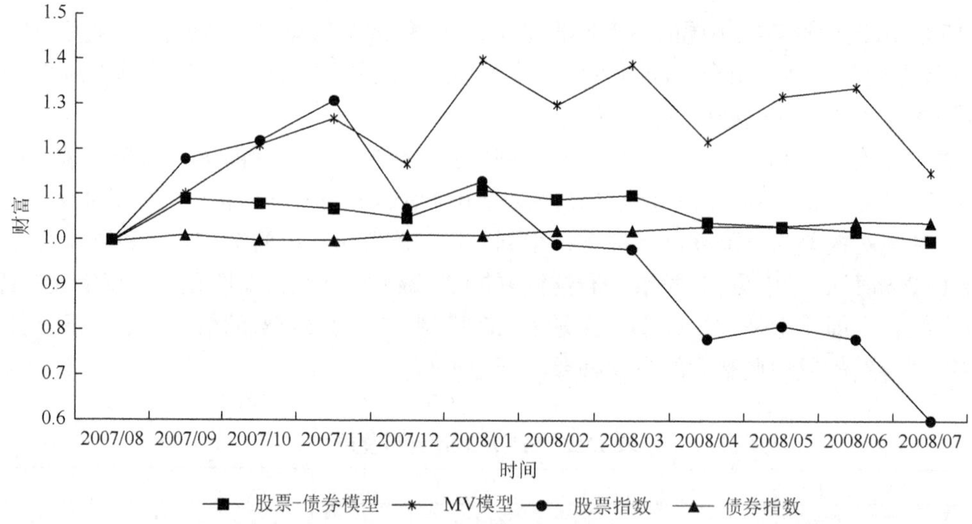

图 13.1　股票–债券与 MV 收益图（$\rho=3\%$）

图 13.1 和图 13.2 表示在最低回报率为 3%时，股票指数、债券指数、MV 模型、MAD 模型与股票–债券模型在考察期内的收益图。

图 13.3 与图 13.4 分别表示在最低回报率为 5%时，股票指数、债券指数、MV 模型、MAD 模型与股票–债券模型在考察期内的收益图。

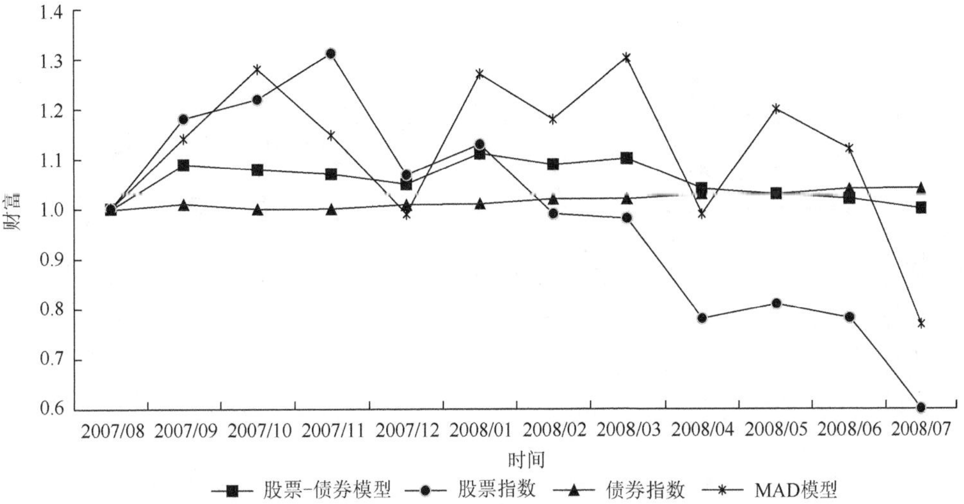

图 13.2　股票–债券与 MAD 收益图（$\rho=3\%$）

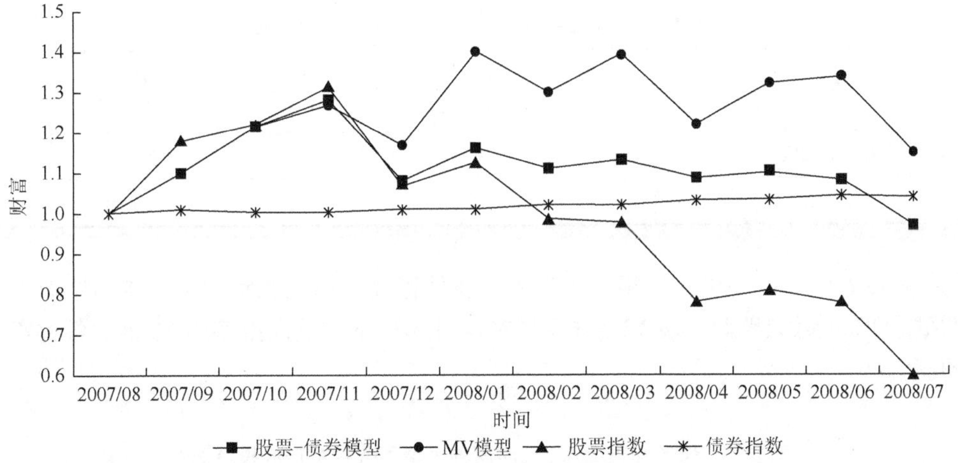

图 13.3　股票–债券与 MV 收益图（$\rho=5\%$）

从这四个图中我们可以看到，债券指数在考察期中一直处于缓慢上升阶段，股票指数波动较大，而股票–债券模型收益大部分高于债券，低于 MV 组合，但是波动与股票指数及纯股票组合相比，要小很多，也就是说，引入债券后，整个组合的收益更加稳定。

四、无摩擦市场下股票与国债、企业债的投资策略

第三部分讨论的投资模型所包含的资产种类为股票 28 只，国债 10 只，下面分析如果加入企业债，对投资效果有什么样的影响。我们选择 3 只企业债加入到投资组合中。表 13.6 给出了在最低回报率为 3%的情况下，MV 与 MAD 两种模型中加入企业债和没有企业债的 $\frac{E(r)}{\sigma^2}$ 和 $\frac{E(r)}{W(r)}$ 比较的结果。

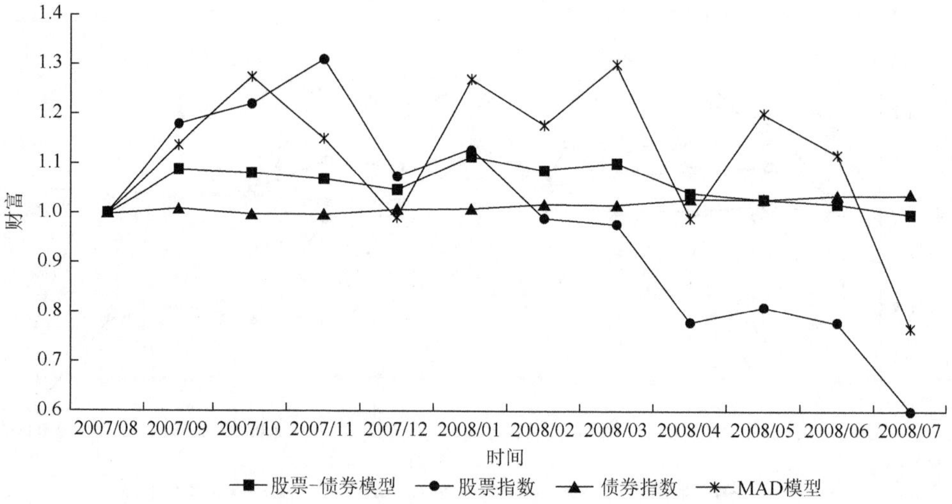

图 13.4 股票–债券与 MAD 收益图（$\rho=5\%$）

表 13.6 最低回报率为 3%时的风险调整收益

情况	$\frac{E(r)}{\sigma^2}$	$\frac{E(r)}{W(r)}$
加入企业债	32.4081	2.1191
无企业债	24.9549	1.9794

从表 13.6 中可以看出，在组合中加入企业债提高了风险调整收益，说明企业债的加入对风险的降低效果明显。表 13.7 显示了在两种模型下最低回报率为 3%时，各种资产的投资比例。

表 13.7 最低回报率为 3%时两种模型下各种资产的投资比例

模型	股票比例	国债比例	企业债比例
MV	0.2968	0.3691	0.3342
MAD	0.3089	0	0.6911

注：表中数据经过四舍五入，可能出现合计不等于 1 的情况

根据得到的最优策略，下面考察加入企业债后，MV 模型与 MAD 模型的投资效果。图 13.5 和图 13.6 分别表示了在最低回报率为 3%时，在股票和国债模型中加入企业债后利用 MV 与 MAD 模型得到的财富变化情况。

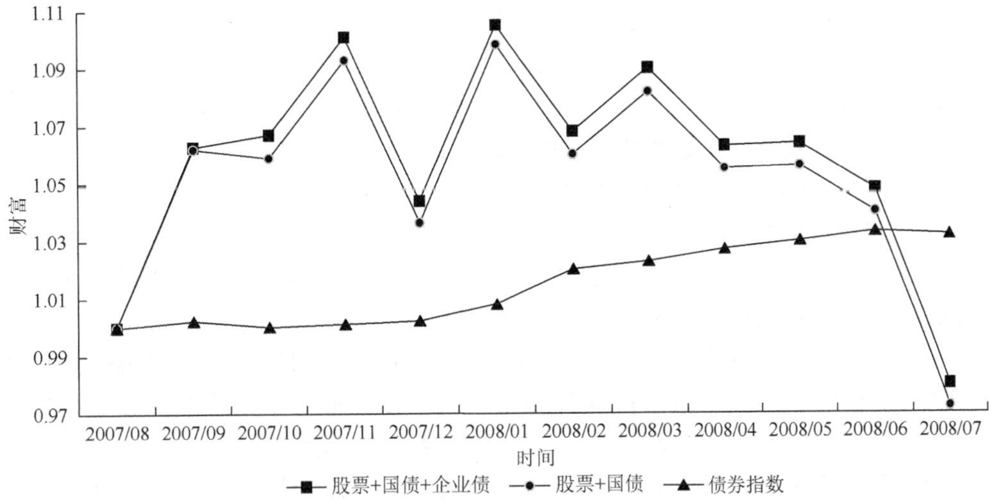

图 13.5　加入企业债的股票–债券 MV 模型

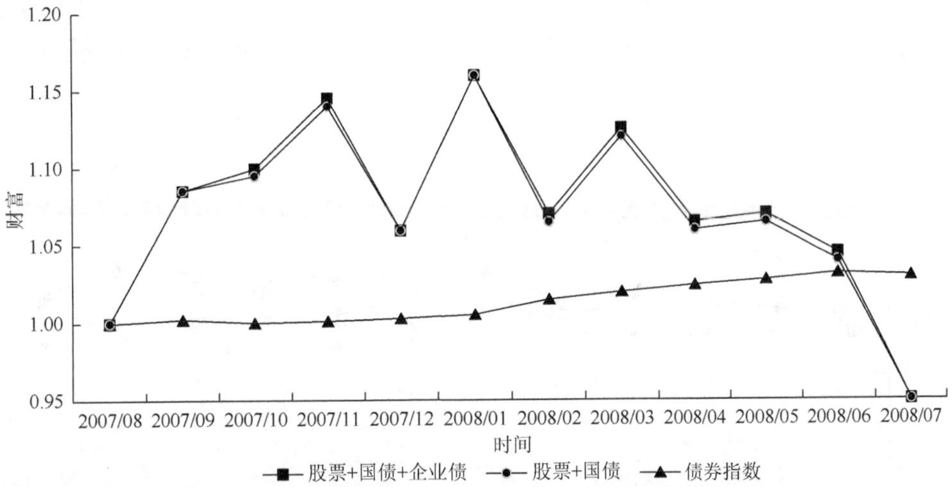

图 13.6　加入企业债的股票–债券 MAD 模型

从图 13.5、图 13.6 中我们可以看出，加入企业债后，利用 MV 模型与 MAD 模型构建的股票与债券组合的最优策略在考察期内，每个月的投资所得财富略高于不加入企业债的所得财富，且投资效果在大部分时间里远远好于债券。注意到在 2007 年 6 月 1 日至 2008 年 7 月 1 日，上证指数累计跌幅高达 20%，图 13.5、图 13.6 的两组合中均含有大量的股票投资，导致组合 2008 年 6 月至 7 月收益出现了明显的下跌趋势，而从累计收益上看，债券与股票的组合的收益能力又远高于债券指数。

五、考虑交易费下 MAD 模型与 MV 模型投资效果的比较

我们假定投资者初始投资比例为 0，投资者在 2007 年 8 月 1 日开始投资，到 2008 年

7月1日结束。为了简化计算，我们假定投资者期初在各种资产中均无配置，即对于交易成本，我们假设在股票市场上 $c_0 = 0$，$x_i^0 = 0$，在债券市场上，$k_i = 0.001$。投资者要求的最低回报率为3%。在本节中，我们讨论再投资策略的引入在摩擦市场下对投资业绩的影响。本章中，我们将再投资策略的方式指定如下。

（1）再投资策略的实施要始终依据模型中引入的风险模型。

（2）再投资策略的频率为1个月。

方式一为单期投资方式。投资者将资金于2007年8月1日根据最优策略配置资产，然后到2008年7月1日结束。

方式二为多期投资方式。投资者将资金于2007年8月1日按照最优策略配置资产，然后到2007年8月31日结束，利用2005年1月1日～2007年8月31日的历史数据，重新计算最优策略，再根据最优策略在2007年9月1日配置资产，到9月30日结束，再利用2005年1月1日～2007年9月30日的历史数据，重新计算最优策略，再根据最优策略配置10月份的投资比例。以此类推，直到2008年7月1日结束。

显然方式二可看成一个动态的配置效果，每个月都根据上个月的投资情况重新调整最优策略，因此最终的投资效果要好于方式一。通过计算，我们发现，数据的表现符合我们事先的预期结果。图13.7和图13.8分别表示了MV与MAD两个模型下的投资效果。

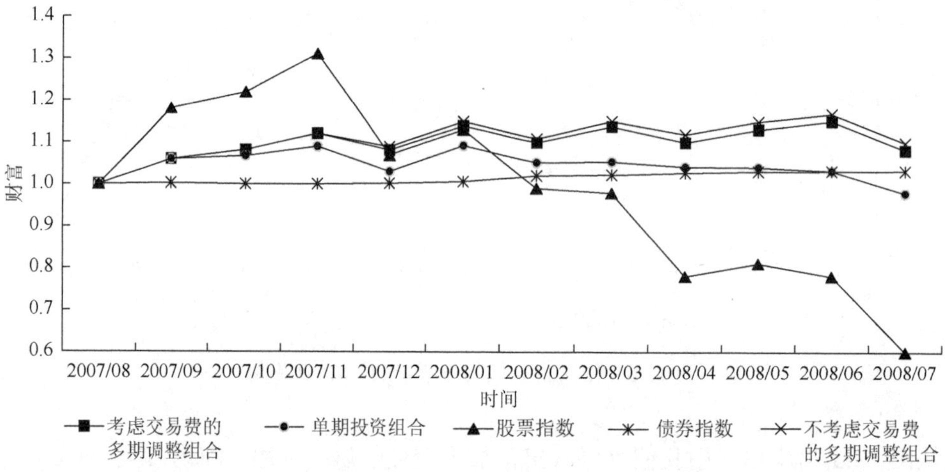

图13.7　交易费情况下MV模型与股票指数、债券指数

从图13.7和图13.8中我们可以看到，应用动态调整方法之后，投资者在投资结束后得到的最终财富要好于单期投资效果，并且引入交易费后，投资者的收益要比不考虑交易费情况下的收益低。并且股票-债券组合对于稳定整个投资组合的收益有非常明显的效果，优于债券指数与股票指数。

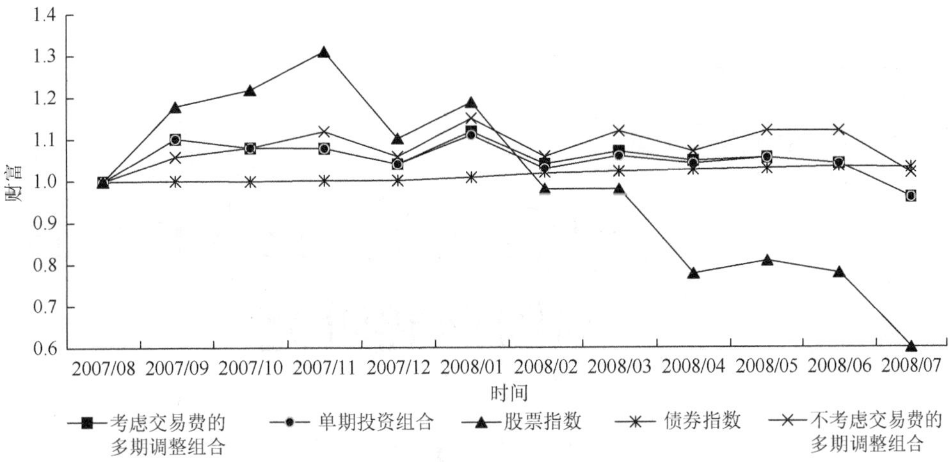

图 13.8　交易费情况下 MAD 模型与股票指数、债券指数

本 章 小 结

本章讨论了如何建立股票与债券的投资组合模型，利用 MV 模型与 MAD 模型来构建最优策略，并结合国内的金融市场来进行实证分析。研究发现引入债券后，投资组合的风险能够极大地降低，债券对于稳定组合的收益有积极的作用。同时，MV 模型与 MAD 模型在投资效果上并没有太大区别。本章也讨论了交易费存在情况下的资产配置情况，发现与单期投资相比，利用动态调整的方式可以为投资者提供更高的收益。

重要术语

股票-债券模型，MV 模型，MAD 模型，交易费

参考文献

余湄，杨洋，汪寿阳. 2010. 股票-债券投资模型实证研究. 系统工程理论与实践，30：1190-1199.

Aït-Sahalia Y. 1996. Testing continuous-time models of the spot interest rate. Review of Financial Studies，9：385-426.

Bugar G，Maurer R. 2002. International equity portfolios and currency hedging：the viewpoint of German and Hungarian investors. ASTIN Bulletin，32（1）：171-197.

Konno H，Kobayashi K. 1997. An integrated stock-bond portfolio optimization model. Journal of Economic Dynamics and Control，21（8）：1427-1444.

Konno H，Li J. 2000. Applications of the integrated approach to international portfolio optimization. Asia-Pacific Financial Markets，7（2）：121-144.

Markowitz H. 1959. Portfolio Selection：Efficient Diversification of Investment. New York：John Wiley & Sons.

第十四章

国际化多元投资的汇率风险问题研究

本章目标

我们在第四章讨论了 MV 方法的基本理论，本章介绍该方法如何应用于管理国际投资的风险问题。我们从中国投资者的角度出发，研究国际投资组合中的多元化策略和汇率风险管理问题，并且将重点围绕以下两个关键问题展开讨论。

（1）对国际化投资组合计算风险与收益时，计价货币不同是否会影响投资组合的构成。

（2）对国际化投资组合中的汇率风险是否应该进行套期保值。如果选择远期合约进行套保，合约期限是否会对最优策略产生影响。

我们将给出考虑汇率风险的投资组合收益率与方差的计算方法，然后选取中国、德国、日本、英国、澳大利亚、加拿大和美国七个代表性国家的金融市场的股票与债券指数，考察中国投资者进行国际化投资是否一定优于国内投资。实证结果表明：国际多元化资产配置扩大了国内原有的投资品种，分散了相对集中的风险，对中国投资者来说是一个明智的选择。同时，币种的选择和衍生工具的对冲策略对国际化投资组合的风险管理也具有非常重要的意义。

第一节　考虑汇率风险的投资模型

一、MV 模型

根据 Markowitz（1952）的 MV 理论，我们假设资产的收益率为服从正态分布的随机变量，我们用期望收益率衡量投资组合的收益，用方差衡量其风险，则金融市场的投资组合问题转化为下述二次规划问题：

$$\min \quad \sum_{i=1}^{N}\sum_{j=1}^{N} x_i x_j \sigma_{ij}$$

$$\text{s.t.} \quad \begin{cases} \sum_{i=1}^{N} r_i x_i \geqslant y \\ \sum_{i=1}^{N} x_i = 1 \end{cases}$$

其中，r_i 表示第 i 种资产权重；x_i 表示第 i 种资产的期望收益率；σ_{ij} 表示第 i 种资产与第 j 种资产收益率的协方差；y 表示要求收益率。在 MV 模型框架下，很容易进行资产配置、指数组合的构建及优化研究。

二、含汇率风险的国际投资风险构成

根据 Eun 和 Resnick（1994）提出的方法，可以计算国际化投资组合的收益率与风险。我们假定投资从 0 时期开始，1 时期结束。假设从 X 国投资者角度出发，其外币资产 i 的本币收益率 R_{iX} 可以从式（14.1）中得出：

$$1 + R_{iX} = \frac{P_{it}E_{it}}{P_{i0}E_{i0}} = 1 + R_i + e_i \tag{14.1}$$

其中，P_i、R_i 表示 i 国货币计价下 i 国资产价格和收益率；E_i 表示直接标价法下 X 国货币对 i 国货币的汇率；e_i 表示 i 国货币的升水率。对式（14.1）取对数并泰勒展开可得到本币计价时外币资产的收益率 R_{iX}：

$$R_{iX} \approx R_i + e_i \approx \ln P_{it} - \ln P_{i0} + \ln E_{it} - \ln E_{i0} \tag{14.2}$$

从投资组合的角度来看，令 x_i 为投资组合中投资于第 i 国股票市场的权重，则组合的总收益率 R_p 为

$$R_p = \sum_{i=1}^{N} x_i R_{iX} \tag{14.3}$$

组合的期望收益率和风险情况如下：

$$E(R_p) = E\left(\sum_{i=1}^{N} x_i R_{iX}\right) = \sum_{i=1}^{N} x_i E(R_i) + \sum_{i=1}^{N} x_i E(e_i) + \sum_{i=1}^{N} x_i E(R_i e_i) \tag{14.4}$$

由单一国家投资组合的方差

$$\mathrm{Var}(R_{iX}) = \mathrm{Var}(R_i) + \mathrm{Var}(e_i) + 2\mathrm{cov}(R_i, e_i) + \Delta\mathrm{Var} \tag{14.5}$$

我们可以推导出多国投资组合的方差为

$$\mathrm{Var}(R_p) \approx \sum_{i=1}^{N}\sum_{j=1}^{N} x_i x_j \mathrm{cov}(R_i, R_j) + 2\sum_{i=1}^{N}\sum_{j=1}^{N} x_i x_j \mathrm{cov}(R_i, e_j) + \sum_{i=1}^{N}\sum_{j=1}^{N} x_i x_j \mathrm{cov}(e_i, e_j) \tag{14.6}$$

从式（14.6）可以看出，国际投资组合的风险来自三方面：①各国股票市场的协方差；②各国汇率间的协方差；③各国股票市场与汇率市场间的交叉协方差。汇率通过后两项影

响国际投资组合风险,并且如果汇率间的协方差以及各国股票市场与汇率市场间的交叉协方差显著为正（负），则组合的风险将显著增大（减小）。

三、汇率风险对冲

为了在享有国际多元化投资带来的额外收益的同时减少汇率风险对投资组合造成的负面影响，我们引入远期外汇合约来对冲汇率风险（对冲后相应变量以 H 标记），则式（14.1）和式（14.2）分别变为

$$1+R_{iX}=\frac{P_{it}E_{it}^{H}}{P_{i0}E_{i0}^{H}}=1+R_i+e_i^{H} \tag{14.7}$$

$$R_{iX}^{H}\approx R_i+e_i^{H}\approx \ln P_{it}-\ln P_{i0}+\ln E_{it}^{H}-\ln E_{i0}^{H} \tag{14.8}$$

若根据式（14.2）和式（14.8）分别计算 R_{iX} 和 R_{iX}^{H} 的期望和方差，我们可以得到

$$E(R_{iX}^{H})=E(R_i)+E(e_i^{H}) \tag{14.9}$$

$$\mathrm{Var}(R_{iX}^{H})=\mathrm{Var}(R_i)+\mathrm{Var}(e_i^{H})+2\mathrm{cov}(R_i,e_i^{H})+\Delta\mathrm{Var} \tag{14.10}$$

同时，我们还可计算对冲前后 i,j 两国资产的本国收益率之间的协方差为

$$\mathrm{cov}(R_{iX},R_{iX})=\mathrm{cov}(R_i+e_i,R_j+e_j)=\mathrm{cov}(R_i,R_j)+\mathrm{cov}(e_i,e_j)+\mathrm{cov}(R_i,e_j)+\mathrm{cov}(e_i,R_j) \tag{14.11}$$

$$\mathrm{cov}(R_{iX}^{H},R_{iX}^{H})=\mathrm{cov}(R_i+e_i^{H},R_j+e_j^{H})=\mathrm{cov}(R_i,R_j)+\mathrm{cov}(e_i^{H},e_j^{H})+\mathrm{cov}(R_i,e_j^{H})+\mathrm{cov}(e_i^{H},R_j) \tag{14.12}$$

由于合约一旦签订，e_i^{H} 就是一个常数，含 e_i^{H} 的协方差项都等于 0，于是我们得出式（14.13）和式（14.14）。

$$\mathrm{Var}(R_{iX}^{H})<\mathrm{Var}(R_{iX}) \tag{14.13}$$

$$\mathrm{cov}(R_{iX}^{H},R_{iX}^{H})<\mathrm{cov}(R_{iX},R_{iX}) \tag{14.14}$$

可见，大部分由汇率变化带来的外币投资的风险可以通过签订远期外汇合约来消除。

另外，由于远期汇率是对未来即期汇率的无偏估计，即 $E(e_i^{H})=e_i^{H}=E(e_i)$，我们可以从式（14.9）和式（14.10）中得出结论：通常认为风险与收益总是相匹配的，风险较小的资产提供的报酬也会较低。在国际化投资中使用对冲策略可以在不改变预期收益的同时减小风险，即优化国际化投资的有效前沿。

第二节 实证分析

本节重点分析不同计价货币的国际化投资收益情况，尤其关注美元计价和人民币计价的情形。我们主要讨论汇率风险对国际化投资的影响以及多元化和对冲操作对投

资组合有效前沿的影响，旨在对资产多元化配置和国内个人投资者国际化实践方面进行探讨。

投资中，计价货币的不同会直接影响最终投资收益。对于国家外汇储备而言，一方面，在美元资产占对外资产 70%以上和国际大宗商品美元计价的现状之下，美元计价下的投资收益直接影响外汇储备国际购买力；另一方面，在国际货币格局悄然变化之际，中国需要降低对美元的依赖性，更加关注其他货币的投资前景（见实证部分一）。对于国内机构投资者而言，投资收益最终兑换为国内购买力，因而更加关注人民币计价下的投资收益（见实证部分二）。

我们选取实证数据的样本区间为 2010 年 7 月～2013 年 6 月，国内股票样本采用上证能源指数、上证材料指数、上证工业指数、上证可选指数、上证消费指数、上证医药指数、上证金融指数、上证信息指数、上证电信指数、上证公用指数；国内债券样本采用企债指数和国债指数。数据均源于 RESSET 数据库[①]。国际化投资资产包括澳大利亚、加拿大、中国、德国、日本、英国和美国七个比较有代表性的国际金融市场的股票和债券指数。股票指数月收益率和即期汇率月数据均源于 RESSET 数据库，债券指数月数据源于各国央行网站以及其他网站[②]，远期汇率月数据源于中国银行总行内部数据库，使用的软件为 Matlab 7.0。

一、我国外汇储备多元化资产配置——美元计价与多元货币计价

（一）不同币种计价下各国资产间相关性的比较分析

将以各国本币计价的资产收益率转化为一国投资者视角下该国货币计价的资产收益率，并计算资产收益率的相关系数矩阵，以便分析各资产间的相关性。

表 14.1 和表 14.2 展示了美元和人民币计价下资产收益率的相关系数矩阵。通过分析以美元与人民币计价时股票市场之间、债券市场之间以及股票市场与债券市场之间的相关性，我们可以发现以下结论。

从美元角度看，各国股票资产之间呈正相关，而债券资产之间正相关与负相关均存在；股票资产与债券资产的相关性情况为日本股票和中国、德国、日本、英国债券均呈负相关，美国股票与日本、德国债券呈负相关，澳大利亚股票和日本债券呈负相关。

从人民币角度看，各国股票资产之间呈正相关；中国债券与其他各国股票主要呈负相关。债券资产之间正、负相关情况均存在：中国债券与德国、日本、加拿大、澳大利亚、英国债券呈负相关，日本债券和澳大利亚、中国债券呈负相关，其余为正相关。

其他主要国际货币（澳元、加元、日元、英镑、欧元）计价下资产收益率的相关系数矩阵以及分析结论可以类似得出，这里我们不再赘述（有需要的可以与作者联系）。

---

① http://www.resset.com。

② http://www.stockq.org；http://www.marketwatch.com。

表 14.1 美元计价下的资产收益率相关系数矩阵

资产		股票							债券						
		澳大利亚	加拿大	中国	德国	日本	英国	美国	澳大利亚	加拿大	中国	德国	日本	英国	美国
股票	澳大利亚	1.0000													
	加拿大	0.7437	1.0000												
	中国	0.4876	0.5384	1.0000											
	德国	0.7003	0.6990	0.5901	1.0000										
	日本	0.4994	0.3263	0.1399	0.4842	1.0000									
	英国	0.7705	0.7540	0.6188	0.7976	0.4556	1.0000								
	美国	0.6947	0.6230	0.3963	0.7498	0.5878	0.8288	1.0000							
债券	澳大利亚	0.6949	0.4894	0.3246	0.4687	0.2944	0.4979	0.3304	1.0000						
	加拿大	0.4240	0.5599	0.2932	0.4730	0.1019	0.3094	0.1780	0.6286	1.0000					
	中国	0.0342	0.0837	0.2269	0.0885	−0.1416	0.2546	0.1939	−0.0075	−0.1927	1.0000				
	德国	0.2730	0.1701	0.3755	0.1498	−0.1014	0.1866	−0.1795	0.3452	0.3893	0.0401	1.0000			
	日本	−0.0830	0.1718	0.2019	0.1746	−0.0319	0.0376	−0.0208	−0.1757	0.1013	0.0332	0.1667	1.0000		
	英国	0.2500	0.3924	0.3998	0.2868	−0.0085	0.3833	0.0470	0.4540	0.5022	0.1864	0.6641	0.1599	1.0000	
	美国	0.1231	0.2011	0.1777	0.2583	0.3049	0.1240	0.0819	0.0150	0.0700	0.0800	0.1707	0.4349	0.0962	1.0000

表 14.2 人民币计价下的资产收益率相关系数矩阵

资产		股票							债券						
		澳大利亚	加拿大	中国	德国	日本	英国	美国	澳大利亚	加拿大	中国	德国	日本	英国	美国
股票	澳大利亚	1.0000													
	加拿大	0.7408	1.0000												
	中国	0.4742	0.5210	1.0000											
	德国	0.6945	0.6912	0.5799	1.0000										
	日本	0.4925	0.3154	0.1160	0.4749	1.0000									
	英国	0.7679	0.7496	0.6038	0.7924	0.4459	1.0000								
	美国	0.6914	0.6178	0.3771	0.7433	0.5819	0.8264	1.0000							
债券	澳大利亚	0.6922	0.4754	0.2891	0.4515	0.2734	0.4826	0.3132	1.0000						
	加拿大	0.4065	0.5408	0.2320	0.4366	0.0814	0.2863	0.1662	0.5913	1.0000					
	中国	−0.0579	−0.0203	−0.0531	−0.0835	−0.2967	0.1576	0.1419	−0.3003	−0.2159	1.0000				
	德国	0.2607	0.1537	0.3429	0.1251	−0.1236	0.1666	−0.1988	0.3165	0.3767	−0.0605	1.0000			
	日本	−0.0981	0.1554	0.1881	0.1631	−0.0484	0.0192	−0.0385	−0.2120	0.0594	−0.1660	0.1435	1.0000		
	英国	0.2294	0.3737	0.3587	0.2586	−0.0515	0.3598	0.0124	0.4102	0.4655	−0.1308	0.6532	0.1271	1.0000	
	美国	0.1065	0.1729	0.2289	0.2584	0.2731	0.1147	0.0605	0.0177	0.0422	0.2754	0.1273	0.4309	0.1164	1.0000

（二）不同币种计价下国际投资组合的有效前沿比较

我们进一步研究各国货币计价下资产收益率的统计特征值（表 14.3、表 14.4）及国际投资组合有效前沿（图 14.1），可以得出以下结论。

表 14.3　各国货币计价下资产收益率均值

资产		人民币	美元	澳元	加元	欧元	日元	英镑
股票	澳大利亚	0.3591	0.6345	0.3354	0.6164	0.4312	0.8541	0.5004
	加拿大	0.1888	0.4618	0.1978	0.4451	0.2652	0.6879	0.3297
	中国	0.3608	0.0861	0.3339	0.0856	0.2741	0.1356	0.2110
	德国	0.9112	1.1874	0.9234	1.1760	0.9506	1.4047	1.0373
	日本	0.6589	0.9340	0.6849	0.9370	0.7425	1.1003	0.7986
	英国	0.5937	0.8685	0.6122	0.8600	0.6567	1.0800	0.7191
	美国	1.0414	1.3142	1.0687	1.3148	1.1294	1.5381	1.1912
债券	澳大利亚	1.8065	2.0819	1.7828	2.0639	1.8786	2.3015	1.9479
	加拿大	1.0057	1.2787	1.0146	1.2619	1.0820	1.5047	1.1465
	中国	0.3589	0.6337	0.3858	0.6341	0.4456	0.8553	0.5087
	德国	0.2725	0.5487	0.2847	0.5373	0.3119	0.7659	0.3986
	日本	−0.3070	−0.0319	−0.2811	−0.0289	−0.2234	0.1344	−0.1673
	英国	1.3182	1.5930	1.3367	1.5845	1.3812	1.8045	1.4436
	美国	0.2854	0.0126	0.2581	0.0120	−0.1974	0.2113	−0.1356

表 14.4　各国货币计价下资产收益率标准差

资产		人民币	美元	澳元	加元	欧元	日元	英镑
股票	澳大利亚	4.8800%	4.9142%	3.5082%	4.5097%	4.5394%	5.7388%	4.7879%
	加拿大	3.8031%	3.8362%	3.2908%	3.2832%	3.4657%	4.6829%	3.5060%
	中国	5.9526%	6.0473%	5.7174%	5.8178%	5.1018%	6.6117%	5.5828%
	德国	6.1791%	6.2381%	5.4171%	5.7177%	5.3725%	7.1460%	5.9471%
	日本	4.4675%	4.5019%	4.3201%	4.5711%	4.8767%	5.3639%	4.8060%
	英国	3.9246%	3.9655%	3.3950%	3.7937%	3.5204%	4.8843%	3.6718%
	美国	3.9099%	3.9311%	3.8068%	3.9352%	4.1133%	5.0813%	4.2287%
债券	澳大利亚	2.5800%	2.6701%	0.7174%	2.1723%	2.8111%	3.2488%	2.6506%
	加拿大	1.4550%	1.4444%	1.8332%	0.2632%	2.1155%	2.8476%	1.6175%
	中国	0.3037%	0.3572%	2.3765%	1.4521%	2.2735%	2.4341%	1.6167%
	德国	2.6191%	2.6509%	2.8919%	2.4650%	1.9603%	3.3480%	1.9277%
	日本	12.5944%	12.6544%	13.3607%	12.6060%	12.4221%	13.1128%	12.5061%
	英国	1.7931%	1.8934%	2.4454%	1.7946%	1.5841%	2.4282%	0.6520%
	美国	1.0052%	0.8709%	2.5122%	1.6723%	2.4905%	2.4373%	2.0090%

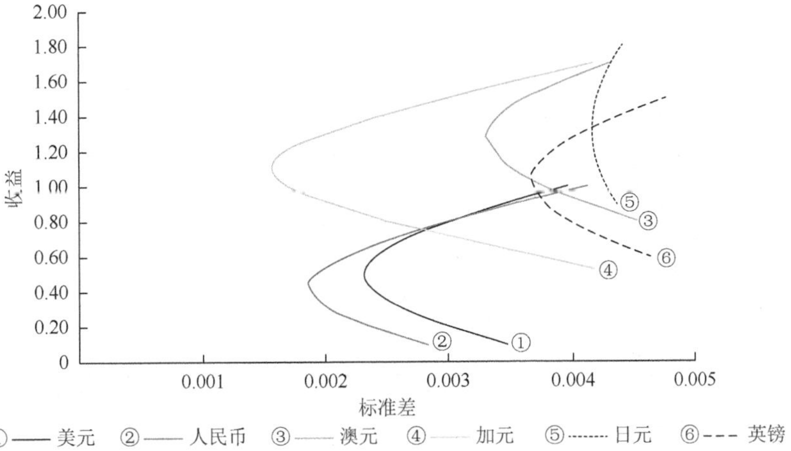

图 14.1　不同货币计价下国际投资组合的有效前沿

（1）各国股票资产在所有货币计价下资产收益率均值为正。债券资产方面，除了日本债券在外币计价下的资产收益率均值为负（部分由日元对外币的贬值造成），其余债券大部分情况下资产收益率均值为正。

（2）除日本外，其余外币计价的债券收益率波动几乎全部大于本币计价的国内债券收益率波动；而股票资产是一部分呈现如上规律，且有很大一部分国外股票资产的收益率波动小于国内股票资产，这一现象对中国和日本投资者尤为明显。

（3）从图 14.1 中来看，各国货币计价下的国际投资组合的有效前沿位置由高到低排列依次为加元、澳元、日元、英镑、人民币、美元。这说明加拿大的投资者进行国际化投资更加有利，主要原因是加元对其余六国货币的贬值效应。由于人民币的升值趋势，中国投资者的国际投资条件处于中间偏下的位置。

根据以上分析，我们认为在所选择的数据区间内，加元、澳元、日元计价部分的收益情况会优于其他货币计价部分的收益；在国际投资决策中，计价货币走贬时投资于其他货币资产有利于提高该货币计价下的投资收益。

二、我国机构投资者资产配置策略——人民币计价

（一）不同投资组合的有效前沿比较

国际化投资使得投资组合不但面临组合内资产的价格风险，还增加了汇率风险暴露的可能。在不同汇率制度下，汇率风险的影响有所不同：在汇率稳定时期，汇率风险对组合风险的影响几乎可以忽略，而在浮动汇率条件下，汇率风险成了组合风险中的重要部分。汇率风险的加入是否会减弱国际分散化的效果？下面我们比较了不考虑汇率风险和考虑汇率风险时的国内外投资组合有效前沿（图 14.2、图 14.3），由此得出国际分散化无论在固定汇率下还是在面临汇率风险的浮动汇率下都对资产配置具有积极意义这一结论。

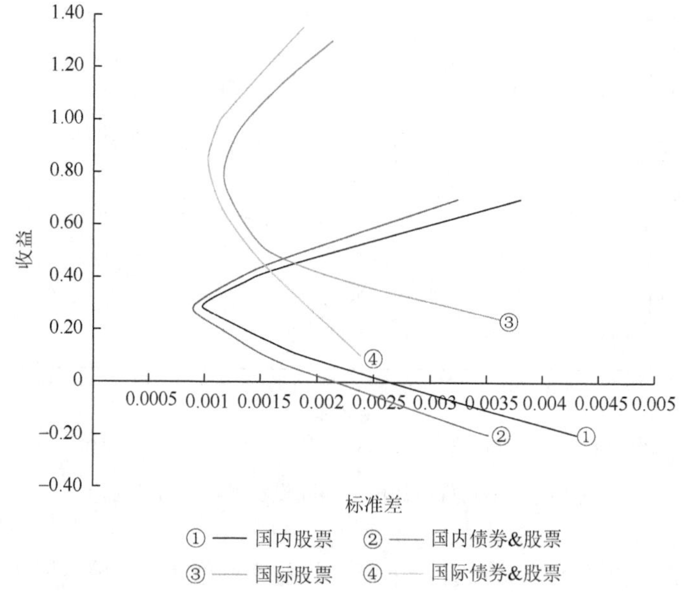

图 14.2 不考虑汇率风险时国内、国际投资组合有效前沿

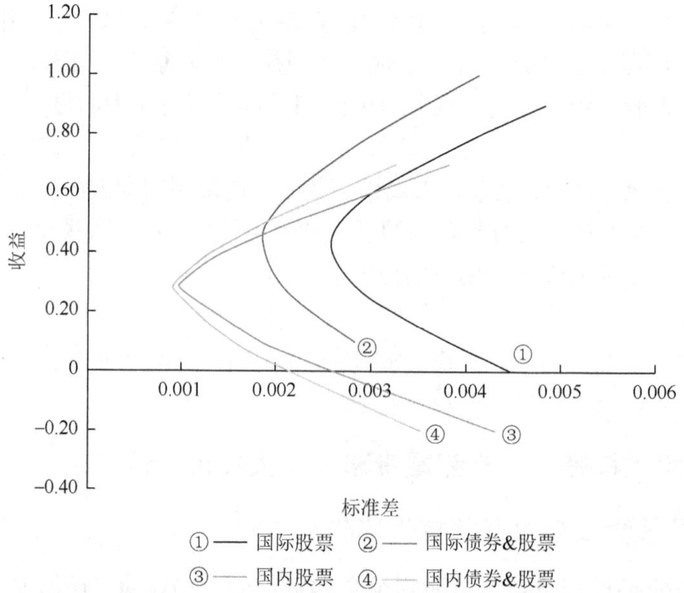

图 14.3 考虑汇率风险时国内、国际投资组合有效前沿

如图 14.2 和图 14.3 所示，在国内股票资产中加入债券资产之后，有效前沿的位置明显向左上方移动了，国际股票与债券资产也是如此。这说明债券资产对于稳定投资组合收益、提高收益风险效率具有积极作用。因此我们在构建投资组合时应当注意股票资产与债券资产的合理配置，以达到提高投资组合稳健性的目的。

从图 14.2 和图 14.3 中我们还可发现，国际股票–债券投资组合的有效前沿比国内组合更偏上方，可见在该样本期内，国际资产配置对中国投资者而言是明智的选择。

（二）国际化投资组合风险组成

国际化投资虽然为投资者拓展了更广的资产选择空间、提供了挖掘更优的潜在投资收益的机会，同时也使投资者面临新的风险——汇率风险，但是是否选择国际化投资取决于潜在收益提高和风险加大两者之间的权衡。

表 14.5 列示了人民币计价下各国国际化投资组合风险构成。我们将人民币收益率方差分解为三个部分：资产本币收益率方差、本币兑人民币汇率收益率方差、资产和汇率收益率协方差。

表 14.5　人民币计价下国际化投资组合风险分解

资产		（1） Var(R_{ix})	（2） Var(R_i)	（3） Var(e_i)	（4） 2cov(R_i, e_i)	(2)/(1)	(3)/(1)	(4)/(1)	((3)+(4))/(1)
股票	澳大利亚	0.0024	0.0012	0.0005	0.0006	0.5168	0.2167	0.2665	0.4832
	加拿大	0.0014	0.0011	0.0002	0.0002	0.7453	0.1285	0.1262	0.2547
	德国	0.0038	0.0029	0.0005	0.0004	0.7560	0.1281	0.1160	0.2440
	日本	0.0020	0.0029	0.0005	−0.0014	1.4416	0.2660	−0.7076	−0.4416
	英国	0.0015	0.0013	0.0002	−0.0001	0.8754	0.1611	−0.0365	0.1246
	美国	0.0015	0.0013	0.0001	0.0001	0.8801	0.0817	0.0383	0.1199
债券	澳大利亚	0.0007	0.0001	0.0005	0.0001	0.0773	0.7755	0.1472	0.9227
	加拿大	0.0002	0.0000	0.0002	0.0000	0.0327	0.8777	0.0896	0.9673
	德国	0.0007	0.0004	0.0005	−0.0002	0.5602	0.7128	−0.2729	0.4398
	日本	0.0159	0.0172	0.0005	−0.0019	1.0840	0.0335	−0.1175	−0.0840
	英国	0.0003	0.0000	0.0002	0.0000	0.1322	0.7719	0.0959	0.8678
	美国	0.0001	0.0001	0.0000	0.0000	0.7507	0.1235	0.1257	0.2493
均值		0.0024	0.0023	0.0003	−0.0001	0.7037	0.3055	−0.0092	0.2963

注：最后四列的数据是由（1）、（2）、（3）、（4）列未进行四舍五入时的数据用 Excel 直接计算得到

比较汇率收益率与资产收益波动率，我们发现以下几点。

第一，汇率通过其自身的方差以及与当地股票市场的协方差共同影响总体方差。除日本资产外，其他国家由以上两项造成的方差之和占总体方差的比值平均为 29.63%，具体在 11.99%至 96.73%之间不等。

第二，对于中国投资者来说，危机期间人民币兑美元汇率基本保持稳定，因此兑美元汇率收益方差要明显小于兑其他货币汇率收益方差，美国资产总收益波动中汇率波动贡献分别为对股票资产贡献 8.17%、对债券资产贡献 12.35%，明显低于各国货币计价的资产总收益中汇率波动贡献的平均值 30.55%。

第三，相对股票资产而言，汇率收益波动占债券资产总收益波动的比重更大，即对于债券资产而言，汇率风险的影响更大。

考虑组合风险的构成（表 14.6），我们以等权重组合为例，人民币计价下的资产本身收益波动占总波动的 57.02%，而汇率波动占 42.98%，其中汇率自身波动约占 18.65%，汇率和资产协方差约占 24.33%。多元化可以有效降低资产自身收益率风险，但对于汇率风险效果不大，因此我们有必要采用其他金融工具对冲汇率风险。

表 14.6 人民币计价下国际化投资等权重组合风险分解

（1）$\text{Var}(R_p)$	（2）$\text{Var}(R_i)$	（3）$\text{Var}(e_i)$	（4）$2\text{cov}(R_i, e_i)$	(2)/(1)	(3)/(1)	(4)/(1)	((3)+(4))/(1)
0.0006	0.0003	0.0001	0.0001	0.5702	0.1865	0.2433	0.4298

注：最后四列的数据是由（1）、（2）、（3）、（4）列未进行四舍五入时的数据用 Excel 直接计算得到

（三）国际化投资中汇率风险对冲

我们从人民币角度出发，计算对冲后人民币计价下各国资产的收益率，并绘制了对冲前和不同期限下远期合约的对冲效果。其中，远期汇率 $e_i^H\ (i = 1, 2, 3)$分别为一个月远期中间价、两个月远期中间价和三个月远期中间价。图 14.4 展示了对冲前后有效前沿的对比情况。

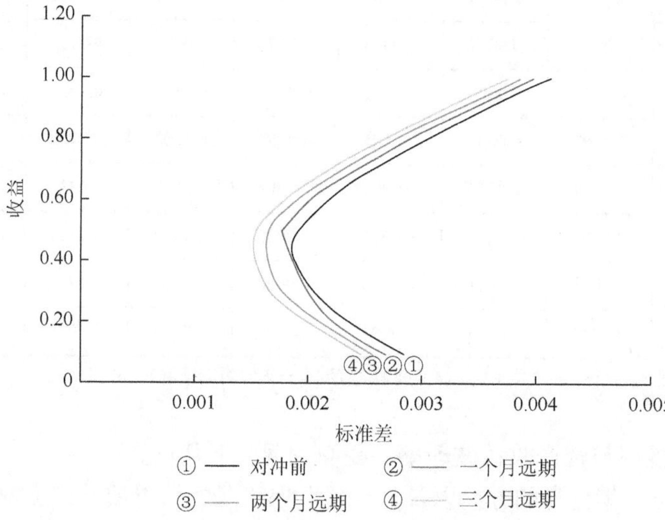

图 14.4 不同期限的远期合约有效前沿对比

首先，对冲后的有效前沿比未对冲时有所上移，结合表 14.7，大部分资产的标准差显著减小，这说明在既定收益率下，投资者所面临的风险减小，收益风险条件得到改善。其次，如表 14.8 所示，等权重组合对冲后的夏普比率比对冲前更大。最后，从图 14.4 中还可以发现，远期合约期限为两个月、三个月时的有效前沿比为期一个月时更优。

表 14.7　人民币计价下对冲前后效果对比

资产		对冲前		对冲后	
		均值/%	标准差/%	均值/%	标准差/%
股票	澳大利亚	0.3591	4.8800	0.3592	3.5082
	加拿大	0.1888	3.8031	0.1893	3.2832
	中国	–0.3608	5.9526	–0.3608	5.9526
	德国	0.9112	6.1791	0.9109	5.3725
	日本	0.6589	4.4675	0.6594	3.3639
	英国	0.5937	3.9246	0.5950	3.6718
	美国	1.0414	3.9099	1.0416	3.7311
债券	澳大利亚	1.8065	2.5800	1.8068	1.7174
	加拿大	1.0057	1.4550	1.0066	0.2632
	中国	0.3589	0.3037	0.3589	0.3037
	德国	0.2725	2.6191	0.2724	1.9603
	日本	–0.3070	12.5944	–0.3058	11.1128
	英国	1.3182	1.7931	1.3183	0.6520
	美国	–0.2854	1.0052	–0.2843	0.8709

表 14.8　人民币计价下对冲前后夏普比率

对冲前	对冲后
0.118 521	0.156 957

通过以上分析我们发现，国际化投资中汇率因素造成的风险占总投资风险的比重很大，使用远期合约对冲之后，投资者面临的风险仅限于资产收益率的风险，剔除了汇率波动隐含的风险。因此，在进行国际化资产配置时利用远期汇率协议规避汇率风险能够优化投资者的有效前沿，在一定程度上提高投资者的收益，降低投资者的风险；另外，远期合约期限的选择也会影响最终的收益风险状况。

本章小结

本章介绍了 MV 方法在国际投资中的应用，从我国投资者的角度对国际化资产配置问题进行实证研究，主要选取了澳大利亚、加拿大、中国、德国、日本、英国和美国这七国的股票与债券指数数据进行分析，研究结果如下。

（1）不同货币计价下的资产相关性并不相同，因此不同的国家投资者在选择他国资产时必须考察本国资产与国际资产的相关性，而不能认为仅仅以某一种货币为结算方式就忽视他国资产的选择。

（2）在美元弱势时代和国际大宗商品美元计价的现状下，投资于非美国资产将比大量投资美国资产获得更多的购买力。

（3）对于我国投资者而言，在全球金融危机与人民币汇率基本保持稳定的前提下，国际投资组合的收益风险状况不及国内投资有利。

（4）无论是国内投资还是国际投资，在投资组合中加入债券资产总是能提高投资组合的稳健性。

（5）在国际化投资组合中，借助远期汇率协议可以有效对冲汇率风险、优化组合有效前沿，并且在样本区间内，选择远期合约期限为两个月、三个月时的投资效果比选择一个月的远期合约时更好。因此如果采用衍生工具进行汇率风险对冲，需要考虑衍生工具的选择。

总之，在经济全球化、金融自由化的全球背景下，投资者应该更加注重国际化投资的风险管理问题。投资者在投资过程中可以借助国际多元化资产配置来分散国内相对集中的风险、提高投资组合的潜在收益能力，同时在国际化投资中还应考虑币种选择问题以及对冲策略问题。眼下，国际市场风云变幻，发达国家和新兴经济体的实力对弈也在发生着微妙的变化，紧随国际投资形势的变化做出合适的财富投资配置决策变得尤为重要，本章分析的角度、方法及结论可以为决策者提供一定的科学参考并具有实践价值。

重要术语

MV，国际化资产配置，汇率风险，有效前沿，远期合约

参考文献

余湄，谢海滨，高茜. 2014. 国际投资中的汇率风险对冲问题研究. 系统工程理论与实践，34：67-74.

Bugár G，Maurer R. 2002. International equity portfolios and currency hedging：the viewpoint of German and Hungarian investors. ASTIN Bulletin，32（1）：171-197.

Eun C S，Resnick G B. 1994. International diversification of investment portfolios：U.S. and Japanese perspectives. Management Science，40（1）：140-161.

Glen J，Jorion P. 1993. Currency hedging for international portfolios. The Journal of Finance，48（5）：1865-1886.

Grubel H G.1968. Internationally diversified portfolios：welfare gains and capital flows. The American Economic Review，58（5）：1299-1314.

Hoesli M E R，Lekander J，Witkiewicz W. 2003. Real estate in the institutional portfolio：a comparison of suggested and actual weights. Journal of Alternative Investments，6（3）：53-59.

Lessard D R. 1976. World，country，and industry relationships in equity returns：implications for risk reduction through international diversification. Financial Analysts Journal，32（1）：32-38.

Markowitz H. 1952. Portfolio selection. The Journal of Finance，7（1）：77-91.

Maurer R，Reiner F. 2002. International asset allocation with real estate securities in a shortfall risk framework：the viewpoint of German and U. S. investors. The Journal of Real Estate Portfolio Management，8（1）：27-44.

Pfau W D. 2009. Emerging market pension funds and international diversification. MPRA Paper 19039.

Solnik B，Noetzlin B. 1982. Optimal international asset allocation. The Journal of Portfolio Management，9（1）：11-21.